张海鹏

  1939年5月生于湖北省汉川县。1964年7月毕业于武汉大学历史学系。1964年8月进入中国科学院近代史研究所（1977年后改属中国社会科学院）工作。1979年评定为助理研究员，1985年评为副研究员，1990年升任研究员。现任中国社会科学院学部委员，马克思主义理论研究与建设工程首席专家、国家哲学社会科学研究专家咨询委员会委员、全国哲学社会科学工作办公室中国历史学科评审小组召集人、中国社会科学院台湾史研究中心主任、国台办海峡两岸关系研究中心学术顾问、中国社会科学院史学理论研究中心顾问、教育部统筹推进"双一流"大学专家委员会委员、新华通讯社特约观察员、曲阜师范大学特聘教授、国家清史编纂委员会委员等。曾任中国社会科学院近代史研究所所长、中国社会科学院文史哲学部副主任、中国史学会会长、中国孙中山研究会会长、中国义和团研究会理事长、第十届全国人大代表、国务院学位委员会委员兼历史学科评议组召集人、中国地方志指导小组成员等。学术专长为中国近代史研究，主要学术成果有：《中国近代史稿地图集》《追求集：近代中国历史进程的探索》《张海鹏集》《张海鹏自选集》《中国近代史基本问题研究》《书生议政——中国近代史学者看台湾的历史与现实》《张海鹏论近代中国历史》；主编有《中国近代通史》（十卷本）、《台湾史稿》（两卷本）以及"马工程"重点教材《中国近代史》等；发表有关中国近代史研究理论方法、中国近代史专题研究和涉及香港、澳门、台湾以及中日关系问题等各类文章约400篇。

张海鹏文集

第一卷

中国近代史学理论的研究与探索

张海鹏 著

社会科学文献出版社
SOCIAL SCIENCES ACADEMIC PRESS (CHINA)

山东省一流学科"曲阜师范大学中国史"资助出版

总　目

第一卷　中国近代史学理论的研究与探索
第二卷　中国近代史基本问题研究与探索
第三卷　关于中国近代史研究的评论
第四卷　港澳台及中日关系
第五卷　报刊时论
第六卷　序与跋
第七卷　口述与回忆

卷前赘语

1964年8月，我进入中国科学院近代史研究所。1976年初，我在《历史研究》发表文章。此后，陆续发表的各类文章大约400篇。以往先后出版过六部文集，都是阶段性成果，或者应时编成，反映了不同时期的想法和编法。此次编成七卷，似乎有一点总检阅的意思。说到总检阅，这又多少令我有一点惶惑。如今已进入耄耋之年，虽然还没有停止思考，还没有停止笔耕，但总只能龟步爬行，且来日无多，能量渐趋衰退，想为而难为。这大概也可归入人生规律了。

此次总检阅，从已发表的文章中检出230篇，另检出几十年来写的序跋之类，分成七卷。第一卷，名为"中国近代史学理论的研究与探索"，包括三部分：中国近代史理论和方法研究、中国近代史基本规律研究、中国历史学科建设研究，汇总我在中国近代史史学理论探讨方面的思考，收入19篇论文。第二卷，名为"中国近代史基本问题研究与探索"，集中了从鸦片战争到抗日战争到社会主义道路的探索方面的研究论文，展现我对中国近代史、中国现代史若干具体问题的学术研究与思考，收入25篇论文。第三卷，名为"关于中国近代史研究的评论"，分为综合评论、专题评论、影评和书评四类，收入32篇文章。这些评论，是我对中国近代史研究心得的一种体现，有的虽不完全是严格的学术论文，但大多还是学术论文的形式。其中，有的评论曾经产生了广泛的社会影响。如关于"十四年抗战"和"八年抗战"的分析文章，曾在网络媒体和自媒体广泛传布。第四卷，名为"港澳台及中日关系"，分为港澳研究、台湾历史与现实问题研究、中日关系历史与现实研究，共收入39篇文章。这三个部分，是我几十年思考的问题。几十年来，往来台湾、香港、澳门地区以及日本，与各地学者见面讨论，不免会有所触动，不免会从学术上思考，留下文字。这些问题，无论是以学术的样式出现，还是以其他形式出现，都是从中国近代历史的角度着眼的。第五卷，名为"报刊时论"，收入76篇文章，分为中国近代史的宏观论述、论中国历史学建设、论甲午战争与钓鱼岛问题、论辛亥革命等问题、论建设好的学风、书评和影评、纪念前辈历史学家、论中华人民共和国成立、历史学家要有时代担当等九类。这些文章大多是在《人民日报》《光明日报》《求是》《北京日报》《中国社会科学报》等报刊发表的。这九类文章，都是针对社会现实问题有感而发，都不是说空话，都是从中国近代史出发，反映了我对中国近代历史的思考。其中有几篇文章发表后，曾引起国内外的广泛评论。《论〈马关条约〉与钓鱼岛问题》那篇文章，因为提出了琉球再议的话题，甚至引起日本国家的抗议，引起美国国务院新闻发言人的评论。其中，《最严重的问题是一切向钱看——关于学风问题的几点感想》本来是在中国社会科学院研究生院对新生的一次谈话，后来引起注意，又在国家行政学院研究生院给研究生谈一次，随后在中国科学技术协会、教育部、中国科学院、中国社会科学院、中国工程院、北京市人民政府于人民大会堂主办的科学道德与学风建设宣讲大会上又讲了一次，《红旗文稿》还以谈话形式刊登。这些读者可以当时论看，也可以当史论看。第六卷，名为"序与跋"。几十年来，既有为自己的书或自己参与编撰、主编的书写的序、跋，也有为学术界朋友们的大作写的序与跋，从中挑选了百零四篇，包括序、跋，也包括前言、后记、卷首语等多种名目。凡是接受写序的书，绝大部分拜读过，从中受益。个别的书虽未全读，也了解了其框架，或者抽读了某些重要的部分。所有这些都反映了我的思考，不是随便应付的。序与跋，不管是为自己的书写的，还是为他人的书作的，都以著作出版时间为序。第七卷，名为"口述与回忆"，大多是各种采访和访谈，有些是对我的学术活动经历的访谈，有些涉及社会影响广泛的话题如历史虚无主义等，有些涉及公众关注的中国近代史话题，有些是关系重大学术活动的话题，有些是对友人的怀念，最后一部分是我写的几篇回忆文章，而以2015年6月在近代史研究所的退休感言作结，共收39篇文章。关于采访和访谈，凡所收录者，都与学术活动有关，访谈稿都经我过目和修订，在一定意义上反映了我的思考，当然也有访谈者的设计和劳动在内。新闻媒体包括新华社、《人民日报》、《光明日报》、《经济日报》等，所做采访甚多，采访稿大多未经过目，且大多涉及我个人的评价，不在收录范围之内。

以上收录的文章，有个别是未刊的，还有10篇左右是与朋友合作的，这些都已在题解下做出说明。

现在编成文集，大体上是按照问题性质编排。当初写作时，不可能按照今天的编排设想来进行。在不同年代按不同的需要写成，有的内容难免有所重复。我的文章水平如何，自己不能评价，要请读者评价，要经过社会实践检验，也要经过学术界的学术实践检验。只是需要说明，我的每一篇文章，不管长短，都是认真写作的，拿起笔杆或者敲打键盘，心情都是有些愉快和沉重的。我从1996年开始敲击键盘，以前都是使用钢笔或蘸水笔爬格子，此后便使用电脑。每提笔或敲打键盘，都想到要对学术负责，对历史负责，对前人负责，对后人负责。由于时代局限和个人知识局限，瑕疵总是难免，如蒙阅者指正、点拨，则所深谢焉！

前面说到面临总检阅时的惶惑，常常令我心悸、汗颜。50多年前，我在武汉大学历史系求学时，就曾立志当历史学家。如今在研究所忽忽已过55年，所得不过尔尔，实在惭愧。1964—1976年，由于"文革"，我才在《历史研究》发表第一篇文章，再次发表文章就到了1978年以后。基本上，从1964年起的13年，对我的学术生涯来说，是颇难为情的。当然，社会的锤炼与摔打也是一种锻炼，尤其是心灵的历练。1978—1988年，我有十年时间基本上是坐冷板凳。可惜，我在1988年9月起历任研究所副所长、所长，一晃就是16年。2004年7月我退出所长位置，又当了中国史学会常务副会长兼秘书长、会长，前后又是11年。我自认为在所长和会长这两个位置上是尽心尽责的。为此我不得不付出许多时间，留给我做学问的时间就很少了。我的许多文章是在节假日或者出国期间写的，就是一个证明。在所长、会长任上形成的工作文件、报告、总结等不在收录范围内。遗憾的是我难以有时间深入图书馆、档案馆里去爬梳，不能不与平生许多愿望告别。我经常羡慕许多朋友有完全自我支配的时间，在书海中遨游，而我只能望海兴叹。我学术生涯中的一个遗憾是缺少有关中国近代史的精深的专题研究，这个遗憾，此生恐难以弥补了。

回头来看，可以说我没有浪费光阴，没有虚度哪怕一天的时间，不会因为碌碌无为而羞耻。我尽可能地做出努力，在中国近代史研究上留下一些思考，也许可以给后来者一些参考，或者提供批判对象。果如此，也聊可自慰了。

前年5月，我八十初度。去年5月，我就进入八十一岁了。此后我看过二校样，又加入了新发表的4篇小文章，准备在年底付诸出版。2020年1月疫情发生，全国人民投入抗疫，出版程序被打乱。今年5月，我国抗疫取得重大成就，各地先后复工复产，本书出版提上日程。6月初，我看过本书四校样，又收入去年底以前发表的文章4篇，都编在第五卷内，这一卷共收入76篇。全书共收入230篇，序跋在外。也许今后还可能有文章发表，但是不会多了。我已经快看到我的学术途程的尽头了。这是生命的辩证法，不可以回避的。

编辑这部文集，是为了回报我的师长、我的前辈、我的同侪和我的晚辈，回报我的妻子和子女，也回报我的祖国、我的党！

感谢社会科学文献出版社慨允出版，也感谢刚刚接受我为兼职教授的曲阜师范大学历史学院对此书出版的资助。社会科学文献出版社的编辑们工作很认真。疫情期间，前后校对多次，纠正不少差错。最后一次校样，曲阜师范大学历史学院黄仁国教授帮助看校样，他的学生们也帮忙看。现在在中国社会科学院研究生院攻读博士学位的石月看了第三卷、第五卷，也纠正了一些差错。感谢他们为此书付出的努力！

赵庆云研究员题写书名，谨致谢意。

最后，感谢中国社会科学院和近代史研究所这个给我提供了终生庇护的地方，感谢许多朋友对我的指点、批评和帮助！

张海鹏

北京东厂胡同1号

2020年6月16日改定

目 录

一 中国近代史理论和方法研究

中国近代史研究的基本评价和方法论问题 …………………… 003
晚清政治史研究的理论和方法问题 …………………………… 010
60年来有关台湾通史的撰写及理论方法问题 ………………… 039
民国史研究的现状与几个问题的讨论 ………………………… 062
试论胡绳的中国近代史研究 …………………………………… 076
试论刘大年的中国近代史研究 ………………………………… 121
战士型的学者　学者型的战士
　　——刘大年的学术生涯 …………………………………… 159
刘大年与抗日战争史研究 ……………………………………… 179
试论罗尔纲史学研究的新生命 ………………………………… 192
论牟安世的中国近代史研究 …………………………………… 205

二 中国近代史基本规律研究

中国近代史的"两个过程"及有关问题 ……………………… 221
中国近代史的分期及"沉沦"与"上升"诸问题 …………… 241
近代中国历史发展的特点与转折 ……………………………… 253

三 中国历史学科建设研究

当代中国历史科学鸟瞰 …………………………………… 287

新世纪十年史学概述 ……………………………………… 301

20世纪中国近代史学科体系问题的探索 ………………… 316

60年来中国近代史学科的确立与发展 …………………… 339

大国兴衰给中国提供什么样的历史教训 ………………… 348

第二次世界大战历史的宏观反思
　　——纪念世界反法西斯暨中国人民抗日战争胜利70周年 ……… 372

一
中国近代史理论和方法研究

中国近代史研究的基本评价
和方法论问题[*]

中国近代史研究，我指的是1840—1949年的中国历史的研究，最近30年来，在各个方面都取得了很大的成绩。每年发表的学术论文以千计，每年出版的学术专著以百计。去年上海人民出版社出版了我主编的《中国近代史论著目录》，收录了1979—2000年的论著，仅仅22年，大约6万条，仅仅目录索引，全书就达到200万字。限于出版社要求的篇幅，还删去了近2万条。中国近代史研究成果之丰硕、浩繁，是令人兴奋的！我们大概可以说，中国近代史作为中国历史学的二级学科，其研究成果数量，不亚于其他学科。不要说30年前，就是20年前，我们还可以把史学刊物上发表的中国近代史研究的文章看一遍，现在是否还有人能够这样做，就不得而知了。金冲及同志以前说过这样的体会，我也有这样的体会，现在则很难做到了。

1998年12月，为纪念新的历史时期到来20周年，我曾在《光明日报》上发表文章，题目叫作《20年：中国近代史研究正在走向成熟》。在这篇文章里，我列举了中国近代史研究正在走向成熟的三个标志。过了八年，今天来看这三个标志，大体上还是可以的。

今天再来说明这三个标志。第一，1976年以前的27年，出版的近代史论著不过200种，发表的论文不过5000篇。这个数字与1978年以后的20多年相比，是不可同日而语了，不仅学术研究的成果大大胜于1978年以前的20多年，而且研究范围大大扩展，近代史研究打破了以

---

* 本文是2006年10月28日在浙江大学中国近现代史高级论坛发表的演讲，原载《中国社会科学院院报》（学术专刊·特稿）2006年12月14日。

往仅仅局限于革命史、政治史，尤其是局限于八大事件的框框，研究的领域大大拓展了。今天，不仅原有的政治史在继续研究，中外关系研究继续深入，而且大大加强了经济史研究、思想文化史研究，新开拓了近代社会史研究、近代史学史和史学理论的研究。大多数研究者认识到，把中国近代史的时限从1919年延长到1949年是完全必要的，这一点，今天大概可以说已成定议。原有的政治史热点降温了，如太平天国史、义和团运动史、辛亥革命史等，但是新的热点又产生了，如民国史和抗日战争史的研究。许多研究者的研究兴趣，从以往的晚清史转移到民国时期的历史。以中国社会科学院近代史研究所为例，20世纪80年代以前，大多数人从事晚清史研究，此后大多数人则转向民国历史的研究。中共党史研究也很活跃，而且有跳出原来中共党史研究圈子的现象，近代史研究者也有逐渐介入中共党史研究的趋势。学术界大量引进、借鉴了国外的史学研究方法，国外有关中国近代史研究的重要论著，很快就有中文版出版。学术社团纷纷组织，国际、国内各种学术讨论会频繁召开，表明了学术研究活跃而有生气。

第二，学术争鸣的气氛日渐隆厚。关于中国近代史的基本线索，关于太平天国的历史评价，关于洋务运动研究，关于戊戌维新运动研究，关于义和团的历史作用和地位，关于辛亥革命的研究及其评价，关于抗日战争时期的历史，诸如正面战场与敌后战场的关系、抗日战争领导权问题等，以及人物研究，诸如林则徐、曾国藩、李鸿章、袁世凯、孙中山等，都展开了热烈的讨论与争鸣，许多争论到今天还在继续。甚至关于马克思主义、毛泽东思想对中国近代史研究的指导作用，也有不同的理解和评价。

第三，对近代中国历史的观察和研究，逐渐摆脱了以往对马克思主义理论的教条式理解，逐渐避免了寻章摘句的不良学风，开始树立起实事求是研究历史的好风气。但随着时代的变化，也出现了淡化意识形态、冷淡马克思主义理论的趋向，表现为历史研究中的反传统、复旧和翻案风，表现为历史论述中的历史虚无主义倾向。受"告别革命"论的影响，历史研究中有两种倾向值得注意。一种是一些研究者追求讲故事的历史叙述方式，对历史规律的探索，对史学理论的探讨，对宏大叙事的历史主题的研究，对历史研究中的阶级分析方法，缺乏兴趣。另一种是有些研究者公开表示了对马克思主义指导、对历史唯物主义的怀疑和挑战,对历史研究中阶级观点的否定,对以唯物史观指导历史研究的方向和研究成果给予了否定的评价。一些年轻的研究者盲目认为新的就是好的,而不问所谓新的是否符合历史事实,是否经得起实践检验。十几年前,一些学者发出了"史学危机"的担忧。这种担忧,如果指的是研究人员的"青黄不接",今天已经大体解决了,大量博士、硕士毕业生加入教学和研究队伍,在今天,老一辈的研究者已经逐渐淡出舞台,中青年研究者成为历史研究和教学的主力;这种担忧,如果指的是研究人员素质不够、研究水平有待提高,反观今天的现实尚可以释怀,有些青年研究者的史学著作已经达到了比较高的水准;这种担忧,如果指的是研究队伍中的理论素养有所下降,则不可谓为杞人之忧。这是中国近代史研究走向成熟的过程中值得加以注意、加以改进的。我们的古人写文章动不动就子曰云云,后来写文章动不动就马曰列云,现在的年轻人写文章动不动就西人某云云,总之,洋教条、土教条还是存在的,还在影响我们的学术研究。一些西方人的研究方法,我们是需要借鉴的,但是借鉴不等于照搬。如何切实地研究近代中国的历史实际,总结出带有中国历史特点的研究方法和理论范式,还是我们今天需要解决的问题。

关于中国近代史研究中的方法论问题,我也想说一点想法。

我去年发表在《近代史研究》上的一篇文章,讨论中国近代史学科体系问题,其中涉及近些年来一些史学论著中常常提到的"革命史范式"和"现代化范式"问题。

中国近代史研究的"现代化范式",实际上是蒋廷黻在1938年出版的《中国近代史》一书中提出的。1938年在抗战风起云涌的武汉,蒋廷黻在等待国民党政府新的职务的任命,有闲暇考虑中国近代史上的一些问题。在蒋廷黻看来,近代化是近代中国的历史主题,中国近代化就是在与外部世界交往中,学习西方,摆脱中古的落后状态,全面地走上政治、经济、文化、外交等变革之路,完成民族复兴的使命。从这一观点出发,他以中西关系为中心,以近代化为主线,建构了他的中国近代史分析框架。走向近代化,是贯穿全书的主线,也是他评价近代中国一切人和事的标准。

在中国近代史研究中提出现代化问题,不是没有一点新意,但在日军深入国土,全国人民处在悲壮的抗战热潮中,中国近代史研究中的现代化范式问题的提出，几乎得不到什么喝彩。另外，蒋著在保卫大武汉的时候所提出的其他一些观点，如对林则徐的"民心可用"的强烈批判、对抗战低调的提倡等，无异于对抗战热潮泼冷水，引起一些爱国主义者的批判。延安的中国共产党人曾专门著述《中国现代革命运动史》给予批驳。我们后来知道这本书的作者实际上是张闻天。范文澜在延安著述《中国近代史》（上编第一分册），实际上也是针对蒋廷黻在《中国近代史》中的观点而撰述的。范著把1840年以后的近代中国历史作为半殖民地半封建社会的历史，把1840—1919年的历史作为旧民主主义革命时期的历史，把1919年以后的历史作为新民主主义革命时期的历史。1948年胡绳在香港出版《帝国主义与中国政治》，则是从革命的观点论述中西关系，抓住了历史的主题，实际上也是批驳蒋廷黻的观点的。

范著所开创的中国近代史的叙述模式，在20世纪50年代以后得到规范和发展，成为很长时间里中国近代史学者所遵循的基本学术范式。当然，范著的缺点也为此后的学者所注意。如范著基本上是一部政治史，或者说是一部革命史，依据主要历史事件做了纪事本末似的叙述，有的地方史料根据不足，由于服务现实斗争存在简单地影射现实的现象，科学性不足。刘大年在主持郭沫若主编《中国史稿》第四册时，认为1840年至1919年近代中国80年的历史中，在不同的历史时期里，帝国主义、中国社会各阶级的相互关系及其矛盾斗争各有特点。其中社会经济状况、阶级斗争、意识形态是结合在一起的、统一的。因此，新的著作要求根据历史演变的时间顺序讲述事件；不只讲政治事件，也要讲经济基础、意识形态，不只讲汉族地区的历史，也要讲国内各民族在斗争中与全国的联系和相互关系。《中国史稿》第四册就注意到了政治状况、经济发展、思想文化、阶级斗争，以及汉族地区和边疆少数民族地区，就是总结了新中国成立以来中国近代史学科的理论建树和研究成果，加以概括和升华，给中国近代史的学科体系，或者说对革命史的学术范式做了新的概括和完善，进一步强调了近代史研究著作的科学性，强调了经济史研究对于突破近代史研究局限性的必要性。

最近十余年来，一些学者把范著《中国近代史》称为"革命史范式"的典型著作，进一步把范文澜的中国近代史叙述模式概括为"革命史范式"。而这种概括，明显地带有贬低和否定的倾向。

我在去年的文章中也采用了"革命史范式"这样的提法。那篇文章说:"考虑到'革命史范式'这个提法虽然不是很准确,但是它反映了中国近代史学科体系的核心内容,且为许多学者所采用。在找到更为准确的提法以前,本文在讨论时也采用这个提法,当然不包含否定或轻视的意味。"我现在要做一点更正。经过认真考虑,我认为直接用"革命史范式"概括范文澜以后的中国近代史叙述模式,是不妥当的。

9月23日,我在国图文津论坛的讲演中认为,所谓革命史观,所谓现代化史观,都不是指导历史研究的正确史观。指导历史研究的正确史观,是马克思主义唯物史观。按照唯物史观考察近代中国历史,应该认识到,反帝反封建是近代中国的历史主题,旧民主主义革命和新民主主义革命是贯穿近代中国历史的真正的主线,现代化进程在近代中国虽然在缓慢地进行,却从来没有居于主导地位。在近代中国,革命和改革是历史发展的主调,但如果认为近代中国历史上只有革命和改革也是不完全的认识,近代中国还有现代化进程的萌发,资本主义的社会政治学说和生产力因素已经传入,马克思主义的社会政治学说已经传入,无产阶级政党已经组成,现代化学说里主张的现代性的增长、传统社会因素的剥落正在发生。主导中国两千年的儒家学说面对西方传入的思想政治学说(包括资产阶级学说和无产阶级学说),并无招架之力。但是,现代化进程没有成为社会发展的主流。因此,现代化史观把现代化进程作为历史发展的主流,是不妥当的。按照唯物史观,现代化进程在中国社会发展中成为主流,是在1949年10月中华人民共和国成立之后,特别是在国家政权巩固、社会经济全面恢复并有所发展之后,现代化进程实际进入中国社会生活领域。在这个时候,现代化进程是主导方向,阶级斗争是次要方向。在这个时候,把阶级斗争当成主要方向,提出"以阶级斗争为纲"是错误的。这就是"文革"错误的基本的理论说明。在1956—1976年的20年中,国家社会经济有了飞速的发展,社会主义的经济基础基本奠定,但是政治运动不断,而且是在"以阶级斗争为纲"指导下进行的,这就冲击了现代化进程,影响了现代化进程,延缓了国家社会经济发展的速度。这是一个教训。1978年以后,我国把现代化进程作为社会发展的主导方向,在以经济建设为中心的前提下,取得了举世瞩目的发展成就。

近些年来,一些学者认为应该用"现代化范式"取代"革命史范式",或者以"现代化史观"取代"革命史观",认为现代化是近代中国的历史主题。这种认识实际上是要用"现代化史观"取代唯物史观。这样的观点我认为是需要商榷的。这是第一点。

第二点,是历史与现实的关系。历史就是历史,历史不等于现实。现实是从历史发展而来,现实是历史发展的最新阶段。因此,历史与现实是一种若即若离的关系。这就是说,历史与现实之间既不能一刀两断,也不能完全相等,不承认历史与现实有关系是不对的,说历史等于现实也是不对的。拿历史为现实服务,绝对不能简单化。拿历史为现实政策服务,肯定不对。历史、历史学的基本功能是借鉴,拿正确的历史知识,拿经过研究可以正确说明的历史发展规律作为现实和未来发展的借鉴,人们从这种借鉴中领悟到未来发展道路的正确选择,历史和历史学的借鉴功能就达到了。如果说服务,这就是最大的服务。所谓学习历史可以提高人文素质,所谓读史可以明智,基本上说的都是历史学的借鉴作用。

从这个角度说,是历史为现实服务,不是现实为历史服务。但是历史为现实服务,并不是现实里有什么,就到历史里去找。比如,现实社会不讲阶级和阶级斗争,就认为近代中国历史上也不应该有阶级和阶级斗争;现实里强调社会稳定,就认为近代中国历史上也要强调社会稳定,所以告别革命的论调、保守好激进不好的论调出现了;现实里强调生产力标准,就认为近代中国历史里也要强调生产力标准,所以革命就是破坏生产力,农民战争的研究也要否定了;今天我们现实社会里提倡和谐社会,所以在历史里也要去找和谐社会。

随便举几个例子。现实社会里刚刚把"法轮功"定为邪教,就有人援用定邪教的那几条,不顾历史的时空背景,把太平天国定为邪教。有人以为今天都全球化了,与国际接轨了,就谴责鸦片战争以后广州的反入城斗争是笑话,不答应外国人的修约要求是没有国际知识;说1859年天津白河口击败了英国军舰,是清政府惹的祸,导致圆明园被焚毁;认为义和团犯了反文明、反人类的错误,是最大的国耻。上海今年新编的高中历史教科书是最新鲜的例子。这套历史教科书,号称以文明史为主导,不再探讨战争、王朝和共产主义等,而是把更多的笔墨放在经济、技术、社会风俗和全球化等多种主题上。难道文明史就没有战争、王朝和共产主义吗?真是奇怪的逻辑。有关报道说:这套历史教科书的编写者称，课本内容是推进更稳定、较少暴力的中国历史观的广泛努力的一部分。这种新的历史观将服务于当前经济和政治目标。这是一种什么样的历史观呢？难道这是唯物史观吗？这样的指导思想编出来的书，还是历史书吗？这不禁令人哑然失笑！这是把历史与现实等同起来了。显然这不是历史。拿这样不是历史的历史书教我们的孩子，是不是误人子弟呢？

今天所以要拿方法论问题说一点看法，就是要警醒我们的历史学者，我们需要实事求是，还原到历史中去。谁能够最好地还原历史真实，谁能够看出历史发展的本质和规律，他的历史书就能够起到借鉴作用，就能够服务于现实和未来。

2006年10月16日写于北京中国职工之家
11月11日修订

晚清政治史研究的理论和方法问题[*]

晚清史研究，既是清史研究的基本组成部分，也是中国近代史研究的基本组成部分，不同的视角决定了晚清史与中国近代史既有区别又有联系。近年学界介绍的美国"新清史"学派并无多少新意，不足以指导清史研究，尤其是晚清史研究。晚清史研究应关注晚清时期社会性质和社会矛盾的转化，应澄清学界在"开关"和反侵略、太平天国性质、辛亥革命和走向共和等问题上的一些非学术的认识。变革和革命始终是晚清社会运动的基调，晚清人物的社会活动都与此相关，是无法告别的。

一 晚清史与中国近代史的区分与联系

晚清史研究是清史研究的基本组成部分，也是中国近代史研究的基本组成部分。在今天，这是毫无疑义的。1999年姜涛发表《50年来的晚清政治史研究》[①]点破这一点以前，学术界的认识是不明确的。那以前，人们谈到清史，实际上并不包括道光二十年（1840）以后的历史。人们说到中国近代史，往往是指1840年以后的中国历史，似乎晚清的历史不在清史研究的范围内。在国家清史编纂工程即将启动之际，我参加了一个座谈会，一位研究清史的著名学者开出一个清史著作书目，竟都是嘉庆以前的，我问道光以后的算不算清史，那位先生无以应对。还

---

[*] 原载中国社会科学院近代史研究所政治史研究室编《晚清政治史研究的检讨：问题与前瞻》，社会科学文献出版社，2014。
① 姜涛：《50年来的晚清政治史研究》，《近代史研究》1999年第5期。

是在那个时候，一位今天在清史编纂工程中担任重要任务的学者，说自己并不适合在清史工程中担任职务，理由是自己的专业是研究中国近代史。可见，在那个时候，中国近代史与清史之间是存在壁垒的，在研究者的心目中是划有界限的。

从学科分野的角度说，清史与中国近代史之间是有某种区分的。这种区分主要是在1949年以后，当中国近代史作为一个独立的学科形成，当新成立的中国科学院首先出现以近代史冠名的研究所，当中国近代史作为一门独立的课程在各大学普遍讲授以后。在大学里，嘉庆以前的历史放在中国古代史里讲授，道光以后的历史作为中国近代史讲授。晚清史与中国近代史的区分，就在学者中自然形成了。没有人专门论述过晚清史与中国近代史的区分问题，也没有任何行政部门就此发表过意见。这是一个学科成长的自然历程。

中国近代史的学科对象有一个演变的过程。很长时间里，大多数学者把1840—1919年的中国历史作为中国近代史。最近20年来，大多数学者把1840—1949年的中国历史作为中国近代史。不管中国近代史学科对象如何演变，鸦片战争至清帝被推翻这一段晚清史，都包括在中国近代史的学科范围内。因此，从学科演变的历史来说，晚清史与中国近代史发生了不可分离的关系，换一句话说，晚清史包括在中国近代史内。

从中国近代史的角度看晚清史，1840年鸦片战争起始，中国出现国势陵夷的数千年未见之变局：西方势力侵入，西方思想东渐，儒学日渐衰颓，社会性质发生变化；从社会底层到庙堂之上，各方面人士思想动荡，社会严重不安。随着外国侵略加深，不仅对外战争不断，国内战争也不断。从太平天国、洋务运动，到戊戌维新、义和团运动，再到中国同盟会倡导、推动的革命，直至清廷被推翻、中华民国成立，中国社会出现从"沉沦"到"上升"的转变。西方的机器和资本主义的生产技术移植到中国，中国国内生产方式开始发生变化，社会上产生了新的阶级力量、新的知识群体，譬如工人阶级和资产阶级，譬如与传统士人不同的新的知识分子群体。从戊戌维新开始，国内逐渐出现各种社会团体，为中国的改革和革命奔走呼号。这些社会新势力，都是区别于传统势力的。这也是中国社会从"沉沦"到"上升"转变的重要标志。

如果从清史的角度看晚清史，情形或许稍有不同。从道光二十年鸦片战争起始，中国出现国势陵夷的数千年未见之变局：西方势力侵入，西方思想东渐，儒学日渐衰颓，社会性质发生变化；社会底层各方面人士思想动荡，社会严重不安。高官显贵声色犬马如故，他们想的是如何保住朝廷，如何保住乌纱帽，对民间改革朝政的呼声往往视而不见，对农民起义或者革命行动一律采取镇压政策。从清政府一面看，中国社会是在"沉沦"中。庙堂之上不做认真反思，不谋对策，不思进取，没有危机意识，多次失去发展机遇。

所谓发展机遇，含义有三：一是要发展，二是要有国际比较，三是机会来了要抓住不放。所谓"抓住"，是指决策者自觉的认识和实践。观察晚清社会，并不缺少发展机遇，只是由于当时的决策者不能很好认识迅速发展自己，以赶上世界先进国家的必要性，机遇来临时不能很好抓住，终于造成晚清一系列因落后而挨打的悲惨境遇。这是历史留给我们的沉痛教训。

虽然鸦片战争给中国带来了打击，但统治者并不了解事态的严重性。朝廷对世界事务仍是懵懂无知，甚至《南京条约》签订以后，道光皇帝对英国在何方向、道里远近仍全然不晓。林则徐、魏源们虽然得出了"师夷之长技以制夷"的正确认识，也撰写了《海国图志》那样介绍外国历史地理的书籍，在日本引起轰动，在中国国内却反应寥寥。直到太平天国农民起义爆发，太平军所向无敌，其势力活动于大半个中国，其间，英法发动第二次鸦片战争，英法联军打到北京，咸丰皇帝不得不"北狩"热河，清政府才切身感受到了外国人的"船坚炮利"。但最高统治层仍认为这些只是"肢体之患"，真正构成"肘腋之患"的还是农民起义。太平天国农民起义被彻底镇压以后，国内曾经出现了二十多年相对比较平静的时期。统治阶层某些上层人物对中外发展的差距已有较多认识，政权相对也比较稳定，如果利用这个机会发展自己，事情未必不可为。日本正是在这个时候通过明治维新，奠定了发展资本主义的基础。中国统治阶层中的一部分人如军机大臣奕䜣和封疆大吏曾国藩、李鸿章等发起洋务新政，造船造炮，发展军事工业，随后又以官办或官督商办形式发展了一些民用工业。这些人试图只在器物层面上做一些变动，而不变动思想观念、社会制度来谋求民富国强。即使这样局部变动也没有取得整个统治阶级的共识，顽固派、反对派，朝野上下所在多有。最高统治者慈禧太后也只是居中驾驭，并无定见。这与明治维新以后的日本统治阶级正好相反。一次发展自己的机会就这样没能抓住,失去了。甲午一战,北洋海军全军覆没,洋务新政主持者们求富求强的梦破灭了。

晚清发展的第二次机会是在戊戌维新时期到来的。甲午战后的民族危亡给那些不曾"入仕"的知识分子以极大的刺激和启迪。他们讲学办报,集会结社,一方面集聚力量,另一方面也给群众以新知识的宣传和灌输。他们希望通过由下而上再由上而下的方式,变革朝政,变革思想,发展国家的资本主义。康有为、梁启超是这些人的代表。恰好年轻的光绪皇帝想巩固自己亲政的地位,摆脱慈禧太后和老旧重臣的控制,于是与康、梁一拍即合,发动戊戌变法。但是变法不过百日,慈禧一伙发动宫廷政变,囚禁光绪,处死"戊戌六君子",断送了变法的前程,使中国再次失去了发展的机遇。皇帝尚且不能掌握朝廷实权,那些流亡海外的士子们以保皇相号召,也只是徒呼奈何了。

光绪二十六年十二月初十(1901年1月30日),清廷借光绪皇帝名义发布变法上谕,特别指出:"懿训以为取外国之长,乃可补中国之短;惩前事之失,乃可作后事之师。自丁戊以还,伪辩纵横,妄分新旧。康逆之祸,殆更甚于红拳。迄今海外(甫)逃,尚以富有、贵为等票诱人谋逆。更借保皇保种之妖言,为离间宫廷之计。殊不知康逆之谈新法,乃乱法也,非变法也。……实则剪除乱逆,皇太后何尝不许更新。"① 这是说,慈禧太后是不反对取外国之长补中国之短的,在剪除了康、梁等"乱逆"以后,她是同意变法维新的。这是慈禧太后在新的形势下的自我辩护。这表明她不是不愿意变法,而是不许光绪皇帝、康有为、梁启超等主持变法,她要按照自己的意愿来实行变法,要把变法事业抓到自己手里来做。其实质是在维护皇权的前提下实行变法。

20世纪初中国出现了第三次发展机会,在由谁来掌握这次机会上却出现了复杂的情况。在朝的统治者和在野的革命派、立宪派都想掌握这次机会,而且在朝、在野各自演出了程度不等的悲喜剧。八国联军侵华给清统治者留下了极为深刻的教训。他们认识到完全按旧的方式很难维持统治,决心实行新政。从1901年到1911年,清政府在实行新政方面确实有了相当大的动作。朝中大臣反对实行新政的声音很小,反对新政改革的派别几乎不存在。这是与前两次新政根本不同之点。清政府不

---

① 朱寿朋编《光绪朝东华录》第4册,中华书局,1958,总4601页。

仅派出五大臣赴东西洋各国考察政治（这是承认政治不如人的表示），而且在政治、军事、经济、教育、法制改革等方面迈出了较大的步伐，颁布了大量的政策法令、规章条例。某些措施已经触动了清朝统治的根本，如在政治上宣布预备立宪，在中央设资政院，在各省设谘议局，扩大了民意表达，在官制方面也做了一些革新；在经济上鼓励资本家投资工商企业，鼓励资本家发展，商会的普遍发展在客观上鼓励了资本家组织起来；在教育上废除科举，建立新式学制，举办大中小学，形成了新的人才培养机制；在法制改革方面也冲击了传统的政法不分、立法与司法不清的观念；等等。这些都是此前两次新政不可比的。如果把这次新政提前四十年，中国的发展道路可能不同，发生中国式的明治维新并非不可能。但这次新政改革是在中国已经诞生了新的阶级力量的历史条件下进行的，新式知识分子群已较多认识到中外发展的差距而力求有更大的改革动作，最高统治者捍卫皇权神圣意志坚决，对体现皇权的有力统治机构军机处不许触动，对应允预备立宪的时间拖得太长。满族亲贵加紧控制政权，尤其加紧控制新练的军队，不仅得罪了热衷于君主立宪的立宪派，而且加深了满汉矛盾；清政府完全站在革命派的对立面，改革以巩固皇权、防止革命为目的，使得这次改革在革命派和立宪派的联合攻击下失败，清政府最后一次失去了借改革以谋求发展的机遇。这次失去发展机遇，对清朝统治是致命的。它在革命派和立宪派的联合攻击下，失去了统治的合法性，终于被迫走向灭亡。

从清史的角度看晚清史，晚清历史是一部"沉沦"史，是一部走向灭亡的历史。

综合起来看，晚清史与中国近代史既有区别也有联系。区别方面，除了上面所讲外，还有一点，晚清史只是中国近代史的一部分，不是它的全部。联系方面是很清楚的，而且是基本的，那就是从清史看晚清史，或者从中国近代史看晚清史，所看的部分是同一个，晚清历史是基本的研究对象。从这一点来说，前面所说的研究角度的不同，也不能说得太过绝对。

二　"新清史"与晚清史研究

美国研究清史的学者提出了"新清史"概念，据说被称为一个学派,而且在美国学术界引起深刻辩论。所谓"新清史"学派,近年在中国学术界也引起关注,出现一些评论。我发现,中国学者对所谓"新清史"多持怀疑甚至不大赞成的态度。

我对"新清史"学派的论著缺乏深入研究,只看过一些评论和介绍。"新清史"派的研究主张重视作为中国统治民族满族的主体性研究,主张重视利用满文档案和其他民族的文字书写,主张重视满族在创建清朝中国中的贡献,注意研究清朝统治者的"满族性",这是对清史研究有积极意义的学术见解。但是,对"新清史"的学术成就不能有过高的评价,毋宁说"新清史"的基本学术倾向是值得质疑的。什么"不同凡响",什么"挑战",云云,是不切实际的评论。"新清史"的主体观点是所谓满洲帝国与中国不能画等号,中国只是满洲帝国的一部分,等等,是找不到史料支持的空中楼阁,是研究者的主观想象,是西方世界观在中国历史研究上的折射,不值得称赞。华裔美籍历史学家何炳棣的评论是值得重视的。中国学者刘小萌、黄兴涛等先后做出了学术评论。[①] 刘凤云、刘文鹏编《清朝的国家认同——"新清史"研究与争鸣》,搜集了美国学者有关"新清史"的辩论和中国学者的反应,[②] 中国人民大学清史研究所在2010年8月[③]专门召开国际学术讨论会,以"新清史"的讨论为会议的主题。会议论文集《清代政治与国家认同》,发表了众多学者的见解。[④]

有的学者开始采用"新清史"的观点研究清史。有一篇介绍《乾隆朝满文寄信档译编》(以下简称《满文寄信档》)的文章,分析、介绍了这本书的史料价值。《满文寄信档》的主旨是运用"新清史"的观点和方法来介绍这本书,研究是否达到预期,是令人怀疑的。据作者介绍,乾隆朝满文寄信档"是清代军机处专门抄载寄信上谕的重要档簿,无汉文副本,珍贵性毋庸置疑"。作者认为,"'新清史'无疑具有极大

---

① 刘小萌:《清朝史中的八旗研究》,《清史研究》2010年第2期;黄兴涛:《清代满人的"中国认同"》,《清史研究》2011年第1期。
② 刘凤云、刘文鹏编《清朝的国家认同——"新清史"研究与争鸣》,中国人民大学出版社,2010。
③ 据中国人民大学清史研究所网站报道,这次会议是2010年8月在北京香山召开的,会后出版的论文集刘凤云序言记录为2010年8月,董建中、刘文鹏写的后记却记录为2009年8月。
④ 刘凤云、董建中、刘文鹏编《清代政治与国家认同》,社会科学文献出版社,2012。

的挑战性,需要深入研究清史特别是深入研究满文档案之后予以验证和回答"。① 这篇文章介绍乾隆朝满文寄信上谕反映了西北边疆和东北等地政治、军事、民族、外交等诸多方面的史实,特别是边疆民族事务,以及边疆地区与外国关系事务,在没有汉文副本的情况下,它对于研究清史的史料意义特别重大。该文作者引用"新清史"研究者的观点指出:"重建清代政治、社会、经济、文化等各种不同层面更完整的图像,满文档案扮演着重要角色。"如果这的确是所谓"新清史"派的观点,这句话等于白说。很明白,无论是中国还是美国,研究清史需要重视满文档案,从来没有人怀疑过。中国清史学界怀疑过这一点吗?从来没有过。注意发掘满文老档和整理、编辑、翻译满文档案一直是清史研究者努力追求的。②

《满文寄信档》引用"新清史"观点指出:"'新清史'认为满洲人从未失去他们在清代社会中是一个特殊群体的想法,他们可以维持少数统治的原因,主要因为他们能够一方面运用中国政治传统,一方面又同时维持其独特之认同。"在研究清史的学者看来,这句话没有任何新意。满族始终是有清一代中国社会的统治者,那个时代的中国社会始终存在满汉矛盾,一直到 1909 年三岁的宣统继位,他的父亲载沣任摄政王,还在排斥汉大臣,1911 年 5 月成立的所谓责任内阁,实际上是排斥汉大臣的"皇族内阁"或者"亲贵内阁"。这正是满族亲贵维持其满族独特统治之认同的强烈表现。当然,正是这一表现加速了清王朝的崩溃。

《满文寄信档》在"乾隆朝满文寄信档的'新清史'研究价值"一节中指出了几个事实:一是寄信档没有使用中国、中华字样,而是使用了"大清国"字样。作者认为,"自称'大清国'并不能说不代表中国,这就类似于自称'大明'而不说'中国'"。应该说"大清"与"大唐""大元""大宋""大明"一样,正是继承了中国历代王朝改朝换代后的命名传统。二是"满文寄信档的对外叙事中,大量出现的是

---

① 常建华:《从"新清史"研究看〈乾隆朝满文寄信档译编〉的史料价值》,《历史档案》2011 年第 1 期。
② 参见王钟翰《满文档案与清史研究》,《清史馀考》,辽宁大学出版社,2001;吴元丰《满文与满文古籍文献综述》,《满族研究》2008 年第 1 期;吴元丰《近百年来满文档案编译出版综述——以中国大陆为中心》,《满语研究》2011 年第 2 期。

'天朝'一词"。作者指出,"由于'天朝'一词为汉族语汇,传统上代表中国,因此'天朝'延续了'中国'的用法和含义。我们难以判断'天朝'是'大清'而非指'中国'"。以上两点正是说明满族统治者的"中国认同",在这个大关节上,我们看不出任何与此不同的独特的满族特点。据黄兴涛研究,《清圣祖实录》卷 143 所载碑文辞,康熙时期"大清国"与"中国"已经在完全相同的意义上使用。可以毫无疑问地断言,入关之后的"满洲"不过是满人的族群认同符号而已,它与其自称"中国"的国家认同之间存在本质差别。①

《满文寄信档》指出满语为清朝国语,承办八旗事务及边疆少数民族事务的满蒙官员,一般用满文缮写公文,不准擅自使用汉文;有关诰敕、谕旨、寄信及各部院的行文,也都用满文书写。同时,作者指出"满人的汉化也是明显的事实"。这一节的研究结论,处处反驳了"新清史"的观点。这告诉我们,"新清史"的观点是没有充足理由的。

"新清史"是美国一些研究清史的年轻学者提出的主张,在美国也引起争辩。在我看来,"新清史"没有那么新,说"它的出现已经在一定程度上对如今的清史研究提出了挑战",② 未必是准确的。"新清史"的研究者只强调清初的历史,未能观照到晚清的历史。综观有清一代的历史,"新清史"的缺陷是明显的。"新清史"十分关注清初对边疆地区开发的研究,将清史研究从中原转移到边疆,有一定的道理;但清末的边疆正是资本主义列强侵略的对象,"新清史"在这里如何解释呢?如果将"新清史"称为一个学派,它应该对全部清史有一个贯通始终的解释体系。实际上,我们没有发现这样的体系。研究清史,从客观的学术立场来说,不必过分强调大汉族主义,也不必过分强调大满族主义。反对大汉族主义,不必否认满族的汉化,满族的汉化是一个缓慢的长期的过程。所谓汉化,主要指满族统治阶级对汉族文化的全盘吸收和提倡,满语和满文从政治生活和日常生活中逐渐消失。指出这一点并不是强调满族统治阶级的"满洲性"已经泯灭,满族作为有清一代的统治阶级,在政治上对汉族的提防和限制是一直存

---

① 黄兴涛:《清代满人的"中国认同"》,《清史研究》2011 年第 1 期。
② 贾建飞:《"新清史"刍议》,《中国社会科学报》2010 年 3 月 16 日。

在的。"皇族内阁"的成立是一个明显的标志。主张大满族主义，不必对满族的汉化刻意回避。汉族在长期的历史发展中，经济文化发展水平明显高于各少数民族。中国历史发展中存在各民族的冲突、碰撞与融合，长达几千年。在这样一个过程中，汉族当然从各民族中学习、吸纳了不少文化因素，但总体而言，是高度发展的汉族文化成为其他各民族学习吸纳的主要对象。这正如资本主义发展成熟以后，资本主义的经济文化明显高于前资本主义，在炮舰政策的推广下，资本主义经济文化影响了世界各民族。即使自称高度发展的汉族经济文化也受其影响，满族文化自不待言。

在2010年中国人民大学清史研究所举办的"清代政治与国家认同"国际学术讨论会上，哈佛大学东亚语言与文明系讲座教授、"新清史"学派的代表性学者欧立德（Mark C. Elliott）发言说："新清史"很难说是一个学派，只是一种视野或思潮。他个人的研究只是强调满族人所以成功不仅是因为汉化，而主要是因为保持着强烈的满洲特色。对于十多年前何炳棣与罗友枝之间的那场论战，他非常倾向于何炳棣的观点。他认为，清史确实是中国史的一部分，清朝和中国是不可分的。① 这一段即兴发言，几乎颠覆了"新清史"学派的基本主张，使研究回到了正确的清史研究轨道上来。

趋新厌旧，可能是人们追求知识的秉性。但对于新，要做出分析与判断。有的"新"是新瓶装旧酒，有的"新"里埋下了毒药，有的新是真正的创新晚清政治史研究，要创新，要有新的研究视角和新的理论与方法。对于外洋的号称新理论，一味趋新厌旧，不一定是可取的。晚清政治史研究，不可跟风走，不可被所谓"新清史"蒙蔽了学术视野。中国学者要有自己的学术自信。

三 晚清的社会性质和社会矛盾

研究晚清政治史，不能不注意到晚清社会性质问题。晚清社会自鸦

---

① 欧立德的发言，转引自董建中、刘文鹏所写的《清代政治与国家认同》后记，见刘凤云、董建中、刘文鹏编《清代政治与国家认同》，第870—871页。

片战争以后，逐步走向半殖民地半封建社会，这是晚清社会与清中期、早期最大不同之点，也是晚清社会与数千年中国社会最大不同之点。所谓数千年未有之变局，主要指此而言。晚清的这个社会性质的变化，影响了晚清历史进程，影响了晚清社会的政治结构，也影响了晚清政治人物的命运。当事人从社会性质的角度认识这个变化，是懵懵懂懂的。从社会性质的角度认清这个变化，是20世纪20—30年代。

道光二十年鸦片战争后，通过资本主义列强强加的一系列不平等条约，中国丧失了大量主权，政治、经济、文化领域的很多方面逐渐为外国所操纵、控制，从一个拥有完全独立主权的封建国家，演变成一个半独立的半封建的国家。侵略中国的是来自西方的资本主义－殖民主义国家。按照19世纪末20世纪初国际上的看法，由殖民主义国家用战争或其他行为带来一个主权国家或地区国家性质、社会性质全部或局部发生变化的地方，就被称为殖民地或半殖民地。所以中国被称为半殖民地半封建国家。

中国人认识到自己的国家演变为半殖民地半封建国家，经历了一个很长的过程。

判断人类历史上某一阶段的社会性质，是一个马克思主义的命题。最早提出中国近代社会性质的是列宁。列宁从帝国主义时代特点出发，提出了殖民地和半殖民地理论。早在1912年和1919年，列宁就在自己的文章中分别提到中国是半封建国家和半殖民地国家，他是从过渡阶段的社会这样的角度分别提到这两个"半"的，但未做论证。中国人接受这样的观点，是在中国共产党成立之后。1922年7月，在中共二大通过的《关于"国际帝国主义与中国和中国共产党"的决议案》和《关于议会行动的决案》中，已经开始出现"半殖民地"概念。同年9月，蔡和森在《统一、借债与国民党》和《武力统一与联省自治——军阀专政与军阀割据》等文章中，明确地使用了"半殖民地""半封建"概念来说明中国社会的性质。在此前后，陈独秀、蔡和森、邓中夏、萧楚女、李大钊、罗亦农等人均明确认识到中国是半殖民地社会。1926年，蔡和森在《中国共产党史的发展（提纲）》中提到"半殖民地和半封建的中国""半封建半殖民地的国家"，是目前所能查考到的最早将两"半"概念联结起来的完整表述。中共中央在文件中正式提出完整的半殖民地半封建概念，是在1929年2月的《中央通告第二十八号——农民运动的策略》中，那是在中共六大以后。① 与此同时，中国的思想理论界还爆发了一场关于中国社会性质问题的大论战。所谓社会性质大论战，就是指如何认识近代中国社会性质的讨论。一些在马克思主义指导下做研究工作的理论工作者，以新思潮派为代表，与中国托派的动力派和国民党学者新生命派，进行了长期的理论斗争，对中国社会性质和革命性质问题进行了严肃思考和理论创造。

1938—1940年，毛泽东连续发表《战争和战略问题》《中国革命和中国共产党》《新民主主义论》等指导性论著，系统地、科学地、正确地解决了中国的社会性质问题。他指出："自从一八四〇年的鸦片战争以后，中国一步一步地变成了一个半殖民地半封建的社会。""帝国主义列强侵略中国，在一方面促使中国封建社会解体，促使中国发生了资本主义因素，把一个封建社会变成了一个半封建的社会；但是在另一方面，它们又残酷地统治了中国，把一个独立的中国变成了一个半殖民地和殖民地的中国。"②"中国的特点是：不是一个独立的民主的国家，而是一个半殖民地的半封建的国家；在内部没有民主制度，而受封建制度压迫；在外部没有民族独立，而受帝国主义压迫。"③ 这是对于近代中国社会性质最经典的表述。毛泽东不止一次强调指出：只有认清中国社会的性质，才能认清中国革命的对象、中国革命的任务、中国革命的动力、中国革命的性质、中国革命的前途和转变。总之，认清中国的社会性质问题，才能解决近代中国历史发展的基本规律问题。从此以后，中国共产党的理论工作者，以及在中国革命成功的推动下愿意接受马克思主义指导的史学工作者，在中国的社会性质问题上，都认同了近代中国是半殖民地半封建社会的观点。④

对这个认识，近些年有人提出质疑和挑战。有的文章认为，帝国主

---

① 参见陈金龙《"半殖民地半封建"概念形成过程考析》，《近代史研究》1996年第4期；陶季邑《关于"半殖民地半封建"概念的首次使用问题》，《近代史研究》1998年第6期；李洪岩《半殖民地半封建理论的来龙去脉》，《中国社会科学院近代史研究所青年学术论坛（2003年卷）》，社会科学文献出版社，2005。
② 毛泽东：《中国革命和中国共产党》，《毛泽东选集》（合订本），人民出版社，1964，第620、624页。
③ 毛泽东：《战争和战略问题》，《毛泽东选集》（合订本），第530页。
④ 参考李洪岩《半殖民地半封建理论的来龙去脉》，《中国社会科学院近代史研究所青年学术论坛（2003年卷）》。

义"破坏了中国的国家主权和领土完整,但没有也不可能改变中国的社会性质",因而辛亥革命之前的中国仍是封建社会,辛亥革命以后的中国是半封建或半资本主义社会(也有文章认为是资本主义社会),辛亥革命之前和之后,无论如何都不是半殖民地半封建社会,因此认为对半殖民地半封建社会"这个说法究竟是否恰当,似有必要重新加以研究"。还有人对"两半"论提出了直接的质疑和驳难,认为"两半"论是"失误","延误了我们反封建历史任务的完成"。[①] 有记者采访某研究员,问:"您的意思是不是说,应该否定'半殖民地半封建'这一理论概括,提出新的概括,以突破现存的近代史的框架,探索新的架构呢?"某答:"显然有这样的意图,确切地说,重新检讨'半殖民地半封建'这一提法,是要为设计新的近代史构架寻找理论基点。"[②] 这里已经把问题提到相当尖锐的程度了。

质疑者说"要为设计新的近代史构架寻找理论基点"。质疑者要设计的新的近代史构架是什么?支持这一构架的理论基点找到了没有?始终未见下文。但是,我们对论者所谓"半殖民地半封建"理论,"延误了""反封建历史任务的完成"却百思不得其解。前已指出在革命中,认清了中国社会的性质,就认清了中国革命的任务、革命的对象。中国革命的任务就是反帝反封建,这是由半殖民地半封建社会性质本身所规定了的。所谓"推翻三座大山",不就是指完成了反帝反封建的革命任务吗?我们倒是要问,如果否定"半殖民地半封建"这一理论概括,在中国近代史研究中,能够正确坚持反帝反封建的观点吗?

以上质疑,在研究者中是有影响的。

在半殖民地半封建社会问题的讨论中,有一种分歧值得注意。所谓半殖民地半封建社会,是一种适应于近代中国社会的社会形态,是一种过渡性的社会形态,它恰当地反映了近代中国社会的政治、经济、文化状况。作为社会形态,它是不可分割的。另一种意见认为,半殖民地是对国家地位而言,半封建是对半资本主义而言,两者不是互相补充,而

---

① 记者:《中国近代社会性质的再认识》,《学术研究》1988年第6期。这篇报道用的第一个标题就是"毛泽东'两半'论的权威面临挑战"。
② 《关于近代中国社会性质问题答记者问》,《学术研究》1988年第6期。

是互相对立的。① 这个分歧是很大的。分歧的任何一方在据此观察近代中国历史时，都可能得出不完全相同的结论。

究竟如何看待近代中国的半殖民地半封建问题，可以从学理上去分析，也可以从历史实践上去分析。但是任何学理的分析，都只能基于历史实践。脱离了历史实践的分析，都是书生之见，是靠不住的。近代中国的新民主主义革命，它的历史实践是什么呢？它正是基于对中国社会性质的正确认识和分析，才制定出新民主主义革命的战略、策略，才能明确革命对象，明确革命力量，明确革命前途。中华人民共和国的成立，社会主义道路的选择，都是这个历史实践的结果。离开这个历史实践，虚构种种臆测的理论，怎么能与历史的实践相符合呢？历史研究是基于史实的探讨，离开了史实，仅凭思辨是不能解决问题的。

与半殖民地半封建社会性质相联系的，是近代中国社会的基本矛盾。在中国封建时代，社会基本矛盾是地主阶级与农民阶级的矛盾，正是这种基本矛盾的运动，推动了中国历史的发展。进入半殖民地半封建时代，中国社会的基本矛盾发生了改变，由一个基本矛盾变成了两个基本矛盾：帝国主义与中华民族的矛盾、封建制度与人民大众的矛盾。当帝国主义用战争强加于中国，企图变中国为其殖民地的时候，帝国主义与中华民族的矛盾就成为最主要的矛盾，中国国内的各阶级可能暂时团结起来，用民族战争去反对帝国主义侵略中国的战争；当帝国主义用政治、经济等温和的手段侵略中国的时候，国内的统治阶级为了维持其统治，可能与帝国主义结成同盟，共同压迫人民大众。这时候，人民大众与封建势力的矛盾便成为社会的主要矛盾，人民大众就可能用阶级战争（国内战争）的形式去反对封建势力的统治。因此，反对帝国主义和反对封建势力的斗争，就成为贯穿近代中国历史的主题。

研究晚清政治史，不可不注意晚清社会性质的变化，不可不注意晚清时期社会主要矛盾的转化。

---

① 以上有关半殖民地半封建理论的质疑和讨论，参见倪玉平《近20年"两半"问题研究述评》，《学术研究》2008年第10期；又见倪玉平《关于"半殖民地半封建社会"问题研究之新进展》，《北京日报》2009年2月16日。

四 关于晚清政治史几个重大问题的讨论

（一）关于鸦片战争时期的"开关"问题

20多年前，有文章讨论所谓"开关"问题，认为英国以资本主义文明打开了中国的大门，如果中国不抵抗，中国早已现代化了。这篇文章说，鸦片战争打开了中国的大门，"资本主义终于打入了封建主义禁锢着的神圣王国"，是好事，应当大恨其晚，如果来得早一点，"我们中国就远不是如此的面貌了"。这种观点还认为："难道为了'抗拒'外国，宁肯让我们中华民族退到刀耕火种不成？"它似乎要告诉人们：由于资本主义文明是先进的，资本主义列强侵略落后的封建中国时，中国只能敞开大门让其侵略，绝不能反抗，多出几个林则徐似的民族英雄也无济于事，不过延缓接受资本主义文明的时间罢了。① 这样提出问题，不仅涉及怎样看待资本－帝国主义侵略对中国社会历史发展的作用，而且涉及中国人民要不要抵抗外国侵略的问题。这当然是一个极为严肃的问题。这是我所见改革开放以后最早提出近代中国不要抵抗侵略的见解。

这篇鼓吹对外国侵略不要抵抗的文章，显然是把资本主义文明的传播与侵略混为一谈了，是把改革开放以后引进西方资本主义的生产技术和管理方式与100多年前清政府被迫引进资本主义文明混为一谈了。今天的开放政策，是在马克思主义指导下为建设具有中国特色的社会主义而提出的，是在"一个中心，两个基本点"的前提下，为了实现社会主义的四个现代化而采取的主动行动，它同清末在资本－帝国主义侵略下，腐败的清政府被迫实行开关不能同日而语。因而在探讨近代史上的"开关"问题时，必须注意区分不同历史时期两种"开关"的不同出发点（或历史前提）和后果，不能有意无意地把它们混淆起来。

资本主义生产力创造的物质财富比封建主义社会长期积累的财富还要多，这是事实。这就是说资本主义生产方式比封建主义生产方式进步。这是历史发展的辩证法。虽然近代中国的先进分子在逐步认清这一

---

① 吕兴光：《应当如何认识近代史上的"开关"》，《北方论丛》1986年第3期。

点后，努力学习资本主义的生产方式和社会政治学说，但是，用大炮和鸦片来打开中国的大门，不能看作是一种文明的行为。即使是一种最好的制度也不能用武力形式强迫别人接受，就好像今天美国用最先进的武器在中东推行美国式民主，受到世界广泛质疑和反对一样。况且，美国式民主具有所谓普世价值，也是遭到广泛质疑的。英国用非法的鸦片走私和军舰、大炮强行打开中国的大门，以便进行野蛮的掠夺，这是中国被迫开关的直接原因。鸦片贸易是赤裸裸的掠夺，不带有任何传播资本主义文明的性质。西方有些学者把鸦片战争称为"争取平等通商权利的战争"，而讳言鸦片对中国人民的侵蚀和毒害，是出于对殖民主义侵略的辩护，是对可耻的鸦片贸易的美化。

在这里，武力打关、鸦片走私和侵略几乎是同一含义。它给中国带来了什么后果呢？除了《南京条约》成为此后资本－帝国主义侵略中国并与中国签订一系列不平等条约的范本，使中国走上半殖民地半封建的道路，因而从一个重要方面规定了此后中国历史发展的方向外，并没有立即给中国带来资本主义。英国那时开始工业革命还不到一个世纪，它的经济实力还不允许它向中国大量输出资本主义的生产技术，它所关心的主要是通过超经济的办法实现其对华掠夺。就贸易关系而言，这期间进口的棉布和棉纱较鸦片战争前，有的只略有上升，有的甚至减少了。列强对华进行经济掠夺最得心应手的手段仍然是鸦片贸易。鸦片在中国的进口贸易中仍占第一位，由于从非法转到公开，进口数量成倍增长。资本－帝国主义入侵中国，绝不是要把落后的中国变成先进的中国，而是要把中国变成它们的半殖民地或殖民地。中国资本主义不能迅速发展和自给自足的封建经济不能迅速解体，是与帝国主义在华的政治经济利益相合拍的。资本－帝国主义的侵入，并没有给中国带来资本主义大发展的前景。

所谓鸦片战争，是英国发动的侵略中国的战争。清政府反击英国的侵略是正义的，虽然这种反击失败了。广东等各地人民在得不到政府支持的情况下主动起来抵抗英国军队的进攻，无疑是正义的。林则徐作为钦差大臣发动广东民众抵抗侵略，无疑是爱国主义行为，应该得到后人的尊敬，轻蔑地耻笑林则徐的行为是无知的，也是不尊重历史的表现。

说中国早点"开关"，中国就远不是如此的面貌了，就早已现代化了，也是一种无知的妄想。资本－帝国主义强行进入中国那种"开关"，无论早晚，情形都差不多，早的话情况甚至可能更坏一些，印度是最有力的例证。早在16、17世纪，印度的门户就被打开，在18世纪中叶，印度成为英国的殖民地，其开关可谓早矣。印度的面貌如何呢？是不是比中国的情形更好些，比中国少受一些屈辱？稍有历史知识的人都知道，印度的情形显然不是那样。在征服印度的过程中，以及变印度为殖民地的整个18世纪内，英国在印度进行了赤裸裸的暴力掠夺，其攫夺所得大大超过了贸易所得。印度殖民地的存在，构成了18世纪英国原始积累的重要来源。不仅如此，在把印度变成自己的商品销售市场和原料产地的过程中，英国还有意保存和利用了当地的封建土地关系，野蛮地剥削和掠夺印度农民，使那里土地荒芜，农业衰落，饥荒频仍，尸骨枕藉。印度人民不仅没有享受到资本主义文明带来的幸福，反而比以往受封建统治更痛苦，陷入更赤贫的境地。历史事实就是这样：在西欧与封建主义做过殊死搏斗的资本主义文明，到了亚洲又同落后的封建主义携起手来；欧洲文明的资产阶级在亚洲干了很不文明的事情。英国侵略印度的结果，何曾给印度人民带来什么好处?！还有，数百万印第安人被屠杀，成千万黑人奴隶被贩卖，成百万华人"猪仔"被运往世界各地，这不都是欧洲资本原始积累时期、资本主义发展上升时期创造的"奇迹"吗？可见，主动开关与被动开关，情况是绝不相同的。主动开关，主权在我；被动开关，主权为人所制。事实上，近代以来，资本主义各国包括那些声称自由贸易的先进资本主义国家，都从本国的利益出发，实行贸易保护政策，即时而开关，时而闭关，在一些贸易上开关，在另一些贸易上闭关。中国在鸦片战争后被动开关，被迫协定关税，一个主权国家起码的权利为列强所夺，中国人甚至不能主持本国管理海关的行政机关。中国的"关"是开了，可是这个"关"丝毫不能起到保护中国工、农、商业的利益，中国能从这个开关中得到什么好处呢？还不说从《南京条约》开始，中国几乎被迫同当时所有帝国主义国家签订了一系列不平等条约，单是赔款一项，仅从《南京条约》《北京条约》《马关条约》《辽南条约》《辛丑条约》的字面规定上略加统计，就达7亿1000多万两白银；至于涉及政治、经济、军事、文化方面的所谓条约权利和领土的损失，就不是这里所能道其万一的了。我们评价中国近代开关的好与坏，绝不能撇开这些客观存在的历史事实，而凭着主观设想来发议论。

（二）关于太平天国性质的讨论

太平天国运动是中国进入近代以后爆发的一次伟大的农民战争，也是中国历史上规模最为巨大的农民战争之一，又是一次带有新的时代特点、与历史上的农民战争有区别的农民战争。太平天国农民战争推动历史进步的作用是明显的。1949年新中国建立以后，我国学术界对太平天国历史的研究不断掀起高潮，同时对太平天国的评价也有拔高的现象，尤其在"文化大革命"中，这种拔高现象更为明显，这样在太平天国历史的研究中就出现了违背历史事实的现象。"文化大革命"结束以后，历史学界拨乱反正，逐渐纠正了太平天国研究中不正确地拔高太平天国的不良学风。同时，太平天国的研究也逐渐退潮。这本来也是学术发展的正常现象。

20世纪80年代末，又出现了极力贬低太平天国的情况。北京大学哲学系著名教授冯友兰出版《中国哲学史新编》第六卷，把太平天国贬为"神权政治"，认为这种"神权政治"是历史的反动和倒退；认为太平天国如果成功，中国将会退到中世纪的黑暗时代，曾国藩率领湘军打败了太平天国，避免了中国倒退到"神权政治"的黑暗时代，是挽救了中国的命运。近年来，否定太平天国地位和历史作用的声音又有升高。2000年百花文艺出版社出版了复旦大学中文系教授潘旭澜著《太平杂说》，2001年史式发表了《让太平天国恢复本来面目》，这一书一文是一个标志。《太平杂说》指斥洪秀全是"暴君""邪教主"，认为洪秀全"披着基督教外衣，拿着天父上帝的幌子，以中国奴隶主和封建帝王的腐朽思想、条规，对他控制下的军民实行极其残酷的剥夺与统治，实际上是一种极端利己主义的政治性邪教"。[①] 还说洪秀全"为了当天王而造反，他的邪说和暴政，造成了一场旷日持久的大劫难，就应当恰如其分地称之为邪教主和暴君"。[②] 史式则拿当今评价"邪教"的标准与太平天国相比附，认为"太平天国正是不折不扣的邪教"。[③] 这是拿现实政治中某些现象与历史上类似的现象相比附的结果，而这种比附是

[①] 转引自夏春涛《天国的陨落——太平天国宗教再研究》，中国人民大学出版社，2006，第446页。又见潘旭澜《洪秀全的政治性邪教》，《江汉论坛》2006年第3期。
[②] 潘旭澜：《关于洪秀全答"商榷者"》，《学术争鸣》2005年第9期。
[③] 史式：《让太平天国恢复本来面目》，《开放时代》2001年1月号。

不恰当的。把太平天国看作邪教，正是太平天国的敌手当时的看法。奉曾国藩之命编纂的《贼情汇纂》就说："从来叛逆多借邪教倡乱，而粤匪为尤甚也。"①

对于这种彻底否定太平天国的见解，学术界许多人发表了不同意见。朱东安研究员曾著文反驳所谓"神权政治"。② 方之光认为，应当坚持马克思主义关于人民群众是历史创造者的唯物史观，从史实与史观结合的大历史范畴，实事求是地评价农民战争中的平均主义、宗教观，分析中国封建社会中推动历史前进的动力。他还指出，对造成"中华民族史无前例大灾难"的，究竟是帝国主义和封建主义，还是人民的反侵略反封建起义和革命，是一个大是大非问题。在这个问题上也应当坚持人民群众是历史创造者的唯物史观，批判帝王将相创造历史的唯心史观。作者认为太平天国农民起义者所奉行的天道观与封建皇帝的天道观是对立的。清王朝和曾国藩等的天道观，是要保卫封建专制制度的纲常名教，洪秀全等农民起义领袖的天道观是要打破维护帝制的纲常名教，实行"天下为公"的"公平正直之世"。作者认为，否定太平天国，为曾国藩翻案，实质上就是为阻碍中国历史发展的清朝统治者翻案。③

夏春涛在《天国的陨落——太平天国宗教再研究》中，以最后一章（结束语）篇幅回应了有关太平天国"邪教"的见解。作者研究了中国历史上有关"邪教"定义的渊源，认为宗教上的正邪之争自古有之，大约在唐宋时期便形成"邪教"概念，"邪教"成为官方贬斥民间宗教的代名词。民间宗教之所以被指斥为"邪教"，主要有宗教与政治两方面的因素，而以政治因素为主。历代封建王朝将民间宗教视为"邪教"，纯粹出于维护自身统治的政治需要。民间宗教是社会矛盾日益激化的产物，本质上反映了封建时代被压迫者的意识形态和社会组织。封建暴政是酝酿民间宗教的温床，民间宗教的兴起又是对封建暴政的无声抗议和挑战。夏春涛认为，尽管民间宗教是一种落后的斗争武器，带有与生俱来的封建色彩，无力或无法最终超越封建统治秩序，建立起一个真正公平合理的社会，但它反抗封建暴政斗争的正义性与合理性是不容

---

① 张德坚：《贼情汇纂》第9卷，《太平天国》第3册，神州国光社，1952，第251页。
② 朱东安：《"神权政治说"质疑》，《历史研究》1990年第5期。
③ 方之光、毛晓玲：《太平天国"引发了中华民族史无前例的大灾难"吗？——与潘旭澜教授商榷》，《探索与争鸣》2005年第9期。

否认的。因此，对于历史上民间教门反社会、反政府的行为，既不能一概肯定，也不能一概否定，必须做出具体分析。民间宗教也是一种宗教，它与传统宗教并无所谓正与邪之分。这与当今冒着宗教名义建立的祸国殃民的非法组织是不同的。① 至于太平天国的上帝教，夏春涛认为，它是一种典型的民间宗教组织，这种组织在西方基督教的渗透下，又具有与以往迥然不同的特点。与基督教相比，上帝教具有鲜明的形而下色彩，它从属于世俗的政治斗争，是太平天国的指导思想和理论基础，其主旨并不是追求个人的精神超脱、灵魂不朽，或实现无区分的人类博爱，而是以斩邪留正、营建人间天堂为己任。太平天国政权与西方中世纪的神权政治也不可相提并论。洪秀全所代表的太平天国与曾国藩所代表的清朝统治阶级之间的战争，绝不是什么神权与人权之争，而是两个对立的政权、两个对立的阶级之间的殊死决战。太平天国颁布的《天朝田亩制度》，描绘了一个"有田同耕，有饭同食，有衣同穿，有钱同使，无处不均匀，无人不饱暖"的理想前景，无疑是封建社会里农民所能萌发的最为美好的公平社会。② 实际上，太平天国所要破坏的是一个人压迫人、人剥削人的旧社会，所要建立的是一个没有压迫、剥削的公平正直的新社会。这与所谓反社会、反人类是根本不同的。

（三）关于第二次鸦片战争和义和团反侵略问题的讨论

第二次鸦片战争和义和团的反侵略问题，中国近代史学界的认识并无根本分歧。有学者发表《现代化与历史教科书》，不仅对义和团反帝斗争大张挞伐，而且对第二次鸦片战争时期的反侵略问题也发出了质疑。

照那篇文章的说法，如果清政府好好与英法等有关国家谈判，遵守条约规定，好好与外国谈判修约，不要在广州搞什么反入城斗争，不要在大沽口反抗英法军舰的侵略，不要指定英法代表进京换约的路线，火烧圆明园的事就不会发生了，第二次鸦片战争就打不起来了。作者说："1858年，大沽被占，英法侵略者兵临天津城下，英法俄美等国先后迫使清政府签订了《天津条约》。虽然丧失了不少权利，问题总算有个着

---

① 参见夏春涛《天国的陨落——太平天国宗教再研究》，第439—444页。
② 夏春涛：《天国的陨落——太平天国宗教再研究》，第446—448页。

落,双方还议定翌年在北京互换批准书,彻底完成法定程序。如果照双方的协议办理,导致火烧圆明园的英法联军再一次入侵是有可能避免的。""从后果看,这一仗显然打错了。……如果不打,不是对中国更有利吗?"① 其实,第二次鸦片战争的发生,主要不是修约和广州入城问题,而是侵略和反侵略问题。入城问题和修约问题只是两个表面原因,不是根本原因,根本原因是资本主义侵略者的利益最大化未能得到满足。谋求在华的全面经济与政治利益,是它们的根本利益所在。这个根本利益拿不到手,新的一场侵略战争迟早是要爆发的,问题只在发动战争的时机和借口而已。所谓"马神甫事件""亚罗号事件"就是这样的借口。

要求修约,是西方列强企图从中国拿到更多权益的策略手段,换句话说,是进一步扩大对华侵略成果的策略手段。研究帝国主义侵华历史的学者早已指出,英国要求修订《南京条约》是没有任何根据的,因为《南京条约》是一项政治条约,不是商约,没有修订的规定;而修约本身不能包括在最惠国待遇之内。英国利用中国当局不了解欧洲人的国际关系知识,加以蒙哄和欺诈,清政府只有被牵着鼻子走了。1855年,美国任命传教士伯驾为驻华公使,给伯驾的任务,是要他从清政府取得公使驻京、无限制扩大贸易以及取消对个人自由的任何限制等三项主要权利。伯驾在来华前,遍访了伦敦和巴黎外交部,取得了一致意见。英国驻华公使包令说:"用孤单的行动而不伴以强大的军事压力,就没有希望从中国取得任何重要的让步。"② 这就是说,用战争手段达到逼迫清政府同意修约的目的,这已经是既定决策。第二次鸦片战争就是在这样的历史背景下发生的。把清政府拒绝修约作为第二次鸦片战争发生的根本原因,是不妥的。

20世纪初法国的研究者指出,包令"要向中国启衅,不愁找不到合法的借口;如果需要的话,他还有本领找到比劫持'亚罗'号更好的借口"。③ 这就是说,亚罗号事件、马神甫事件只不过是英、法发动侵华战争的借口,发动战争是为了取得在谈判桌上拿不到的修约权利,而

---

① 参见袁伟时《现代化与历史教科书》,《中国青年报·冰点》2006年1月11日。
② 马士:《中华帝国对外关系史》第1卷,英文本,第687页。
③ H. Cordier, *L'Expedition de Chine de 1857 – 1858*(Paris, 1905), pp. 51 – 52,转引自中国近代史资料丛刊《第二次鸦片战争》第6册,上海人民出版社,1979,第54页。

取得修约权利，则是为了在中国得到更大的政治、经济利益。这些利益，通过《天津条约》和《北京条约》都拿到了。清政府当时即使不懂得欧洲人的国际法知识，但是依据《黄埔条约》的文字，不同意修约，实际上含有反侵略的意义，即使在今天的角度，也是应该加以肯定的。

外人入城问题，在当时是一个相当复杂的问题，绝不是像今天这样看起来是小事一桩。《南京条约》第二款规定："自今以后，大皇帝恩准英国人民带同所属家眷，寄居大清沿海之广州、福州、厦门、宁波、上海等五处港口，贸易通商无碍；且大英国君主派设领事、管事等官，驻该五处城邑。"这就是说，一般英国人（包括商人、传教士、旅行者及其家属）可以居住在港口，英国女王任命的外交官则可以住在城邑。中方认为，按中文字义，城邑不一定指城内，条约未给英国人入城的权利。《南京条约》英文本把中文本中的"港口"和"城邑"通通翻译成 Cities and Towns。英方认为 Cities and Towns 就可以指城内，因此，英国外交官和一般英国人都可以入城。中英双方在条约约文的理解上发生了歧异。按照欧洲人的国际法，《南京条约》的两种文本（当时没有第三种文本）具有同等的法律效力。条约签字时未声明以哪种文本为准，在文本的解释发生歧义时，应允许各方各执己见。事实上，这两个文本都是英国提供的。英国人提供的中文约本，把港口和城邑区别对待，说明港口和城邑不是一处地方。这就造成了入城和反入城的同一法律来源的不同解释。在中方看来，英人要求全面履行条约的理由不充分。其实中国官方在英国的压力下，已经同意英国人可以入城。但是广州城厢内外社团、士绅坚决不同意英国人入城，甚至不惜开战，官方只得以"民情未协"为由，推迟入城的时间。有学者认为，入城并不能给英国人带来多少实际利益，英国人更多侧重于心理方面。在英国人看来，他们是"高等民族"，拒绝入城是对他们的污辱，他们企图用入城的手段来击垮清政府力图保持的"天朝"颜面。因此，从历史的角度看，广州民众的仇外情绪当时有其存在的合理性，广州民众反入城斗争当时有其发生的条件。[①] 这个评论是客观、公允的。从今天的角度看，如果发生类似入城问题，完全可以拿到谈判桌上加以讨论，或者签订补充协议加以

---

① 参见茅海建《近代的尺度——两次鸦片战争军事与外交》，上海三联书店，1998，第106、114页。

明确规定，用不着使用战争手段。在当时英国的炮舰政策下，修约也好，要求入城也好，都是一种侵略手段。

前述文章指责义和团的行为是"敌视现代文明和盲目排斥外国人以及外来文化的极端愚昧的行为"，说义和团犯了反文明、反人类的错误，"这些罪恶行径给国家和人民带来莫大的灾难"，是中国人不能忘记的国耻。对义和团的这种看法，显然不是历史主义的，对义和团的历史评价显然是不公平的。义和团以"扶清灭洋"为基本口号，表现了反对帝国主义侵略的精神和反帝斗争的原始形式，表现了中国人民朴素的爱国主义，是中国民主主义革命的先驱。1955 年 12 月，周恩来总理在北京各界欢迎德意志民主共和国政府代表团大会上讲话，特别指出"1900 年的义和团运动正是中国人民顽强地反抗帝国主义侵略的表现。他们的英勇斗争是 50 年后中国人民伟大胜利的奠基石之一"。① 这个评价是符合近百年来近代中国历史进程实际的。当然，义和团的"灭洋"具有不可否认的笼统排外主义的倾向。所谓"灭洋"，是对洋人、洋教、洋货、洋机器采取一概排斥的态度。为什么一概排斥？义和团的传单说："只因四十余年内，中国洋人到处行。三月之中都杀尽，中原不准有洋人。余者逐回外国去，免被割据逞奇能。"② 他们表示："最恨和约，误国殃民。"③ 这些认识，表明义和团农民已经认识到了帝国主义侵略的严重后果，同时也反映了那时的中国人对外国侵略的认识水平。那时的中国人（不仅是农民）还不了解资本主义在世界历史上的作用，不了解资本主义生产方式比封建主义生产方式先进，他们把侵略中国的洋人与洋机器等同起来，对西方资本主义和资本 - 帝国主义侵略者有比较正确的认识，需要等到五四运动以后。因此，在看待义和团的历史作用的时候，要小心谨慎地加以分析，不要在倒洗澡水的时候，把婴儿也一起倒掉了。这就是说，在义和团的斗争中，反映的农民落后、愚昧的一面，这是脏水，可以倒掉；但是义和团的斗争所反映出来的反对外国侵略的精神的一面，是应该肯定的，如果把这一点也否定了，就等于是泼洗澡水，连同婴儿一起泼掉了。我们总结历史经验的时候，千万不要犯

---

① 周恩来讲话，《人民日报》1956 年 12 月 12 日。
② 佐原笃介：《拳乱纪闻》，中国史学会主编《义和团》（一），上海人民出版社，1957，第 120 页。
③ 佐原笃介：《拳乱纪闻》，中国史学会主编《义和团》（一），第 112 页。

这样的错误。其实，这个问题不仅农民如此，西方早期工人阶级也有这种情况。工人不能认识自己遭受剥削的原因，就痛恨机器，把机器砸了，也是常事。马克思、恩格斯指出过这种现象，工人阶级"不仅仅攻击资产阶级的生产关系，而且攻击生产工具本身；他们毁坏那些来竞争的外国商品，捣毁机器，烧毁工厂，力图恢复已经失去的中世纪工人的地位"。① 这是工人运动的初级阶段。列宁评论说："这是工人运动最初的、开始的形式，这在当时也是必要的。"② 我们总不能说欧洲的工人阶级也是反对现代文明的吧。阐述义和团的历史作用，不赞成无原则地为义和团辩护，也不赞成无原则地把义和团骂倒。在一定的历史条件下，会发生一定的历史事件；认识历史事件都要以一定的时间、地点为转移。

前述那篇文章说："义和团烧杀抢掠、敌视和肆意摧毁现代文明在前，八国联军进军在后，这个次序是历史事实，无法也不应修改。"我们要问，作者在这里所说的这个次序，究竟是不是历史事实呢？在义和团起事以前，列强在华瓜分势力范围、抢夺租借地，中华大地正面临被瓜分的危机，这是全世界都看到的事实，也是那时的中国人所忧心忡忡的事实。这个事实在前，义和团起事在后，难道这个次序不是客观事实吗？③

以农民为主体组成的松散组织义和团，其本身愚昧、落后，有许多缺点，没有先进阶级的指导，带有时代和阶级的局限性。但是必须指出，义和团的笼统排外主义实质上是农民阶级有历史局限性的民族革命思想，也是中国人民反抗帝国主义侵略的原始形式。它反映了中国人民反帝斗争初期的共同特点，义和团运动不过是它的典型代表和集中表现。我们今天肯定义和团的历史作用，是肯定基本的历史事实，是肯定历史事实中的积极因素，不是要宣扬、提倡义和团的组织形式和思想倾向中那些愚昧、落后的方面，这是不容置疑的。因之，对义和团的排外主义，不应采取简单回避或全盘否定的态度，而是需要进行科学的阶级

---

① 《共产党宣言》，《马克思恩格斯文集》第2卷，人民出版社，2009，第39页。
② 列宁：《社会民主党纲领草案及其说明》，《列宁全集》第2卷，人民出版社，1984，第86页。
③ 限于篇幅，这里不详加论证，具体论证可参考张海鹏《反帝反封建是近代中国的历史主题》，《中国青年报》2006年3月1日。

分析和历史考察，对它做出合情合理的解释。

（四）关于走向共和问题的讨论

前些年播放的长篇电视连续剧《走向共和》，引起了广泛的关注和评论。评论认为：这部电视连续剧存在歪曲历史事实，是以唯心史观指导的，冲击唯物史观的文艺代表作。

这部电视剧号称历史正剧，实际上是编导们在随意玩弄拼接历史的"七巧板"，反映他们想象中的近代历史，不仅歪曲了近代的历史，也严重误导了观众，是历史唯心主义在影视创作上的反映。

"走向共和"是从清末到民国时期一个十分重要的历史题材，如果尊重历史，尊重历史唯物主义，本可以拍出一部对观众很有教育意义的历史巨片。但是编导偏要挑战历史教科书，要"决胜"历史观，打出"人性"旗号，全面为近代历史翻案，不可避免地引起了观众的注意和批评。有的网民评论：该剧在廓清历史真相的旗帜下，灌输错误的历史知识，其负面影响比公开申明是"戏说"的肥皂剧更甚。有人认为该剧隐喻了中华民族的前途和命运，在于它的现实意义。有人认为该剧用现代化史观代替了革命史观。有人指出它是基于洋务立场的解读，与阶级斗争史观针锋相对。这些评论在一定程度上指出了这部电视剧创作的问题所在。

《走向共和》以洋务运动开篇，是告诉人们，从洋务运动开始，中国就在走向共和了。命题似乎很新，但是这样的认识是不正确的。在历史学界，对洋务运动的研究，评价分歧很大。对洋务运动引进了西方的生产方式，为此后中国的社会进步客观上打下了一定的物质基础，大家的认识是相近的，但是对洋务运动的性质评价各异。分歧最大的有两种：一种认为洋务运动带有资本主义性质，是进步的运动；另一种认为洋务运动是地主阶级的自救运动，它所寻找的出路是避免清朝统治的灭亡。带有资本主义性质是比较激进的认识，即使这种认识也只是从经济运动的角度着眼，完全没有上升到政治制度的层面。19世纪70—90年代的早期改良主义思想家批评洋务派，恰恰是批评他们不注意引进西方的政治制度，只注意"西艺"的皮毛。认为走向共和从洋务运动开始，是电视剧编导者的想象。

电视剧的一位编剧说："如果这部电视剧定位是'一部带有崇高悲

剧意味的英雄史诗',那么我们的先辈就是史诗中的悲剧英雄!在中华民族走向共和的漫漫长途上,每一个探索者都值得我们永远尊敬和怀念。我在给主要人物如李鸿章、慈禧、光绪、张之洞、袁世凯、孙中山他们定位时,脑海里浮现的是一个个有血有肉的鲜活形象。"这就是编剧给《走向共和》定下的基调。这一基调完全抛弃了最起码的阶级分析,把主张共和的革命派与反对共和的统治阶级混为一谈,认为他们都是探索者,大家都在走向共和。在这样完全错误的历史认识指导下,编导者给慈禧、李鸿章、袁世凯套上了"悲剧英雄"的光环,给予他们舞台的中心地位加以歌颂;反过来却把真正主张并且努力实行共和的孙中山等人进行了丑化。这是完全不符合历史事实的。

电视剧凭空捏造了一些情节,试图说明孙中山等革命派与清朝统治阶级的大人物共商"共和"大计,最突出的是安排了孙中山会见李鸿章和宋教仁会见袁世凯,这是没有任何历史根据的。电视剧还安排了1912年孙中山到北京,专门去皇宫朝拜已经下台的皇帝的母亲隆裕太后的情节,只是在参与审片的有关学者的坚决主张下被删去。这个情节设计,与孙中山拜访李鸿章、宋教仁拜访袁世凯一起,意在说明在朝的、在野的,都在寻求共和的出路。这是根本违背历史真实的,这是历史上未曾发生也根本不可能发生的情节。艺术创作允许虚构,但应是符合历史发展逻辑的。违背历史逻辑的虚构,是不合理的,是违背历史真实的。

在半殖民地半封建的中国社会,帝国主义的侵略和封建制度所造成的腐败与落后,是中国社会难以进步的根本原因。这不仅是史学界的共识,也是整个社会的共识,这种共识尤其为旧民主主义革命到新民主主义革命的全部历程所证明。如果说近代中国走向共和是一部英雄史诗,那是对的,因为从旧民主主义革命到新民主主义革命,人民群众在先进阶级领导下反对帝国主义侵略,反对封建腐败统治的斗争历程的确是一部英雄史诗。在近代中国,人民群众、代表人民群众最大利益的政治势力创造的是走向共和的历史,帝国主义者、封建统治者创造的是维护半殖民地半封建秩序、反对共和的历史,这是两种不同性质的历史。换一个说法,近代中国不同的阶级和集团是在寻找不同的出路,而不是一个共同的出路。如果认为不论在野的、在朝的都在为中国找出路,把"找出路"认为是所有人都在寻找一个共同的出路,那是很大的错误。这是对历史发展完全错误的理解。实际上，代表中国资产阶级利益的孙中山等革命派寻找的是推翻专制、建立"共和"的出路；中国资产阶级的另一翼代表康、梁等寻找的是建立君主立宪那样的出路；封建统治者包括李鸿章、慈禧、光绪、袁世凯等人寻找的是如何维护统治又能有所改进那样的出路（即使在 1905 年开始的所谓预备立宪，统治者追求的也是在"皇位永固"前提下的立宪）；帝国主义者并不同意在中国建立共和制度，实行资本主义制度，也不愿意中国继续在颟顸的统治者底下维持统治，而是要在半殖民地半封建秩序下，允许资本主义生产力有一定引进，以满足帝国主义列强共同统治中国的需要。

就《走向共和》这部电视剧而言，它试图反映清末民初重大的历史事件，刻画一系列处在当时政治高层的最主要的历史人物。为了这一点，首先应该把握这个时期的历史本质。这个时期的历史本质或者历史发展的总趋势，就是在帝国主义和封建主义统治下，人民中间积累起来的反对帝国主义侵略和反对封建专制主义的思想和力量逐渐增长，终于在甲午战败以后，迅速产生了两种改造中国社会的主张。一种是以康有为、梁启超为首的改良思潮以及在这种思潮指导下的政治行动，"公车上书"是其发端，戊戌变法的失败是其终结；另一种是以孙中山、黄兴为首的革命思潮以及在这种思潮指导下的政治行动，形成资产阶级政党（包括早期的兴中会、华兴会和光复会以及在此基础上产生的中国同盟会）为其发端，武昌起义、中华民国南京临时政府成立和清朝专制帝制结束为其结果。这两种政治思潮和政治行动几乎是同时起步，并先后登台演出过一出出历史活剧。清朝专制政府（包括慈禧太后、李鸿章、袁世凯等要人）对这两种政治思潮和政治行动是坚决反对的，是镇压的。这是这段历史的基本线索，也是这段历史的本质。表现这段历史的文艺作品可以有各种不同的创作思路和表现手法，既然以历史正剧标榜，就不应该违背这个历史本质。

五　变革与革命是晚清社会运动的基调

从 20 世纪 50 年代以来，在中国近代史研究领域，关于革命和改良问题发生过多次争论。20 世纪 80 年代的争论，主要涉及如何正确评价改良派或者改良主义问题。那时候的争论，对于革命的作用一般是肯定的。问题是如何评价改良派的历史作用，这主要涉及对戊戌维新运动的评价以及对清末立宪运动、立宪派和资政院、谘议局等作用的评价。早期对改良派的评价比较低，20世纪80年代以后对改良派的评价已渐趋平实。

回顾历史，我们看到改良与革命只是近代中国人改造中国的不同道路的选择，尽管它在近代中国的历史命运不尽相同，但它对推动近代中国历史进程的进步作用是不容抹杀的。

当然，这样说并不意味着改良与革命可以等量齐观。有一种见解说革命与改良是推动近代中国历史前进的双轮，这个观点需要加以讨论。何谓"双轮"？好比一辆车子，两个车轮同时向前滚动，才能带动车厢向前运动。革命与改良，是不是这样的两个轮子，同时推动近代中国历史前进呢？这还需要根据事实和理论做出具体的分析。

革命与改良的关系到底如何？对于社会历史的前进运动来说，革命和改良都是推动历史前进的动力。改良是常态，革命是变态。每一个国家，每一个时代，总是经常处在改良的状态中，否则，那个社会就停滞了，不前进了，所以改良是经常存在的。而革命则不然，社会革命不能经常存在，一个社会不能经常处在革命的状态中，如果是那样，这个社会则是病态的。

诚然，革命并不是社会历史前进的唯一推动力。革命的发生是有条件的，不是任意可以制造出来的。社会发展的经常形式是社会改良。当阶级矛盾不到激化的程度，解决社会阶级利益的冲突，往往要靠阶级妥协与调和；解决社会政治利益的冲突，往往要靠社会改良的种种办法。阶级调和的办法，社会改良的办法，也能促进社会的发展，但它只能在同一个社会制度内运行，如果要推翻旧制度，建立新制度，阶级调和、社会改良是无能为力的，它只能让位于革命手段。革命发生，才能使社会发展产生质的变化。因此，革命虽不是社会发展的唯一推动力，却是社会历史发展的根本动力。否定这一点，无原则地歌颂社会改良，显然是一种反历史主义的态度。

正因为革命是社会发展的根本动力，它能推动历史发展产生质的变化，而改良则不以推翻一个社会的制度为目的，改良是在社会制度允许的范围内进行，用今天的话来说，是在体制内进行。因此，一个真正的革命家并不拒绝改良，而一个改良主义者则往往拒绝革命。情况往往是这样的：一个社会的改良进行不下去的时候，或者那个社会不允许改良的时候，往往就可能爆发革命。从这个角度说，改良为革命准备着条件，改良为革命积聚着能量。在这种情况下，实行改良的人和实行革命的人，往往不是同一批人。①

以上这些话，大体上是总结了学术界的多次争论得出的认识。今天看来，得出这样的认识应该是公允的。

但是，在20世纪90年代，出现一种"告别革命"的言论。这种理论在西方社会早已有之，在中国则从90年代中期开始出现。始作俑者似乎是李泽厚。1994年李泽厚在一篇对话里说："辛亥革命是搞糟了，是激进主义思潮的结果，自辛亥革命以后，就是不断革命：'二次革命'、'护国'、'护法'、'大革命'，最后就是49年的革命，并且此后毛泽东还要不断革命"，"现在应该把这个观念明确地倒过来：'革命'在中国并不一定是好事情"。②1995年，李泽厚、刘再复在"回望二十世纪中国"的时候，在香港出版了一本名为《告别革命》的书。该书几乎否定了历史上的一切革命，当然也否定了近代中国的一切革命。他们宣布，改良比革命好。这本小书是谈话记录，谈不上什么理论依据，没有论证，不过是反映谈话者厌恶革命的心理。这就不是理论的误区、学术方向的误区，而是作者们政治倾向的误区了。

笔者在一篇评论里曾经指出：为什么要提出"告别革命"说？反对法国大革命，是为了反对十月革命；反对辛亥革命，是为了反对中国共产党的新民主主义革命。他们要"反省整个中国近代史"，就是这个目的。他们要"放弃激进的社会/政治批判话语，转而采取文化上的保守主义话语"，实际上是"隐喻了某种意识形态的企图"。这还说得不够明确。《告别革命》一书序言，把"告别革命"说的目的全盘托出。书中写道："这套思想，恰恰是'解构'本世纪的革命理论和根深蒂固的正统意识形态最有效的方法和形式。"原来如此，把近代中国的革命历史都否定了，把20世纪的革命理论都"解构"了，所谓反帝反封建自然不成立了，中华人民共和国的成立自然就失去合理性了。③

---

① 张海鹏主编《中国近代通史》第1卷，江苏人民出版社，2006，第127—128页。
② 李泽厚、王德胜：《关于文化现状、道德重建的对话》，《东方》1994年第5期。
③ 张海鹏：《"告别革命"说错在哪里？》，《当代中国史研究》1996年第6期。

"告别革命"的思想,是一种历史虚无主义的表现,在思想文化领域有着广泛的影响,研究晚清政治史,不得不注意与它划清界限。

历史研究,需要实事求是,需要从历史事实出发,就是对历史上发生的既有的事实、事件、人物的表现和历史过程,做出客观研究,提出认识,给后人指出历史借鉴。革命和改良,是历史上发生过的事件,历史学者的任务就是对革命和改良的来龙去脉、事实经过做出研究,对革命和改良在历史发展中对当时和后世发生的影响做出评估。

晚清时期,改良或者革命是那个时期社会运动和社会变革的基调。整个晚清政治,几乎所有晚清政治人物及其活动,都可能不同程度上与晚清时期的改良与革命发生关系。在一定意义上可以说,研究晚清政治史,就是研究一定历史时空环境下晚清政治人物与改良或者革命发生关系的历史。

60年来有关台湾通史的撰写及理论方法问题[*]

一 60年来大陆有关台湾通史的撰述

中国学者有关台湾通史的著作不多，有之，则以20世纪初出版的连横著《台湾通史》为起点。此后有过几个本子，都不如《台湾通史》重要。由于内战的结果，1949年以后，中国政治版图发生重大变化，台湾当局长期与大陆呈现对峙状态。虽然台湾和大陆都是中国的一部分，中国的主权并未分裂，但是，大陆和台湾分别由两个不同的政治势力治理着。中华人民共和国是联合国安理会常任理事国，根据联合国决议，台湾不能加入主权国家组成的任何国际组织。在这样的大政治背景下，两岸学术界对台湾历史的认识不尽相同。实际上，在台湾，很长时期没有像样的台湾通史著述问世。

表1 自1954年始台湾出版台湾通史举例

作者	书名	出版社	出版年
郭廷以	台湾史事概说	正中书局	1954
黄大受	台湾史纲	三民书局股份有限公司	1982
戚嘉林	台湾史	自立晚报社	1985
沈云龙	台湾通史	文海出版社	1990

---

[*] 本文原载《台湾历史研究》第2辑，社会科学文献出版社，2014。

续表

作者	书名	出版社	出版年
林衡道（主编）	台湾史	众文图书股份有限公司	1990
简后聪	台湾史	五南图书出版股份有限公司	2001
黄秀政等	台湾史	五南图书出版股份有限公司	2002
李筱峰等	台湾史	华立图书股份有限公司	2003
高明士（主编）	台湾史	五南图书出版股份有限公司	2006
黄源谋	台湾通史	新文京开发出版股份有限公司	2007
戴宝村	简明台湾史	国史馆台湾文献馆	2007
林丽容	台湾史	上大联合公司	2010

大陆第一本带有通史性质的台湾史，是1956年三联书店出版的刘大年等著《台湾历史概述》①。

《台湾历史概述》的写作背景。1949年国民党政府在大陆的失败，令长期支持国民党政府的美国政府很失望，发表了白皮书。1950年初，美国国务院发表声明，台湾不在它的保护范围之内，这是要放弃台湾了，美国做好了人民解放军解放台湾的心理准备。同年朝鲜战争爆发，美国改变了不支持台湾的政治立场，进入了敌视苏联和中国，反对社会主义阵营的冷战时期。美国第七舰队进入台湾海峡，美军进驻台湾。出于要把台湾建成不沉的航空母舰的目的，美国违背了它在开罗会议期间做出的承诺，做出了"台湾地位未定"的谬说，甚至准备由美国来托管台湾。后来就有人造出来《旧金山条约》的法律位阶高于《开罗宣言》的说法。这就是20世纪50年代的国际环境，或者说历史背景，也就是《台湾历史概述》写作的历史背景。

《台湾历史概述》撰述体系和特点。《台湾历史概述》是一部只有5万字的小书。它记载了新石器时期台湾的历史，也记载了3世纪《临海水土志》以来1700年的历史，包括台湾的早期居民、汉族移民，包括台湾的政治、经济和文化，包括外国势力对台湾的侵略以及台湾人民的反抗，也包括日本割占台湾和台湾的光复，等等，记载了写作年代以前

---

① 刘大年、丁名楠、余绳武：《台湾历史概述》，原载《中国科学院历史研究所第三所集刊》第2集（1955年7月），1956年由三联书店出版单行本，1962年三联书店再版，1978年香港三联书店根据1962年版重印。

有史以来台湾的全部历史，毫无疑问是一部台湾通史。

《台湾历史概述》将台湾历史分成三个时期：1661年以前是封建制以前的时期；1661—1840年是封建制度时期；1840—1945年是半封建半殖民地时期。1840年以后的历史，又分为：1840—1895年台湾的社会发展、变化；1895年人民坚决抵抗日本的侵略；1895—1945年日本帝国主义的殖民统治与人民反殖民统治的斗争；1945年台湾归还中国。

自有历史记载以来，台湾就是中国的一部分。虽然历史发展的曲折，台湾曾经被割让，但在1945年又回归祖国。这部简短的台湾通史，按照中国的历史分期，对台湾的历史进行了分期，观点鲜明。这部台湾通史，从历史事实上论证了台湾是中国的一部分，维护了《开罗宣言》《波茨坦公告》所确立的第二次世界大战战后体制，反对美国企图改变这一体制，混淆是非，制造"台湾地位未定"的谬论。

20世纪50年代有多种台湾历史的小册子出版，据学者评论，相对而言，《台湾历史概述》较具学术性。1956年被学者评价为"一本态度谨严、撰写认真、观点正确、叙述明白而有系统的著作"。① 90年代初，有学者指出："其中较有影响的是刘大年一书。此书的特点是，叙史简明，评论得体，在追述台湾历史的发展基础上，重点论述了近代殖民主义者，尤其是美帝对台湾的侵略，以及台湾人民的反抗斗争，既有研究性，又较通俗易懂。"②

1982年中国社会科学出版社出版的陈碧笙著《台湾地方史》③，是第二部台湾通史。

《台湾地方史》写作背景。本书出版于1982年，这正是海峡两岸关系发生重大转变的时候。1972年2月，中美发表《上海公报》，对立了几十年的中美关系开始进入中美关系正常化的历程。

1978年12月，中国共产党召开十一届三中全会，决定将工作重点转移到经济建设上来。以经济建设为中心，就必须对内改革、对外开放，就需要一个和平稳定的内部环境和外部环境，妥善解决包括台湾在内的历史遗留问题，就是构建这样的内外环境。改革开放的决策不仅奠

---

① 张国光：《评〈台湾历史概述〉（刘大年等著）》，《光明日报》1956年9月20日。
② 林增平、林言椒主编《中国近代史研究入门》，河南人民出版社，1990，第185—186页。
③ 陈碧笙：《台湾地方史》，中国社会科学出版社，1982，1990年增订本。

定了此后中华民族复兴的政策基础，也奠定了祖国和平统一的政策基础。

构建和平的外部环境是从中美建交开始的。1978年12月16日，中美发表建交公报，宣布中华人民共和国和美利坚合众国"自1979年1月1日起互相承认并建立外交关系"，美国"承认中华人民共和国政府是中国的唯一合法政府。在此范围内，美国人民将同台湾人民保持文化、商务和其他非官方关系"；美国政府"承认中国的立场，即只有一个中国，台湾是中国的一部分"。在建交公报发表当天，美国政府声明，在中美建交的同日，"即1979年1月1日，美利坚合众国将通知台湾，结束外交关系，美国和中华民国之间的共同防御条约也将按照条约的规定予以终止"。① 中美两个长期敌对的大国建立了外交关系，为和平解决台湾问题创造了重要的外部环境。

1979年1月1日，中美宣布建立外交关系的同时，全国人民代表大会常务委员会发表了《告台湾同胞书》，郑重宣告了中国政府和平解决台湾问题的大政方针，呼吁两岸就结束军事对峙状态进行商谈，尽快实现"通商、通邮、通航"，标志着对台政策正式由"一定要解放台湾"转向通过和平协商、政治谈判的方式实现国家统一。1981年9月30日，全国人大常委会委员长叶剑英发表了关于实现国家和平统一的重要讲话，进一步阐明解决台湾问题的方针政策（也称"叶九条"），主要内容是：建议举行中国共产党和中国国民党两党对等谈判，实行第三次合作，共同完成祖国统一大业。双方可先派人接触，充分交换意见。建议双方共同为通邮、通商、通航、探亲、旅游以及开展学术、文化、体育交流提供方便，达成有关协议；国家实现统一后，台湾可作为特别行政区，享有高度的自治权，并可保留军队，中央政府不干预台湾地方事务。台湾现行社会、经济制度不变，生活方式不变，同外国的经济、文化关系不变；私人财产、房屋、土地、企业所有权、合法继承权和外国投资不受侵犯。台湾当局和各界代表人士，可担任全国性政治机构的领导职务，参与国家管理。欢迎台湾工商界人士回祖国大陆投资，兴办各种经济事业，保证其合法权益和利润。欢迎台湾各族人民、各界人士、

---

① 《中美建交公报》《美国政府声明》，《人民日报》1978年12月17日。

民众团体通过各种渠道、采取各种方式提供建议，共商国是。① 1982 年 1 月，邓小平说："九条方针是以叶剑英委员长名义提出来的，实际就是'一个国家，两种制度'。""叶九条"表明了反对"台独"，以和平方式解决台湾问题的基本立场。

《台湾地方史》的撰述体系及特点。如果说只有 5 万字篇幅的《台湾历史概述》还只是一部台湾通史大纲的话，《台湾地方史》有近 26 万字，可以说是一部真正的台湾通史了。作者自述，鉴于新中国成立 30 多年来出版的有关台湾历史的著作寥寥不过三数种，而且篇幅无多，这对于增进大陆与台湾同胞之间的相互了解和团结，无疑是不利的。作者还说，他所见到的二三十种中外文台湾史著作，除了 20 世纪 50 年代国内出版的少数几种外，不少都是用历史唯心主义观点写成的，有的还掺杂了相当浓厚的殖民主义和民族分裂主义的毒素，有的与历史事实不符合。作者自述他的书中所接触到的关于台湾历史发展的动力问题、历代民族关系问题、海上商业资本的形成发展问题、郑氏后期政权和清代台湾人民起义的性质问题、日本统治时期地主资产阶级的地位作用问题等，都是有较大争议的问题。作者把对这些问题自己的意见写出来，是学术上的探讨，是可贵的。书名用了"台湾地方史"，作者认为较好地表明台湾历史在中国历史中的地位，也是有深意的。

《台湾地方史》全书 21 章，叙述了 230 年（三国吴黄龙二年）卫温等率甲士到夷洲以及沈莹作《临海水土志》以后直至台湾从日本占据下光复祖国的历史。本书以唯物史观为指导，以阶级分析方法对台湾的开发、汉族人民的移入、汉人与平埔人和其他民族的融合、地主阶级土地所有制从大陆移入台湾的作用，以及外国特别是日本、荷兰、英国、美国和法国对台湾的觊觎和侵略及台湾人民的反抗，都有专章论述。除了中文史料外，作者还利用了日文、英文和西文书籍，书末附录了大事年表和参考书目。目录前面印制了多幅台湾地图。

《台湾地方史》没有如《台湾历史概述》那样对台湾历史进行明确的分期，从章节安排上看，作者显然认为早期台湾历史处于它的原始社会时期；汉族人民移入后，地主土地所有制移植过来，台湾进入了封建社会时期；鸦片战争以后，台湾进入半殖民地时期。

---

① 《叶剑英委员长谈话》，《人民日报》1981 年 10 月 1 日。

1996年由九洲图书出版社出版的陈孔立主编的《台湾历史纲要》①，是20世纪末大陆出版的一部重要的台湾通史。

《台湾历史纲要》写作背景。20世纪90年代，海峡两岸关系的发展又有了与前不同的内容。这时候，两蒋统治的时代已然过去，中国国民党在台湾还具有统治地位。农学专家李登辉以"副总统"接替蒋经国，同时兼国民党主席。蒋经国的本土政策开始发酵，原先的党外运动结束，民主进步党登上台湾政治舞台。过去噤若寒蝉的"台独"言论已经可以登大雅之堂。1991年民进党正式通过决议，以"台湾共和国"代替"住民自决"的党纲。"统独之争"成为台湾政治上的话题，统派开始成为台湾社会的非主流存在。族群之争成为台湾热门话题。

由开放老兵回大陆探亲到台商到大陆投资，台湾学者也纷纷到大陆各相关学术机构访问，到1992年5月开始有大陆学者到台湾访问，单向交流变成了双向交流。

1991年李登辉召开"国是"会议，最终通过了"国家统一纲领"，把"国家统一"分成近程、中程、远程三个阶段，设置了诸多条件。为因应海峡两岸关系，台湾在1990年成立了财团法人海峡交流基金会，1991年大陆成立了海峡两岸关系协会，以便"促进海峡两岸交往，发展两岸关系，实现祖国和平统一"。1992年海协会和海基会在香港就两岸事务性交流，口头达成"一个中国"的共识。1993年海协会会长汪道涵和海基会董事长辜振甫实现了在新加坡的会谈，两岸关系出现了好的前景。但是，1994年春，李登辉抓住千岛湖事件无限夸大，大肆攻击大陆，恶化了两岸关系，也鲜明地暴露了李登辉的"台独"倾向。1995年李登辉在美国康奈尔大学演讲，鼓吹"去中国化"，提出"中华民国在台湾"，导致1996年大陆导弹试射，两岸关系跌到了低点，出现了1990年以来的一个转折。

90年代初，史明著作的《台湾人四百年史》在台湾炒起来，消息传到大陆。这是一本鼓吹"台独"的书，鼓吹台湾的历史是从荷兰占领军开始的。这在学术上引起了大陆学者的注意，认为有必要做出反应。1993年11月，中国史学会和全国台湾研究会约集有关学者，举办"台湾史学术讨论会"，探讨台湾历史。与会学者一致认为以科学态度

---

① 陈孔立主编《台湾历史纲要》，九洲图书出版社，1996。

研究台湾历史的急迫性和重要性。这实际上是指对台湾历史研究中的"台独"倾向要加强研究，做出学术上的反应。学者们建议，有必要编写以科学态度指导的台湾简明历史。于是，1994年春组成了编委会，开始了《台湾历史纲要》的编写。

《台湾历史纲要》的撰述体系及特点。这是大陆学者集体力量合撰的第一部较为大型的台湾通史，全书共30万字。该书截止时间为1988年。这一年是两岸关系具有标志性意义的一年。前一年10月台湾当局宣布开放老兵回乡探亲，1988年1月第一批回乡探亲的老兵成行。邓小平提议台湾开放老兵回乡探亲，蒋经国决定老兵回大陆探亲，这个举动迈出了1949年以来两岸之间互不来往的重要一步。

该书根据台湾考古资料叙述了石器时代的台湾先民，还根据历史记载叙述了自三国吴国黄龙二年（230）以来大陆与台湾的往来与关系，指出成书于264年以后的《临海水土志》留下了世界上有关台湾情况最早的记录。有关大陆对台湾的往来与开发，大体上从唐代就开始了，元代开始在澎湖设置巡检司，进行行政管辖，明代中叶以后，内地农民和渔民到澎湖和台湾开发逐渐多了起来。明末，荷兰人占领台湾南部，开始了在台湾38年的统治。明郑时期和清代时期对台湾的开发和统治，是该书叙述的重点。清代时期分为清代前期和清代后期两章，日本统治50年时期用了一章，当代台湾用了一章。

《台湾历史纲要》叙述了自古及今（1988）台湾历史的来龙去脉，以实证叙事的方法，反驳了有关台湾400年史的说法，这就在台湾历史阐述上与"台独"倾向的历史学著述划清了界限。在章节安排上，清代在台湾的统治用了两章，一是表明了在200多年时间里清代开发和统治台湾的事实，二是表明了那个阶段历史学者对清代台湾史的研究有了较高的水平。

《台湾历史纲要》采用了各种能够搜集到的历史资料，包括荷兰文史料，有关注释和每章后面所附参考文献，都符合史学著作学术规范。这部书反映了那个时期大陆学者有关台湾历史的研究和认识已经达到了较高的水平。日本统治时期和当代台湾则显得较为简略。

2007年出版了台湾学者宋光宇的《台湾史》[①]，这是大陆出版单位

---

① 宋光宇：《台湾史》，人民出版社，2007。

出版的第一部台湾学者写作的台湾历史书。接着，2011年大陆出版了台湾学者戚嘉林的《台湾史》①。

两部《台湾史》写作的历史背景。20世纪90年代初以来，两岸关系的发展出现了许多新的变数，台湾历史的发展也出现了许多新的变数。这个时期正是"台独"倾向的李登辉执政和以"台独"为党纲的民进党及其党首陈水扁执政时期。这是台湾历史上最乱的时期，是台湾历史上走向民主政治而未成熟的时期，也是两岸关系出现恶化的时期。1998年汪道涵、辜振甫上海会谈，取得了成果，刚刚扭转了李登辉在美国康奈尔大学演讲对两岸关系造成的损害。上海会谈期间，达成了汪道涵次年访问台湾的共识。李登辉不愿意看到两岸关系改善，1999年7月发表"两国论"主张，坚称海峡两岸是"一边一国"，引起了两岸关系的紧张。2000年，国民党在台湾"大选"中败北，民进党胜出，陈水扁上台执政。陈水扁上台后，继续执行李登辉的"一边一国"路线，在一系列行政措施和恢复联合国席位方面推行"去中国化"，推动"法理台独"。为了制止"台独"倾向，2005年全国人民代表大会通过了《反分裂国家法》，规定了解决台湾问题的和平方式和非和平方式。这部国家大法明确规定了解决台湾问题使用非和平方法的底线，对于制止台湾当局的"法理台独"发挥了十分重要的作用。

因为台湾当局"台独"声浪甚嚣尘上，钳制了台湾学者的言论自由，一些主张中国统一的正直的台湾学者的有关台湾历史研究成果难以在台湾出版。中研院历史语言研究所原任研究员、时任台湾佛光大学人类学系主任宋光宇的《台湾史》，以及担任台北《祖国文摘》杂志社社长、在世新大学任教的戚嘉林教授的《台湾史》获得了在大陆出版的机会。

宋光宇《台湾史》的撰述体系及特点。宋光宇的《台湾史》有一个很有趣的自序。他在自序里把中华民族比作一家规模庞大、实力雄厚的"电影公司"，这家电影公司已经推出了周、秦、汉、唐、宋、元、明、清等巨型大片。一部新片拍出，等于一个盛世出现。新片放映过了，要筹拍下一部大片，就可能出现"乱世"。他认为民国史和50多年来的台湾史，可以看作是正在筹拍新片过程中的"混乱"时期，下

---

① 戚嘉林：《台湾史》，海南出版社，2011。

一部大片，应当由全体中华儿女共同来担纲演出。他说："台湾是要在这部未来的正片中再添上一角，还是完全退出，这才是像我这样土生土长的外省台湾人对台湾前景的忧心之处。"这个自序，恰当地表达了著者这一类土生土长的外省台湾人对未来统一中国的期待和对台湾在国家统一过程中的地位作用的担忧。其实这就是这部《台湾史》著作的宗旨。

宋光宇《台湾史》分成二十章。第一章讲史前文明与农业的传入，包括南岛民族的由来、台湾文化与中华文化的关系；第二章讲中国古书中所见的台湾；第三章讲少数民族；第四章讲西班牙人、荷兰人的入侵；第五章叙述明郑时期历史；第六章、第七章叙述清代时期的台湾开发；第八章、第九章叙述日据时代以及殖民统治的经济剥削；第十章至第十四章，叙述收复台湾后引起的社会震动和1949年后台湾社会政治与经济发展及变化，分析台湾奇迹的意义；第十五章至第十八章叙述台湾的教育、社会、文化和宗教信仰；第十九章分析在台湾史研究上的各种史观；第二十章分析台湾的发展、繁荣与虚弱，批判了"去中国化"的迷思。

宋光宇《台湾史》的特点。第一，叙述了从史前文明到今天的台湾历史，批判了台湾400年史的悲情史观。第二，分析了台湾1949年后逐渐形成政党政治的历史过程，指出："不是一厢情愿的以为要有'民主'就立刻有'民主'，更不可能有百分之百的西方式民主政治。"第三，较为详细地分析了最近半个世纪以来台湾经济发展的轨迹，详细介绍了推动台湾经济发展的三个重要人物：尹仲容、李国鼎、孙运璿。第四，著者有宗教学和人类学的知识背景，在书中对台湾的宗教信仰及其社会文化意义设专章做了非常专业的讨论。第五，著者专章评论了台湾史研究中的各种史观，包括方志的清代统治史观、台湾通史的汉族正统史观、日本的强权史观、中国国民党的正统史观、美国的"美援论"与"依附理论"、台湾人400年悲情史观、台湾中心论与同心圆理论、新台湾人史观、统派理论、依赖发展理论、海洋争霸史观等。

戚嘉林《台湾史》的撰述体系及特点。戚嘉林博士是一个热烈的爱国者。他长期被台湾的外事部门派往海外工作。他有感于台湾社会存在台湾意识和"台独"倾向，利用业余时间钻研台湾历史，于1985年在台湾出版了五卷本的《台湾史》。此后在五卷本基础上改写成一卷本的《台湾史》在台北出版。大陆的本子是海南出版社从台湾买下的版权。戚博士的所有著述，明确地、强烈地体现了中国情怀。他是出生在台湾的台湾人，也是祖籍湖北的湖北人，更是中国人。他爱台湾和爱中国是完全统一的，没有丝毫的含糊。他的台湾史研究是在这样的历史认识下，依据历史事实铺陈叙述的。所以，他在台湾史的撰述中，通篇灌注了对台湾"分离主义"和"台独史观"的批评，对台湾历史、台湾人的祖国意识的赞扬，对台湾人民抵抗外来侵略精神的宣扬，对祖国统一的期待。戚博士指出："台湾属于中国，是天经地义的事，也是国际所公认的事。如果台湾不属于中国，那日本何须侵略中国，强迫中国割让台湾？如果台湾不属于中国，那台湾人为何发动长达数十年的武装抗日，接着又从事数十年的非武装抗日。"掷地有声，无可辩驳。

戚嘉林《台湾史》分成27章。第一章叙述早期台湾，包括史前台湾和三国以后台湾与大陆的关系。第二章至第四章，用了三章篇幅叙述荷兰人占领台湾的经过、荷兰人在台湾的统治以及台湾人民的反抗。第五章讲明郑时期的台湾。第六章至第十三章，用了八章叙述清代时期的台湾，包括汉族人民移植台湾以及对台湾的开发，台湾的少数民族，清代在台湾的治理，台湾的社会情况以及民变和人民反抗，台湾的文化与科举考试，刘铭传对台湾的开发与治理，日本对台湾的侵略等。此后，又用了七章篇幅叙述日据时期的台湾，包括日本在台湾的屠杀与镇压人民起义，台湾的经济发展与日本对台湾人的压榨，台湾的教育情况以及日本对台湾人民的教育歧视，台湾人的抗日活动和非武装抗日启蒙运动，日本在台湾开展的"皇民化运动"，还叙述了抗日战争中台胞投入祖国抗日的历史事实等。第二十二章专讲抗战胜利后台湾的光复。第二十三章讲台湾光复后发生的"二二八事件"。第二十四章、第二十五章叙述1949年后蒋介石退据台湾的经过和国民党在台湾的统治，包括从白色恐怖到经济建设的卓越成就。第二十六章论述国民党当局"台湾化"。第二十七章分析两岸关系。

戚嘉林《台湾史》的特点。第一，全书坚持一个中国的观点，从一个中国的立场观察台湾的历史毫不动摇。第二，用大量篇幅叙述日据时期历史，详细揭示日本在台湾腥风血雨的统治和台湾人民对日本统治的反抗。第三，用一章篇幅阐述1945年台湾光复的历史经过，强调了台湾光复的伟大历史意义。用一章篇幅叙述台湾光复后的"二二八事件"的前因后果,认为日本对台湾发动的粮荒是"二二八事件"发生的原因之一,对"二二八事件"的不同阶层的定性做了独特视角的分析,认为陈仪的红线只有一条,即台湾永久为中国领土的一部分。第四,设专章论述国民党当局的"台湾化",很有新意,这里的分析为其他台湾史著作所未见。第五,设专章论述两岸关系,阐述统一反映了民族的意志,论述了"一国两制"和邓小平的两岸统一理念,认为两岸统一是天命。

以上是1949年以来大陆出版的比较有代表性的五部台湾通史,其中两位台湾学者的著作以台湾学者的眼光写作,有一定新意。

最新一部台湾通史著作,是2012年12月出版的张海鹏、陶文钊主编的《台湾史稿》[①]。

《台湾史稿》的写作背景。中国社会科学院台湾史研究中心和近代史所台湾史研究室组建的时候,就有编写台湾史的计划。经过五六年的筹备,撰写新的台湾史著作提上了日程。《台湾史稿》策划写作的时候,台湾还处在民进党人陈水扁执政时期。

陈水扁在2007年发表元旦讲话,强调"台湾主体性",称台湾"绝对不是中国一部分","在没有民意共识下,不松绑两岸经贸政策",未来将继续"坚持台湾主体意识"与"落实社会公平正义"两大施政主轴,全力达成"增加投资台湾""创造就业机会""拉近城乡距离""缩短贫富差距"四大目标。[②]陈水扁还推动以"台湾"名义申请加入联合国,决意举办"入联公投",扩大声势,为民进党在2008年"大选"中获胜造势。

2008年台湾举办"大选",中国国民党获胜,民进党借"公投绑大选"、催化台湾主体意识的选举战术,证明不为台湾老百姓欢迎。马英九获得了上台执政的机会。针对台湾"大选"结果,国台办发言人在接受台湾媒体采访时表示:"我们注意到了台湾地区领导人选举的结果。陈水扁当局推动的所谓以台湾名义加入联合国的公投遭到失败,再次说明'台独'分裂势力搞'台独'是不得人心的。"他指出:"两岸关系和平发展是两岸同胞的共同愿望和期待,大家要共同为此而努力。"[③]

[①] 张海鹏、陶文钊主编《台湾史稿》,江苏凤凰出版社,2012。
[②] 香港中国评论网,2007年1月1日。
[③] 《国台办就台湾选举和"入联公投"结果发表谈话》,新华网,2008年3月23日。

台湾局势变化，国家主席胡锦涛随即表示："在'九二共识'的基础上恢复两岸协商谈判是我们的一贯立场。我们期待两岸共同努力、创造条件，在一个中国原则的基础上，协商正式结束两岸敌对状态，达成和平协议，构建两岸关系和平发展框架，开创两岸关系和平发展新局面。"马英九在就职后即提出促进两岸关系发展的主张，提出在"九二共识"的基础上恢复协商，提出了中华民族和平共荣的目标，终于扭转了民进党执政时的困境，两岸关系迎来了一个新的发展时期。

马英九上台后，放弃了以"台独"诉求主导两岸经贸关系的理念，在大陆主动采取推动两岸经贸交流举措的引导下，推行务实开放的两岸经贸发展政策，开放大陆民众赴台旅游，积极推动两岸直接"三通"，逐步实现两岸经贸关系的正常化。

两岸关系出现的积极发展的新局面，是《台湾史稿》撰写人员的新的推动力量。

《台湾史稿》的撰述体系及特点。与《台湾史稿》同时进行的是《台湾简史》①，该书在2010年由江苏凤凰出版社出版。《台湾简史》起自台湾的考古时期，下限在2008年中国国民党在台湾胜选。2012年出版的《台湾史稿》，简略地交代了台湾的考古时期，简略地叙述了台湾早期的历史，下限则到了2010年海协会、海基会在重庆通过《海峡两岸经济合作框架协议》（英文简称ECFA），显示海峡两岸发展已经到了积极发展的时期。该书分两卷，共计108万字，是迄今为止大陆出版的台湾通史最大的一部。

《台湾史稿》采取了详今略古的写法，全书分成二十章。上卷为台湾的古代与近代，分成9章。第一章为台湾的早期开发以及荷兰人对台湾的侵占；第二章为郑成功收复台湾后明郑对台湾的开发与经营；第三章至第五章为清代时期的台湾，包括康熙统一台湾、台湾建省以及日本占领台湾和台湾人民的反抗；第六章至第八章为日据时期的台湾，包括日本建立台湾的统治体制、日据时期台湾的经济和日据时期台湾的文化教育；第九章为台湾光复与中国政府对台湾主权的重建。下卷为台湾的现代，共分成11章。第十章是国民党改造与蒋介石主政时代的政治；第十一章是蒋介石主政时代的经济与社会；第十二章是蒋经国主政时

---

① 张海鹏、陶文钊主编《台湾简史》，江苏凤凰出版社，2010。

代;第十三章是台湾经济的起飞与调整;第十四章是台湾社会结构的变化;第十五章是台湾与美国、日本的关系;第十六章是李登辉主政时代——"台独"势力的形成和发展;第十七章是陈水扁主政时代——民进党执政与"台独"危机;第十八章是20世纪80年代后海峡两岸关系的演变与发展;第十九章是光复以后的台湾教育与文化;第二十章是政党再次轮替,国民党重新执政,两岸关系走向和平发展的新阶段。

有学者评论:"《台湾史稿》在结构安排方面的'薄古厚今',即将重点置于近代史部分之日据时期和现代史部分,不但极大地弥补了大陆迄今台湾史研究中的若干薄弱环节,而且大致符合大陆1990年代以来台湾史研究的发展趋势,① 故可以视为是一种非常合理且具有远见的学术考量。此外,鉴于'台湾史'尚属于中国史学科中的一个颇为年青的专门史学科,本书关于台湾近现代史的专门研究,大大拓展并丰富了中国近现代史的研究领域和内容。"②

另外,《台湾史稿》按照中国历史的一般分期法,将台湾史分成古代史、近代史、现代史,而将1949年后的台湾历史称作台湾现代史。这正好与中国近代史、中国现代史的分期相符合。

二 台湾通史研究中的理论与方法问题

讨论台湾通史研究中的理论和方法问题,首先需要弄清楚研究台湾史的基本立场问题,其次是历史观和方法论问题。

第一,关于基本立场问题。讨论台湾史,为什么有一个基本立场问题?因为台湾史有它的特点。讨论台湾史,必须明确是站在中国史的立场上,还是站在台湾是一个"独立的国家"的立场上。台湾在历史上曾经有50年时间被割让给日本,光复后没几年又长期与大陆隔离、对

---

① 有学者根据《台湾研究集刊》创刊后发表的历史类论文的统计结果指出:进入20世纪90年代以后,晚清、日据以及战后台湾历史的研究论文数量明显增多;《集刊》的历史类论文的重心逐渐转移到晚清、日据以及战后台湾历史的研究领域。陈忠纯:《大陆台湾史研究的历史与现状分析——以〈台湾研究集刊〉历史类论文(1983—2007)为中心》,《台湾研究集刊》2009年第3期。以上是引文的注释。
② 臧运祜:《十年共铸一剑 青史赓续台湾——〈台湾史稿〉读后》,《台湾历史研究》第1辑,社会科学文献出版社,2013,第372页。

峙，至今没有完成与祖国的统一。这就是台湾与祖国内地各省不同的地方。东北以及大连曾长期被日本占领，收复后再没有与祖国分离。中国沿海的辽南、胶东、香港、广州湾有五块地方为外国划为租借地数十年，后来也陆续回归祖国，没有分离问题。澳门曾长期为葡萄牙管治，也已经收回，没有分离问题。大陆各省都没有像台湾那样孤悬海外的历史经历。这就是台湾史研究的特殊性所在。

台湾历史上的特殊性，是台湾现实与政治问题上的特殊性的反映。1949 年 10 月，中华人民共和国中央人民政府成立，取代了中华民国国民政府的地位，从法理来说，完成了国家继承。1971 年联合国大会通过了恢复中华人民共和国在联合国的合法权利的决议，驱逐了以"中华民国"名义长期占据联合国地位的台湾当局，从国际法上完成了在中国土地上中华人民共和国对中华民国作为国家的完全继承。但是在事实上，作为中华人民共和国一个省的台湾，还没有来得及实现中华人民共和国政府对中华民国政府遗产的完全继承。在台澎金马地区，还有一个以"中华民国中央政府"名义实施治理的政治实体存在，这个政治实体虽然不具备国际法上主权国家地位，至今在世界上还得到 22 个国家承认，尽管这 22 个国家都是很小很小的国家，在国际上的发言权相应很小。

1943 年《开罗宣言》明确规定了台湾及其附属岛屿、澎湖列岛从日本占领下回归中国。但是美国在战后食言，又以《旧金山和约》的名义，制造了"台湾地位未定"的谎言。这个"台湾地位未定"论虽然是伪命题，它却是此后主张"台独"的人士的理论依据，所谓《开罗宣言》的法律位阶低于《旧金山和约》就是这样鼓吹出来的。至今还有美国人和台湾的政客持这样的观点。

1979 年中美建交公报中，美国表示认识到海峡两岸的中国人都认为只有一个中国，同日，美国与台湾的"中华民国"断交。但美国国会通过了《与台湾关系法》。美国表面上尊重国际法，但在台湾问题上常常把它的国内法《与台湾关系法》凌驾于中美关系的三个政治性文件之上。美国对台军售就是一个明显的例子。由于美国是当今世界第一大强国，这就给一些人造成了"强权就是公理"的错误认识，给那些主张"台独"的人士造成一种"一中一台"的错觉。

研究台湾究竟是站在一个中国的立场上，抑或是站在"一中一台"

的立场上，还是站在"两个中国"的立场上，这就给认识和解说台湾的现实与历史带来不同的观点。

这种情况在世界上并不多见。如朝鲜半岛上的朝鲜与韩国，本来是一个国家，二战后形成两个国家，两个国家都加入了联合国。今后朝鲜和韩国的统一，主要看半岛上的两个国家如何运作，也要看国际社会为半岛局势创造什么样的条件。又如两个德国，本来是一个国家，二战后分成两个国家，两个国家都加入了联合国，由于柏林墙的倒塌，两个德国完成了统一。再如加拿大的魁北克地区要求独立，经公民投票已经否决。还如苏格兰，由于历史原因要求从大不列颠独立，但赞成的人不够多，苏格兰独立不能成为事实。

因此，台湾史研究中所持基本立场问题，是决定台湾史研究的基本方向问题。静宜大学副教授陈芳明1997年发表文章讨论台湾史观问题，他指出："在现阶段，任何建构有关台湾史观的讨论，仍然很难摆脱政治立场的影响。……任何历史解释都充满了高度政治性。"这个基本判断是准确的。陈芳明所主张的台湾史观是所谓"后殖民地史观"，在他看来，台湾从一开始就是"殖民地"，"汉人在岛上出现，是台湾殖民地社会之滥觞"。此后，无论荷据时期、明郑时期、清时期、日据时期，还是1949年以后国民党来台，都是"外来政权"，"自有历史活动以来，台湾岛上先有原住民社会的存在，然后才出现移民社会，最后又产生了殖民社会。较晚产生的社会，往往后来居上，对于岛上居民进行权力的支配。殖民体制一旦建立之后，凡是在台湾出现的统治者都先后接受了这个体制的权力结构。荷兰、郑氏、满清、日本、国民政府各自代表了不同时期的文化与政治霸权，但他们对岛上的掠夺与剥削却是同条共贯的"。[①] 这里不难看出，陈芳明所追求的台湾史观，原来是"台独"史观。这就是一种政治立场，也是作者追求的政治立场。

同期《历史月刊》还发表了台湾作家陈映真的文章。陈映真认为："台湾史最突出的特点，在于它不是一个向来独立的社会，或历来独立的'国家'或'民族'的历史。""一方面，台湾的先住民和拓垦汉族都在历史上不曾在台湾'独立建国'；另一方面，台湾历来是汉族人长期移垦并且具体地逐渐编入中国政权的建制；至帝国主义向中国南疆不

---

① 陈芳明：《台湾研究与后殖民史观》，《历史月刊》（台北）第105期，1996年。

断进攻的1885年，正式建省，划入中国的版图。因此，台湾不存在因丧失原有的独立而恢复独立的问题，也不存在目前正遭受外族、外国'殖民统治'而'独立建国'的问题。以故，1945年日本战败时，朝鲜面临的是恢复因日本并吞而丧失的独立，建立新国家的问题；而台湾则是迎接光复，复归中国的问题。"① 陈映真谈台湾史观，也体现了一种政治立场，即台湾从来不是一个国家，而是中国的一部分。陈芳明和陈映真的对立，是台湾史研究中基本的两种对立的政治立场的反映。今天所谓台湾史问题，甚而至于台湾问题，都可以作如是观。

第二，关于台湾史研究的理论与方法问题。

指导思想问题。研究台湾史，与研究中国史、世界史一样，不同的研究者从不同的角度展开研究，可以有各自的指导思想。但是，从思想体系来说，唯物主义的历史观是最正确的指导思想。唯物主义历史观最核心的是尊重史实，在历史研究中尽可能搜集有关历史过程、历史事件、历史人物的全部史料，进行考证、辨识、逻辑梳理，弄清楚历史的来龙去脉、因果关系，追求历史的发展规律。

唯物的历史观对历史研究、历史著作的要求其实并不那么复杂高深，无非是处理历史问题，一切以时间地点为转移，也即历史的方法，因为离开了时间和地点，历史事件将无法获得正确的说明和解释；对历史发展的重要情节，要运用阶级分析的方法，因为人类历史的关键环节，往往受经济利益的支配，离开了生产力的发展状况，离开了受经济利益支配的阶级博弈，很难说明历史上的政治斗争动向；对历史发展的大势，不能忽略历史发展的规律，不注意历史发展中的规律性，只关注历史进程中的某些细枝末节，难以说明和解释历史发展的方向。

在台湾史研究中，指导思想上的分歧、史观上的分歧很明显。海峡两岸的台湾史研究者之间，由于政治立场的差异，历史观差异是很大的。尤其是表现在台湾史研究的宏观认识上，在台湾历史的规律性认识上，差异几乎难以抹平。在具体历史问题研究上，差异可能不那么显著。

---

① 陈映真：《台湾史琐谈》，《历史月刊》（台北）第105期，1996年。这里要指出陈映真文章中一个小的失误，台湾不是在1885年建省才划入中国的版图，而是在明郑驱逐荷兰后就已经成为中国版图的一部分，1683年康熙统一台湾，确定了台湾属中国版图。1885年台湾建省，只是把原属于福建省的台湾府升格为台湾省。

史观问题。史观，即历史观，表示用什么观点看待历史问题，或者如何看待历史问题。随着台湾问题的突出，随着台湾史研究逐渐成为显学，有关看待台湾历史的史观问题，引起学者的重视和讨论。

1997年台北出版的《历史月刊》第105期推出一个专辑，以"两岸对峙下的台湾史观"为题，发表了王明珂、陈芳明、陈映真、陈其南、陈孔立等五位学者的文章。这五篇文章，无论是就其政治立场的明确性或者隐含性，基本上代表了台湾史观认识上的几种不同的或者说对立的观点。

中研院史语所副研究员王明珂指出："数千年来，历史记忆与失忆使得许多人群成为中国人；也赖历史记忆与失忆使得许多人群成为非中国人。在现实的两岸关系中，历史失忆与重建历史记忆，成为台湾人试图脱离中国、建立本土认同的工具。"他还说："台湾在历史记忆的本土化方面，目前面临的重要问题之一，便是如何建立一个岛内各族群皆能接受的本土历史记忆以凝聚台湾人认同"，"近年来在台湾进行的重建历史记忆与失忆风潮，其主要倾向便是以'日据时代的经验'与'南岛民族的本质'，来诠释台湾人与台湾文化的特质，并借此脱离中国联系"。[①] 这篇文章隐约指出了台湾史观正处在演变过程中，似乎表明了作者的关注与忧思。

静宜大学副教授陈芳明如前所述，以明确的政治立场主张台湾史研究中的"后殖民史观"。他指出："所谓后殖民史学，系指殖民地社会在殖民体制终结后对其历史经验进行的反省与检讨。……对于殖民经验的全面检讨，从而理清何者属于外来者的观点，何者属于本土的观点，证实后殖民史学的重要课题之一。从这样的观点来看台湾历史的发展，后殖民史观的建立是值得追求的。"所谓"后殖民史学"，是指第二次世界大战后蓬勃兴起的民族解放运动国家脱离殖民地的历史反思，这是有它的合理性的。问题是台湾从来不是一个国家，不存在民族独立问题，在这样的前提下，从"后殖民史学"去追求台湾历史的真相，无疑缘木求鱼，基本立场站错了，所以他对台湾历史的解释也是错的。怎么可以把这样的史观当作研究台湾历史应当追求的史观呢？其实，陈芳

[①] 王明珂：《台湾与中国的历史记忆与失忆》，《历史月刊》（台北）第105期，1996年。

明的"后殖民史学"并不新鲜，基本观点都是从史明的《台湾人四百年史》中抄过来的。

应当指出，台湾作家陈映真有关台湾史观的见解是值得称赞的。陈映真从唯物史观（他在文章中称作社会经济史论或者社会史论）对台湾的历史做了历史的、阶级的分析，认为台湾历史上从来不是一个"独立的国家"。他指出："台湾的殖民地化……并不是一个原本独立的社会、民族或国家的殖民地化，而是从中国被分断窃占出去的领土之殖民地化。因此殖民地化期间台湾的反殖民地压迫的斗争，就历来不是反帝→独立的斗争，而是反帝→复归祖国的斗争。而当支配的殖民者败亡时，台湾的斗争也历来不是'恢复独立'的斗争，而是复归祖国的斗争，这是理所当然的。"① 这是一个中国史观，是完全符合史实的。

陈其南认为，台湾历史研究所遇到的问题，是在于无法摆脱不同历史时期的政治立场之纠葛。他指出："有些论著更是清楚地在为台湾的政治独立寻求历史研究和学术理论的根据。如果将之视为政治意识形态化的历史或区域研究样本，当然也不能说有何不妥。"他自己的看法是："在不同的中国人社会中，不论他们是属于一个或多个国家，均应体现出理性的政治生活之本质，即国家的性质和国籍的归属应以人民的意愿和福祉为前提，而不能单由历史传统或既存政体的主体势力来规定；政治问题的解决应着眼于民主政治的建立，而不是一味地以民族感情和文化主义来强求。"② 作者当时为"行政院"文化建设委员会副主任委员，他虽然用政治语言讲台湾史，立场貌似公正，其实他的"台独"史观在这里也是很清楚的。

厦门大学陈孔立教授认为："台湾历史作为中国历史的一个组成部分，它与全国的历史有着共同性；但台湾作为中国的一个比较特殊的地区，它的历史也必然有其特殊性。如果只强调共同性，而忽略其特殊性，就不能正确地认识台湾的历史，也不能正确地认识台湾的现实；如果只强调特殊性，而忽略了共同性就不能正确地认识历史上的两岸关系和当前的两岸关系，也无法正确地认识和对待台湾的前途问题。"③ 陈

---

① 陈映真：《台湾史观点》，《历史月刊》（台北）第105期，1996年。
② 陈其南：《民族、社会、国家与历史：台湾史研究的政治意涵》，《历史月刊》（台北）第105期，1996年。
③ 陈孔立：《台湾历史与两岸关系》，《历史月刊》（台北）第105期，1996年。

教授的台湾史观大体上代表了大陆学者的台湾史观，即从一个中国的历史观来观察台湾的历史。

此外，台湾历史方面还有一种所谓"兼顾史观"。所谓"兼顾史观"，即既要照顾到台湾人的观点，也要照顾到（台湾的）大陆人的观点。据陈孔立文章，这是美国华裔教授许倬云的看法。陈孔立把它概括为台湾史中的"兼顾史观"，对它做了分析，指出"兼顾史观"难以兼顾的"难题"："有史观就有认同，有认同，就有'我者'与'他者'的区别，就很难做到'兼顾'，兼顾史观无法避免'认同不能兼顾'的难题。"①

宋光宇在《台湾史》中设专章讨论台湾史观，列举了台湾的台湾史研究中共11种史观，他评论说："这些理论也都不是全面的、完整的。有如瞎子摸象，看谁摸到什么部位，就说象长的像那个样子……可以清楚地看到，有些史观非常狭隘，如日本强权论、新台湾人论、同心圆论等。也有的史观是从全世界来看，如依赖理论。理论的涵盖面越大，内容就越容易粗疏，涵盖面小，却只见树木不见森林。因此要想找到一个切中时弊，又可以用来解释同一时候，东亚、已开发国家乃至全世界的理论，似乎相当不容易。"②

毋庸置疑，无论在大陆还是台湾，研究台湾史的学者之间在处理史观方面都会有差异，会有不同的定义与解说。可以说，上面引证的五种意见，大体上代表了台湾史观方面两岸学者间的不同见解。

陈孔立最近指出："总之，两岸存在不同的史观，这就影响到对具体历史的不同看法。"③ 我同意这个判断。可以举出大量例证来证明这个判断。

上举陈芳明的文章，足可以明了这种分歧。陈芳明假设"台湾自古就是一个国家"，那里的住民就是今天所谓"原住民"。早期汉人来台湾开发就是"殖民"，以后在台湾建立的所有政权都是"殖民地"政权，包括明郑、荷西、清朝、日本以及1949年后的国民党政权。所有在台湾建立过政权的政治力量，都一贯在压迫"原住民"。如果用这样的"后殖民史观"解释台湾历史，实现"台湾独立"，就应该把所有的

---

① 参见陈孔立《台湾史研究的史观问题》，《台湾历史研究》第1辑，第381—388页。
② 宋光宇：《台湾史》，第451页。
③ 陈孔立：《台湾史研究的史观问题》，《台湾历史研究》第1辑，第13页。

汉人（包括坚持"台独"立场的所有汉人）都撤出台湾，2000—2008年的民进党政权也是"殖民地"政权，全部应该撤出去，还政于"原住民"。如果实现这个局面，提倡"台独"的人士还能落得什么呢？今天台湾的争论还有意义吗？这当然不是"台独"人士的目的。"台独"人士的目的是要使台湾脱离中国，由"台独"人士在那里"独立建国"，他们不想与国民党分享政权，也不想与共产党分享政权，当然他们也不想与台湾"原住民"分享政权。认识台湾历史问题的关键是台湾历史上是否存在过一个国家这样的历史事实。正如陈映真文章指出的，台湾史最大的特点，就是它从来不是一个独立的"国家"或"民族"，也从来不是一个独立的社会。这才是台湾史最基本的历史事实。让这个基本的历史事实回归台湾史，那么一切所谓"台独"史观，包括所谓"后殖民史观"，都只是子虚乌有，好似建筑在沙滩上的高楼大厦，沙滩一旦松动，大厦立即垮塌。因此，"台独"史观既没有确凿的历史事实做支撑，也没有坚实的理论基础做支撑。

不同的史观对台湾历史总体发展的认识差异也极大。如有关台湾四百年史，一些书的书名就如此标出。① 著名"台独"理论家史明最早推出《台湾人四百年史》，明确把台湾历史与大陆相切割。此后，台湾一些政客开口闭口台湾四百年。事实上，230年卫温等率甲士到夷洲以及随后沈莹作《临海水土志》，是汉文典籍最早记录台湾的历史，也是台湾最早进入人类史册。元朝在澎湖建立巡检司，都要比荷兰侵入台湾早得多，都要比葡萄牙人命名"福摩萨"要早得多，为什么不用中国的历史记录呢？2003年春台北"故宫博物院"院长杜正胜组织的"福尔摩沙展"，就是要把台湾与祖国区隔开来，就是"去中国化"的表示。究竟是400年还是1700年，不同的台湾史观在这里区别得再清楚不过了。

"台独"史观者极力表彰"日据时期的经验"，大谈日本对台湾的开发，却对清朝对台湾的开发视而不见；大谈"南岛民族的本质"，却对自宋以来汉族人对台湾的辟荆拓莽视而不见。台湾的少数民族固然值得认真研究，早期汉族人对台湾的开发难道不值得认真研究？只强调汉族人对台湾少数民族的掠夺，不研究汉族人与台湾少数民族的合作，这

---

① 最近浙江出版社出版美籍华人许倬云的《台湾四百年》是一个新的例子。

样公平吗？陈芳明的文章判定："综观整个满清历史时期，统治者并未负起开发台湾的责任。"① 这句话太不公平了！清朝的统治固然是封建统治，但清朝统治者对台湾的建设与开发的史迹也不能抹杀。这就是尊重基本的史实。康熙以后，台湾的政权建设日臻完善，文化教育建设也在逐渐开展，难道不是事实吗？1885 年建省，是一个重大举措。那时候大陆拟议中的建省也还没有实现。台湾建省前后沈葆桢、刘铭传等在台湾开展的开山抚番以及早期现代化事业，不仅载诸史籍，而且有口皆碑。台湾的洋务事业的开展不落后于大陆各省，甚至还走在前列呢。怎么能说没有负起开发台湾的责任呢？可见台湾史观的不同，对具体历史事实的解释相差玄远。

日据、"日治"之争，是近几年台湾方面与学术界有关中学历史教科书编纂中的一大争议。这恰好反映了两种对立的台湾史观在处理日本统治时期评价时的差异。我在前些年写的一篇文章曾指出："在台湾出版的台湾史著作中，出现了一些值得注意的主体性倾向。比如一些著作，把清朝时期的台湾称作清领时期，又把日据时期的台湾称作日治时期，贬此扬彼，泾渭分明。所谓'清领'，是指台湾曾经为清朝占领或领有的意思。台湾自有文字记载以来，就是中国的领土，历史上曾经有短暂的时期为荷兰、日本占据，不久便为中国收回。所谓'荷领''清领''日治'，分明是把台湾的主体性无限扩大为'台湾国'，是为'台独'制造历史根据的用语，虽然一字之差，却体现了一种春秋笔法。"②

更有甚者，把"台湾史"与"中国史"对立起来，"台湾史"是"本国史"，"中国史"是"外国史"，以致出现所谓中国是"外国"，是"敌国"，"中华民国史是外国史"，"孙中山是外国人"等这样一些让人忍俊不禁的苦涩笑话。这是前些年民进党执政时期台湾教育部门的认识，这怎么可以说是正确的台湾史观呢？

历史分期问题。台湾史的分期问题也是在处理台湾通史的过程中一定会遇到并一定要加以处理的问题。

---

① 陈芳明：《台湾研究与后殖民史观》，《历史月刊》（台北）第 105 期，1996 年。
② 张海鹏：《关于台湾史研究中"国家认同"与台湾史主体性问题的思考》，刊载于《中国社会科学院院报》2005 年 3 月 15 日，转载于《新华文摘》2005 年第 10 期，收入张海鹏《书生议政——中国近现代史学看台湾的历史与现实》，台北，海峡学术出版社，2010，第 125 页；九州出版社，2011，第 71 页。

《台湾史稿》出版后，有学者对该书的分期提出了质疑。该书分成上卷、下卷，上卷是台湾的古代与近代，下卷是台湾的现代。书中找不到古代、近代、现代的起讫点；因为该书下限截止于2010年，似乎应该从现代中划出一个当代。① 台湾历史分期是一个可以商榷、讨论的问题。

刘大年等著《台湾历史概述》将台湾历史分为封建制以前的时期（1661年以前）、封建制度时期（1661—1840）、半封建半殖民地和殖民地时期（1840—1945）。这是按照马克思主义有关社会形态学说结合中国的历史实际做的分期，大体上与整个中国史的历史分期方法相同。用马克思主义学说对台湾历史做这样的分期，这是第一次。我认为这是一种科学的分期。这是对台湾历史所做的一种分期。

陈碧笙著《台湾地方史》没有做明确的分期。全书共21章，每章大体上是按时间顺序安排的。从章节安排看，台湾历史可以分为原始社会时期、封建社会时期和半殖民地时期。

陈孔立主编《台湾历史纲要》按照早期台湾、荷兰入侵的38年、明郑时期、清代前期、清代后期、日本统治的50年、当代台湾来分章，这也是一种分期方法。这种分期方法大体上类似中国通史按照朝代分期的方法。宋光宇和戚嘉林的《台湾史》，分章很多，大体上类似《台湾历史纲要》的分期法。

按照马克思主义社会形态学说对台湾历史进行分期，台湾也有学者做这种主张。陈映真是一个典型代表人物。陈映真认为：从社会史的角度看台湾历史的各阶段，最概括地说，荷据时期的台湾，是一个殖民地的、由荷兰东印度公司支配下的欧式封建社会；明郑时期，台湾的殖民地性格消失，明郑在台湾实行豪族部曲的封建制；鸦片战争以前的清代期间，台湾社会进一步成为较为发达的封建社会；从鸦片战争（1840）到马关割台（1895）期间，台湾和大陆一道遭到帝国主义列强侵略，使中国丧失了独立自主的地位，包括台湾在内的中国社会，沦为半殖民地半封建社会；1895年马关割台，台湾进一步沦为日帝总督府直接统治下的"殖民地"。② 这样的认识，大体上与《台湾历史概述》相同。

---

① 参见张振鹍《漫议台湾历史分期》，《台湾历史研究》第1辑，第14页。
② 陈映真：《台湾史琐谈》，《历史月刊》（台北）第105期，1996年。

我作为《台湾史稿》的主持者是认同马克思主义社会形态学说的。《台湾史稿》本来可以按照马克思主义社会形态学说来给台湾历史分期，考虑到台湾一般读者的接受程度，没有在分期问题上突出社会形态的区分。但是，该书把台湾历史分作古代、近代和现代，是与他们对中国历史的总体认识相一致的，其中也隐含了社会形态的分期用意，即古代是封建社会，近代是半殖民地半封建社会。台湾的现代比较复杂，与大陆的发展走着不同的道路，这是台湾历史的特殊点。大陆在1949年后走上社会主义发展道路，台湾作为一个省，在国民党、蒋介石统治下成为一个政治实体，沿用了"中华民国"的符号。从社会形态的角度说，这个政治实体在1949年后仍然是半殖民地半封建社会，因为台湾处在美国控制下，接受美国经济援助，政治上、军事上不能不在一定程度上接受美国的安排。1979年后，中美建交，美国与台湾的"中华民国"断交，从国际法上美国放弃了对台湾的政治保护，此前，台湾也放弃了美援。此后，台湾社会逐渐走上了资本主义社会，无论是在政治形态上，还是在经济体制上，都在沿着美式资本主义道路发展。

　　《台湾史稿》没有标明台湾古代、近代和现代的时限，似是一个缺点。编写者的指导思想是明确的。鸦片战争前是古代，鸦片战争后进入近代，该书第四章标明中国边疆危机与台湾建省，就是从鸦片战争讲起，这里就包含了时限概念。下卷从1949年开始叙述，也是一个时限的标志。当然，如果从现代中划出一个当代，也许隐含的社会形态分期更清楚一些，这个意见以后修订时可以采纳。

2014年1月4日搁笔，10月5日修改

民国史研究的现状与几个问题的讨论[*]

国内开展中华民国史研究，从 1972 年算起，到今年正好 30 周年。中华民国史研究，现在也已成为一门世界性的学问，在日本、美国、欧洲各国都有很好的研究，各有优长，值得中国学者学习和借鉴。本文主要就国内特别是中国社会科学院近代史研究所有关民国史研究的简要情况做一个汇报，同时提出几个问题，谈谈个人的意见。

一　国内民国史研究的兴起与发展

中华民国史研究是中国近代史研究中的一个新兴分支学科。30 年前，当时所谓中国近代史研究，主要对象是晚清时期，顶多延及五四运动。今天我们所说中国近代史，晚清时期固然还是一个重要研究对象，民国时期的历史研究，特别是五四运动以后的历史研究，骎骎然已经成为主要的研究对象了。鸦片战争史的研究、太平天国历史的研究、洋务运动的研究、义和团历史的研究、辛亥革命历史的研究，其高潮已然过去，有众多学者参与的那种研究状况，似乎不再能掀起。2001 年，是太平天国起义 150 周年，义和团起义和八国联军侵华 100 周年，辛亥革

---

[*] 本文是作者在 2002 年 5 月 26 日中国史学会与云南大学联合举办的"21 世纪中国历史学的展望学术讨论会"上的演讲。原载《近代史研究》2002 年第 4 期；又载中国史学会、云南大学编《21 世纪中国历史学展望》，中国社会科学出版社，2003，第 282—291 页；转载于中国人民大学复印报刊资料《中国现代史》2002 年第 12 期。收入张海鹏《东厂论史录——中国近代史研究的评论与思考》，广东人民出版社，2005。

命 90 周年。2001 年分别在南京和广州召开过有关太平天国的规模不小但内容并不充实的学术讨论会，2000 年 10 月在济南召开过纪念义和团 100 周年的大型国际学术讨论会，2001 年 10 月在武汉召开过纪念辛亥革命 90 周年的大型国际学术讨论会，但似乎都没有取得较之其旺盛期更具突破性的学术成就。与此相反，民国史研究则呈现一片繁荣景象。南京就先后举办过四次有关民国史的国际学术讨论会，本所今年 8 月还要召开中华民国史国际学术讨论会。有关民国时期的政治史、经济史、思想文化史、社会史研究，都开展得很活泼，各种论著层出不穷。民国历史成为海峡两岸学者进行学术对话的重要内容。由于民国时期的历史档案，不管是藏在南京的，还是藏在台北的，包括国民党中央党史会的档案和台湾"国史馆"典藏的蒋介石档案，都先后不同程度地开放，中国学者到日本、美国、英国、法国、葡萄牙等国也寻访到许多档案资料，因此，民国史的论著都显得相对比较充实。民国史研究，大体上是从 1972 年开始的，1978 年后就逐渐走向繁荣了。

早在 1956 年国家制定十二年科学规划时，研究民国历史的任务已经提了出来。但是，在当时的时代背景下，开展这样的研究是困难的，原因有三：第一，中国近代史学科虽然在 1949 年以前就已经开始形成，但以马克思主义指导的中国近代史学科的建设刚刚开始，学者们的兴趣和研究方向还在晚清时期，1961 年召开纪念辛亥革命 50 周年学术讨论会以后，辛亥革命时期的历史研究方才较多地开展起来。从学科建设的角度说，涉及民国史的学术研究还难以提上日程。第二，新中国刚建立，革命时期的热情还在继续，人们迫切希望知道新民主主义革命之由来，新民主主义革命的历史进程，旧民主主义革命如何向新民主主义革命发展、转变，以及帝国主义侵略中国的历史，所以对五四运动以前的近代革命史，它的发生发展、低潮高潮、挫折与进步，学术界努力甚多；对五四运动以后的革命史，主要是中共党史的研究，对学术界具有支配作用。不用说民国史，就是晚清政府的历史，也只能作为革命史的陪衬，不大可能做深入的学术研究。事实上，在国际学术界，如美国、日本、苏联等，那里研究中国近代史的学者，也在追寻新中国成立的由来，他们的研究视线，也仍旧停留在中国近代史的早期即晚清时期的社会历史变化上。第三，从政治上说，民国时期相去未久，许多历史事件的当事人大多尚健在台湾海峡两岸，政治上的敌对情绪难以平息。而且海峡对岸的国民党残存势力还在以台湾作为"反共复国"的基地,对这种残存势力的国际支持还严重存在。两岸之间事实上的战争状态仍然存在。对民国历史做自由的学术研究,在当时的政治环境下是不可能的。

1971年,在"文化大革命"陷于茫无头绪的时候,在"抓革命,促生产"的口号下,国务院抓了1971年国家出版计划的讨论,由于周恩来总理的关心与支持,中华民国史的出版工作被列入国家重点出版计划。1972年7月,近代史研究所从位于河南信阳的"五七干校"全部撤回北京。在李新同志的领导下,近代史研究所积极筹备,网罗人才,在1972年秋成立了中华民国史研究组,成为国内第一家以"民国史研究"命名的研究单位。在当时史学界尚未复苏的情形下,中国史学界率先开始了有组织的民国历史的研究工作,民国史研究在国内自此起步。

民国史研究组当时商定,组织所内外研究人员从事民国史研究工作,计划编写民国大事记、民国人物传、民国专题史料,在民国史研究的资料准备差不多以后,再来编撰多卷本的《中华民国史》著作。那时候,研究工作刚起步,有一定经验和学识的研究人员不多,一切从头开始摸索,公开发表研究成果的园地也没有。当时,民国史研究组与中华书局商定,民国人物传、民国大事记、民国专题史料陆续在中华书局出版。为了谨慎起见,出版用的是16开本的白皮书,内部出版形式,对外不发行,仅在学术界内部交流。"文革"结束以后,中国社会科学院正式成立,人文社会科学方面的研究得以全面恢复。1978年,中国社会科学院近代史研究所根据史学发展的需要,扩大了学科设置,重新组建了研究机构,增设了经济史、文化史研究室,民国史组改制为民国史研究室。截至80年代末,仅以中华民国史资料丛稿(16开,白皮书)名义出版的大事记有25辑,人物传记23辑,民国史资料特刊、增刊、专题资料、电稿共29种36册,译稿19种43册。今天回过头来看,当年近代史研究所开展民国史研究是有勇气的,方向是正确的。它不仅标志着中国历史学中一个新的学科的建立,而且预示着一种新的学风在开始形成。民国史研究以民国时期的统治阶级作为研究对象,打破了以往统治阶级只作为革命史的陪衬的局限,开始了拓宽中国近代史研究领域的进程。这一点对于"文革"结束以后史学界的拨乱反正,在学科建设上有着正面意义。这是我们今天回顾民国史研究30年时必须指出的。

1978 年《民国人物传》第 1 卷公开出版，接着，第 2 卷在 1980 年正式出版。1981 年《中华民国史》第 1 编也公开出版，这标志着民国史研究的招牌对国内外正式亮相，也标志着民国史学科的初步建立。1980 年，我们开展民国史研究的消息传到台湾，曾经引起台湾政学各界的震动。台湾学术界的朋友纷纷发表谈话，什么"诡计""阴谋""幻术""威胁""先声夺人"等议论，不一而足；也有说我们设置民国史研究室是"设官修史"，企图否定台湾的"中华民国"的存在。当时的中国国民党党史委员会主任秦孝仪甚至提出"制敌机先"的口号，形势一时很紧张。1982 年初，当时近代史研究所民国史研究室主任孙思白曾就台湾学术界朋友的疑惑，在《近代史研究》杂志上发表文章，说明组织专门研究机构，开展中华民国史研究，纯粹是历史学者的行为，是学术行为，力图释疑解惑，并倡议两岸历史学家共同推进民国史的研究事业。

在改革开放所形成的良好的研究环境下，近代史研究所的民国史研究得以广泛展开，不仅民国史研究室主要从事民国史、国民党史的研究，其他研究室，如中外关系史研究室、经济史研究室、文化史研究室、思想史研究室，当然还包括革命史研究室，其研究方向都在向民国时期的历史转移。民国史研究室有个时期由于老成凋谢，人才外流，经费支绌，研究工作进展迟缓；近些年条件改善，工作抓得紧，形势好转。至 2001 年 6 月，民国史研究室的主要研究成果有大型民国史研究著作《中华民国史》12 卷，已经出版 6 卷（第 1 编，中华民国的创立，上下册，1981 年版；第 2 编，北洋政府统治时期，第 1 卷，1912—1916 年，上下册，1987 年版；第 2 编，第 2 卷，1916—1920 年，1987 年版；第 2 编，第 5 卷，1926—1928 年，1996 年版；第 3 编，第 5 卷，从抗战胜利到内战爆发前后，2000 年版；第 3 编，第 6 卷，国民党政权的总崩溃和中华民国时期的结束，2000 年版），其他各卷正在加紧工作，将在一两年内陆续完稿。《民国人物传》，共 12 卷，收录民国时期有影响的政治、军事、外交、经济、文化等各界人物近千人，已经全部完成，现已出版 10 卷。《中华民国大事记》，收录民国时期的各项大事和要事，全部 39 卷 5 册已经出版。近代史研究所的研究人员还撰写了有关民国时期政治、军事、经济、外交、文化、人物的著作和论文数百种

（篇），据不完全统计，其中著作104种，编辑出版民国历史资料74种。近代史所有关民国史的这些研究成果，奠定了国内民国史学科的研究基础，代表了国内民国史研究的水准，推动了大陆和台湾以及国外民国史研究的开展。中国社会科学院近代史研究所的民国史研究，受到海内外学术界的广泛关注。1996年，民国史研究室被列为中国社会科学院重点建设的学科和研究室之一，近年来又有了新的发展，保持了在国内学术界的领先地位。

正是在中国社会科学院近代史研究所的带动下，国内的民国史研究近年来得到了长足的发展，海外的民国史研究也有相当进展，民国史研究正在成为一门大有发展前途的新兴国际性学科。目前，国内研究民国史的力量分布在各大学和科研院所，北京大学历史系、北京师范大学历史系、南京大学中华民国史研究中心、南京中国第二历史档案馆、上海复旦大学历史系、上海社会科学院历史研究所、武汉华中师范大学中国近代史研究所、武汉大学近百年革命史研究所、广州中山大学中国近代史研究中心、广东社会科学院孙中山研究所以及天津南开大学历史系，都拥有不少民国史研究人员，重庆也设立了民国史研究中心，可以说各省都有民国史研究的学者。有关民国史的学术讨论会，也在各地屡屡召开。各地出版社纷纷出版有关民国历史的著作，其中河南人民出版社的"中华民国史丛书"、兰州大学出版社的"民国人物大系丛书"、广西师范大学出版社的"抗日战争史丛书"、北京出版社的"中国抗日战争史丛书"、广东人民出版社的"孙中山基金会丛书"、中山大学出版社的"孙中山与近代中国学术系列"、辽宁人民出版社的"九一八事变丛书"等更有特色。民国史研究已经成为中国历史学界很有特色的学科领域。

二 关于中华民国史学科定义的讨论

顾名思义，中华民国是中国历史发展过程中的一个阶段，就像唐、宋、元、明、清各个历史发展阶段一样。1949年10月1日中华人民共和国成立是中国历史的新纪元，标志着中国历史进入了一个新的时代。因此，应该说中华民国史是中国历史发展过程中距离今天最近的一部断代史。我认为这是理解民国史学科定义的关键所在。

但是，我们国内有关民国史的基本概念与这种理解有很大差别。近代史研究所民国史研究室当初讨论自己的研究方向时，决定把民国时期统治阶级及其人物的活动作为主要研究对象，即把北洋军阀及其政权和人物、国民党及其政权和人物作为主要研究对象。已经有论者指出，这种理解未免过于狭窄，认为这是狭义的民国史研究。这个批评是有道理的。我想当初做出这个决定自有其理由。关于五四运动及其以后的新民主主义革命史的研究，关于中共党史的研究，在民国史研究开展以前早就开始了。在人们的眼中，民国史是作为新民主主义革命史或者中共党史的对立面而存在的，就像研究太平天国史、辛亥革命史，清政府是它们的对立面一样。从革命史的角度看，清政府和民国政府都不过是陪衬。那个时候，要想把民国史作为一个研究方向确立起来，自然只能把民国时期的统治阶级及其代表人物的活动作为方向，而不能把新民主主义革命史和中共党史纳入民国史的研究范围。否则，民国史作为一个学科，就难以确立起来。毋宁说以民国时期的统治阶级作为民国史的研究方向，是一个聪明的处理办法。这个处理办法一直延续到今天，虽然有人希望突破，但实际上尚无明显改观。

问题是，在今天，以学术的眼光从学科建设与发展的角度究竟怎么看民国史的学科定义？以学术眼光看，把民国史看作中国历史发展过程中的一个断代史，是符合我们处理历史问题的传统办法的。从断代史的角度看，我们定义民国史学科，可以有狭义的和广义的两种概念。所谓狭义的民国史，基本上可以说是民国时期的政治史。所谓广义的民国史，基本上是涉及民国时期政治、经济、军事、文化、社会发展、政党斗争等各方面的历史。

民国时期的政治史，包括发生在国家上层政治机关的种种斗争。一个国家的政权鼎革，是国家政治上的大事。政权机关上层派系纠纷、意见分歧，往往引起政治斗争。军阀派系，政党斗争，深刻影响国家社会政治生活。虽然不属于国家政治上层，但足以影响国家政治上层生活。如1919年的五四运动，它是学生爱国运动引发了工人运动，并且在此后的社会生活和政治生活中影响至巨，当然应当进入政治史范围。又如1921年中国共产党成立，1924年中国国民党第一次全国代表大会，在其后的中国政治生活中引起了翻天覆地的大变化。1927年4月上海的政变和7月武汉的分共，以及由此引起长达十年的国共内战，都深刻左右了国家政治的动向。1936 年 12 月西安事变，1937 年 7 月卢沟桥事变，促成了国共合作，又一次改变了国家的发展前途。因此，民国政治是指发生在民国时期的国家政治机构、不同政党以及工农群众、知识分子群体，对半殖民地半封建中国的现实生活以及前途和走向方面引发的重大争论、斗争直至改朝换代而足以影响全国政治、社会走向乃至发生深远历史影响的行为。研究民国政治史，就是研究这些政治行为发生、发展的历史。可以说，民国政治史基本上反映、代表了民国时期的历史面貌，左右了民国时期的历史发展。狭义的民国史就是指民国的政治史，是在这个意义上说的。因此，研究民国政治史，不仅要研究旧三民主义，还要研究新三民主义；不仅要研究旧民主主义革命，还要研究新民主主义革命；不仅要研究北方的北京政府，还要研究南方的广州政府；不仅要研究国民党，还要研究共产党，还要研究国共两党之外的各种党派；不仅要研究各个党派自身的治国理念和政策，还要研究各个党派之间的互动，以及这种互动如何影响了政治变化和社会发展；不仅要研究上层的政治，即发生在统治集团之间的政治行为和发生在执政党和在野党之间的互动与斗争，也要研究下层的政治，即发生在工人、农民、知识分子、学生中的政治行为，研究这种政治行为如何影响了国家的发展方向；从阶级关系上说，不仅要研究资产阶级及其政治活动，还要研究工人阶级、农民阶级及其政治活动，也要研究小资产阶级、地主阶级及其政治活动。这样，仅仅把民国时期统治阶级及其人物活动作为民国史研究的方向，把北洋军阀与北京政府和国民党与南京政府作为民国政治史的主要研究内容，显然不能反映民国历史的主要内容，更不能反映民国史的全面内容。这就是说，民国史研究如果排除了共产党和其他民主党派，排除了共产党、国民党以及各民主党派的互动，便不能抓住民国历史的实质内容。在这种情况下研究党史，无论是共产党史还是国民党史，便只能看到单纯的党派活动，看到党的会议、文件与政策的制定，看不到在广阔的历史背景下政党的作用，为什么会有这样一些党的会议、文件和政策的制定。

狭义的民国史，即民国政治史，虽然反映了民国历史的基本内容，但终究不能反映民国历史的总体面貌。因此，必须指出研究广义民国史的必要性。所谓广义的民国史，即指发生在民国时期的各种社会行为，包括政治的、经济的、中外关系的、军事的、文化的、思想的、社会的等，必须研究民国政治史、民国经济史、民国时期中外关系史、民国军事史、民国文化史、民国思想史、民国社会史、民国时期民族史、民国边疆史、民国宗教史、民国华侨史等。民国政治史，前面已经讲过。民国经济史，不仅要研究一般的经济现象，研究国民所得，研究国家综合经济能力，研究城市经济、农村经济，尤其要研究资本主义经济的发展、成长状况及发展中的挫折和困难、机遇和挑战，研究资本主义经济的发展如何影响了社会生活的方方面面：不仅影响政治运作，还影响军事行为，影响外交能力，影响人们的文化生活和思维方式。民国时期中外关系史，换句话说，民国外交史首先要注重研究国际关系下的中国外交，在这种情势下，中国的外交不是主动的，是被动的，是受到大国左右的，这是基本的一面；也要从中国自身的利益、中国国内的政治斗争和中国人民的觉醒的角度考虑中国的外交努力，在这种情势下，民国时期的中国外交也有自主的成分，有些外交行为维护了中国的主权和利益，这与晚清的外交是不完全一样的。民国文化史、思想史，非常重要。文化、思想现象，一般是在前人基础上的继承，又能影响后人。文化、思想现象又非常复杂，总起来讲，它是一定社会的政治的、经济的、外交的等现象的反映。我们对民国文化、思想史的研究，首先要关注那些反映社会前进、上升努力的文化、思想，关注那些探索、寻求中国出路，引导中国向上的文化思想，关注各种文化思想流派之间的论辩、争鸣及其对社会生活的影响。这些当然应该成为研究的重点。总之，在这些专门研究的基础上，才能够写出反映民国时期丰富内涵的、有血有肉的、枝叶繁茂的中华民国史。目前国内的研究，在上述各方面取得了很大成绩，但也有很大差距，我们应该有更多的努力。

关于民国史的学科定义，我们似乎可以做一个结论：民国历史是中国历史上的一部断代史。研究民国史，不仅要研究民国时期统治阶级的历史，也要研究被统治阶级的历史；不仅要研究国民党的历史，也要研究共产党的历史，还要研究反映社会生活、国家发展各方面内容的历史现象。如果把民国史定义为只研究民国时期统治阶级及其人物的历史，从学科定义的角度看，是片面的、不科学的、不足取的。这好像从前研究革命史，只研究革命势力一方面，而不大研究反革命势力或者说统治阶级势力方面一样，都是片面的。换一个角度说，中共党史作为一个独立的学科存在，是有它存在的理由的，中共党史研究还要大力开展，研究中共党史的学者,也要在研究中寻求广阔的历史背景的支持。从历史本身发展需要,从学科发展需要,民国史都不能停步在统治阶级历史活动的研究上。

概括一句话,民国史学科是研究民国时期历史的学问,是以民国时期政治、外交、经济、军事、文化、思想等诸多社会现实为研究对象的学问。从学科自身的定义看,从学术发展的角度看,像30年前那样,把民国史仅仅看作民国时期统治阶级的历史,显然是不科学的,显然是与历史发展的实际不相符合的。

三 研究民国历史应该把握的几个历史转折

我对中国近代史的发展轨迹有一个观察,就是中国近代史上经历了"沉沦"和"上升"的发展阶段,所谓"沉沦"和"上升"有它自己的运行规律。

人们常说,近代中国的历史是屈辱的历史。从鸦片战争清政府失败时候起,中国社会便逐渐陷入半殖民地半封建社会的深渊,这便是近代中国社会的"沉沦"。这是以往的历史学家对中国近代史的一种解说。大约20年前,有学者发表论文,提出近代中国不仅有"沉沦",还有"上升"。所谓半殖民地半封建社会,半殖民地是对独立国家而言的,半封建是对半资本主义而言的。半资本主义,对封建社会是一种历史的进步。半资本主义的存在,就是"上升"。所以,半殖民地半封建社会不仅有"沉沦",而且有"上升"。这种"沉沦"和"上升"是并存的。这是历史学家对近代中国历史的又一种解说。

说鸦片战争后的近代中国陷入"沉沦",有它合理的地方,因为它看到了帝国主义侵略、政府腐败给中国社会带来的严重后果,但仅止于此,不能很好地解释为什么近代中国以后有积极的、向上的发展。说近代中国的"沉沦"中有"上升",也有它合理的地方,因为它看到了在沉沦、屈辱的中国,仍然存在上升的因素。但说在"沉沦"的过程中始终"包含着向上的因素","沉沦"与"上升"并存,也不能恰当地解释整个中国近代史的发展。

怎样解释才符合历史发展的真实呢？

帝国主义侵略确实使中国社会发生"沉沦"，使独立的中国社会变为半殖民地，独立主权、领土完整受到严重损伤。但是，"沉沦"也不是中国社会的唯一标志，换句话说，近代中国社会也不是永远沉沦下去。即使是"陷入半殖民地半封建社会的深渊"，这个"深渊"也应该有一个底。

这个深渊的"底"在哪里？底就在20世纪的头20年，就在《辛丑条约》签订以后至北洋军阀统治时期。因为是"谷底"，所以是中国社会最困难的时候。

台北的张玉法教授认为《辛丑条约》以后，列强对中国的态度趋于缓和了，这种认识与历史事实是不相符合的。事实上，《辛丑条约》给中国带来了最大的打击，帝国主义更加重了对中国的侵略，西有英国对西藏的大规模武装侵略，东有日俄在东北为瓜分中国势力范围进行武装厮杀，北有俄国支持下外蒙古的"独立"运动，南有日本、英国、法国在台湾、九龙租借地和广州湾租借地的统治；到1915年以后，又有日本提出的企图灭亡中国的"二十一条"以及袁世凯政府对日签订丧权辱国的所谓《民四条约》，辛亥革命以后又有袁世凯称帝、张勋复辟、日本出兵青岛和山东以及军阀混战，民不聊生至于极点。看起来中国社会变得极为黑暗、极为混乱，毫无秩序、毫无前途。这正是"沉沦"到谷底的一些表征。但是，正像黑暗过了是光明一样，中国历史发展在谷底时期出现了向上的转机。中国资产阶级革命派力量壮大起来，并导演了辛亥革命推翻封建专制的伟大历史事件，这个革命失败后，中国人重新考虑出路。于是，新文化运动发生了，五四爱国运动发生了，马克思主义大规模传入并被人们接受也在这时候发生了。孙中山领导的中国国民党从这时改弦更张，重新奋斗。中国共产党在这时候成立并提出反帝反封建的明确主张。我们可以看出，从这时候起，中国社会内部发展明显呈现上升趋势，中国人民民族觉醒和阶级觉醒的步伐明显加快了。在这以前，中国社会也有不自觉的反帝反封建斗争，也有改革派的主张和呐喊，但相对于社会的主要发展趋势而言，不占优势；在这以后，帝国主义的侵略还有加重的趋势（如日本侵华），但人民的觉醒、革命力量的奋斗，已经可以扭转"沉沦"，中国社会积极向上的一面已经成为社会发展的主要趋势了。

近代中国社会的发展轨迹像一个元宝形，开始是下降，降到谷底，然后上升，升出一片光明。这就是说，鸦片战争以后，中国陷入半殖民地半封建社会深渊，直到20世纪初北洋军阀时期，深渊到了谷底，对于中国社会的发展来说，这时候面临的主要是"沉沦"，虽然这时中国在经济、政治、思想、文化诸方面，实际上存在积极的、向上的因素，但这种因素的发展是渐进的、缓慢的，相对于社会"沉沦"主流来说，它是弱小的；北洋军阀往后，直到40年代，半殖民地半封建社会中国渐渐走出谷底，随着新的经济因素不断成长、壮大，随着新的社会阶级的出现，随着人民群众、社会精英民族意识和阶级意识的日渐觉醒，社会向上的、积极的因素逐渐发展成为社会的主流因素，影响社会向好的方面发展。虽然消极的、"沉沦"的因素仍然严重存在，其对中国社会的压迫甚至不比北洋军阀时期以前弱，但是由于有新的阶级、新的政党、新的经济力量、人民群众的普遍觉醒这样的上升因素在起作用，终于制止了帝国主义使中国滑向殖民地的企图。从另一个角度来说，中国近代史不仅是屈辱的历史，也是中国人民为了民族独立、国家富强而不屈不挠奋斗的历史。所谓屈辱主要体现在历史的"沉沦"时期，所谓奋斗主要体现在历史的"上升"时期。这不是说历史的"沉沦"时期没有奋斗，那个时期中国人民有过不少次的奋斗，但是，由于觉醒程度不够，物质力量不够，斗争经验不够，那时候中国人民的奋斗还不足以制止中国社会的"沉沦"；在历史的上升时期，不是没有屈辱，日本帝国主义对中国的侵略，甚至比以往历次帝国主义侵略给中国造成的损害还要严重，但由于中国人民空前的民族觉醒和空前的艰苦奋斗，中国社会不仅避免了继续沉沦，而且赢来了反侵略战争的彻底胜利，为中国的现代化创造了基础条件。

以上这个观察运用到民国历史时期，我们可以看到，民国历史时期基本上是近代中国的上升期。1901年到1920年是近代中国"沉沦"到谷底的时期。这个谷底时期，是黑暗到黎明的转折期，是"沉沦"到"上升"的转折期，表现"沉沦"的阶级力量还很顽强，表现"上升"的阶级力量又不够强大。这种顽强和不够强大，体现为"沉沦"与"上升"的交替表演。其中，1911年武昌起义胜利导致1912年中华民国的建立，标志着近代中国上升期的起点，它又是民国历史的起点。它是"谷底"时期"沉沦"与"上升"交替表演的第一个回合。接着袁世凯掌握北京政权，孙中山、黄兴等革命派失去政权，形成交替表演的第二个回合。1913年宋教仁被刺，孙中山、黄兴发起"二次革命"，袁世凯镇压"二次革命"，宣布就任民国正式大总统，是这时期交替表演的第三个回合。1915年底袁世凯称帝，蔡锷等在云南发动"护国战争"，袁世凯从称帝到气急而亡不过5个月，这是交替表演的第四个回合。黎元洪任大总统后，发生张勋复辟和段祺瑞"再造共和"那样的政治局面，那实际是专制与共和斗争的一个表现形式；接着孙中山在广州组织护法军政府，号召维护《临时约法》；接着发生五四运动和六三运动，掀起了前所未见的反帝反封建斗争，这是谷底时期交替表演的第五个回合。我们看到从辛亥革命表现出来的民国历史的起点，也就是中国近代史"上升"时期的起点，到五四运动表现为新民主主义革命的起点，"上升"时期的阶级力量在明显地成长、壮大，"沉沦"的阶级力量在逐渐消退。在辛亥革命所造成的那样大的革命声势下，革命派为什么不能执掌国家政权？我们现在可以回答，辛亥革命所处的那个时期，正是近代中国历史发展"沉沦"到谷底的时期，是"沉沦"到"上升"的转折期，也是专制和共和的转折期。这个时期是民国历史的第一个转折期。这个转折值得认真研究。应该说，这个转折对近代中国历史发展进程的意义，至今的研究都很不够。

1921年中国共产党成立，1924年中国国民党召开第一次全国代表大会，形成了第一次国共合作，这个合作导致工农运动的高涨，导致人民群众民主意识的高涨，最终导致北洋军阀的垮台。这是民国历史的第二个转折。对于这个转折，当时的人们是没有看得很清楚的。对于中国共产党的成立，对于中国国民党在1924年发动的重大改革，对于国共合作反对北洋军阀的政治动向，在最初并没有引起北方军阀的注意和重视，也没有引起当时北方社会舆论的深切关注，甚至也没有引起列强的严重注意。换句话说，当时北方各军阀并没有把南方改组后的国民党和新成立的国民政府放在眼里。北京、天津、上海等大城市的新闻媒体和社会舆论关注的重心，仍是北方政局的发展变化。对南方国民党的革新，对于国共合作，认为它不过是跟着苏联"赤化"而已。甚至到南方国民革命军誓师北伐，北方各军阀仍未把北伐军当成是对自己的一个重大威胁，或者认为蒋介石也会像过去孙中山的几次北伐一样，不过虚张声势而已。号称拥有七八省的人力物力的吴佩孚与北伐军在湖南战场交锋，虽然遭遇不利，但他仍然充满自信，自以为扼守湖北咸宁汀泗桥这一天险，北伐军莫可奈何。未料吴佩孚的部队在数日之间，一败于汀泗桥，再败于贺胜桥，不仅出乎吴佩孚意料，社会舆论也一度大哗。汀泗桥、贺胜桥一战，使睥睨一世的吴佩孚威名扫地。从此以后，北伐军的声威震动全国，南方的革命军和革命政府也成为全国舆论关注的焦点。这个转折标志着近代中国"上升"时期的政治力量形成。

1927年国共合作破裂和南京国民政府的成立，是民国历史的第三个转折。这个转折埋下了国共两党长期不和、长期斗争的根苗，影响了国家的发展，影响了整个社会文化、思想发展的走向，影响了社会制度选择的方向。北洋军阀的垮台，南京国民政府的建立，标志着社会发展的"上升"；而代表"上升"时期的政治力量的分裂，尤其是国共合作的破裂，又严重阻碍了社会"上升"的力度。

1936年12月西安事变，1937年卢沟桥事变，形成了民国历史的第四个转折。中国共产党及其武装力量经过十年内战的损失和挫折，已经变得很弱小了。在日本军国主义侵华步伐加快的形势下，中华民族与日本军国主义侵略者之间的民族矛盾急剧增长，爆发了西安事变。共产党看到了西安事变并非张学良、杨虎城的个人行为，看到了1931年以来的民族救亡的民众运动在反蒋的政治力量中的反应，看到了日本侵华导致中国与日本帝国主义之间的民族矛盾骤然上升，于是紧紧抓住了抗日的旗帜。这个旗帜代表了中国大多数人的民族心理和要求，以此为据，促成了国共的再次合作。这次合作不仅最终取得了抗日战争的胜利，而且初步改变了中国在国际社会上的形象，废除了列强在华治外法权，以及由于签订1901年条约，列强强加在中国身上的沉重负担。在国共合作进行全面抗日战争的八年中，国共之间有许多矛盾和摩擦，特别是皖南事变使这种矛盾和摩擦达到了高潮，但都因为民族矛盾超过了阶级矛盾而化解了，没有造成国共合作的再次破裂。国共合作共同抗日，空前调动了全民族的救亡意识、民主意识，正是这种意识，标志着近代中国"上升"趋势的形成。从这时候起，"沉沦"那样一种社会发展趋势就退居次要地位而不复严重影响中国历史进程了。

抗战胜利后国共重庆和谈签订的协议和政协会议的决议的不能履行，1946年6月内战开始，是民国历史的第五个转折。这次转折所用的时间不长，却完成了近代中国历史发展的选择模式，完成了自辛亥革命以来的"上升"趋势，完成了从旧中国到新中国的转变。从这时候起，"沉沦"趋势就不复见于中国历史。这个转折不仅完成了从"沉沦"到"上升"的历史性转变，完成了从旧中国到新中国的历史转变，也原则上完成了从革命的中国到建设的中国的转变。

我认为，民国历史经历了38年，是近代中国历史发展最值得重视、最需要认真研究的一个历史阶段。但是历史现象复杂纷纭，错综曲折，起伏跌宕，如果研究者陷入具体琐碎的考证，缺乏宏观的把握，就难以取得重大的研究成果。抓住了上述五个转折点，深入研究和思考，就等于抓住了这段历史的基本线索，复杂纷纭的历史现象就可以顺藤摸瓜，梳理得清清楚楚了。

试论胡绳的中国近代史研究[*]

马克思主义历史学家胡绳在新民主主义革命时期以中国近代史为战斗武器,"以史论政";同时用唯物史观观察近代中国,提出了对近代中国历史若干重大问题的认识。1949 年以后,他推重革命性与科学性的结合,在中国近代史研究和著作的实践中,提出了中国近代史学科体系规范的一系列重大认识,在推动创建科学的中国近代史学科体系中具有重要作用。从"以史论政"到科学的学科体系的创建,胡绳的中国近代史研究是一个历史过程。

2000 年 11 月,胡绳先生去世的当月,中国社会科学院等单位召开追思会,张海鹏在会上做了简短发言,题为《追思胡绳同志在建树中国近代史学科中的功绩》[①]。谨此胡绳先生 90 岁冥诞之际,在上文的基础上再做延伸,深入讨论胡绳先生的中国近代史研究,作为纪念。

投身新民主主义革命,以中国近代史 为以史论政的工具

1936 年 5 月 10 日,胡绳发表《〈中国近代史〉评介》一文时,年仅 18 岁。一年前,他从北京大学哲学系一年级肄业,回到上海刻苦自学。他已阅读了马克思主义的一些著作,初步接受了辩证唯物主义和历

---

[*] 本文与赵庆云合作,发表于《历史研究》2008 年第 2 期。曾收入张海鹏《中国近代史基本问题研究》,中国社会科学出版社,2013。
① 此文收入张海鹏《东厂论史录——中国近代史研究的评论与思考》,广东人民出版社,2005,第 718—720 页。

史唯物主义的基本观点,在上海从事中国共产党领导的文化活动和抗日救亡运动,为《读书生活》等刊物撰稿,参加《新学识》的编辑工作,已然在思想界崭露头角。在这篇文章中,他尝试以唯物史观为准绳,来评价最早用马克思主义观点系统研究中国近代史的专著——李鼎声所著《中国近代史》。他指出,"这本书的作者是很正确地把握到现代中国社会发展的本质的,而且在他这本书中间是负起了应负的任务的"。在他看来,李著《中国近代史》相对于其他史学著作的优越之处在于:第一,处处顾到中国历史的世界背景;第二,对于中国近代史中许多常被误解或歪曲的重要事变都有很有力的说明。同时,他也毫不客气地指出这本书的缺点:内容过于简略,尤其对于"国际资本主义侵入中国以来中国经济上的变化"解说得还欠周到。他认为,在解释历史事实时,不可"忘了当时的社会经济背景"。而且,"国际资本、中国民族资本、封建势力这几方面微妙的复杂的关系,是不能只用几句概念式的话就算表过的"。① 重视社会经济在社会发展中的决定作用,重视对社会阶级势力消长的分析,这些都体现了青年胡绳已然接受了唯物史观的基本内核。

1937年5月5日,抗战全面爆发前夕,胡绳发表《"五四"运动论》。他既充分肯定五四运动激烈的反帝反封建思想,又明确指出,"五四"时代思想的最大弱点是"只有热情的口号,只有杂乱的思想介绍,而没有对于宇宙、社会、人生全面的、一贯的、深刻的理解作理论基础"。正因为这些弱点始终不曾被克服,"于是在客观的形势稍一变动的时候,有些起初以英勇姿态而出现的战士便一败涂地向后退了,而且退得那样地迅速,那样地毫不迟疑"。五四运动对群众的发动极为有限,"它只唤醒了一小部分人的'人'的自觉,它仍然把大部分的在多重的压迫下挣扎生存的人遗忘了"。胡绳指出,必须"要给民主与科学建立起与历史的发展过程配合,与当前的救亡运动的实践配合的坚实的理论基础",② 这个基础就是唯物论与辩证法。唯有如此,才能彻底肃清帝国主义、封建主义势力。胡绳撰写此文时,国共联合抗日局面已初步形成,全国上下一心,统一于抗日救亡的旗帜之下,中共和一些有识

---

① 《胡绳全书》第7卷,人民出版社,2003,第353、355页。
② 《胡绳全书》第1卷(上),人民出版社,1998,第40、41页。

之士呼吁国民党实行民主,发动人民群众的力量,实行全面抗战。胡绳通过论述五四运动,吸取历史经验教训。他指出,救亡无疑需要民主和科学,但更为重要的是确立马克思主义唯物论与辩证法的指导地位,这才是解决问题的根本。

抗日战争全面爆发后,胡绳转至武汉,于1938年加入中国共产党。此后,他在武汉、襄樊、重庆等地参与党的文化领导机构和统一战线工作。由于投身中国共产党领导人民求解放的宏伟革命实践,他对五四运动的伟大历史意义看得更清楚了。解放战争胜利前夕,胡绳在1949年5月4日《进步青年》创刊号发表《五四运动的历史意义》。文章指出,五四运动以前,农民大众的"血虽然向外国侵略者表明了中国人民是不可轻侮的,但是他们究竟并不能对民族的新生有多少积极的贡献";资产阶级和小资产阶级的革命热情"往往只表现为脱离广大群众的个人主义的搏斗。他们朦胧地想望着资本主义的中国,实际上却随时准备着与帝国主义者和封建势力的妥协"。五四运动后,"由于中国工人阶级之作为独立的、领导的政治力量的出现",由于无产阶级政党——中国共产党的出现,中国人民的革命有了确定不移的目标,中国革命呈现焕然一新的面貌,"百年间中国人民所抗议和反对的旧中国就不能不一天天走向死亡,合于最大多数的人民大众意愿的新中国也就一定能涌现到地平线上来"。① 文章的结论:五四运动成为中国近代历史的分水岭。在《帝国主义与中国政治》一书中,他这样评价五四运动:十月革命的影响,马克思主义在中国的传播,人民的进一步觉醒,巴黎和会外交的失败,终于引发了五四运动。五四运动在中国历史上具有划时代的意义,使帝国主义不得不承认"中国人民的团结和行动的力量,的确是一个相当重的砝码"。"从五四运动开始,我们可以看到,具有彻底地反帝国主义性质的人民爱国运动在无产阶级领导下展开了。"中国革命成为社会主义的世界革命的一部分,"中国人民的反帝国主义斗争就不能不展开新的面貌"。②

严格说来,写于1939年12月25日的《论鸦片战争——中国历史转变点的研究》是胡绳第一篇关于中国近代史的学术论文。在这篇文章

---

① 《胡绳全书》第2卷,人民出版社,1998,第4、7页。
② 《胡绳全书》第5卷,人民出版社,1998,第319、322页。

中,他运用马克思主义阶级分析方法,通过丰富的史料,展现了鸦片战争前中国社会矛盾日趋激化、下层民众的反抗斗争此起彼伏、清朝专制统治由兴盛而渐趋衰落的历史图景,对"在鸦片战争中各种社会力量的动态和鸦片战争的发生与结果在中国社会中引起了怎样的阶级关系的变化"做了具体、深刻的阐述。一方面,鸦片战争加速了小农经济的解体,造成了封建社会的崩溃;另一方面,"在这腐烂的过程中生长出了在中国历史上从来未有过的新的对立阶级,新的斗争与发展"。在这篇长约 2 万字的文章中,胡绳充分表现了他高屋建瓴的理论思维、游刃有余的史料驾驭能力,做出了许多新颖而富有卓识的论述。比如,对于清王朝采取的闭关锁国政策,前人大多持否定态度,他通过辩证分析指出,"假如在 18 世纪,中国的锁国政策,还是出发于封建社会中传统的自大心理与对任何外来新势力的畏惧与排斥,那么到了 19 世纪初叶这一政策有了积极的自卫意义"。清朝统治者的颟顸愚昧固然应该批判,但绝不能因之而为万恶的鸦片贸易开脱罪责。胡绳通过雄辩的历史事实论证了鸦片贸易给英帝国主义带来的巨大收益,给中国造成的深刻的社会灾难,"英国在以大炮轰破中国的大门之前,已经靠着鸦片那种奇怪的商品给予了闭关自守的中国比炮弹更要激烈的打击了"。① 闭关只是清王朝在面对帝国主义入侵时的一种无奈的选择,如果对帝国主义侵略与扩张的本质认识不清,对英帝国欲打开中国这个海外市场以挽救日益逼近的工业危机这个鸦片战争的内在根源视而不见,而仅归咎于闭关锁国政策,则可以说是倒果为因、颠倒黑白。应该注意到,此文写作时抗日战争已进入相持阶段,国民党对日方针由初期的积极抵抗转向消极妥协。鸦片战争中的统治阶级依违于和战之间,对英国侵略者时而大张挞伐,时而委曲求和,最终使局面不可收拾,这样的历史教训不啻是提供给国民党当局的前车之鉴。

胡绳关于闭关的观点在他 1949 年所写的《帝国主义掠夺中国的前奏》一文中有了进一步的发挥。他通过翔实的史料证明,"中国当时所拒绝的并不是什么和平的国际贸易。如果中国曾经只能听任西方海盗商人自由行动,那就等不到鸦片战争,先来的冒险家们早已会把中国蹂躏成和非洲、澳洲、印度、印度尼西亚一样了"。胡绳进一步分析,"封

---

① 《胡绳全书》第 1 卷(上),第 406、387、390 页。

建统治者企图关紧大门，永远保持封建统治秩序"，① 但他们所采用的这种单纯防御的方法，不能逃脱破产的历史命运。也有论者指责清廷不知利用国际关系以制英，胡绳认为，"固然当时英美、英法的矛盾是可以利用的，但清廷即使能利用国际关系，而在国内矛盾日趋锐化的情形下，欲避免自身的危机也是不可能的。在国内执行着一切退步政策的封建统治者是领导不起来一个胜利的全民抗战的"。② 由于有辩证唯物主义这一有力的分析工具，胡绳的这些论述既迭出新意，又有理有据。这几篇文章中所采用的分析方法和观点，对此后中国近代史研究有相当大的影响。而且，他洗练流畅、雅俗共赏的行文风格也有助于吸引更多读者。

1942年，胡绳从香港回到重庆，在《新华日报》编辑部工作。他在工作之余用大部分精力学习中国历史，阅读了许多历史书籍，并于1944—1945年根据学习笔记写了一本通俗读物《二千年间》，寄给叶圣陶编辑的《中学生》杂志发表。③ 写作此书时，胡绳只是将它当作自己学习历史的笔记，并未想借此对现实有所讽喻。但作为一个有强烈历史责任感与时代使命感的热血青年，面对使人焦虑的国内政局，"由这些客观形势引起的感触不可能不流露到笔端上来"。④ 这本书结构独特，从纵的方面写官僚机构、军队、农民革命、上层改革等。在第六节"大地下的撼动"中，胡绳对农民战争给予了极高的评价，农民起义虽然"无法违抗失败的命运"，然而"在这一次接一次的斗争中，毕竟是把封建社会推向前去"。尤其对最后一次最大规模的农民战争——太平天国运动，胡绳认为它"一面总结了封建时代的农民战争，一面又下启了近代的民族民主的革命斗争"。他进一步指出，"只有在现代的民族民主革命中，才能真正解决农民问题，不会重蹈农民战争的历史覆辙"，但无论如何，中国革命必须发动农民才能获取成功，"表面上显得似乎是凝滞不动的广大农村中，有着无限的力量，一旦撼动起来，就能创造

---

① 《胡绳全书》第2卷，第19、20页。
② 《胡绳全书》第1卷（上），第401页。
③ 据胡绳回忆，1949年前后，中学里没有历史教科书，就拿《二千年间》当教科书。《笔耕丰歉说当年》，《胡绳全书》第7卷，第165页。
④ 《胡绳全书》第5卷，"引言"（1996年），第2页。

出一切奇迹"。① 对于戊戌变法，胡绳认为不能高估其历史意义，它不能算改革，只是改良，是从统治者立场上提出的改良政策，"把对于下层人民的剥削方法和统治政策作某些改变，以求达到稳定既存的统治秩序，维持和巩固统治者地位的目的"。在内忧外患的情况下，为了挽救危局，统治集团自动提出的改革办法，最高限度"只是这种改良政策"，而且"纵使是这种改良政策，他们也不敢认真执行"。最后，统治阶级只能一切守旧，坐以待毙。尤为可贵的是，胡绳在此时已特别意识到反封建任务的艰巨性。他强调，"封建专制时代经历那样长的期间，积蓄了那样深厚的传统，要把它整个埋葬掉，并不是很容易的事。一个人死了，固然并不会有鬼魂，但一个历史时代死了，它的鬼魂却还会继续活着，给新的时代以骚扰破坏的。这'鬼魂'却并不是不可捉摸的精灵，而是实际社会中的存在"。② 直至今日，我们依然不能不佩服胡绳这些话里所蕴含的真知灼见。

1946年解放战争爆发，中华民族面临两种截然不同的命运的抉择。胡绳先是在上海，1947年3月转赴香港，直至1948年10月，"这段时间在中国大地上发生了翻天覆地、惊心动魄的变化。革命胜利的形势排山倒海地到来，使人有应接不暇之感"。③ 这是胡绳写作最为丰产的时期，"写的数量大，当然是面临着千年不遇的变化，但也和身处香港有关"。④ 为了让民众认清蒋介石独裁统治的真面目，从而坚定地跟中共走上民主共和的道路，他在这个时期写了相当多的时政评论。由于国民党的文化专制日趋严酷，"起先大多用现实的政治题目，但这样的题目的文章渐渐地发表不出来了。于是就试用中国近代史的题材写一些文章以代替政论"。⑤ 这些文章以史论政，"试图通过讲历史说服当时许多尚处于观望状态的知识分子与中国共产党合作，教育广大青年吸取历史教训投奔到革命洪流中去"。这些"史事评论"文章主要包括《辛亥革命前知识分子和群众的结合》（1946年）、《辛亥革命旧事》（1946、1947年）、《康有为与戊戌维新》（1948年）、《梁启超及其保皇自由主义》

---

① 《二千年间》，《胡绳全书》第5卷，第90、91页。
② 《二千年间》，《胡绳全书》第5卷，第132、133、134、140页。
③ 《香港杂忆》，《胡绳全书》第7卷，第190页。
④ 《笔耕丰歉说当年》，《胡绳全书》第7卷，第170页。
⑤ 《胡绳全书》第6卷（上），人民出版社，1998，"序言"（1980年），第23页。

（1948年）、《洪秀全和冯云山》（1948年）、《马克思主义与近代中国社会思想发展概观》（1948年）、《太平天国和资本主义外国的关系》（1949年）等。

对于辛亥革命倾覆清王朝的伟绩，胡绳认为，不能孤立地归功于革命者一次次孤注一掷的暗杀行动、一次次规模有限的军事起义，而更应该看到先进知识分子在群众中所做的长期宣传教育和组织工作，奠定了一定的群众基础，从而爆发出无穷的革命伟力。他征引丰富的史料，雄辩地论证了"知识分子和群众结合的密切程度，是革命成熟程度的决定因素"。① 辛亥革命前群众运动并不充分，知识分子在主观上还没有真正把自己完全和群众打成一片的决心，这就决定了辛亥革命成果是很脆弱的。文章的现实指向性是很强的：观望中的知识分子，应该以史为鉴，为了新民主主义革命的胜利，积极投身到发动和组织群众的伟大事业中去。

在《康有为与戊戌维新》《梁启超及其保皇自由主义》二文中，胡绳对改良主义进行了深入论述。他认为，戊戌维新逃脱不了失败的命运。首先，康有为等维新志士只想"从国主、贵臣、缙绅、士大夫中去找求保国的力量"，结果自然不堪反动势力的一击。虽然他们从"上面"碰了钉子后，也曾想到"下面"的"国民"，但"他们所能想到的国民，总究是脱不出官僚士绅的范围的"。康有为等对于下层人民革命的极端恐惧，决定了他们不可能真正发动广大民众起而抗争。其次，他们"只想通过统治集团来进行渐进的改革，对于既存的统治秩序从来不敢设想基本的变化"。在中国革命力量还未崭露头角时，他们是使守旧的专制者震动的改良主义者；但是后来随着革命形势的迅猛发展，他们的"政治思想也就失掉了改良主义的意义，而把反革命的实质极端地表现出来了"。② 应该看到，胡绳写作此二文时，新民主主义革命即将迎来胜利的曙光。在现实政治斗争中，改良主义的斗争锋芒并非指向旧势力，而是指向革命。毋庸讳言，在这两篇文章中，胡绳对于康、梁的改良思想多所苛求，对于康、梁前期的维新思想与活动缺乏必要的肯定，评价偏低，这种趋向在他后来的著述中得到校正。

---

① 《辛亥革命前知识分子和群众的结合》，《胡绳全书》第1卷（上），第417页。
② 《康有为与戊戌维新》，《胡绳全书》第1卷（上），第436、433、438、442页。

在《洪秀全和冯云山》《太平天国和资本主义外国的关系》二文中，胡绳叙述了洪秀全等农民领袖对太平天国筚路蓝缕的开创之功，对洪秀全改造西方的天主教、向西方国家寻找真理给予了较高的评价。《劝世良言》仅仅是一本拙劣的基督教宣传品，但洪秀全在其中发现了革命的内容，从某种意义上而言并非偶然，"因为在古罗马社会中，基督教最早建立的时候，奴隶大众正是拿这样的宗教思想当作他们的斗争武器的"。在洪秀全个人身上，"古代欧洲被压迫人民曾经用来宣泄他们的反抗情绪的宗教思想"和"中国农民大众的革命要求结合起来了"，从而成为中国近代第一次巨大的人民革命运动的触媒。宗教信仰的一致，曾经让洪秀全等一度对帝国主义充满幻想，力图以避免冲突的方法争取列强的友好态度，但是，"资产阶级侵略者，虽然满口人道博爱，但是他们的实际利益是和中国的代表最腐败落后的社会势力的专制统治者紧紧结合在一起的"，[①] 中国革命的人民决不能和外国侵略者站在同一个"上帝"的下面。

《马克思主义与近代中国社会思想发展概观》是为纪念《共产党宣言》发表100周年而作。文章对近代以来中国社会思想的激烈变化做了系统梳理与论述。西方资本主义的大炮冲破了封建中国的樊篱，也惊醒了"天朝上国"的迷梦，鸦片这种精神麻醉剂反而成了中国农民大众革命思想的触媒。洪秀全的空想社会主义思想，表现出封建压迫下农民大众求解放的朦胧希望，它"给了预约，却不能实现"。对于洋务运动，胡绳认为不能将其视为近代中国民族自我觉醒运动的一页，"因为这实际是封建的官僚统治集团争取买办化的一个运动"。洋务思想"是反动的，是在窒息了农民革命后继续起着阻止历史进步的作用的"。随之出现的地主阶级中的反对派提出改良主义思想，主张政治改良，他们"确是不自觉地为刚在萌芽的城市工商业者做了代言人"。他们已并不满足于甲午战前的改良派卑微的存在状态，企求取得政权力量来大行其志。戊戌维新是改良主义思想发展的最高点，但它"恰恰表现了改良主义思想的软弱性"，"戊戌维新的失败为这种改良主义思想的历史进步性敲起了丧钟"。自此以后，中国民族危机空前严重，革命浪潮风起云涌，改良主义者"已从官僚统治集团的反对派，变为人民革命力量的反

[①]《太平天国和资本主义外国的关系》，《胡绳全书》第2卷，第27、37页。

对派",他们的"历史进步性也就断绝了"。对于改良主义为革命前驱的功绩,胡绳并未忽视,他指出,正是从改良主义中分化出了革命主义,客观形势的发展"推进着人们的思想认识,不能不越出改良主义所划定的樊篱,而走向革命的水平"。① 胡绳在这里对改良主义的分析充满了辩证法的思想,同他晚年的论述并无本质的区别。美国著名学者费正清也认为,正是戊戌维新的失败,使"没有别的事件能比这更有效地证明:通过自上而下逐步改良的办法来使中国现代化,是绝无希望的"。"从那时起,政治革命就和立宪维新形成两股齐头并进的力量了。"②

对于革命派思想的弱点,胡绳并未予以粉饰。他们狭隘的"排满"观念,对帝国主义不切实际的幻想,对革命艰巨性的盲目乐观,所谓毕其功于一役,实则把最为迫切的反封建问题反而轻轻放过。这些都反映了资产阶级、小资产阶级思想的贫弱,不可能领导革命取得彻底胜利。辛亥革命后的六七年,中国思想界混乱无主,资产阶级的革命理想日趋暗淡,这些思想都曾在一定的历史时期起过进步作用,但"都在急速发展的历史舞台上被推向后面去了"。时代呼唤新的思想,这种思想"能够组织起追求进步与解放的群众,能够明确指明中国的前途和如何达到这前途的路径"。③ 事实上,只有马克思主义思想才能担负起这样的历史使命。

《马克思主义与近代中国社会思想发展概观》通过梳理近代中国社会思想的演变脉络,有力地论证了中国人民接受马克思主义、走上社会主义道路的历史必然性,发挥了引导民众的巨大功用。此文写于解放战争即将胜利之际,当时不少属于中间势力的人对于社会主义道路还心存疑虑,这篇文章无疑有助于打消这些人的疑虑,认识到只有以马克思主义武装的共产党才能将中国引上一条光明之路,社会主义是中国历史的必然选择,从而坚定地拥护中国共产党的领导。

胡绳 1948 年 10 月写的两篇杂文也带有以史论政的性质。在《当一个朝代覆灭时》一文中,他由清末史实总结出一条规律:一个专制王朝越到衰微时,就越是巴结、依靠帝国主义主人,以为可以永保尊荣。历史事实证明,"结与国之欢心",而不顾人民的死活,也就预示着这个

---

① 以上引文详见《胡绳全书》第 1 卷(上),第 480—490 页。
② 费正清:《美国与中国》,世界知识出版社,2002,第 190 页。
③ 《胡绳全书》第 1 卷(上),第 495 页。

专制王朝无法逃避覆灭的命运。文章的现实针对性是非常鲜明的,垂死挣扎的蒋家王朝不就是腐朽清王朝的历史再版吗?在《中国非袁不可吗》一文中,胡绳更是将人们对袁世凯的衣钵传人蒋介石的幻想打得粉碎,中国不是"非蒋不可",而是"非去蒋不可"。这两篇文章都采用历史类比的方法,简单的历史比附并非一种好的方法,但是联系当时的时代背景,以史论政是一种曲折委婉的时评,是一种不得已的选择,对于这些文章在现实中所发挥的巨大的战斗作用,无疑是应该予以肯定的。

走向系统阐述中国近代历史的代表作:
《帝国主义与中国政治》

如果说上述以史论政的文章在学术性方面有所减损的话,胡绳第一本系统论述中国近代历史的代表作《帝国主义与中国政治》则体现了革命性与学术性的结合。本书初稿 1947 年写于香港,当时的香港并非置身于时代漩涡之外,而是"沸腾的时代所引起的各种思潮集中反映的地方,既为政论作者提供了丰富资料,也不能不激起他们写作的激情",① 而且也为胡绳提供了比较从容地进行观察和思考的便利条件。胡绳后来说,《帝国主义与中国政治》讲述的虽然"是一百多年前到几十年前的帝国主义侵略中国的故事,但所要解答的问题,是同写书时的现实政治斗争密切相关的。它的初稿的一部分曾经交给当时坚持在上海工作的朋友们办的进步刊物,作为政论文章而发表。在国民党法西斯统治下的上海,这可能是发表政论文章的惟一形式"。②

这本书缘起于现实中的一个关键问题,在推翻蒋介石统治的革命斗争很快将取得胜利之时,美国"会采取什么手段来对付中国革命"。③ 从中国近代历史事实出发,说明"只有彻底地从帝国主义的统治和压迫下解放出来,只有彻底打倒作为帝国主义的工具的中国反动阶级,中国

---

① 《笔耕丰歉说当年》,《胡绳全书》第 7 卷,第 170 页。
② 《〈帝国主义与中国政治〉北京六版序言》(1977 年),《胡绳全书》第 5 卷,第 147 页。
③ 《笔耕丰歉说当年》,《胡绳全书》第 7 卷,第 172 页。

才能有真正的国家的统一、人民的民主和民族经济发展，为了警惕帝国主义会用这样那样的方法来破坏中国人民的革命，为了指出中国的民族独立只有依靠无产阶级的领导而不能依靠资产阶级的领导来实现"，①"反映出当时的中国政治生活中的一些根本的问题，企图表明在中国人民大众中反对帝国主义侵略的革命传统"。②这种强烈的政治动机"并不妨碍作者严格地从历史的真实出发来写自己的书"，相反，作者坚信"越是深入揭露历史事实中的本质的、规律性的东西，越是能说明问题"。③ 作为一个马克思主义者，胡绳深信科学性和革命性并不冲突，而是能够内在地、不可分割地结合在一起，正像马克思所说："科学愈是毫无顾忌和大公无私，它就愈加符合于工人的利益和愿望。"④

《帝国主义与中国政治》的研究对象是"近代中国政治史与革命史中的若干基本问题中的一个：从鸦片战争到1925—1927年的大革命的前夜的帝国主义列强与半殖民地中国之间的政治关系"。这本著作不是一般地叙述帝国主义影响、操纵中国政治的一件件事实，而是着重说明"帝国主义侵略者怎样在中国寻找和制造他们的政治工具，他们从中国统治者与中国人民中遇到了怎样不同待遇，以及一切政治改良主义者对于帝国主义者的幻想曾怎样地损害了中国人民的革命事业"。⑤ 从这一研究目的出发，胡绳所构建的是一个政治史的分析框架，贯穿全书的主线是毛泽东的"两个过程"论。胡绳指出："有许多研究中国近代史的著作有意无意地造成了一种错觉。他们把帝国主义侵略中国的政策描写得这样单纯，以致把清政权写成是不断地受着帝国主义国家欺凌侮辱的可怜的存在，这种描写是不合于历史事实的。"因此，胡绳在这部著作中详尽分析了帝国主义如何一步一步地与中国反动势力相勾结，中国反动势力又是如何由起初的排斥一步一步投降帝国主义，并最终沦为帝国

---

① 《〈帝国主义与中国政治〉北京六版序言》（1977年），《胡绳全书》第5卷，第147、148页。
② 《〈帝国主义与中国政治〉北京四版序言》（1954年），《胡绳全书》第5卷，第149页。
③ 《〈帝国主义与中国政治〉北京六版序言》（1977年），《胡绳全书》第5卷，第148页。
④ 《马克思恩格斯选集》第4卷，人民出版社，1972，第254页。
⑤ 《〈帝国主义与中国政治〉香港初版序言》（1948年），《胡绳全书》第5卷，第151页。

主义侵华的工具；中国人民又如何由沉睡而惊醒，在反抗外来侵略中逐渐成长起来。因此，胡绳的研究视角可以视为一种广义的"冲击－反应"模式，中西畸形政治关系的演变是这本著作的主线。在这样一个研究框架的统摄之下，近代中国繁多的重大历史事件都变得清晰可解，一些被唯心主义史学家歪曲的历史认识得以澄清。

胡绳依据鸦片战争以来帝国主义与中国政治的关系演变进程，将全书分为六章，逐章展开，提出了自己的论点。

在第一章"新关系的建立"中，胡绳认为，在帝国主义侵略势力的打击下，清朝统治者由"排外"变为"媚外"，并且与帝国主义建立"互相信托"的关系，形成了绞杀中国人民革命的军事合作。鸦片战争成为一个关键：帝国主义奴役中国人民以此为起点，人民与专制统治者的对立又增添了新的因素而加强。胡绳进一步对鸦片战争后官、民、夷三者之间的关系做了深入分析：清朝当局的原则是苟安目前，洋人的威胁迫在眉睫之时，即逆民而顺"夷"；而"看到洋人似乎'安抚'下来，人民中的反抗情绪日渐高涨时，便又觉得为统治政权的利益打算，仍须多容纳一点民意，对洋人要求也就不能不违逆一点了"。因此，"官"是自居于"调停"立场，在"民""夷"之间操纵运用。事实证明，这种苟且企图也只是幼稚的幻想。这些分析，鞭辟入里，迭见新意，体现了马克思主义的思辨力量。

对于太平天国运动，西方列强最初持所谓"中立"态度，企图以此获得要价的筹码。等到发觉太平天国运动是争取中国人民自由平等的民族民主的革命斗争，"有着进步改革的趋向，为清政府所远不及"，于是他们对太平天国也就由拉变成打了。在清政府所谓"借师助剿"的名义下，中外反动势力进行了肮脏的合流，"使得从《南京条约》以来在中外关系上所形成的新的结合达到了最高峰"。[①] 1864年，在列强的帮助下，太平天国革命运动终于被清廷绞杀。

胡绳指出，从1840年到1864年的历史表明，毛泽东所说"帝国主义侵略中国，反对中国独立，反对中国发展资本主义的历史，就是中国的近代史。历来中国革命的失败，都是被帝国主义绞杀的，无数革命的

[①] 《胡绳全书》第5卷，第189、164、167、184页。

先烈，为此而抱终天之恨"。① 中国近代史中这样的主题已全部形成。

在第二章"'中兴'和媚外（1864—1894）"中，胡绳分析了所谓的"同治中兴"。他指出，统治者内部分化为极端顽固的守旧派和以李鸿章为代表的洋务派。洋务官僚举办"洋务"，"不过是想以资本主义的皮毛来维持旧社会秩序、旧统治秩序的实质；他们只是在当时列强侵略者所允许、所给予的范围内学习资本主义的某些东西，只是尽着为侵略者开辟道路的任务而已"。中国的封建经济被破坏之后，必然要出现资本主义的因素，但帝国主义绝不愿意看到中国的资本主义正常发展，不愿意看到中国成为强国。"帝国主义者又要求中国处在一个对外极端软弱无能而对内有力量'维持秩序'的政府的统治下面，从而使中国永不可能成为独立的国家。李鸿章这种'洋务'正是符合于帝国主义的要求，因而是为帝国主义所赞助的。"② 所谓的"自强""求富"，则永远只是一句空话，"整个社会的封建生产关系既没有根本的改变，在腐败的专制主义、官僚主义的基础上面，一切发展工业的计划和建设近代国防军的计划都只能是沙上建塔一样而已"。在人民的觉醒和帝国主义贪欲的冲击下，"中兴"的泡影迅速幻灭。

在第三章"洋人的朝廷（1894—1911）"中，胡绳分析了甲午战争以后帝国主义与中国政治的关系，指出：列强在中国掀起了瓜分中国的狂潮，美国则借"门户开放"实现了"利益均沾"，实质无异于"列强互相保证共管中国"。1900 年，列强借庚子事变之机组成八国联军侵华，以"保全之名"使清政府"忠顺不贰地做列强的孝子贤孙"，实现"以华制华"的目的；列强成为"清政府的监护人"，各国使团"成为中国实际上的太上政府，凌驾于'禁城'中的朝廷之上"。在甲午战败后，清朝统治者更加仰赖列强，1898 年残酷镇压了戊戌变法，1900 年利用义和团以泄私愤，兵败后"结与国之欢心"，彻底沦为列强统治中国的工具。

在评价甲午战后上层士大夫的改良主义政治思潮的时候，胡绳对戊戌变法做出了较高的评价，称之为"士大夫层中的救亡运动"，"强烈地表现着爱国主义的性质"，并形成"带有若干群众性的政治运动"。

---

① 毛泽东：《新民主主义论》，《毛泽东选集》第 2 卷，人民出版社，1991，第 679 页。
② 《胡绳全书》第 5 卷，第 185、213、216、217 页。

胡绳指出了戊戌变法的局限，"他们并不指望广大的人民力量。他们的政治主张在基本上没有超出改良主义的范围"。这些维新志士在当时对于民族危机是有着敏锐的感觉的，但是，他们的认识存在相当的缺陷。第一，他们未能意识到，"中国的'弱昧'与'乱亡'是腐朽的专制统治机构所应负责的"。第二，"他们宣传着发奋自强而掩盖了帝国主义者的罪恶时，他们就同时在如何解脱帝国主义束缚的问题上跌入轻率的幻想"，由此出发，"他们的爱国思想并不能进而为反帝运动，反而成了为侵略者辩护，自动向帝国主义者缴械"。

1905年以后，出现了资产阶级革命运动的高潮。由于清政府已完全沦为帝国主义的工具，因此这些"反对帝国主义侵略的爱国运动不能不发展为推翻清政府的民主革命运动"。孙中山领导的同盟会，以"推翻清政府，建立民主国家为纲领"，成为高涨起来的革命运动的统一组织。同盟会领导的革命运动的致命弱点，就是对帝国主义抱有不切实际的幻想。辛亥革命最后推翻了清王朝，结束了中国几千年的帝制统治，"证明了帝国主义者到底不能够任意地支配中国的命运"，觉醒的人民战胜了清朝统治者，也就是人民战胜了清政府背后的帝国主义者。

在第四章"'强'的人（上）"中，胡绳论证了辛亥革命后帝国主义与中国政治的关系。他指出，帝国主义利用革命者的幼稚，表面上宣告"中立"，实则支持新的代理人——袁世凯这个"强"的人，称"中国非袁不可"，逼迫清政府和革命者先后交权。为了获取更大的利益，他们支持袁世凯恢复帝制，最后发觉袁世凯也不是"强"的人，又放弃袁世凯，在中国寻找更"强"、更能卖国、能更好地为他们服务的人。袁世凯的崩溃，说明了"贯串在中国近代史中的一个基本规律是不会动摇的：——反动的统治者只能因外力的援助而显得一时的'强'，但在既暴露了卖国的原形之后，就必然遇到更高地觉悟了的人民的反抗，那么虽有帝国主义的援助也还是挽救不了他的生命"。

在第五章"'强'的人（下）"中，胡绳认为袁世凯垮台后，中国还缺乏一个"号召与团结广大人民明确地为反帝反封建的目标而奋斗的政党"，民族资产阶级已无力领导人民大众求解放的斗争，"而无产阶级也还没有壮大到足以形成独立的政治力量"。

袁世凯死后，帝国主义认为"在中国最'强'的人就是代表大地主大资产阶级的军阀头子，只要找到这样的强的人加以支持和支配，就可以为所欲为了"。① 因此他们在中国找了一个又一个军阀做他们的工具，军阀也有心投靠帝国主义，出卖中国权益，并借无耻的政客为民意的幌子。通过激烈的争夺，帝国主义势力发生了消长变化，日本和美国成为中国最凶恶的敌人，它们倾尽全力对中国进行压迫、分割、独占。胡绳认为，日本的侵略最为赤裸裸，妄图独霸中国；而美国则更为隐蔽，巧妙地运用它欺骗的政治资本，"高唱'民族自决'的口号，以骗取东方人民的好感"，"又很致力于收买中国官僚政客中的所谓'自由分子'以传播亲美空气"。帝国主义培养各自老练的代理人，死死地压在中国人民的头上。"他们之间，或者是激烈地火并下去，或者是分赃式的相互协调，都一定是拿中华民族做牺牲品。"

在第六章"革命和反革命"中，胡绳阐明了五四运动"在接受了马克思列宁主义思想的先进知识分子的领导下，中国社会涌起了社会主义的思潮"。"在工人运动和社会主义思想相结合的基础上，在1921年成立了中国共产党，从此，中国人民在同强大的帝国主义及其在中国的一切走狗的斗争中，有了能够正确地指出前进的方向，并且不屈不挠地在人民前面坚决斗争的领导者。"中国共产党在1922年中共二大上第一次明确地向中国人民发出"反抗帝国主义，反对军阀"的战斗号召，"抓住了民族解放革命的这个特点，并且能够为进行反帝国主义的斗争而站在人民前面最坚决地行动起来，因此中国共产党就迅速地成为灾难深重的中国人民的救星，成为革命的工人阶级和广大人民的领导者"。中国共产党致力于联合其他社会阶层，帮助孙中山打破对帝国主义的幻想，改组国民党，建立民主革命的统一战线，为掀起民族民主革命高潮——1925—1927年的大革命创造条件。

在该书的结尾，胡绳总结了帝国主义与中国革命关系的规律，比较了太平天国、辛亥革命、1925—1927年的大革命这三个各有特色的革命时期帝国主义对中国革命的态度。这三个时期，都是"革命与反革命、进步势力与倒退势力相对抗的时期"。"抱着侵略野心的帝国主义者在三个时期的基本立场都是破坏中国革命，阻止中国的进步，而扶持反革命的和倒退的势力。他们在每一时期的革命形势刚展开而获得优势时都会表示出伪装的'中立'，且向革命方面表示'好意'；而在'中

---

① 以上引文见《胡绳全书》第5卷，第230—319页。

立'和'好意'的烟幕之下进行其阴谋。阴谋的具体做法则又在每一个时期不同。"

帝国主义者的三次做法各有不同,"但其方向与目标是一致的,其狠毒与阴险也是一致的"。而"具体做法之所以不同是由于中国的革命力量与反动力量之对比形势的不同而来,也是由于中国人民的觉悟程度的不同而来"。"革命力量越占有利形势,人民的觉悟程度越高",帝国主义者为达到其目标所用的手段也就愈加狠毒与阴险。但帝国主义者的狠毒"更造成中国人民的敌意",阴险"更锻炼了中国人民的辨识力",他们必然面临失败的命运。

《帝国主义与中国政治》出版于近代中国革命与反革命势力大决战之际,帝国主义又在重操故技。这本书就是为了撕破帝国主义的面具,告诉人们应该怎么对待他们,历史呈现惊人的相似性,但历史的结局绝不会重演。胡绳坚信,中国人民将"推翻帝国主义在中国的统治,连根拔除一切为帝国主义侵略中国所利用的大地主大资产阶级统治势力",从而达到"中国独立,中国人民解放和在此基础上的统一的目的"。①

《帝国主义与中国政治》始终珍视人民在各个历史时期所做出的革命伟业,充分贯彻了作者的人民史观。作者也并不讳言在革命斗争中人民认识和行动上的局限,体现了历史主义与阶级观点的紧密结合。这本书在写作之初,只是"大体上有个模糊的轮廓",而非事先设定论点。在深入研究材料的过程中,逐渐接近历史发展的种种曲折复杂的现象,逐渐探寻并发现其中的本质规律,可以说是"论从史出""史论结合"的典范之作。这本书从帝国主义同中国的畸形政治关系中总结的经验教训,对于正在与卖国、内战、独裁的蒋介石反动政权及其主子美帝国主义进行殊死搏斗、争取最后胜利的革命人民来说,起到了很好的启迪和教育作用。胡绳的《帝国主义与中国政治》以其对历史规律的深入揭示,在近代中国政治转型的紧要关头发挥了历史的战斗和借鉴作用,在一定意义上推动了近代中国的政治发展。

《帝国主义与中国政治》在中国近代史研究的学科发展史上具有重要的学术价值,它标志着中国近代史研究达到了新的阶段。胡绳在《帝国主义与中国政治》中表现了他从宏观上把握中国近代政治史的非凡能

---

① 以上引文见《胡绳全书》第5卷,第313—364页。

力，他把马克思主义普遍真理运用于研究近代中国，以唯物史观为指南，透过现象发掘本质，对近代中国重大的历史事件做了深层次的分析，视角独特，语言清新流畅，使人耳目一新，赢得了众多读者的青睐与史学专家的好评。20世纪40年代中期，中国近代史研究的科学基础仍较薄弱，亟待开拓奠基，胡绳的《帝国主义与中国政治》与稍早出版的范文澜的《中国近代史》上编第一分册，共同为马克思主义史学的进一步发展奠定了坚实的基础，开创了中国近代史研究的新局面。胡绳的中国近代史研究，"代表了在革命根据地以外从事革命活动的马克思主义者对近代中国历史的探求"，"范文澜的《中国近代史》上编第一分册在北方的根据地出版，胡绳的《帝国主义与中国政治》在南方的香港出版，标志着中国的马克思主义者研究和探索中国近代史的成功，为新中国成立以后中国近代史学科的建立和兴旺发展，奠定了扎实的基础"。①

毋庸讳言，《帝国主义与中国政治》还存在一些不足之处。作者自己做过检讨。第一，本书缺乏中国近代经济状况的分析，对于帝国主义各国对中国的统治和中国社会各阶级与外国帝国主义之间的关系，没能深入地从经济条件上给以说明，因而有些部分的分析表现概念化的缺点。第二，本书正面论述近代中国革命思想发展的梗概仍不够清晰，"使近代史中的革命思想的主流不够突出"。② 第三，本书对洋务运动全部予以负面评价，未能辩证分析其客观的历史进步意义。一本20万字的书，不能解决所有问题，这是我们不能苛求于作者的。

这本书与范文澜的《中国近代史》上编第一分册，对新中国的中国近代史学科的建设产生了深远的影响，极大地推动了中国近代史研究的发展。在新中国成立初期，"大多数研究者认为，只有根据他们提示的研究方向和研究方法深入研究，才能得到科学的结论"。这本书"对近代历史事件的描绘和解释，后来成为许多研究者进一步研究的基础和依据"。③ 因此，这两部著作初步奠定了中国近代史研究马克思主义学科体系的基本框架，开创了中国近代史研究新的学科范式。

---

① 张海鹏：《胡绳与近代史研究所》，郑惠、姚鸿编《思慕集——怀念胡绳文集》，社会科学文献出版社，2003，第170、171页。
② 戴文葆：《介绍〈帝国主义与中国政治〉》，《人民日报》1953年1月18日。
③ 张亦工：《中国近代史研究的规范问题》，《历史研究》1988年第3期。

1936—1949 年，胡绳正值青年时代，在新民主主义革命的大潮流里，驰骋文坛，才华横溢，在中国近代史研究的领域里，已经卓然独立。他不是坐在书斋里做学问，不标榜为学术而学术，不将历史研究作为远离政治的避风港，而是以浓厚的忧患意识、高度的社会责任感、庄严的时代使命感，以宽阔的视界，以中国近代史的学术研究为武器，积极介入现实的政治斗争，从而超越了纯学术研究的界限。这是近代中国一般革命者所走的共同的道路。

有论者指出，史学研究应该追求纯粹的学术性，因而对胡绳等马克思主义史学家的经世取向加以质疑。应该看到，学术问题实质上总是与经济、政治、社会诸问题相关联。它既是一个时期经济、政治、社会的反映，又反作用于一个时期的经济、政治和社会，"关心社会、关心政治正是我国文化学术的好传统"。① 纯学术当然是存在的，纯学术也不能孤立于社会之外，任何纯学术都不可避免地带有时代的烙印。相对同现实疏离的书斋学问自有其意义，但在国家民族危急存亡的紧要关头，经世致用无疑是更有价值的一种治学取向。胡绳对此有深刻的自我认识："我一生所写的文章，虽然有一些可以说有或多或少的学术性，但是总的来说，无一篇不是和当时的政治相关的（当然这里说的政治是在比较宽泛的意义上说的）。可说是'纯学术性'的文章几乎没有。对此我并不后悔。"胡绳认为，"若干年来，学术界确实存在着避开理论，避开政治，务求进入纯学术领域的风气"。"在纯学术领域取得成就是要花很大精力的，是很可贵的。我并不轻视、否定纯学术的研究工作，甚至我还羡慕、钦佩这种工作，但客观的环境和主观的意愿使我心甘情愿地走我所已经走过的路。"② 胡绳从青年时代即投身于革命事业，矢志不渝，近代史研究只是他所选的战斗武器。可以说，1949 年以前胡绳从事近代史研究，是对时代呼唤的热切回应，是以自己的渊博学识服务于革命，他充分发挥了史学的现实战斗功用，求真与致用在他的史学作品中得到了较好的统一。

毋庸讳言，由于服从现实革命斗争的需要，胡绳以史论政的作品不可能做到学术性、科学性毫无减损。他的研究也有时代局限性。第一，

---

① 任继愈：《壮志未酬的一生》，郑惠、姚鸿编《思慕集——怀念胡绳文集》，第 107 页。
② 胡绳：《学术和政治并不绝对矛盾》，《光明日报》1999 年 1 月 11 日。

由于现实斗争主要为政治层面，因此，胡绳所做的研究绝大多数以近代重大政治事件为对象，对于经济、文化则相对忽视；而且这些作品都侧重于宏观论述，殊少微观实证的研究。第二，胡绳所写的涉及近代史的文章往往比较零散，对于中国近代史的整体构架，他虽然通过《帝国主义与中国政治》提供了一个新颖的分析框架，但是还不够缜密与系统，对于中国近代史的理论框架的构想还不成熟。第三，由于当时的条件限制，这些著作在史料的运用上不得不略显粗简一点，片断性的史料运用较多。第四，他在充分肯定农民的革命性的同时，对农民局限性分析仍显单薄，农民阶级并不代表新的生产力和生产关系，其本质上仍属于前资本主义社会范畴内的社会关系，不是新生的阶级力量，它的革命性只有通过先进阶级的带领与引导才能爆发出来。而胡绳在对洪秀全等太平天国领袖的论述中，褒扬较多，对他们思想中落后的一面，即本质中封建性的东西未能做深刻的剖析。

开始着力于中国近代史学科体系的理论建构

1949年10月，一个新的时代来临了。在学术领域，中国近代史研究迎来了它的兴旺发达时期。"社会历史的大转折，提出了建设中国近代史学科、加强中国近代史研究的要求。"① 新民主主义革命的胜利是如何取得的？这就需要探索鸦片战争以来近代中国的历史演变。近代历史上的阶级斗争与现实的政治生活息息相关，通过对中国近代历史规律的阐释，为新中国的成立提供历史合法性，有助于人们在社会主义建设时期辨别方向，在社会主义道路上坚定不移地前进。以毛泽东为代表的中国共产党人对中国近代历史的解释，是在马克思主义理论与中国社会实际相结合的过程中，在极为复杂的革命和社会环境中形成的一些原则性的认识，要从史学的角度加以论证，就必须大力发展中国近代史研究。

现实需要为近代史学科发展提供了强大动力，史学领域厚古薄今的

---

① 张海鹏：《中国近代史研究的回顾》，《追求集——近代中国历史进程的探索》，社会科学文献出版社，1998，第109页。

趋向得以纠正，中国近代史研究获得空前的发展，成为新中国的一门"显学"。1950年5月，中国科学院首先成立近代史研究所，表明了社会的需要。

1949年前，马克思主义史学家在中国近代史研究中只是处于学术边缘地位，还要受到相当的压制和排斥；1949年以后，马克思主义史学在中国近代史研究中迅速居于主导地位，成为主流意识形态的组成部分。在这样的学术背景和历史背景下，如何改变旧的中国近代史学科结构模糊不清的状态，进一步建立和完善马克思主义中国近代史的学科体系，便成为新中国史学工作者的首要课题。范文澜、翦伯赞、刘大年、胡绳等先生在形成马克思主义中国近代史学科体系的过程中，做出了各自的贡献。

新中国成立以后，胡绳并未在专门的学术研究机构担任工作职务，只担任中国科学院哲学社会科学部学部委员、近代史研究所学术委员。他却花费了许多时间和精力研究、思考中国近代史学科体系问题。这个时期他的代表作有《中国近代史提纲》《中国近代历史的分期问题》《从鸦片战争到五四运动》。

《中国近代史提纲》初稿写于1953年，是给中共中央高级党校的学员讲中国近代史准备的。在这个提纲中，胡绳对中国近代史形成了一些比较系统的看法，这些看法在《中国近代历史的分期问题》一文中进一步清晰起来。这个提纲可以说是20多年后《从鸦片战争到五四运动》一书的最初设计。在《中国近代史提纲》1960年的修订本中，胡绳的"三次革命高涨"、近代史的分期标准与方法都得到了全面的贯彻，标志着胡绳对于中国近代史研究的理论框架已经基本成熟。

《中国近代史提纲》共4万字，分5章，史事叙述简略，主要是从宏观上把握中国近代史的进程，限于篇幅，不可能对历史进程做实证研究和微观剖析。

第一章为"外国资本主义势力开始侵入中国和太平天国农民革命运动（1840—1864年）"，首先对中国封建社会发展到资本主义的可能性及困难做了分析。胡绳认为，这种可能性是存在的，但是障碍重重：一方面，"封建专制主义的统治严重妨害了独立的手工业和商业的发展"；另一方面，"城市中的手工业者、手工业工人、贫民，不能形成一种独立的政治力量"。然后，胡绳概述了1840年以前欧洲资本主义处心积虑地向中国扩张的情形，对中国走向它的近代史的背景做了一个铺垫。对于鸦片战争，胡绳认为，中国的自卫性与正义性自不待言，清政府的禁烟立场和广大人民的利益是一致的，但是清政府在战争中的立场是极其动摇的，"它时而主战，时而妥协求和，使战争形成'三落三起'的情况"。① 鸦片战争"不但加深了中国人民和外国侵略者的矛盾，也进一步加深了人民和封建统治势力的矛盾"，国内阶级矛盾日益尖锐，终于爆发了太平天国革命。太平天国对地主阶级给予了沉重打击，但是，"无论在农村和城市，太平天国只能像一阵暴风雨一样给封建统治秩序以严重破坏，但不能保证建立一种真正符合于广大贫苦人民的长远利益的新秩序"。西方列强对太平天国采取的是一种利用时机、攫取利益的所谓"中立"政策，他们发现，"革命的农民虽然好像是采取了西方资产阶级传来的宗教，然而他们的骨头是硬的；而封建统治阶级虽然好像是自尊自大，然而他们对待外国侵略者远不像他们对待革命的人民那样坚决"。第二次鸦片战争之后，列强认为清政府已成为他们驯服的工具，而新订条约中"许多条文的实施，特别是关于长江沿岸各口的开放，必须以消灭太平天国为前提。联合进攻太平天国的时机成熟了"。欧洲的资产阶级在东方世界中是以人民进步事业的绞杀者出场，它同中国腐朽的封建统治势力"结成了反革命的同盟"。

第二章论述半殖民地半封建统治秩序的形成过程（1864—1895年）。以李鸿章为代表的官僚与洋人密切合作，"一方面力求保存封建的统治秩序，一方面开始发展了对资本主义的崇拜心理，不仅崇拜欧洲的'物质文明'，而且赞美帝国主义统治世界的秩序"。"他们实际上是努力把衰朽的封建统治制度按照外国资本主义侵略者的要求而纳入殖民地、半殖民地的模式里去。"自1873年起，中国开始出现民用性质的企业，中国的社会经济由此发生了重要变化：一部分官僚逐渐向资产阶级转化，产业工人数目逐渐增加。中国陷入了资本-帝国主义的世界市场，"中国广大人民（其中主要是农民）的生命已被这个世界市场所支配"。侵略者控制了中国的海关，再加上贷款，这就使"封建政权在经济上逐渐地成为依赖外国资本主义而生存了"。在民族危机日益加深的时代，知识分子中渐次酝酿着一种改良主义思潮。胡绳认为，这些改良

---

① 《胡绳全书》第5卷，第433、434、436页。

主义的知识分子"和兴办洋务的买办官僚的界限不是很清楚的,他们对于封建制度不是站在根本对立的地位"。

第三章题为"资产阶级改良主义运动和失败了的农民反侵略斗争(1895—1901年)"。甲午战后,帝国主义侵略的压力激发了广大人民的反抗,农民暴动此起彼伏,革命形势步步高涨。代表资产阶级利益要求的戊戌变法被顽固势力扼杀,改良主义的失败昭示着革命暴风雨的来临。义和团运动从朴素的反侵略思想出发,进行自发的反帝斗争,"封建顽固势力竭力煽动其单纯排外的情绪以麻痹其反封建的意识"。没有先进阶级的领导,义和团就只能仍属于旧式的单纯农民革命运动的范畴。

第四章论述资产阶级领导下的革命运动及其失败(1901—1912年)。革命派未能摆脱对帝国主义的幻想,又不能把信心寄托在广大人民的力量上,同时他们又自认为"是全体人民的利益的代表者,自信能掌握局势",而且"他们又以主观的社会主义空想来使自己相信可以避免下一步的阶级分裂"。他们在纲领上的历史局限性决定了辛亥革命不可能完成它的历史使命。袁世凯利用革命者的软弱,在帝国主义的支持下,夺取了革命果实,这样"就只有一纸《临时约法》,作为资产阶级的软弱的民主革命理想的表现而在风雨飘摇中残存着,并成为对这个理想的一种讽刺"。①

第五章题为"资产阶级革命的幻灭、帝国主义大战和俄国的十月革命时期的中国、'五四'运动(1912—1919年)"。在反袁斗争中,"地方军阀和政客官僚照抄辛亥革命时的老文章,利用人民中的反袁情绪来谋自己的权力"。"在各个帝国主义国家的操纵指使下,中国形成了北洋军阀统治并在各派军阀间互相火并的局面。"② 中国民族资本主义在一战期间得到了迅猛发展,工人阶级数量激增。俄国十月革命促进了马克思主义的传播,无产阶级在五四运动中第一次登上政治舞台,中国近代史由此终结,一个新的革命时代来临了。

胡绳的这个提纲虽然较为简略,但是里面包含他对中国近代史的基本认识和后来他对中国近代史学科体系的基本构想。《中国近代史提

---

① 以上引文见《胡绳全书》第 5 卷,第 444—496 页。
② 《胡绳全书》第 5 卷,第 501 页。

纲》和《中国近代历史的分期问题》共同确立的基本框架后来成为中国近代史教科书的一个依据和典范。

几乎与《中国近代史提纲》写作同时，胡绳在 1954 年《历史研究》创刊号上发表了《中国近代历史的分期问题》一文。此文的发表，在历史学界引发了一场关于如何用马克思主义观点观察和研究中国近代历史的大讨论。1957 年，《历史研究》编辑部汇集了三年间学者的讨论文章予以出版，题名《中国近代史分期问题讨论集》。这次讨论对于中国近代史学界学习马克思主义基本理论、学习唯物史观、认识近代中国历史的基本线索问题起到了有力的推动作用。①

应该看到，胡绳对中国近代历史进行分期的想法同当时的学术背景密切相关，苏联历史学界在《历史问题》杂志上展开的"苏联历史分期问题"的讨论也给了胡绳启示。胡绳在文章中首先界定中国近代史的分期问题，即"从鸦片战争到五四运动约 80 年间的历史应该如何细分为若干阶段、若干时期的问题"。讨论这个问题意义何在呢？在他看来，"正确地解决了分期问题，就是从中国近代历史的复杂的事实中找到了一条线索，循此线索即可按照发展程序把各方面的历史现象根据其本身的逻辑而串连起来。因此分期问题可以看做是解决结构问题的关键"。胡绳对以往近代史研究的著作进行分析，认为这些著作由于缺乏对近代史基本线索的把握，未能科学分期，因而存在相当的欠缺。1949 年前资产阶级学者要么放弃分期，要么仅仅看到历史发展中的某一方面，从历史的表象去分期，而不能反映"历史发展中的本质的东西"。比如，孟世杰的《中国最近世史》把鸦片战争到戊戌维新前称为"积弱时期"，把戊戌维新到辛亥革命称为"变政时期"，而把辛亥革命以后称为"共和时期"。由于浮于历史表象，这样的分期并无意义。早期用马克思主义研究中国近代史的学者，虽然企图以阶级分析方法来说明中国近代历史，但是在实际中放弃了分期的办法，而采用类似于"纪事本末体"的叙述方法，因而"往往会错乱了各个历史事件的先后次序，拆散了许多本来是互相关联的历史现象，并使历史发展中的基本线索模糊不清"，而且易造成"眼前只看见某一些政治事件"，② 忽视社会生活、

---

① 参见张海鹏《中国近代史研究的理论和方法》，曾业英主编《五十年来的中国近代史研究》，上海书店出版社，2000。
② 《胡绳全书》第 2 卷，第 153—156 页。

经济生活和文化生活。所以，中国近代史分期问题不仅是一个时间划分的问题，而且关系着中国近代史的理论框架能否建立，也涉及中国近代史研究中的一系列基本理论和方法问题。

要解决分期的问题，必须先确定分期的标准，"这也就要确定，我们在叙述中国近代史时，主要的任务是说明什么，以什么来做基本的线索"，实际上涉及对中国近代史基本内涵的理解。胡绳对以往近代史著作中的两种分期标准提出了批评：以帝国主义的侵略形态做划分时期的标准，则"只看到侵略的一面，而看不到或不重视对侵略的反应这一面"，这正是"历来资产阶级观点的近代史著作中的主要缺点之一"，胡绳强调对侵略的反应这方面，体现了他对历史本质的深刻洞见；单纯以社会经济生活的变化来做划分时期的标准也并不妥当，因为"上层建筑的变化，并不是亦步亦趋地随着经济基础的变化。特别是因为半殖民地半封建社会是一种过渡性的社会，上层建筑的某些方面的变化要比经济基础的变化更为激烈一些，因而如果我们不是全面地考察当时社会的基础与上层建筑，我们就不可能恰当地进行分期"。① 因而，"把历史分期建基在纯经济性的现象上，便必然会走到经济唯物论的立场上去"。② 在分析以往分期方法的利弊得失之后，胡绳提出，"我们可以在基本上用阶级斗争的表现来做划分时期标志"。他认为，"中国近代史著作的基本任务就是要通过具体历史事实的分析来说明在外国帝国主义侵略中国的条件下，中国社会内部怎样产生了新的阶级，各个阶级间的关系发生了些什么变化，阶级斗争的形势是怎样地发展的"。胡绳从阶级斗争的视角去考察中国近代史，反映了他在中国近代史研究中运用唯物史观的努力。他进一步指出，阶级分析法并不在于将各个事变、各个人物简单地贴上阶级标签，这种做法恰恰背离了马克思主义阶级分析法的实质，是将阶级分析法庸俗化、概念化的做法。真正的阶级分析法应该是"使历史研究真正渗透着马克思主义的思想力量"，并"善于通过经济、政治和文化现象而表明在中国近代历史舞台上的各种社会力量的面貌和实质，它们的来历，它们的相互关系和相互斗争，它们的发展趋势"。③ 胡绳的上述观点，"应该说，这是第一次向学术界提出了用马克思主义

---

① 《胡绳全书》第 2 卷，第 156 页。
② 《苏联历史分期问题讨论》，石父辑译，中华书局，1952，第 8 页。
③ 《胡绳全书》第 2 卷，第 158、159 页。

研究中国近代史的任务,从学术上提出了要使历史研究真正渗透马克思主义思想的力量的重要观点"。①

在确立以阶级斗争的表现为中国近代史的分期标准的基础上,胡绳力图构建一个完善的中国近代史理论框架。他认为,"中国革命中的阶级力量的配备到了十月革命和五四运动后起了一个大的变化,无产阶级作为一个独立的自觉的力量登上历史舞台并成为革命的领导力量,这就给中国革命打开了一个新的局面,从此开始了新民主主义革命的时期"。"把中国现代史和中国近代史划分开来,就是以这点为根据。我们对现代史中的分期也是以在无产阶级领导下的新民主主义革命的各个阶段为根据的。"②胡绳从革命史的角度,将中国近代史界定为中国旧民主主义革命时期,属于资产阶级革命的范畴。根据毛泽东的论述,中国民族民主革命以五四运动为界,以前为旧民主主义革命时期,以后为新民主主义革命时期。决定这一变化的关键因素在于革命领导力量的变化。毛泽东的这一论断成为中国近代史学界的理论基础,是通过胡绳的阐述和学术界的讨论,得到中国近代史学者的广泛认同的。

胡绳在文中提出了中国近代史存在"三个革命运动高涨的时期",也就是"社会力量的新的配备通过激烈的阶级斗争而充分地表露出来的时期"。1851—1864 年的太平天国革命运动,是第一次革命运动的高涨,此时"中国社会内部还没有形成资本主义的生产关系,所以历史的推动力量仍只能是农民这一个阶级"。甲午战争以后出现了中国近代史第二次革命运动的高涨,以戊戌维新和义和团运动为标志。农民革命与资本主义思想在第二次革命运动高涨期间虽然并存,但是彼此隔膜,互不相关。1905 年开始了第三次革命运动的高涨,最终归结为辛亥革命。资产阶级革命派虽然"一般地缺乏彻底的反帝国主义、反封建主义的纲领,表现了它的先天的软弱性,但它当时不但提出了资本主义的革命理想,而且为实行革命,在一定程度内进行了对工人、农民力量的发动。因此,历史发展的动力在这时期是集中到了资产阶级革命派手里"。但最终结局是,"小资产阶级革命分子给自由资产阶级牵着走,自由资产

---

① 张海鹏:《中国近代史研究的理论和方法》,曾业英主编《五十年来的中国近代史研究》,第 3 页。
② 《胡绳全书》第 2 卷,第 163 页。

阶级又让自己为资产阶级化的地主阶级所同化，而后者则把革命带到了向大地主大资产阶级及其后台——外国帝国主义投降的路上去"。① 胡绳的三次革命运动高涨概念成为中国近代史学科体系的核心概念。"三次革命高潮是中国近代政治史中一个统率全局的重要概念。它表明作者是采用马克思主义的阶级观点和阶级分析的方法来处理史料，来看待近代中国的历史进程的。在中国近代史的研究上，它是马克思主义的史学家区别于解放前资产阶级的、封建阶级的史学家最重要之处。我国史学界虽然在这个概念的具体内涵的表述上，或者在某次革命高潮的评价，与胡绳有不尽相同的认识，但大体上，大家是接受这个概念的。这反映在大学的讲堂上，也反映在有关中国近代史的主要出版物中"，"从政治史或者革命史的角度来观察，这个概念的提出，是反映历史实际的。固然，从经济史、思想史、文化史或者从近代化史的角度观察中国近代史，可以从各相关专业的需要出发提出不同的、反映各相关专业历史实际的某些概念，但是，从中国近代史的全局衡量，恐怕都要考虑三个革命高潮概念的统率、制衡作用"。②

胡绳的这篇文章提出的问题，事关如何运用马克思主义指导中国近代史研究的根本方向问题，文章甫经发表，引起了近代史学界的热烈反响。论辩的焦点在于分期的标准，胡绳提出的以阶级斗争为分期标准的观点，得到戴逸、章开沅、荣孟源、王仁忱等的赞同，戴逸和章开沅还指出了胡绳的表述中不尽完善之处。戴逸认为，广义概念的"阶级斗争"应该包含斗争锋芒对内对外的区别，在分期时应予以考虑；章开沅则对阶级斗争表现的具体理解同胡绳存在某些分歧。范文澜也就中国近代史分期问题发表了自己的看法，他认为，"帝国主义及其走狗的经济政治压迫和中国人民的民族民主革命，成为贯穿这一历史时期的根本矛盾，也就成为贯穿各个事件的一条线索"，③ 从而提出以中国近代社会的主要矛盾为分期的标准。这与胡绳的观点并无根本的区别，因为他们所依据的都是毛泽东的"两个过程"论，只是理解的角度与表述的方

---

① 《胡绳全书》第 2 卷，第 159、161、162 页。
② 张海鹏：《中国近代史的分期及"沉沦"与"上升"诸问题》，《近代史研究》1998 年第 2 期。
③ 范文澜：《中国近代史的分期问题》，《范文澜集》，中国社会科学出版社，2001，第 136 页。

式的差异。金冲及主张"分期的标准应该是将社会经济（生产方式）的表征和阶级斗争结合起来考察，以找出中国近代历史发展各个阶段中的特点"。① 实际上，这种意见也只是对胡绳观点的补充，因为阶级分析法必然要结合对社会经济的考察，阶级本身就是一个经济概念，阶级斗争的本质，指的是代表不同利益的社会集团在政治上的斗争。

这次引发中国近代史分期问题的讨论，是1949年后中国近代史学界在学习和运用唯物史观研究中国近代史的一次重要尝试。这次讨论推动了中国近代史学科的建设，奠定了中国近代史研究学科的发展基础。由于政治环境相对宽松，论辩各方坦陈己见，体现了百家争鸣的良好学术风气。胡绳构建的中国近代史解释体系得到了学术界的基本认同，近代史学者普遍接受"阶级斗争是划分中国近代历史时期的标准"，近代中国人民反帝反封建斗争的发展是近代中国历史发展的主要脉络和基本线索。通过讨论，中国史学界大致达成一个共识：对于像近代中国这样阶级矛盾错综复杂、阶级变动频繁的阶级社会，只有用阶级分析法才能抓住近代中国的特质，把握近代中国发展的主线，揭示历史真相；否则只会局限于描述历史表象，无法揭示历史发展的规律。马克思主义指导下的中国近代史学科体系，至此开始趋于明晰、完备和成熟，并且被全国高等学校历史系中国近代史教学大纲所采纳，得到强有力的政治支持。胡绳的"'三次革命高潮'的提法根据革命形势的涨落把握近代历史发展变化的脉络，体现了传统规范的精神而又简约明了，对于推动传统规范指导下的常规研究发生过重要作用"。② 胡绳的这篇文章，在中国近代史学科发展史上，无疑具有里程碑式的意义。

这次讨论的主题是中国近代史的分期问题。所谓中国近代史，胡绳非常明确地局限在1840—1919年，这次讨论也把中国近代史的范围限制为1840—1919年的历史。从这时开始，中国历史学界出现了中国近代史和中国现代史的明确分界，分界线就是1919年发生的五四运动。此后，学术界往往把1919年五四运动以后的历史称作中国现代史，而把1919年上溯到1840年鸦片战争的历史称作中国近代史。有关中国近代史的出版物，包括学术著作和教科书以及通俗读物，大多数以1919

---

① 金冲及：《对于中国近代历史分期问题的意见》，《中国近代史分期问题讨论集》，第44页。
② 张亦工：《中国近代史研究的规范问题》，《历史研究》1988年第3期。

年五四运动为下限;有关中国现代史的出版物,绝大多数以 1919 年为上限。换句话说,学术界把旧民主主义革命时期的历史称作中国近代史,而把新民主主义革命时期的历史称作中国现代史。在这样的认识氛围下,范文澜在 1955 年出版的《中国近代史》九版说明中特别指出:"《中国近代史》上册,是 1945 年我在延安时写的,当时原想把旧民主主义革命时代和新民主主义革命时代的历史一气写下来,将旧民主主义革命时代划归上编,新民主主义革命时代划归下编,本书则是上编的第一分册。现在因为近代史与现代史已有明确的分期,故将此书改称为《中国近代史》上册。"① 这次改动对以后中国近代史书的编纂影响甚大,中国近代史的时限概念几乎就定在 1840—1919 年。

尽管如此,许多研究者并不赞成将中国近代史的下限定在 1919 年。如 1956 年 6 月 4 日林敦奎在中国人民大学第六次科学讨论会上提出,中国近代史的下限应延长至 1949 年;荣孟源在 1956 年第 8 期《科学通报》发表《关于中国近代史分期问题的讨论》一文,主张中国近代史断限在 1949 年 9 月;范文澜在 1956 年 7 月为政协全国委员会中国近代史讲座所做的报告,也主张中国近代史的下限在 1949 年;刘大年 1959 年在《中国近代史研究中的几个问题》② 一文中以及 1964 年在向外国历史学者介绍新中国的历史科学时,也持这种观点。

把中国近代史的下限定在 1919 年,显然是对半殖民地半封建社会的割裂,不利于对整个半殖民地半封建社会历史进程、历史特点的把握和认识,在一定意义上可以说限制了对整个近代中国历史的完整了解。

《从鸦片战争到五四运动》是一部脍炙人口、影响深远的近代史著作,该书"充满了一个深深参与、密切关注现实政治生活而又研究中国近代史的大学者、大专家的聪慧和眼力。他处理复杂的近代史料,往往居高临下,给人以驾轻就熟、游刃有余的印象",③ 因而"条分缕析,议论恢弘,在一定程度上体现了作者刻意追求的马克思主义的思想力量,

---

① 范文澜:《中国近代史》上册,人民出版社,1955,九版说明。
② 刘大年:《中国近代史研究中的几个问题》,《历史研究》1959 年第 10 期,转引自《刘大年史学论文选集》,人民出版社,1987,第 247 页。
③ 张海鹏:《评胡绳著〈从鸦片战争到五四运动〉再版》,《追求集——近代中国历史进程的探索》,第 423 页。

对教学和研究工作以及对广大群众的爱国主义教育产生重大影响"。①

这部著作虽于1981年初版,实际上是胡绳在1954年写的《中国近代历史的分期问题》所提出的"三次革命高涨"概念下论述1840—1919年这80年的中国历史的一部书,也是他在50年代提出的《中国近代史提纲》的写作实践。在具体的历史分期问题上,胡绳对50年代提出的方法有所修正,他"把每次革命高潮时期和在它以前的准备时期合并起来",从而将中国近代史分为四个时期:(1)从鸦片战争到太平天国失败(1840—1864);(2)从太平天国失败后到义和团运动(1864—1901);(3)从义和团运动失败后到辛亥革命(1901—1912);(4)从辛亥革命失败后到五四运动(1912—1919)。②

胡绳提出的"三次革命高潮"概念虽然被大多数学者所接受,但也有人对第二次革命高潮提出异议,认为义和团不能算作一次革命高潮。胡绳在《从鸦片战争到五四运动》的原版序言中重申了他50年代的意见,即第二次革命高潮是包含戊戌维新和义和团运动二者在内的。他强调,"在充分估计义和团运动的反帝斗争的意义的时候,必须看到它具有的严重弱点;同时,也不能因为在当时的历史条件下,义和团运动不可能发展为一个健康的反帝斗争,就把它的历史地位抹煞掉"。"义和团虽然是传统的农民斗争形式的继续,但是把打击的矛头直接指向帝国主义侵略势力,而且义和团运动时期已经有了资产阶级倾向的政治力量",因此,将戊戌维新和义和团运动纳入第二次革命高潮是毋庸置疑的。也有学者提出,洋务运动开启了中国的现代化,也应被视为中国的进步潮流,应给予更高的评价。胡绳在初版前言中提出,"本书不认为有理由按照'洋务运动——戊戌维新——辛亥革命'的线索来论述这个时期的进步潮流",③ 从而全面坚持了"三次革命高潮"的观点。

1995年11月到12月,胡绳以年近80岁高龄,以抱病之躯,再次通读了这部著作,并做了修改,于1997年再版。比照这两个版本,可以充分感受到胡绳治学严谨、精益求精的精神。他及时吸收近代史研究

---

① 张海鹏:《中国近代史研究的回顾》,《追求集——近代中国历史进程的探索》,第116、117页。
② 《从鸦片战争到五四运动·序言》(1980年),《胡绳全书》第6卷(上),人民出版社,1998,第26、27页。
③ 《从鸦片战争到五四运动·序言》(1980年),《胡绳全书》第6卷(上),第25页。

的新成果，订正了一些史实。在力求避免初版的缺失的同时，对于初版的基本论点和总体体系，胡绳认为"现在还不觉得有修改的必要"，从而全面坚持了初版著作的核心价值取向。通过作者的精心修订，再版比初版又有了改进。本文的分析主要是基于 1997 年的再版。

1840—1919 年这 80 年的历史，饱含中国人民备受帝国主义和封建统治者摧残的血和泪，也充满了中国人民英勇反抗中外反动势力的剑与火，其风云激荡、瞬息变幻可谓亘古未有。作者深入浩如烟海的史料之中，从历史事实出发，创造性地运用马克思主义历史观点和方法，通过归纳、提炼，整理出典型的史料，论述帝国主义如何一步步加深对中国的侵略，将中国变为半殖民地。在这种侵略下，中国社会经济形态发生了什么变化，新的阶级力量、新的社会思潮又是如何产生和发展，中国的社会阶级矛盾和民族矛盾是如何糅合在一起展现复杂的形态；面临深重的民族危机，中国人民是如何从沉睡中觉醒，逐步提高觉悟，进行由自发到自觉的反帝反封建的革命斗争，挽救民族危亡。从而揭露了外国侵略势力的凶残和封建统治者的腐朽，讴歌中国人民艰苦卓绝的反抗斗争和一代又一代志士仁人寻求救国救民真理的艰辛探索，真实地再现了近代中国波澜壮阔的历史画面，反映了中国由黑暗走向光明的艰难历程。胡绳的贡献不仅在于他提出"三次革命高涨"的概念，也不仅在于他以"三次革命高涨"概念为骨架结构全篇，铺陈成这部皇皇巨著，更在于他在这部书中，通过对 80 年间中国社会阶级力量的发展、演变的论述，阐明了这三次革命高涨的各自特点和承继关系，说明前一高涨发展到后一高涨的根本原因及历史必然性。第一次革命高涨的太平天国运动，动摇了封建社会的旧秩序，农民是革命的唯一动力，他们得不到任何别的阶级的赞助；第二次革命高涨由民族资产阶级上层领导的戊戌维新运动和农民阶级发动的义和团运动构成，二者产生于同样的历史背景之下，却彼此互相隔膜，革命失败不可避免；继之而起的代表民族资本中下层的资产阶级革命派在政治上和思想上领导了辛亥革命，形成了第三次革命高涨，资产阶级革命派在一定程度上实现了与以农民为主体的下层民众的结合，从而达到旧民主主义革命的最高峰。胡绳指出，在无产阶级独立登上历史舞台之前，中国革命的主要动力来自农民阶级和资产阶级，这两个阶级的分离和结合形成了三次革命高涨环环相扣而又各具特色的历史景象。作者通过分析三次革命高涨的历史背景与阶级力量配备的变化，论述从单纯的农民战争到资产阶级领导的革命运动的发展过程，揭示了它们之间内在的逻辑关系。

范文澜的《中国近代史》上册有前驱先路的功绩，但由于是初创，限于当时的条件，尚有一些不尽令人满意的地方。胡绳的《从鸦片战争到五四运动》又有了新的超越，堪称一部集大成的巨著。一方面，它是胡绳对近代中国历史总体认识的一个完整体现，是胡绳用阶级分析法的武器解剖中国近代史的结晶，也是胡绳构建其宏大的中国近代史理论解释体系的一个典范；另一方面，这部书又是集各家研究之大成的著作，作者虚怀若谷，对于近代史学界的各项研究成果兼收并蓄，及时吸纳，力图体现最高的学术水平。概而言之，这部著作在宏观把握上高屋建瓴，气势恢宏；在微观剖析上细致入微，条分缕析。纷繁复杂的历史现象在书中都给予了科学的阐释，从杂乱的历史事件中寻绎出的历史发展规律能够落到实处。

1949年以后，为适应时代的需要，胡绳主要致力于中国近代史研究宏观解释体系的建构，他所提出的"三次革命高涨"概念和关于近代史分期的理论，得到近代史学界的普遍认同，并进而形成较为系统完善的近代史研究的学科体系。新的学科体系的建立不仅为这一时期的近代史研究提供了理论框架前提，也为研究者提供了交流对话的平台，同时其自身的形成、发展也构成了这一时期全部中国近代史研究成果中最深刻、最本质之所在。胡绳作为这一学科体系的最主要的创立者，他的功绩无疑是里程碑式的。与此同时，胡绳在他所构建的理论缜密、逻辑谨严的解释体系的基础上，以生产力和生产关系、经济基础和上层建筑的辩证关系为底色，高屋建瓴地对近代史进行宏观把握，融合自己数十年的研究之功，吸纳其他学者的先进研究成果，完成了中国近代史典范性的巨著《从鸦片战争到五四运动》。这部著作在当时可算是一部反潮流的作品，是作者"对'文化大革命'所造成的一种很有害的学风和文风多少表现了一点抵制"。① 相对于1949年以前的著作，其科学性、学术性进一步增强了，其基本观点、价值取向对中国近代史研究的影响延续至今。

胡绳所构建的理论框架以革命史为中国近代史的主干，以阶级斗争

---

① 《漫谈〈八十自寿铭〉》，《胡绳全书》第7卷，第184页。

为主线，显示了其理论的卓越之处，抓住了中国近代史最为本质核心的东西。但毋庸讳言，这个框架当然无法涵盖近代中国的所有内容，它对后来研究者的学术创新的制约也是存在的，虽然这绝非初创者的本意。主要表现在：由于过分强调从政治角度来铺叙中国近代史，对社会、经济、文化等方面相对忽视；由于过分强调阶级斗争是历史发展的动力，势必会忽视生产力和其他社会力量对历史发展所起的作用，"结果是多元发展的历史成了一元化的线性公式"。①

应该承认，历史学家笔下的历史都具有时代精神和个人风貌特征，胡绳所构建的理论框架，在新的时代要不断迎接新的挑战，也是一种历史的必然。

胡绳晚年的中国近代史研究：变与不变的辩证法

1978 年，胡绳年过 60 岁。他的中国近代史研究也进入了新的阶段。除了繁重的领导工作和社会活动（1985 年他担任中国社会科学院院长，又兼任中共中央党史研究室主任，还任全国政协副主席）以及理论撰述外，他还在从事中国近代史的研究。从 1979 年到 1990 年，他发表的涉及中国近代史的文章有 13 篇之多。1991 年，他领导并主持编撰、出版了《中国共产党的七十年》一书。这些论著表明胡绳晚年的研究仍生气勃勃，屡有新见。《论孙中山的社会主义思想》尤其显出他的睿智，学者曾给予评论。②《中国共产党的七十年》至今仍被认为是最权威的一部中共党史著作。1949 年前的中共党史也是中国近代历史的内容之一，但本书所写中共党史的时限已超出 1949 年，加上中共党

---

① 沈渭滨：《蒋廷黻〈中国近代史〉导读》，第 46 页。
② 参见张海鹏《孙中山社会主义思想研究评说》，文章指出："胡绳《论孙中山的社会主义思想》一文，不仅详细分析了孙中山社会主义思想的发展过程，尤其透彻地分析了'孙中山的主观社会主义中的某些弱点，也是中国共产党人曾经有过，通过实践才逐步加以克服，甚至现在还在克服着的。孙中山和中国共产党人同样生活在中国现代的社会历史条件下，因而某些想法有共同性'，如关于实行社会主义很容易的观点，不仅孙中山身上存在，共产党人身上也存在（直到今天是否已完全克服了？），是对研究者一个重要提示。胡绳是用马克思主义研究中国近代史的大家，他研究孙中山的社会主义思想，与共产党人的社会主义事业联系起来考虑，体现出作者睿智的目光，给人以深刻启迪。"《追求集——近代中国历史进程的探索》，第 280、281 页。

史已成为单一学科，不在本文论述的范围之内。

胡绳晚年对中国近代史学科的思考之一是对中国近代史时限的反思。

20世纪50年代确立的中国近代史是1840—1919年的中国历史，主要是胡绳的意见。通过学术界的讨论，大部分学者接受了这一见解。但是，这样的分期法割裂了1840—1949年近代中国这个整体，因为这110年是一个特殊的历史社会形态，"即在封建社会崩溃中被卷入资本主义世界的半殖民地半封建社会"。因此这种研究体系不利于了解和把握中国历史发展的全过程，不利于总结近代中国历史发展规律。①诚然，我们应该看到，当时把1919年作为中国近代史的下限有其历史合理性，但是，随着时代的前进，这一界定的局限愈发显现。解铃还须系铃人，胡绳在反思中曾多次建议打通1840—1949年，作为完整的中国近代史。早在1981年的《从鸦片战争到五四运动》序言中，胡绳就提出"在中华人民共和国成立已经超过30周年的时候，按社会性质来划分中国近代史和中国现代史，看来是更加适当的"。②在1983年《谈党史研究工作》的谈话中，他也指出"中国近代史是指半殖民地半封建时期的中国历史"。③1997年在为《近代史研究》创刊100期表示祝贺时，他重提这个建议："把1919年以前的80年和这以后的30年，视为一个整体，总称之为'中国近代史'，是比较合适的。这样，中国近代史就成为一部完整的半殖民地半封建中国的历史，有头有尾。1949年中华人民共和国成立以后的历史可以称为'中国现代史'，不需要在说到1840—1949年的历史时称之为'中国近现代史'。"④胡绳以他的声望，登高一呼，再加上学者的及时跟进，做出进一步的论证，⑤无疑有助于统一史学界对这一问题的认识。

胡绳在完成《从鸦片战争到五四运动》后，曾规划续写《从五四运动到人民共和国成立》，就是要实施他的这一建议。1995年初，胡绳

---

① 陈旭麓：《关于中国近代史线索的思考》，《历史研究》1988年第3期。
② 胡绳：《从鸦片战争到五四运动》，人民出版社，1981，序言，第1页。
③ 《谈党史研究工作》，《胡绳全书》第3卷（下），人民出版社，1998，第544页。
④ 胡绳题词见《近代史研究》1997年第4期（100期纪念号）。
⑤ 1998年张海鹏曾在《光明日报》和《近代史研究》先后发表有关中国近代史分期的文章，呼应胡绳的分期主张，参见《中国近代史的分期及"沉沦"与"上升"诸问题》，《追求集——近代中国历史进程的探索》。

约丁伟志、徐宗勉两位先生谈及续写中国近代史的构想，请丁、徐二人协助组成课题组，承担起草的具体事务。此后，胡绳就写作这一中国近代史续编的一些设想，与课题组成员做过十次谈话。胡绳的谈话记录被收入《胡绳全书》第 7 卷。这十次谈话对五四运动以后三十年的历史事件、历史人物做了扼要而精辟的论述，视角独到，见解新颖，发人所未发。其中有些论述澄清了人们以往的种种模糊认识，纠正了以往的一些谬误说法，因而具有极高的思想价值。可惜天不假年，他续写中国近代史的宏愿未能实现。

"20 世纪中国近代史研究取向的变化，折射着 20 世纪中国社会历史本身的变迁，尤其是折射着 100 年来中国社会政治思潮的起伏涨落。"[①] 改革开放以后，学术界对中国近代史研究进行了深刻的反思，部分研究者不满足于中国近代史学科体系的固有模式，要求突破并探索更能反映中国近代史全局的新模式，所谓"现代化史观"迅速崛起，并对所谓"革命史观"构成了挑战。

为了回应时代的挑战，胡绳在深入思考的基础上，对自己原来的理论框架做了一定的调整，颇有新见，引起反响。可见，胡绳并不是一个故步自封的学者。有论者极力夸大胡绳晚年思想之"新"之"变"，似乎晚年的胡绳全面否定了此前的自我，乃至于脱胎换骨了。这种夸大无疑是对胡绳晚年思想变化的曲解。其实，胡绳历史观的"变"，只是对原来理论构架的修正与完善，对于贯穿于中国近代史研究中的唯物史观的核心价值，胡绳是一以贯之、毫不松动的。他以一位洞察历史的老人的智慧，执着地坚持着自己探索到的真理，而绝不盲从于潮流。在一些趋新好异的违背基本历史事实的所谓"新潮"前面，胡绳是力挽狂澜的中流砥柱。

胡绳晚年的中国近代史研究，充满了变与不变的辩证法。

关于现代化问题的讨论。改革开放以来，"现代化事业成为国家和人民共同关注和进行的主要事业，这很自然影响到中国近代史研究者的视线"。[②] 有学者提出以现代化为主题重写近代史的主张。对近代中国

[①] 张海鹏：《史学与史实：中国近代史研究理论方法的探索与评论》，《东厂论史录——中国近代史研究的评论与思考》，第 21 页。
[②] 张海鹏：《史学与史实：中国近代史研究理论方法的探索与评论》，《东厂论史录——中国近代史研究的评论与思考》，第 22 页。

的现代化问题，胡绳在晚年进行了深入思考，并且阐发了一些新的观点。在《从鸦片战争到五四运动》1997年的再版序言中，胡绳对此时学界较为热衷的现代化问题做了系统论述。他认为，"在中国近代史中，现代化也就是工业化和与工业化相伴随着的经济、政治和文化等各方面的变化。从19世纪后期到20世纪初期的中国，现代化就是资本主义化"。① 胡绳明确指出，以现代化为主题来叙述中国近代历史不失为一种可行的思路，而且很有意义。②

胡绳这些话曾被有的学者解读为对革命史观的否定，对所谓"现代化史观"的全盘接纳，③ 并被那些力主以是否有利于现代化为标准来臧否一切历史事件与人物的学者引为理论支援。这种看法颇有断章取义之嫌，是对胡绳思想的误读。胡绳的本意是将从现代化视角来解读中国近代史作为一种有价值的尝试，作为革命史视角的一种有意义的、必要的补充，而绝不是主张仅仅以现代化视角、现代化理论来揭示整个中国近代史。

胡绳在阐明这个问题时，还有一些更为重要的论述往往被人忽略。他明确指出："以现代化为中国近代史的主题并不妨碍使用阶级分析的观点方法。相反的，如果不用阶级分析的观点和方法，在中国近代史中有关现代化的许多复杂的问题恐怕是很难以解释和解决的。"因为要分析近代中国的现代化问题，就要分析"从1840年鸦片战争以后，几代中国人为实现现代化做过些什么努力，经历过怎样的过程，遇到过什么艰难，有过什么分歧、什么争论"。这些都是中国近代史中的重要题目。胡绳指出，在帝国主义侵略的压力下，"中国近代史中的现代化问题不可能不出现两种倾向。一种倾向是帝国主义允许的范围内的现代化，这就是，并不要根本改变封建主义的社会经济制度及其政治和意识形态的上层建筑，而只是在某些方面在极有限的程度内进行向资本主义制度靠拢的改变。另一种倾向是突破帝国主义所允许的范围，争取实现民族的独立自主，从而实现现代化。这两种倾向在中国近代史中虽然泾渭分明，但有时是难以分辨的"。他认为，要澄清对近代中国的现代化问题的模糊认识，必须对这两种截然不同的"现代化"加以区分，而"要

---

① 《〈从鸦片战争到五四运动〉再版序言》，《胡绳全书》第6卷（上），第9页。
② 《〈从鸦片战争到五四运动〉再版序言》，《胡绳全书》第6卷（上），第8页。
③ 徐晓旭：《胡绳晚年历史观的变化》，《南通工学院学报》2004年第2期。

说清楚这两种倾向的区别和其他种种有关现代化的问题，在我看来都不可能离开马克思主义的阶级观点和阶级分析"。① 事实上，力主"以现代化为纲"来改铸中国近代史的学者，正是否定以阶级斗争为主线来解释中国近代史，混淆了历史与现实的界限，将现实中搞的现代化与近代史上半殖民地半封建社会范围内的畸形现代化混为一谈。

胡绳认为，前一种倾向实际上不可能实现真正意义上的现代化，洋务运动是这一倾向的代表，它的根本目的并不是发展资本主义，并不是追求真正意义上的现代化，而是维护封建专制统治，它的宗旨与现代化的目标是背道而驰的。正如费正清指出："19世纪60年代中国对外部世界和内部叛乱的双重威胁所做的基本反应，就是重新确立或'中兴'旧的儒家制度，而不是使之现代化。"② 学术界不少学者提出应该从促进现代化的角度对洋务运动全面肯定，极力拔高洋务运动的历史地位，胡绳明确表示不能认同。

胡绳特别强调，近代中国的两大课题是民族独立和现代化，"现代化必须和民族独立问题联在一起，中国现代化不能离开独立的问题"，③民族独立是真正意义上的现代化的必要前提。以首先解决现代化为突破口来解除近代中国的恶性循环被证明只是一种不切实际的空想，"只有先争取民族的解放和国家的独立，才能谈得到近代化的政治、经济、文化的建设"。④ "某些人居然说中国如果当过几十年殖民地，就会实现现代化"，胡绳愤怒地斥之为"极端无知的昏话"。⑤

因此，在胡绳晚年的历史观中，为回应时代挑战，他将现代化视角融入他所构建的宏大而缜密的唯物史观理论体系，从而使其理论体系更为完善，具有更强的解释力。胡绳没有简单地否定现代化史观，而是从唯物史观的高度阐明如何看待中国近代历史上的现代化问题。

关于中间势力的讨论。胡绳晚年提出中国近代历史上的中间势力问题，并且做了充分的论述，见解新颖，醒人耳目。

---

① 《胡绳全书》第6卷（上），第8—10页。
② 费正清、赖肖尔：《中国：传统与变革》，陈仲丹等译，江苏人民出版社，1992，第318页。
③ 《关于撰写〈从五四运动到人民共和国成立〉一书的谈话》，《胡绳全书》第7卷，第74页。
④ 《关于近代中国与世界几个问题》（1990年），《胡绳全书》第3卷（上），第77页。
⑤ 《〈从鸦片战争到五四运动〉再版序言》，《胡绳全书》第6卷（上），第9页。

胡绳认为，在新民主主义革命历史上，国共两党当然是矛盾斗争的两极，一个是大地主大资产阶级，一个是无产阶级。这两极之间还存在相当多数的中间势力，他们最后的选择决定了人心向背，进而奠定了革命胜利的基础。但是以往的历史书对中间势力的重要性有所忽视，因而着意淡化处理，从而难免有将复杂丰富的历史简单化的趋向。

胡绳对中间势力的界定有异于我们以往的认识，也有异于他在1946年的论述。他在40年代写的时评中，指出中国不是一个高度成熟的资本主义国家，因而也并非把一切政治矛盾都集中在资产阶级与无产阶级的对立上，"小资产阶级、职员、小商人、民族资产阶级，甚至经济地位与社会地位摇摇欲倒的中小地主……这样许多成份的人构成了这个庞大的中间阶级"，① 而工农是革命的依靠、基础。90年代，胡绳认为"实际上工农、小资产阶级只是革命的可能的基础。就阶级说，它们是革命的，就具体的人说，它们当中大多数在政治上是处于中间状态，不可能一开始就都自动跟共产党走"。"这一部分人可以走社会主义道路，也可以走资本主义道路。"胡绳在这里将作为阶级整体的工农与具体个人的工农分子加以区分，这种区分是颇具洞见的，它大大扩展了中间势力的外延。胡绳视野中的中间势力，在职业上实际涵盖了工人、农民、知识分子和工商界人士。那么，真正处于对垒两极的只有少数，中间势力才是大多数。

如果没有更为先进阶级的引导，"中间的力量自发顺着的是走资本主义道路"。对此应该如何评价呢？胡绳认为，五四以前，"中国惟一进步的道路就是资本主义"；五四以后，发展资本主义仍是进步的主张。"要使资本主义有所发展，就必须推翻帝国主义和封建主义的统治"，在当时的历史条件下，"现实的问题不是要资本主义还是社会主义的问题，而是要不要反帝反封建的问题"。因此，虽然中间势力并不赞成革命，他们的主张也并不具备实现的可能，但他们"要求发展资本主义，不满于军阀官僚、国民党那样的办工业，甚至要求抵制帝国主义的侵略"，② 其主张客观上是有利于中国的工业化、现代化的，也是带有一定程度的革命性的。我们"不能认为凡是不同意马克思主义，不赞成当

---

① 《论"第三方面"》（1946年），《胡绳全书》第1卷，第632页。
② 《关于撰写〈从五四运动到人民共和国成立〉一书的谈话》，《胡绳全书》第7卷，第46—52页。

时搞社会主义的就都是反动的",因而"我们对于国民党统治 22 年间那些要走资本主义道路或总的倾向于资本主义的人,就可以重新做出估价"。例如,历史上被视为反动阵营中坚分子的胡适,胡绳认为也可以将他纳入中间势力的范围,属于"不革命的民主派"。因为胡适这一类人"要走资本主义道路而反对国民党专制独裁,我们党就应当团结而不该排斥他们"。① 对于那些并没有明确革命意识的民族资本家,他们在一定程度上维护了民族利益,表现出民族独立意识,也应该给予中肯的积极评价。

胡绳指出,事实上,"在'五四'以后,马克思主义者、共产党和基本上属于资产阶级民主主义的中间势力之间,不是完全对立的关系,而是有批评、有联合的关系"。应该看到,中国共产党的统一战线政策对于争取中间势力发挥了极大的作用,正是中间势力的支持改变了政治力量的对比,决定了人心向背。胡绳甚至认为,"没有中间力量同封建主义、法西斯势力斗争,单靠共产党孤军作战,革命恐怕是不能成功的"。

胡绳重点阐述了中间势力的分化。他指出,中间势力"可以是新民主主义的后备军,也可以成为旧民主主义的力量"。② 其分化的决定因素主要有两个:一是民族主义,抗日战争期间,国民党消极抗日,而共产党坚持抗战,赢得了人心;二是发展经济,国民党上台后,疏于抓经济,不关心人民疾苦,使许多原来跟随它或对它抱有希望的人深感失望,最终投向人民革命阵营。

胡绳关于"中间势力"的论述,给思想界、史学界留下了深深的思考,某些具体论述还可以展开讨论,总体来讲是很新颖的观点,丰富了他的中国近代史理论体系。这些观点对研究中国近代史,尤其是五四后 30 年的历史有深刻的启发意义。胡绳经过修正和完善后的理论体系,去除了原有体系一定程度上简单化、僵硬化的弊端,具有更强的解释力,对新时代的中国近代史研究做出了新的开拓。以这个丰富了的理论体系来考察中国近代史,就更能反映历史的真实、历史的全貌,也更能体现中国近代史的复杂性与曲折性。

---

① 《关于撰写〈从五四运动到人民共和国成立〉一书的谈话》,《胡绳全书》第 7 卷,第 47—70 页。
② 《关于撰写〈从五四运动到人民共和国成立〉一书的谈话》,《胡绳全书》第 7 卷,第 57—58 页。

与此同时，我们应该注意到，胡绳历史观的核心部分是他终生坚守不渝的，并未随时代潮流而发生改变。

关于历史研究中的阶级分析法。阶级观点是马克思主义史学区别于其他史学流派的基本特征，也是胡绳历史观中的核心价值。20 世纪 50 年代由胡绳等确立的中国近代史学科体系，明确地将阶级斗争作为中国近代史分期的标准，作为叙述中国近代史的一条主线，将阶级分析法作为基本的史学方法。1997 年，胡绳在《从鸦片战争到五四运动》的再版序言中说："我写这本书是使用阶级分析的观点和方法。其所以使用这种观点和方法并不是因为必须遵守马克思主义，而是因为只有用马克思主义阶级分析的观点和方法，才能说清楚在这里我所处理的历史问题。"① 因为近代中国社会政治发生了前所未有的激烈的动荡，"这些动荡和变化从根本上和总体上说来是表现为旧的阶级虽然衰落，但仍然存在，新的阶级虽然已经兴起，但尚未取得胜利；旧时期的阶级斗争仍然残存，而新时期的阶级斗争已经开始兴起。外国帝国主义势力的侵入更使中国国内的阶级矛盾和阶级斗争复杂化"。② 阶级斗争在近代中国程度如此激烈，形式如此复杂，离开阶级分析法，就只能止于对历史现象的描述，而不能说清楚任何问题。因此，胡绳设想："如果我不是写一部政治史，而是写一部通史，我也不可能脱离这种观点和方法。"③

事实上，在辛亥革命前，各派政治家在为解答中国革命问题而发表议论时，往往已经初步认识到阶级斗争问题。他们使用"上等社会""中等社会""下等社会"这些概念虽然失之模糊不清，但也由此可见，"马克思主义的阶级斗争学说在开始传入中国时，虽然是完全新的学说，但它所要解答的问题并不是在中国的思想界和实际生活中没有提出来的问题"，这些问题正是通过阶级斗争学说才获得科学的解释。

改革开放以后，国家现实生活坚持以经济建设为中心，当然不能再"以阶级斗争为纲"，有些学者因此认为阶级分析法过时了，研究近代史也不必再用阶级分析法了。胡绳强调："在社会主义社会不能以阶级斗争为纲，这和用阶级观点分析阶级对立社会的历史问题是两回事。在

---

① 《〈从鸦片战争到五四运动〉再版序言》，《胡绳全书》第 6 卷（上），第 4 页。
② 《〈从鸦片战争到五四运动〉再版序言》，《胡绳全书》第 6 卷（上），第 4、5 页。
③ 《关于撰写〈从五四运动到人民共和国成立〉一书的谈话》，《胡绳全书》第 7 卷，第 5 页。

以阶级对立、阶级剥削为基础的社会中，阶级斗争是社会发展的动力。研究革命的历史，不用阶级分析方法是不行的。"如果因为新时期我们可以而且必须有一个和平安定的环境来发展生产力，就否定阶级社会中阶级斗争对社会发展的决定作用，"这不是联系实际，而不过是影射史学的另一种形式的表现"。①

由于一些学者在以往的研究过程中片面、机械地运用阶级分析法，不可避免地造成一些弊端，因而改革开放以后，阶级分析法受到部分学者的贬损和诟病。胡绳批评将阶级分析法庸俗化，他明确指出："当然不应当把任何社会现象都用，或者只是用阶级根源来解释，不应当把任何社会矛盾都说成是敌对阶级之间，或这个阶级和那个阶级之间矛盾。把马克思主义阶级分析的观点简单化、公式化是我们所不取的。"② 在胡绳的理论体系中，现代化视角与阶级分析法应该并不矛盾，而是相得益彰的。

关于中国近代史上的改良与革命。新时期的"时代精神"已由大规模的急风暴雨似的阶级斗争转向现代化追求，要求社会稳定成为社会经济发展的前提，改革成为时代的主旋律。有学者将对现实的认识反观近代中国，从而出现了一味地歌颂改良、否定革命的思潮。

胡绳对改良与革命进行了辩证分析，全面坚持了他原来的观点。对于改良的历史进步性，胡绳从促进中国现代化的角度予以有限的肯定和承认。他指出，渐进的点滴改良的思路自中国近代以来从来没有断绝过，"洋务派是第一代讲现代化的人"，他们企图通过"中体西用"式的改良迈上现代化之路，但没有民族独立，只是在"适应帝国主义的要求的范围内进行"，它的标志"也只是有限度的现代化"；③ 维新派是资产阶级改良派，他们提出了独立的问题，甚至有了政治变革的要求，他们倡导的戊戌变法虽然被顽固势力扼杀，但在客观上为后起的革命开辟了道路；新民主主义革命时期，中间势力致力于"工业救国""卫生救国""教育救国"，在客观上有助于改变中国落后、愚昧的状态，但最终避免不了失败的命运。正是这一次次改良运动的失败，雄辩地证明了革命的必要性。胡绳明确指出，对于改良的历史作用不能一笔抹杀，应

---

① 《谈党史研究工作》，《胡绳全书》第3卷（下），第549页。
② 《〈从鸦片战争到五四运动〉再版序言》，《胡绳全书》第6卷（上），第5页。
③ 《关于撰写〈从五四运动到人民共和国成立〉一书的谈话》，《胡绳全书》第7卷，第76页。

该看到改良主义在和旧势力斗争中的积极意义；但是不能一味地对改良加以歌颂和揄扬，因为"在中国近代历史上改良主义常常是有两面性的。在革命的形势已经出现的时候，在革命的烽火已经兴起的时候，改良主义的立场如果不有所改变，它的斗争锋芒就不是指向旧势力，而是指向革命"，而且"旧势力也会利用改良主义来抗拒革命"，① 而显示它的反动性。

胡绳认为，革命不是可以随心所欲制造的，而是社会矛盾不可调和的产物。恩格斯说："把革命的发生归咎于少数煽动者的恶意那种迷信的时代，是早已过去了。"② 中国近代史的基调无疑应该是革命，这是不以人的意志为转移的。腐朽的国内封建专制统治者、贪婪凶横的帝国主义、动荡不安的社会现实，这一切决定了近代中国不可能为改良提供最起码的条件。革命肯定有破坏，甚至难免带来社会的阵痛，但这是历史发展必然付出的代价。胡绳指出："即使是有严重缺点的、不成熟的、有许多负作用的、一时没有得到完全成功的革命，如果这是适应于阶级斗争向前发展的形势而发生的，它就不能不被认为是必要的，是推进社会历史进步的。"③

胡绳针对新时期某些学者否定农民革命的观点进行了阐述。诚然，在以往的研究工作中，对农民革命和农民斗争的评价有"拔高"的倾向。实质上，农民作为小生产者，不能不带有种种弱点，而且"中国社会各阶级都生活在长期的封建传统和小生产者经济的汪洋大海之中，因此，表现在农民身上的弱点也不能不影响于社会各阶级"。但我们并不能因这些弱点而否定农民革命的积极作用。胡绳认为，我们不能脱离具体的生产关系来谈生产力的发展，农民革命打破的是生产关系对生产力发展的桎梏，从而使社会生产力获得解放。"从所代表的生产关系上说，资产阶级是比农民先进的阶级，但从反帝反封建斗争的积极性上说，农民群众远远超过资产阶级。"④ 因此，在科学分析农民的阶级局限的同时，我们应该看到，农民无疑是近代中国反帝反封建最为坚定的依靠力量，历史作用不容抹杀。而且，从近代中国革命的延续性来考察，太平天国革命、义和团运动诚然是农民在没有先进阶级领导时所进行的自发

---

① 《〈从鸦片战争到五四运动〉再版序言》，《胡绳全书》第 6 卷（上），第 6 页。
② 《马克思恩格斯选集》第 1 卷，人民出版社，1995，第 483 页。
③ 《〈从鸦片战争到五四运动〉再版序言》，《胡绳全书》第 6 卷（上），第 5 页。
④ 《关于中国近代史研究的若干问题》，《胡绳全书》第 3 卷（下），第 514、515 页。

的、低级的反帝反封建的斗争,但它们同时也是近代中国革命的历史链条中必不可少的环节。胡绳的这些论述抓住了近代中国农民斗争进步作用的主流,全面坚持了对农民革命的肯定评价。

至于"革命"与"改良"何者更可取,胡绳认为"不能脱离具体的历史条件而作抽象地价值评估"。① 对于社会历史的前进运动来说,革命和改良都是可供选择的手段。事实上,"改良是常态,革命是变态。每一个国家,每一个时代,总是经常处在改良的状态中,否则,那个社会就停滞了,不前进了"。阶级矛盾不到激化的程度,就可以通过阶级调和、社会改良的办法不断促进社会的发展;如果要推翻旧制度,建立新制度,社会改良则是无能为力的。因此,"革命虽不是社会发展的唯一推动力,却是社会历史发展的根本动力","否定这一点,无原则地歌颂社会改良,显然是一种反历史主义的态度"。②

有学者顶礼膜拜英美的渐进改良,提出"告别革命",这是一种"错置历史具体感的谬误",中国近代史上改良主义的历史命运已然雄辩地证明了其荒谬。"帝国主义的侵略使中国人民蒙受了耻辱,正是这种耻辱唤起了中国的民族主义并激发了二十世纪的中国革命","革命是近代中国的基调",③ 这绝不会因为今天社会发展的主题是改革而发生变化。

综观胡绳晚年历史观的"变"与"不变",无不深深体现了作为马克思主义历史学家的胡绳对真理毕生的执着追求:一方面,他与时俱进,勇于创新,不断完善自己的理论体系,迎接时代的挑战;同时,他绝不诡随流俗,坚守着马克思主义基本原则和方法,坚持他所探索到的中国近代史的发展规律毫不松懈,并对某些学者的一味趋新好异提出了批评,从而为新时期中国近代史研究指明了一条健康发展之路。

结　语

胡绳是中国马克思主义史学的拓荒者,是用马克思主义开拓中国近

---

① 《〈从鸦片战争到五四运动〉再版序言》,《胡绳全书》第 6 卷(上),第 6 页。
② 张海鹏:《"戊戌维新的再思考"的再思考》,《东厂论史录——中国近代史研究的评论与思考》,第 107、108 页。
③ 费正清:《观察中国》,四川人民出版社,1992,第 13、96 页。

代史研究的前锋。他的一生，是中国知识分子将自我融进时代，而最终确认自身价值并实现历史使命的缩影。他既有高深的理论修养，又有厚重的史学功底，且以毕生精力致力于最有挑战性的中国近代史研究，视界宏阔，史识精到，著述等身，硕果累累，为我们留下了极为宝贵的史学遗产，他的中国近代史研究成果是中国近代史学界的一块丰碑。正如有论者指出，在胡绳的著述中，"理论与实际相结合，历史同现实相贯通，旁征博引，条分缕析，特别具有说服力。他的政论文章具有凝重的历史感，他的历史著作又具有强烈的现实性"。① 这在同时代的其他学者中是鲜有其匹的。

在三个不同的历史时期，胡绳的中国近代史研究的思想和著作涌动着时代的脉搏，体现了与时俱进的精神。作为马克思主义理论家和近代史学家，胡绳的理论思辨能力是高超的、前卫的，他总是能够在马克思主义的指导下，通过自己独立的思考和探索，不株守成说，敢于对中国近代史做出独到而新颖的论述。他对中国近代史的深刻洞察，"对历史进程的透彻观察，对历史脉络的准确把握，对历史细节与时代特征、深层社会背景的周密关照"，② 都体现了一代大家的风范；同时，我们应该看到，马克思主义唯物史观始终是胡绳为我们铺设的近代中国历史画卷的底色，正是由于他毕生对马克思主义坚定的信仰，才能够面对种种横风逆潮而岿然不动，他的研究成果也因而具有超越具体时代的恒久价值，传世而弥新。

胡绳对中国近代史研究的主要功绩可以做如下概括。

第一，对中国近代史学前驱先路的奠基之功。《帝国主义与中国政治》代表了在革命根据地以外从事革命活动的马克思主义者对近代中国历史的探求，在 1949 年后长期被作为学习和研究中国近代史的青年的经典读物，标志着中国的马克思主义研究者研究探索中国近代史的成功，为新中国成立以后中国近代史学科的建立和兴旺发展奠定了扎实的基础。《中国近代历史的分期问题》引发了一场影响深远的近代史分期问题的讨论，建构了一个规模宏大、理论缜密的中国近代史的理论体

---

① 逄先知：《高深的理论修养　厚重的史学功底》，郑惠、姚鸿编《思慕集——怀念胡绳文集》，第 244 页。
② 庞松：《忆思胡绳：史识·史德·治学精神》，郑惠、姚鸿编《思慕集——怀念胡绳文集》，第 224 页。

系，为学者进一步研究提供了一个分析框架与交流对话的平台，大大促进了中国近代史学科的发展与成熟。

第二，对马克思主义指导下中国近代史研究的学科体系的形成有着巨大的推动。以《中国近代历史的分期问题》为代表的关于中国近代史的基本主张，对于中国近代史学科体系的形成关系巨大；以"三次革命高涨"为总体构架的巨著《从鸦片战争到五四运动》，是"一部很好体现了马克思主义理论的科学著作"，① 是一部经得起历史检验的里程碑式的著作。这部通史体例的政治史著作积胡绳数十年研究探索之功，集中国近代史研究之大成，全面吸纳了学术界的研究成果，并以作者自身的理论体系为灵魂，代表了马克思主义中国近代史研究在当时历史条件下的最高水平。

第三，胡绳丰富的史学思想为我们留下了宝贵的精神遗产。

胡绳指出，历史是必须不断被重新认识的领域，历史研究应该与时俱进，才能获取其自身不息的生命力。历史学的问题意识来源于现实生活，只有在对历史和现实连贯的考察中，才能建立起对历史的深刻认识。但是，这不是否定历史研究的客观性，并非根据现实的需要剪裁历史、比附历史。研究历史必须贯彻历史主义的观点，要把历史问题放置于其原有的历史范围之内，历史地去看待它，这样才能真正探寻历史发展的规律。他的这些思想，从历史哲学的高度为一般学者的研究指明了方向。

胡绳治学极为严谨，足为后人楷模。他鄙视和排斥那种空疏浅薄的学风。他的宏观历史理论体系是建立于微观领域的深入细致的研究基础之上的，因而能够尽可能还原历史的真实。胡绳才华横溢，博览群书，他的近代史著作，力求做到言之有据，信而有征。在他的具体的研究结论上，或许有学者持有异议，但都不能不重视他的研究成果，从他的著作中吸取养料；对于他的这种严谨朴实、精益求精的治学精神，也都是不能不佩服的。

"文苑风高激浪斜，当年征战笔生花"，胡绳发表《〈中国近代史〉评介》时只有18岁，还是一个风华正茂的翩翩少年，出版《帝国主义与中国政治》而名动天下，亦不过30岁。大器早成，并且毕生如一地

---

① 刘大年：《评戊戌变法》，《刘大年史学论文选集》，人民出版社，1987，第279页。

对中国近代史的真理进行执着探索，有卓越的理论建树和辉煌的研究实绩，说他是近代史研究的一代宗师绝非过誉之词。他的一些具体观点、论述容或存在缺陷，他的探索也不可能穷尽所有的历史认识，他构建的理论体系、研究规范也会被发展、被突破，但是，他作为中国近代史学术史上里程碑式的地位是毋庸置疑的。

试论刘大年的中国近代史研究*

刘大年（1915—1999）是著名马克思主义史家，也是中国近代史学科的拓荒者。他旧学功底深厚，且精研马克思主义理论，与范文澜、胡绳等学人一道，以唯物史观为指导，在近代史园地筚路蓝缕开拓耕耘，孜孜不倦，老而弥笃，著述丰厚，成就斐然。他的研究理论与方法，以及诸多富有创见的学术观点，深刻地影响了大陆学界的近代史研究，为科学的中国近代史学科体系奠定了基础。

一 研究历史，突出时代主题

从某种意义上来说，刘大年与范文澜颇有相似之处：都曾以"追踪乾嘉诸老"为职志，是民族危亡促使其转变为革命者；都曾历经民族战争血与火的磨炼，有过出生入死的革命经历。刘大年85岁时曾赋诗《小照漫题》："早岁从戎荷大戟，中年乙部伐雄王。凡人亦许不知老，我笑老愁伦勃朗。"① 此诗可以看作他人生的写照。由投笔从戎至卸甲治学，是他一生的两大转折；战士与学者两种角色，在他身上得到了完整统一。

刘大年早年更多接受的是旧式传统教育，一度将"国学"视为安身立命之本。是中国革命的伟大实践，促使他踏入近代史研究领域。马

---

* 本文与赵庆云博士合作撰写，发表在《历史研究》2011年第3期。收入张顺洪、步平、卜宪群主编《马克思主义史学理论研究》（第1辑·2011），中国社会科学出版社，2012。又入张海鹏《中国近代史基本问题研究》，中国社会科学出版社，2013。

① 刘大年手稿，作于1999年8月，刘潞提供。

克思主义史学本具有极强的实践性,其活力源泉在于介入现实,并体现时代精神。诚如翦伯赞所言:"不是为了说明历史而研究历史,反之,是为了改变历史而研究历史。"① 因而刘大年的近代史研究,从课题选择到表达的内容形式,都体现出相当强烈的使命感和深切的现实关怀。其主要著述无不高度呼应时代主题,服务于建立现代民族国家的革命事业。中国近代史本为新兴学科,存在诸多空白。刘大年以其对现实的敏锐感知,对时代精神的准确把握,在美国侵华史、台湾史、抗日战争史等分支领域均有前驱先路的开拓之功。

刘大年由驰骋沙场到潜心史学,转折即在于《美国侵华简史》的问世。这部著作虽然仅是篇幅不大的小册子,却有着非同一般的意义:它不仅是刘大年近代史研究的起点,奠定了他在中国近代史学界的地位,且由此开拓了中国近代史一个新的专题研究领域。

涉足中国近代史研究,刘大年坦言"当时也是一种革命斗争的需要"。② 作为一个扛枪的正规八路军战士,刘大年在冀南抗战前线数度出生入死。1943 年冀南遭受严重夏荒,时为冀南党委领导的王任重决定让刘大年去接受轮训。是年 7 月,刘大年上太行途中遭遇日军,跳崖引起肺部破裂大出血。③ 养伤期间,他坚持读书、看报,并着重阅读了范文澜的《汉奸刽子手曾国藩的一生》,从而产生研究中国近代史的念头。1946 年,刘大年调任北方大学教务处副处长、工学院副主任,与时任北方大学校长的范文澜结识。1947 年,中共与美国走向对抗已然不可避免,此前长期从事宣传工作而锻炼出来的政治敏感性,使刘大年意识到美国侵华史所具有的政治意义与学术意义。他向范文澜表露研究美国侵华史的意向。恰在此时,范接到中央宣传部的一个电报,要他聚集人才,继续进行历史研究。④ 范氏历来重视帝国主义侵华史研究,所著《中国近代史》上编第一分册即振笔直书近代以来列强侵华史实,因而对刘大年的研究计划"热心支持"。⑤

---

① 翦伯赞:《历史哲学教程》,东北新华书店辽东分店,1948,第 4 页。
② 刘大年 1980 在日本东京大学交流会上的自我介绍记录稿。
③ 详见刘大年《我亲历的抗日战争与研究》,中央文献出版社,2000,第 75—87、92 页。
④ 刘大年:《史料和历史科学》,人民出版社,1987,序,第 3 页。
⑤ 张振鹍:《回忆范老与帝国主义侵华史研究》,《近代史研究》1994 年第 1 期。

此前，中国史学界对英、日侵华史已经有较多研究，而对美国侵华历史的研究几乎尚为空白。中美关系史研究，最早可追溯至20世纪20年代。在1921年11月至1922年2月举行的华盛顿会议上，美国打着保持中国独立和完整的旗号，谋求"门户开放""机会均等"，赢得不少国人的好感。陈震异撰写《太平洋会议与中美俄同盟》一书（北京大学，1921），视美国为中国盟友且寄予厚望。此后有蔡元培的《中美外交史》（上海商务印书馆，1928）、唐庆增的《中美外交史》（上海商务印书馆，1929）、蔡恭晟的《中美关系纪要》（上海中华书局，1930）、李抱宏的《中美外交关系》（南京独立出版社，1946），这些著述在论及中美关系时，往往正面肯定美国近代以来对中国的友好与援助，对近代以来美国侵华史实多有粉饰。这自然与美国侵略手段的隐蔽性有莫大的关系。自1908年始，美国以庚款为津贴兴办了遍布中国的学校、医院、慈善机构、文化出版机构、宗教团体，受其资助而赴美留学的知识分子对美国大有好感。不可否认，太平洋战争后，美国成为中国抗日的最重要盟国，既是为自身的最大利益，也为中国的抗日战争做出了很大的贡献。当时中国的知识界，从国家利益的角度感受到了这一点，是可以理解的；但在社会上弥漫着亲美、崇美、恐美的气氛，从学术上就不可能出现"美国侵华史"这样的专题领域。

范文澜给刘大年指点了资料线索，最重要的有两部书：一部是《李文忠公全集》，另一部为王芸生的《六十年来中国与日本》。[①] 资料收集大体齐备后，刘大年全力以赴投入写作，1947年秋即完成《美国侵华简史》（以下称《简史》）初稿。这在当时无疑是引人瞩目的成果。《简史》初稿完成后，历经周扬、陈伯达、田家英等人审阅，获得鼓励与肯定。田家英还特地与主管档案人员联系，让刘大年阅读当时尚属机密的赫尔利在延安与毛泽东的谈话记录。[②]《简史》最初的版本是1949年8月华北大学内部发行本，可能主要用于授课，流行范围有限；[③] 其次是由北京新华书店于1949年11月初版（10000册）、1950年3月再版

---

① 刘大年1980年在日本东京大学交流会上的自我介绍记录稿。
② 刘大年：《田家英与学术界》，《毛泽东和他的秘书田家英》，中央文献出版社，1989，第156—157页。
③ 华北大学史地系当时开设有"美国侵华史"课程，据《华北三年以来的大学教育》，《人民日报》1948年12月31日，第4版。

(10000 册）的新华时事丛刊本，内容与华北大学自印本相同，"只是为眉目清醒计，加上一些小标题"。①

《简史》的传播及其影响与当时的政治形势密切关联。1949 年 8 月 2 日，美国驻华大使司徒雷登返美。8 月 5 日，美国政府发表《美国与中国的关系》白皮书，同时发表了美国国务卿艾奇逊致总统杜鲁门的信。8 月 19 日，《人民日报》发表《美国白皮书内容摘要》，谴责美国白皮书关于中美关系的历史叙述颠倒是非。与此同时，新华社从 8 月 14 日至 9 月 16 日连续发表《丢掉幻想，准备斗争》等 6 篇评论，揭露美国对华政策的帝国主义本质。主持《人民日报》工作的胡乔木从一位编辑的手中看到了华北大学自印的《简史》，决定从 8 月 26 日至 10 月 6 日在《人民日报》连载《简史》。由于高度契合了现实政治宣传的需要，《简史》迅即风行全国，新华时事丛刊本《简史》共印行 2 万册，远远供不应求，各地只得纷纷翻印。截至 1951 年 1 月北京六版和其他地区 1950 年 12 月出版数字的统计，全国范围累计印数达 238800 册，② 可以想见当时洛阳纸贵的盛况，亦可以想见它在反美宣传中所起的重要作用。

《简史》是一本仅 90 页，不到 8 万字的小册子。作者站在爱国主义立场，扼要叙述了美国侵华的历史过程，揭发了美国"帮助"中国的假面具，文笔犀利，富于感染力。作者开宗明义说明："美国在世界资本主义国家中，是比较后起的一个国家。它又是一个资源丰富得天独厚的国家，首先着重在国内的经营，然后才加强其对海外的扩张。这两个因素，规定了美国侵略中国的过程。"③ 根据这个过程，全书分为四章：第一章，追随或通过别国向中国侵略（1840—1905）；第二章，逐渐走上独立侵略中国（1905—1917）；第三章，争夺中国霸权（1917—1945）；第四章，进行独占中国（1945 年以后）。这种结构模式为美国侵华史的研究奠定了一个初步框架。

诚然，以今天的眼光观之，刘著《简史》无疑受到当时的政治氛围的影响，带有明显的时代烙印，其中一些论断夹杂着革命情感替代理性分析的因素。虽然存在诸多局限，但刘著《简史》毕竟"是从革命

---

① 李光霖：《评刘大年著美国侵华史》，《新建设》1950 年第 3 卷第 5 期，第 67 页。
② 王大白：《评六种美帝侵华史》，《人民日报》1951 年 3 月 25 日，第 6 版。
③ 刘大年：《美国侵华简史》，新华书店，1949，第 3 页。

根据地走出来的学者在观察、研究中美关系时写的第一本书"。① 从政治意义上来说，它揭露美帝国主义侵略中国的历史渊源，因具有一定学术底蕴而起到了一般政治宣传品无法比拟的作用；就学术价值而论，它意味着马克思主义中国近代史研究一个新的专题领域的开创，在当时产生了相当大的政治影响与学术影响。不少报刊发表对《简史》的书评，《简史》带动了一批新的美国侵华史书的出版。② 其中，有的竟是《简史》的抄袭或缩写；另一些严肃的学术文章也常常引用刘著文字作为权威论断。③ 宋云彬著《高中本国近代史》中特别指出："课本对于美国侵华史实叙述得很不够，希望教师根据刘大年的美国侵华史，于授课时，随时加以补充。"④ 刘著《简史》的影响由此可窥一斑。

新中国成立初人们迫切需要一部材料丰富、论证有力的美国侵华史著作，政治形势的发展无疑为美国侵华史研究的进一步深入提供了强大驱动力。刘大年在新中国成立后第一件事就是对《简史》加以丰富扩充。此时撰著条件较之前大为改善。至 1951 年 4 月，刘大年将《简史》修订成近 17 万字的《美国侵华史》，是年 8 月由人民出版社出版。此次修订又得范文澜大力帮助，同时得近代史研究所同人"沈自敏、丁名楠两同志帮助搜集材料，勘正错误，并由沈自敏同志最后校对一遍"。⑤ 此书"对于揭露美国的侵略面貌，澄清当时存在的一些糊涂观念，发扬

---

① 张海鹏：《战士型的学者 学者型的战士——记刘大年的学术生涯》，《刘大年集》，中国社会科学出版社，2000，第 475 页。胡华此前曾撰有《美帝国主义侵华史略》（冀中新华出版社，1947），但难称学术著作。
② 截至 1951 年 2 月，又有 7 部美国侵华史著作相继问世：钦本立《美帝经济侵华史》（世界知识社，1950 年初版，1951 年修订四版）；汪敏之《美国侵华小史》（三联书店，1950）；北京师范大学工会历史系小组编著《美帝侵略中国史话》（光明日报出版社，1950）；王春《美国侵华史话》（工人出版社，1951）；施瑛编著《美帝侵华演义》（通联书店，1951）；宣谛之《美帝侵华一百年》（世界知识社，1950）；谢牧编著《美帝侵华政策的百年总结》（潮锋出版社，1951）。这些著作的史料和观点无不以刘著《简史》为依据。
③ 如徐幼慈《美国军事侵华的三个阶段》（《光明日报》1950 年 11 月 3 日，第 4 版）、丁易《美帝帮助满清扼杀了太平天国运动》（《光明日报》1950 年 11 月 18 日增刊）、尚钺《甲午战争中美帝帮助日本侵略中朝的检讨和教训》（《光明日报》1950 年 11 月 18 日增刊）、袁震《美国人华尔帮助满清屠杀中国人民的血债》（《进步日报》1950 年 12 月 5 日）等文章均为严格意义的学术论文，亦均将刘著《简史》的一些论述引为权威论断。
④ 宋云彬：《高中本国近代史》，人民教育出版社，1951，第 95 页。
⑤ 刘大年：《美国侵华史》，人民出版社，1951，修改说明，第 1 页。

爱国主义，进行爱国主义教育，起了很大的作用"。① 在当时就颇获好评，贾逸君认为："这本书是在许多美帝侵华史著作中最好的一本。"②

《美国侵华史》在《简史》基础上，吸收李光霖、王大白等人的批评意见，不仅篇幅大为扩充，材料更加丰富，而且史实进一步得以订正，体例更为完善。《简史》的论述截至1948年，《美国侵华史》则将抗美援朝运动的现实亦囊括其中，已可谓一部颇具规模的学术专著。就在北京初版的同年，苏联外国作品出版局印行了《美国侵华史》的俄文译本，奥夫钦尼科夫在《真理报》发表书评《叙述美国侵略中国的几本书》，予刘著《美国侵华史》以高度评价。③ 此前"苏联《历史问题》杂志也曾发表长篇评论"。在当时全面学习苏联的政治氛围中，苏联学者的揄扬和推介无疑扩大了《美国侵华史》的影响。朝鲜、捷克斯洛伐克和民主德国相继出版译本。苏联《大百科全书》第2版第21卷（中国卷）历史部分刊有记录。1953年，苏联科学院决定授予刘大年和华罗庚两人斯大林奖金，华是由于《堆垒素数论》，刘则是由于《美国侵华史》一书。因斯大林去世，授奖之事不了了之。④

毋庸讳言，由于属草创时期的著作，加之现实形势的迫切要求使作者难以从容精雕细琢，种种缺陷在所难免。当时学界对此亦有直截了当的批评。⑤ 刘大年对这些批评虚心接受，表示此书很不完善，"不仅材料贫乏，并且某些史实也有错误，显然远远不能满足读者起码的要求"，⑥ 如果严格要求则"是一部陋书"，希望读者能够"严格提出批评"，以期"能集中更多的意见写出一部比较合用的美国侵华史"。⑦

1954年12月，《美国侵华史》经过修改增订后由人民出版社再版，主要增加了抗美援朝的内容，篇幅增至24.1万字，但其他内容改动甚少。因此，《光明日报》1955年1月13日发表的题为《对刘著"美国

---

① 戴逸：《刘大年同志与中国历史研究》，《近代史研究》1995年第5期。
② 贾逸君：《中学本国近代史教学参考资料和书目简介》，《历史教学》1952年3月号。
③ 《奥夫钦尼科夫在苏联〈真理报〉上撰文评介胡绳等关于美国侵华史的三部著作》，《人民日报》1952年5月22日，第3版。
④ 刘大年：《华罗庚、夏鼐二同志回想录》，《光明日报》1985年7月7日，第3版。
⑤ 参见王大白《评六种美国侵华史》，《人民日报》1951年3月25日，第6版；李光霖《评刘大年著美国侵华史》，《新建设》1950年第3卷第5期；季用《几种美帝侵华史和补充材料》，《大公报》1950年11月16日，第6版。
⑥ 刘大年：《美国侵华史》，修改说明，第1页。
⑦ 刘大年：《答复李光霖先生》，《新建设》1950年第3卷第5期。

侵华史"的一些商榷》还是以 1951 年版《美国侵华史》为批评之标本。① 在对刘著《美国侵华史》的评论文章中，时为人民出版社副社长的曾彦修的书评最为尖锐。此文寄往《历史研究》编辑部，原稿已无法找到，内容只能大略从刘大年的回应文章《关于曾彦修同志对〈美国侵华史〉的评论》中窥知。

曾彦修的书评，如果去除那些政治批判的偏激言辞，亦有一定的学术含蕴。曾氏指出，刘著《美国侵华史》对近代以来美国侵略中国的历史缺少在翔实资料基础上的历史主义的分析，这种批评应该说是切中肯綮的。刘大年也坦言，《美国侵华史》的根本缺点在于"某些说明解释不是恰如其分，有的地方便没有能够把美国侵华活动的真实地位和作用讲清楚。因此，这些地方的叙述是没有说服力的或者是不合于历史主义的"。②

作为一个严肃学者，这次论争对刘大年触动很大，他进而着手对《美国侵华史》加以修改，且拟定了修改要点："《美国侵华史》修改几点：一、不只是美国侵略，加上其他国的侵略；二、美国不只有侵略，中美人民有友谊；三、美国的侵略是渐进的，不是处处是主要的，最初甚至是温和的；四、已经被指出的错误。"③

在刘大年所存写作卡片中，有一张录有"一八六七年十月十七日，总批奏：美使蒲安臣处事和平，能知中外大体。充中国使臣，出使西洋，试办一年。（穆宗卷二一四，页三二）。说明此时美国侵华尚非露

---

① 金王和：《对刘著"美国侵华史"的一些商榷》，《光明日报》1955 年 1 月 13 日，第 3 版。
② 刘大年：《关于曾彦修同志对〈美国侵华史〉的评论》，未刊。曾彦修从政治角度提出批评，认为《美国侵华史》"甚至'在全书中却一点也不顾到'党的政策和毛主席的指示"。对于曾彦修带有政治批判性的批评，刘大年亦征引党的政策、毛泽东指示为理论依据，从政治层面加以回应和辩驳。曾彦修与刘大年在当时学术界均颇负影响，批评与回应的两篇文章都相当尖锐。刘大年曾写信给中宣部部长陆定一："《历史研究》编辑部转给我曾彦修同志作的《评刘大年〈美国侵华史〉》一文，我读了以后写了一篇答复的稿子。我写的稿子中有的地方涉及到党的政策和当前的实际斗争，希望您能翻阅一下，给予指示。为了便于查看，把我的稿子连同曾彦修同志的文章一并送去。敬礼！刘大年 一月十七 又，两篇稿子都已投寄《历史研究》，编辑部商定由尹达同志负责处理。"这次论争最后请范文澜、田家英仲裁，田家英表示同意范文澜的意见，即暂不公开发表他们的文章，而邀集一些人进行讨论。这两篇文章最后均未刊发。而范、田二人所主张的约集学者进行讨论，迄今未见任何资料。
③ 刘大年手稿，刘潞提供。

骨，如英法等。这是和他的国内资本主义发展有关的。写入侵华史内。其他同样事件亦应叙述，以改变片面的叙述。改的关键之一，至要。对李（鸿章）、张之洞不要苛责或简单称为走狗，要用毛主席所讲的精神看历史人物，有缺点有优点"。① 另一张卡片载："要有一段相当字数讲日美关系的历史特殊性"，"全部叙述要联系当时形势，眼光要开阔，不要死限于历史，要有现在的评论，是一本现在的书"。另外搜得刘大年修改1954年版《美国侵华史》的手稿，在原书上修改的笔迹密密麻麻，很多段落重新写过，论述更为平允、全面。从这些修改要点及实际修改情况看，刘大年在一定程度上接受了曾彦修学术方面的批评意见，对原来著作简单化的倾向有所纠正。但由于1957年的反右运动及其后接连不断的政治运动，《美国侵华史》的修订终于搁置，未竟其功。

《美国侵华史》从学术上讲，奠立了新中国成立之时马克思主义历史学者研究中美关系史的基础。本书和范文澜1947年在华北新华书店出版的《中国近代史》上编第一分册、胡绳1948年在香港出版的《帝国主义与中国政治》一起，在总的方向上体现了革命性和科学性的结合，是中国的马克思主义者在中国近代史这一崭新学科上所做出的奠基性的贡献，是标志中国马克思主义史学大踏步进入中国历史学领域的代表性著作。

刘大年还是台湾史研究的拓荒者。他与丁名楠、余绳武合著的《台湾历史概述》1956年由北京三联书店出版，这是新中国台湾史研究的滥觞。是著在严谨的历史论述中，为反对美国控制台湾、分裂中国提供历史学支持。

1949年新中国成立后，美国将控制台湾及台湾海峡作为遏制新中国的重要筹码。朝鲜战争爆发后，美国迅即派遣第七舰队侵入台湾海峡，派第十三、二十航空队在台湾建立军事基地，并组织"军事援助顾问团"进驻台湾。同时为蒋介石集团提供巨额军事援助和经济援助。1953年9月，美蒋签订"军事协调谅解协定"；1954年12月8日，签订"共同防御条约"，企图将台湾置于美国的"保护"之下。② 自然引起中国人民的严重抗议。

---

① 刘大年手稿，刘潞提供。
② 谢显益：《中国外交史》（中华人民共和国时期1949—1979），河南人民出版社，1998，第135—138页。

研究台湾史可以说是美国侵华史研究的接续。1951年刘大年发表《1874年美国与日本合作进攻台湾的经过》,论证日美勾结侵略台湾,指出参加侵略的有美国"军事指挥人员"、美国"军舰和装运军队的商船"、大批美国"军火","可能还有一批美国雇佣兵"。①1955年发表《台湾一千七百年的历史》,论证台湾自古以来即为中国领土。《台湾历史概述》则是在美国的对台野心日益膨胀的历史背景下产生的历史著作。

《台湾历史概述》的论述平实而有分寸,力求所论持之有故。作者以唯物史观为指导,强调阶级分析法,但未做僵化理解与运用。如此书对台湾巡抚刘铭传经略台湾的功绩不乏肯定之词:"刘铭传在台湾的各种建设中,起了积极的作用,他所兴办的有些建设项目,在全国且属创举。""拿台湾与内地作一比较,可以看出它现在不仅在国防上是一个重要的省份,在经济、文化上也是一个先进的省份。"②这种评论,体现了实事求是的治史精神。

《台湾历史概述》篇幅仅5万余字,却开台湾史研究之先声。该书出版高度契合了现实政治主题,兼具学术性与通俗性,在当时产生了较大反响,③后被授予中国科学院学术奖金,且于1962年、1978年两次再版。紧随此书之后,不少大陆学者为配合台湾问题上的斗争,纷纷进行台湾史研究。④

"中年乙部伐雄王"。无论是《美国侵华史》,还是《台湾历史概述》,都是刘大年中年之作。这两部书的主旨,都是从学术上探讨美国侵略中国的历史,在政治上起到了谴责美帝国主义的作用。

目前抗日战争史已经成为中国近代史学科中一个相当繁荣的分支领域。事实上在20世纪80年代之初,抗日战争史仅为中共党史、中国革命史的一个组成部分,并未获得相对独立的学术地位。而这个变化,与刘大年对抗日战争史研究的开拓与推动密不可分。

---

① 刘大年:《1874年美国与日本合作进攻台湾的经过》,《新建设》1951年第5卷第3期。
② 刘大年、丁名楠、余绳武:《台湾历史概述》,三联书店,1956,第51页。
③ 林增平、林言椒主编《中国近代史研究入门》,河南人民出版社,1990,第185—186页。
④ 钟安西、赵一顺:《台湾史研究的历史脉络》,《中国社会科学院院报》2005年3月22日,第2版。

刘大年年近古稀之时转而对抗日战争史研究投入极大的精力，自有其深刻的动因。其一，刘大年成长于抗日战争的洪流之中，对那段峥嵘岁月具有刻骨铭心的深厚感情。无论是荷戟从戎参与创造抗日战争的历史，还是晚年以学者的冷静与理性重新审视、研究抗日战争史，爱国主义始终是其根本的出发点和归宿。其二，深切的现实关怀。1982年日本文部省下令修改历史教科书，对这一军国主义复活的征兆，国人缺乏应有的警觉，是他倾注心力于抗日战争史研究的直接动因。① 他希望通过抗日战争史研究，还原那段悲壮的历史，"增进对抗日战争中体现的中华民族凝聚力、爱国精神传统的认识，增进对中国人民敢于反抗强敌、顶天立地气概的认识，也必将增进人们对现代化旅程胜利前途和应当如何有所作为的认识"。②

1987年，刘大年在《近代史研究》第5期发表《抗日战争与中国历史》一文，从整体上奠定了抗日战争研究的框架。1989年2月20日，他作为全国人大常委会委员在七届全国人大常委会第六次会议上，就日本当局在侵华战争性质问题上的倒退做了义正词严的发言，曾吸引国内外视听。日本报纸迅速转载这个发言，苏联、法国、美国报纸和通讯社纷纷发表评论，谴责日本当局的行径。此后他陆续撰写多篇有关抗日战争的论文，分别收入《刘大年史学论文选集》和《抗日战争时代》两书，最后集中收入《我亲历的抗日战争与研究》下编"抗战研究"。刘大年的抗日战争史研究，始终坚持"照唯物论思考"，对抗日战争时期这一纷繁复杂的历史进行高屋建瓴的宏观把握，对学界的抗战史研究有着引导性作用。刘大年认为："抗日战争的历史和整部中国历史一样必须成为科学的客观研究的对象。我们必须把抗日战争的研究建立在坚实的科学基础上，提高它的科学性。……对于叙述历史，我们主张客观的历史是怎么样，写出来的历史也必须是怎么样。"这就要求在研究抗日战争历史时，一是必须以事实为根据，二是必须具体问题具体分析。他认为，"中国抗日战争特有的格局，它的复杂性，无论从哪方面来看，都是发挥历史唯物论的思想力量最好的和令人最饶科学兴味的场所。善

---

① 针对教科书事件，刘大年迅速在近代史所召开讨论会，并第一个发言；他还要求张振鹍、邹念之着手翻译部分日文资料，为驳斥谬说做准备。据采访张振鹍、王玉璞记录。

② 刘大年：《我亲历的抗日战争与研究》，第301页。

于探索者尽可以去开发,去掘进";只有"照唯物论思考,从社会物质生活矛盾出发,减少精神束缚",才能还原历史真实。① 毋庸讳言,抗日战争与现实生活联系异常切近,研究者的政治立场倾向与历史研究极易纠结在一起,国际国内学界对抗战历史的认识存在相当的分歧。胡乔木坦言:"对这段历史的认识还有许多不够深刻的地方。"② 刘大年对史学"求真"的大力张扬,所针对的正是既有抗战史研究存在种种不足:在人物评论中看重人物的自我表白甚于客观事实,在事实评述中偏于局部而失于全局。或顾虑降低共产党的地位、作用,或顾虑降低国民党的地位、作用,如此一来,自然影响学术研究的客观真实。其中正面战场与敌后战场的作用、国民党和共产党的领导作用两问题争议尤大。

刘大年认为,正确认识这些问题,首先要认识抗日战争时期历史的特别复杂性。抗日战争首先是民族战争,同时也是人民战争,其间错综着民族矛盾与阶级矛盾;抗日战争既是一场民族解放战争,又是一场与国内民主革命相结合、相伴随的战争,既有正面战场,又有敌后战场。只有以历史事实为依据,坚持具体问题具体分析,才可能将研究推向深入。在对抗日战争一些关键问题的总体认识上,刘大年提出了不少具有突破性、影响深远的观点。

1995 年刘大年为"中国抗日战争史丛书"所写的"总序"中提出:"抗日战争爆发前,国家权力基本上掌握在蒋介石、国民党及其各派系手里。有蒋介石、国民党的参加,才有了全民族的抗战。否则全民族的抗战就无从实现,一时实现了也无法坚持下去。抗战期间蒋介石虽然没有放弃反共,也没有放弃抗战。从民族战争的角度看,蒋介石、国民党在抗战中的重要地位和作用,应该得到客观、全面的理解。"对于"蒋介石、国民党参加抗战"的意义和作用做如此评价,在大陆学术界可谓前所未有。③

在 1991 年提交沈阳纪念九一八事变 60 周年国际学术讨论会的论文中,刘大年更明确提出:蒋介石"消极抗日也还是抗日。退出抗日阵线

---

① 刘大年:《照唯物论思考》,《抗日战争研究》1996 年第 2 期。
② 胡乔木:《致中国抗日战争史学会成立大会的信——代发刊辞》,《抗日战争研究》1991 年第 1 期。
③ 据张振鹍先生回忆,此"总序"写成后,有关领导机关曾要求刘大年将这段话删掉,他坚决拒绝。据张振鹍《刘大年与抗日战争研究》,未刊稿。

是他的阶级利益所不许可的。他主观上希望抗日、反共两个第一，然而实际行动上办不到。结果他实行的还是抗日第一、反共第二"。这种新颖的观点令当时与会者有"石破天惊"之感。①

此前，台湾学者极力贬低中共敌后战场，大陆学界亦对正面战场之作用极力淡化。1995 年，刘大年在纪念抗日战争胜利 50 周年学术讨论会开幕式上所做报告中指出，"抗日战争的特异之处是蒋介石政权控制的正面战场与共产党领导的敌后解放区战场两个战场并存。它们互相依托组合起来与敌人角胜"。"两个战场的存在来自于国共合作，来自于抗日民族统一战线。""两个战场的存在和运动、变化，是决定抗日战争面貌和结局的关键。日军由胜利推进转向失败，国民党和共产党的力量朝相反的方向行走，这两个过程、两种演变的实现，是从两个战场上开始和完成的。"因此，两个战场的地位和作用均不应看轻。②

抗日战争的领导权问题有一定敏感性。刘大年 1996 年发表《照唯物论思考》一文，专设"关于国民党、共产党两个领导中心并存"一节，③对领导权问题做了深刻辩证的分析。他指出，国民党与共产党在抗日战争中的领导权，是由抗战前两个敌对政治实体的关系嬗变而来的。说国民党、蒋政权发挥了领导作用，是因为它掌握着民族战争所必需的、国际国内承认的统一政权，它指挥 200 万军队，担负着正面战场的作战任务。它虽然积极反共，在抗日问题上严重动摇，但到底把抗日坚持下来了。说共产党发挥了领导作用，是因为它坚持了抗日统一战线，使民族战争所必需的国内团结能够维持下来，指挥八路军、新四军，担负着敌后战场的作战任务。它们所处的地位不同，能够起作用的方面不一样，也不表现为某种平衡，而又都是不可缺少的。在抗日战争这个整体大局中，国民党、共产党都起着领导作用。这个作用都是全局性的，不是局部的、暂时的。双方这种都是全局性的领导作用，不是由于它们存在某种形式的共同领导或与之相反的分开领导来实现的，它们的领导作用是在既统一又矛盾的斗争中实现的。在这个既统一又斗争的

---

① 张振鹍：《刘大年与抗日战争研究》，未刊稿。
② 刘大年：《抗日战争的几个问题》，《光明日报》1995 年 9 月 11 日，第 5 版。
③ 刘大年非常珍视此文。据张振鹍先生回忆，刘大年曾将此文请胡绳看过，胡绳在"关于国民党、共产党两个领导中心并存"一节批注"有深意存焉"。据张振鹍《刘大年与抗日战争研究》，未刊稿。

过程中，国共力量的消长发生着变化，总的趋势是人民的力量、共产党的力量逐渐增强，并且历史性地改变了国内政治力量的对比。这是对抗日战争中国民党、共产党的领导地位和作用的最终说明。①

刘大年这些观点，置诸当时的认知背景下，就可以明确看到较之以前一些简单说法显然更具科学性，也更加符合历史的真实；即便今天看来，仍会感到寓意深远。这是一个八路军老战士、一个马克思主义历史学家在他晚年的学术生涯中所达到的一个新境界。其论述中心是蒋介石、国民党、国民政府对抗战的态度及其在抗战中的地位、作用问题，而这在相当长时间内具有政治敏感性，被研究者刻意回避。刘大年以其"非则言非，是则言是"的历史学家的"求真"精神，突入敏感区，在抗战史研究中大力弘扬摒弃成见、实事求是的学风，为抗日战争研究奠定学术基础。

刘大年1990年开始呼吁：要编写一部全面系统的抗日战争史，"要充分汲取中国、日本和世界各地研究这段历史的成果，在科学上具有权威性代表性"。② 他主持编写的《中国复兴枢纽——抗日战争的八年》以"求真"为旨归，抱定"我们这一辈人有责任搞一本科学的抗日战争史"③之信念，"八年间的基本事实力求都有记载，力求做到信而有征"。④ 此书无论是史料的比对、语言的推敲，还是史论的提炼，都达到了相当的高度。

在胡乔木、刘大年的大力推动下，中国抗日战争史学会于1991年1月23日成立，《抗日战争研究》亦于是年9月创刊，引起国内国际学者

---

① 关于刘大年对抗日战争研究的基本观点，张海鹏曾经有概括与论证，参见张海鹏《战士型的学者　学者型的战士——记刘大年的学术生涯》，《刘大年集》，"附录"；又见张海鹏《刘大年与抗日战争史研究》，《东厂论史录——中国近代史研究的评论与思考》，广东人民出版社，1998，第158—174页。关于抗日战争中两个领导中心并存的观点，张海鹏曾多加阐发。参见张海鹏《走向民族复兴的重要标志——论抗日战争胜利的历史意义》，《抗日战争研究》2005年第3期；张友坤《伟大的爱国者张学良》，东北大学出版社，2006，序；《中国抗日战争领导权问题的思考》，《中国社会科学报》2010年9月2日，第7版。
② 刘大年：《编写一部全面系统的抗战争史》，《人民日报》1990年3月5日，第6版。
③ 2010年1月15日采访张振鹍先生记录。
④ 刘大年、白介夫主编《中国复兴枢纽——抗日战争的八年》，北京出版社，1997，第10页。

的广泛关注。海外华人多视之为莫大之盛举。美籍华裔史家唐德刚1992年春节来函:"抗日战争史学会在先生领导下,必成将来世界史中之显学。"①

中国抗日战争史学会成立后,连续主办了三次大型国际学术讨论会:1991年9月在沈阳召开的"九一八事变60周年国际学术讨论会"、1993年1月在北京召开的"第二届近百年中日关系史国际学术讨论会"、1997年7月在卢沟桥中国人民抗日战争纪念馆召开的"七七事变60周年国际学术讨论会"。刘大年担任这三次国际学术讨论会组织委员会主席。国际学术讨论会的成功召开,进一步推动了抗日战争史研究的繁荣发展。抗战史研究状况自此有了根本改观:"发表的论文、出版的著作、研究者的队伍,都达到空前的规模;研究的水平和质量大大提高。"②

二 为建设中国近代史学科体系而探讨

中国近代历史,千头万绪,研究中国近代史,究竟研究什么?刘大年认为,首先要研究中国近代历史上最基本的东西,这就是构成近代中国历史的最基本的内容。他认为,按照毛泽东的归纳,帝国主义侵略中国、反对中国独立、反对中国发展资本主义的历史,就是中国的近代史。又说,帝国主义与中国封建主义相结合,把中国变为半殖民地的过程,就是中国人民反抗帝国主义及其走狗的过程。刘大年发表的文章,具体涉及太平天国、义和团、戊戌变法、辛亥革命、孙中山、抗日战争等问题。这些研究把马克思主义、历史唯物主义的基本观点与近代中国的历史进程结合起来,探讨中国近代史的基本问题,探讨近代中国历史上的阶级、阶级关系和阶级斗争,已然涉及了中国近代史的科学体系问题,体现了对中国近代史学科体系的系统探讨。

建构科学的中国近代史学科体系,首先必须提到历史分期,以及依据什么理论进行分期。刘大年认为:"自鸦片战争起到中华人民共和国

---

① 《唐德刚来函》,《刘大年来往书信选》(下),中央文献出版社,2006,第601页。
② 张海鹏:《刘大年与抗日战争史研究》,《东厂论史录——中国近代史研究的评论与思考》,第173页。

成立以前的 110 年，都是半殖民地半封建社会、都是中国的近代。"①
1961 年再次撰文提出："这里说的近代，是指从鸦片战争到 1949 年中华人民共和国成立的我国民主革命时期。"② 1964 年在向外国历史学家介绍中国历史科学时进一步明确指出："五四前后既然社会制度相同，革命任务、革命性质相同，我们就只能把它们看做是同一个历史时代"；"中华人民共和国成立以后，历史前进到了一个崭新的时代。十几年前的'现代'，已经很快为今天的'现代'所代替。时至今日，我们再用'近代'去概括鸦片战争至五四运动的历史，用'现代'概括五四直至中华人民共和国以后的历史，显然是非常不合理了"。③ 并撰文强调"中国近代史一般是指整个中国旧民主主义和新民主主义革命时期的历史"。④ 1964 年他在中共中央高级党校讲授中国近代史时，对 1949 年下限说做了详细分析。⑤

刘大年认为，考察中国近代史分期的标志不外乎三个方面：从阶级斗争来划分；从近代社会的主要矛盾变化来划分；从外国侵入后社会经济的发展变化来划分。而这三者应当是统一的，不是互相排斥或彼此平列的关系。"一定的社会经济产生相应的社会力量。阶级斗争、阶级关系的演变，归根结底是由社会经济变革所引起的。从来也没有与社会经济相隔绝的政治运动、阶级斗争"；而中国近代史上的主要矛盾的阶段性，"当然就是阶级斗争、革命运动的高潮低落、外国侵略和国内斗争为主为次的转换、革命动力从农民战争到资产阶级革命的发展，在反侵略斗争中地主阶级的不同态度等等变化的阶段性"。⑥

在对中国近代史的总体把握上，刘大年的主张似乎与胡绳相近，若细加考察，不难发现二者差异之所在。实际上，刘大年的分期构想可谓吸收了分期讨论中各家之言，并融入了自己的判断和思考。

首先，他将清政府组织的中日、中法战争与义和团运动并列为民族

---

① 刘大年：《中国近代史研究中的几个问题》，《刘大年史学论文选集》，人民出版社，1987，第 247 页。
② 刘大年：《我们要熟悉中国近代史》，《人民日报》1961 年 2 月 21 日，第 7 版。
③ 刘大年：《回答日本历史学者的问题》，《刘大年史学论文选集》，第 495、494—495 页。
④ 《中国近代史上的人民群众》，《历史研究》1964 年第 1 期。
⑤ 刘大年：《中国近代史讲稿》，中共中央高级党校教研室 1964 年 5 月编印。
⑥ 刘大年：《中国近代史研究中的几个问题》，《历史研究》1959 年第 10 期。

战争，强调这一时期中外民族矛盾的主体地位。从刘大年的理论分析来看，他基本上肯定了清政府与列强的民族战争中具有的积极的、正义的一面。

其次，他在坚持以反帝反封建作为近代史演进脉络主线的同时，将近代以来的经济变动，尤其是资本主义发展历程也置于相当重要的地位。他在范文澜《中国近代史的分期问题》的文章打印稿上批注有："全文中看不出社会生活的变化。总起来是没有社会经济。一、不能说明生产力的发展。……以矛盾的阶段作为分期阶段，不能说明生产力发展的阶段。"① 有鉴于此，他特别重视对社会经济生活的分析，指出中国出现资本主义后，才有早期的资产阶级和工人阶级，从而为新的社会运动奠定基础。这实质上强调了资本主义的发展推动中国由封建社会向近代工业社会转型，已经涉及中国的近代化历程问题。

实际上，刘大年对资本主义、资产阶级研究的重视由来已久。1953年1月，近代史研究所设立经济史组，刘大年任组长，并将近代资产阶级作为研究中心内容。② 这在当时无疑具有开创意义。1955年他起草的《社会科学学部报告》就着重提出："关于中国资本主义的发生与发展的历史、中国资产阶级领导中国革命的思想、策略及其历史作用"，"应作为专题深入地研究"。③ 20世纪50—60年代，他与严中平、巫宝三、汪敬虞、孙冶方等经济史或经济学的研究者书信往还，曾提议"写资本家千人传"。④ 1954年3月、4月间，刘大年在办理顾颉刚调动之事时，曾在武汉逗留一周，专门听当时武汉军区副政委原新四军政治部副主任郑位三讲武汉的资本家、近代工业情况。郑位三对武汉地区工商业情况很熟悉，他希望近代史所有人去研究武汉的工商业，于是致信范文澜。由于只是口述，武汉工商业的情况后来没有整理，但刘大年对此

---

① 刘大年手稿，刘潞先生提供。
② 按照当时的分工，钱宏负责"中国资产阶级的发生""中国资产阶级与小资产阶级的关系"，董其昉负责"中国资产阶级的构成"，樊百川负责"中国资产阶级与农民阶级"，张玮瑛负责"中国资产阶级在工业方面的活动"，谢璇造负责"中国资产阶级与帝国主义和垄断资本主义的关系"，李瑚负责"中国资产阶级在商业银行、运输方面的活动"。据李瑚《本所十年大事简记》（手写稿），第7—8页。
③ 《社会科学学部报告》，刘大年起草（1955年5月21日改写稿），刘潞提供。
④ 《米暂沉来函》，《刘大年来往书信选》（上），第251页。

事一直念念不忘。① 1964年4月3日成立"近代中国社会历史调查工作委员会",杨东莼为主任,刘大年、黎澍为副主任,主要根据刘大年的建议,进行"民族资产阶级调查""买办阶级调查""江浙财阀调查""商会调查"。② 1958年他撰文明确指出:"中日战争后的再一次割地狂潮,使中国面临着瓜分危险,而民族工业又正显露其活力。挽救民族危亡,发展资本主义,成了社会生活提出的两个最根本、最迫切的问题。"③ 1981年,刘大年率先提出中国近代史研究应从经济史突破,拉开了近代史研究内容拓展的序幕。④ 这绝非心血来潮,而是他长期积累深思熟虑的结果。

学科体系的成熟,其标志即为反映这一体系、具有典范意义的权威著作的产生。"三次革命高潮"体系作为20世纪50年代分期讨论的主要成果,对于此后中国近代史研究及中国近代史著作的编纂都有极为重要的指导意义。刘大年主持编纂的《中国史稿》第4册及《中国近代史稿》体现了"三次革命高潮"体系的基本精神,同时力图克服其片面性,并有所完善和补充,为中国近代通史体系做出了可贵的探索。平心而论,从学科体系建设的角度看,《中国史稿》的框架比胡绳的《中国近代史提纲》所勾画的框架更为全面,体现了较高的科学性。

中国科学院近代史研究所成立后,在深入专题研究的基础上编纂一部《中国近代史》就成为全所上下数十年孜孜以求的目标。范文澜、刘大年最初擘画的实际上是一部完整的多卷本《中国近代通史》。刘大年在1957年1月5日全所大会报告中说:"我们要从更多的材料,把近代史中若干问题,弄得更清楚、更深入。……今天开始写的近代史,为了期望把它写好,就是经过十年的时间也无不可。"⑤ 1957年9月,为写好多卷本的《中国近代史》,近代史研究所把原来的三个组打乱,重新组建近代史组全力以赴进行,由刘大年任组长主持其事。但1959年郭沫若主编的《中国史稿》第4册(1840—1919)分配由近代史所承担、

---

① 转引自黄仁国《非则言非,是则言是的实事求是精神》,《史学史研究》2007年第2期。
② 《关于开展近代社会调查的资料》《1964年全国近代现代史工作会议资料》,中国社会科学院近代史研究所藏。
③ 刘大年:《戊戌变法六十年》,《人民日报》1958年9月29日,第7版。
④ 刘大年:《中国近代史研究从何处突破?》,《光明日报》1981年2月17日,第4版。
⑤ 金毓黻:《静晤室日记》第10卷,辽沈书社,1993,第7370页。

刘大年主持，多卷本《中国近代史》的撰著计划不得不暂时搁置。当时近代史所人员将多卷本《中国近代史》称为"大书"，而将《中国史稿》第 4 册称为"小书"，以示区分。近代史研究所的主要研究力量都参与编写《中国史稿》。① 历时近两年，《中国史稿》第 4 册于 1962 年 10 月由人民出版社出版。

1971 年 4 月，刘大年与郭沫若讨论《中国史稿》继续写作问题。之后，《中国史稿》第 4 册的修改及范文澜著《中国近代史》下册的编写工作均由刘大年负责。刘大年约集丁名楠、钱宏、余绳武、樊百川、张振鹍、龙盛运、刘仁达、金宗英等研究人员，开始从事《中国史稿》近代史部分的扩大编撰工作。与此同时，刘大年还着手主持范文澜著《中国近代史》下册的编写。1976 年，刘大年在郭沫若召集的《中国史稿》编写工作会议上提出，《中国史稿》中国近代史部分分量比较重，希望能够独立出版，得到郭的同意。此后，《中国史稿》近代史部分被称为《中国近代史稿》，计划共出 5 册。1978 年 8 月，《中国近代史稿》第 1 册由人民出版社出版。1984 年 6 月，《中国近代史稿》第 2、3 册出版，但仍只写到 1901 年。范文澜、刘大年及近代史所同人为之努力数十年的中国近代通史著作终未竟全功。

刘大年为编纂《中国史稿》第 4 册及《中国近代史稿》第 1—3 册，从宏观理论体系的提出、指导思想的确立、结构框架的设计，到对初稿逐字逐句的修改乃至重写，倾注了相当多的心血。《中国史稿》的基本理论体系体现了刘大年 1959 年发表的《中国近代史研究中的几个问题》一文的观点，且与 1954—1957 年中国近代史分期问题的讨论密切相关。这一框架基本按照"三次革命高潮"分期，同范文澜的分期观点有相当的差异。②

事实上，刘大年在《中国史稿》第 4 册的理论架构上融入了自己独到的探索、思考，对"三次革命高潮"体系又有所发展与完善。他对以往包括范文澜著《中国近代史》在内的中国近代通史体例著作偏重政治、忽略社会经济文化的缺陷有着明晰的体认，因而《中国史稿》第 4 册力图克服片面性，将社会、经济、文化以及边疆、少数民族等内

---

① 《中国史稿》第 4 册，人民出版社，1962，编辑工作说明。
② 范文澜认为没有必要统一于一种说法，对刘大年的做法表示支持。参见刘大年《范文澜历史论文选集》，中国社会科学出版社，1979，序，第 15 页。

容均纳入论述的范围。在他看来,1840—1919年近代中国80年的历史,明显地表现为鸦片战争至太平天国失败、1864年至戊戌变法与义和团运动失败、1901年至五四运动爆发三个不同时期,每个时期帝国主义、中国社会各阶级的关系及其矛盾斗争各有特点。其中社会经济状况、阶级斗争、意识形态是统一的,在历史论述中均应给予其应有的位置。因此,《中国史稿》《中国近代史稿》根据历史演变的时间顺序讲述事件:不只讲政治事件,也讲经济基础的变迁、社会文化思潮的流变;不只讲汉族地区的历史,也讲国内各民族斗争、边疆沿革。

尤为值得注意的是,对阶级分析法的辩证运用,使此书尽可能避免了以阶级阵营分敌我、论是非的简单化趋向。刘大年认为,"统治阶级、地主阶级里面有很多派别和集团,有区别,不尽相同。……说清楚这些问题才深刻,不要回避它"。"对清政府要给以恰如其分的估价,不要重复辛亥革命时期革命派的论调,因为他们要推翻它,把它说得很坏。……清朝在中国历史上曾经起过积极作用。"[①] "中国近代的革命运动与反动统治表现了历史运动两个方向的对立,并非表现历史分成了对立的两块,彼此无关。两个对立方向是同一历史过程的两面。没有反对革命的一面,就没有革命的一面。我们不能只讲革命的一面,不讲反革命的一面。"[②] 因而此书并未忽视统治阶级的活动,对"反革命"一方的历史亦给予了相当的叙述比重,对统治者维护国家民族利益的举措给予了客观中允的评价。

与此同时,此书力求避免人物的标签化、脸谱化,而强调揭示其发展变化过程。刘大年强调:"就是同一个人,前后也可能有变化,也要具体分析";"不得志的中小官吏一般倾向于反侵略,但是一旦有了职权以后又发生变化;翁同龢在中日战争中主战,但他比李鸿章更亲俄";"人物不要讲得很死,如恭亲王前后就有不同"。[③] 这些意见体现了历史主义精神,在20世纪60年代显得难能可贵。

《中国史稿》第4册体现了刘大年的史学思想。其一,历史运动是一个整体运动,社会生产、经济生活是这个整体的核心与基础。《中国

---

① 《内部简讯》第2期,1961年3月1日,中国社会科学院近代史研究所藏。
② 刘大年:《田家英与学术界》,董边等编《毛泽东和他的秘书田家英》,中央文献出版社,1990,第159页。
③ 《内部简讯》第2期,1961年3月1日,中国社会科学院近代史研究所藏。

史稿》注重综合政治、经济、文化各个领域的状况,着力于发掘政治事件的经济根源,显示出对历史唯物论的深刻体会。其二,历史运动的动力来自社会内部的矛盾对抗,在着力状写阶级斗争的同时,必须对社会结构的变化做深刻的探索。其三,写中国历史必须注意到中国的特殊性,而不能生搬硬套马克思主义理论。他认为,民族矛盾与阶级矛盾相互影响、相互作用,在很大程度上决定了近代中国的总体面貌。二者紧密相连,难以分出孰轻孰重,在进行历史论述时应该兼顾这两种矛盾,而不能陷于顾此失彼之境。《中国史稿》第4册的这些认识及编纂方法,是对新中国成立以来中国近代史学科研究成果的概括和升华,"给中国近代史搭起了一个新的架子,有些地方做出了可喜的概括",[①] 实际上为中国近代通史的编纂奠定了一个具有一定科学性的初步框架。

《中国史稿》第4册力求反映近代史的全貌。书中从整体分析政治及军事、经济、思想文化、边疆少数民族四部分所占分量(见表1)。

表1 《中国史稿》第4册各部分内容所占比例

	政治及军事	经济	思想文化	边疆少数民族	共计
页数(页)	165	35	24	16	240
比例(%)	68.7	14.6	10.0	6.7	100

可以看出,政治史、革命史为主干,同时将经济、思想文化、边疆少数民族纽结其中,均有比较充分的反映,《中国史稿》所构建的理论体系容纳历史内容的全面与均衡,在20世纪60年代实为难能可贵。而且,对于统治层的活动如洋务运动、清末新政、预备立宪等均给予了一定的位置。对于两次鸦片战争、中日战争、中法战争这些由清政府主导的涉外民族战争,刘大年有较为公允的评价。他明确指出:写这几次中外民族战争时,"不要使阶级矛盾超过民族矛盾。现在讲分期问题的,常把这两次战争放在很不重要的地位,这是不对的。在我们的书中,要把这几次战争突出来摆在适当的地位上"。[②] 就这个框架看来,虽然蕴含着"三次革命高潮"的基本精神,却明显体现了突破"革命史"框

---

① 张海鹏:《战士型的学者,学者型的战士——记刘大年的学术生涯》,《刘大年集》,第476页。
② 《内部简讯》第2期,1961年3月1日,中国社会科学院近代史研究所藏。

架的意图。

刘大年的这一构想颇有新意，他曾对一位国外来访的学者讲，他主持编著的著作将包括该历史时期的基础和上层建筑，与当时通行的着重谈政治事件的史书有别。① 60年代《中国史稿》作为指定的高校教材，印数很多，影响亦相当大。丁守和回忆，"田家英要我参加第5册（按：即《中国史稿》第5册）的写作，就曾提到要参考此书"。② 林言椒认为，"60年代影响最大的，我看恐怕就是郭沫若主编、实际上是刘大年写的《中国史稿》第四册和翦伯赞的《中国史纲要》第四册。尽管当时同类书已出了不少，但这两部书章节清晰，立论严谨，简明扼要，适于作为大学教材使用，而且对于边疆和少数民族问题也都涉及到了，这是我们过去重视不够的"。③ 实际上，此后我国高等学校历史系编写或者使用的中国近代史教材，大体参照过这个框架。这个体系已经具有相当的前瞻性，与以前的近代史体系相比，已然有了重大的进步。《中国近代史稿》与《中国史稿》第4册相较，基本框架及基本观点都没有大的区别，但史实大为丰富，克服了原书"有骨头无血肉"的缺憾，且每一时期均有总评。这两部书对中国近代通史体系做出了较为成功的探索。即以今天的眼光看来，其积极意义仍不可抹杀。

三 以马克思主义为指导的史学理论研究

新时期以来，史学思潮风云变幻，马克思主义指导地位受到挑战。马克思主义史家面临着两大任务：其一，肃清附加于马克思主义名号之下的种种谬说，恢复马克思主义的本来面貌；其二，纠正淡化马克思主义理论乃至摆脱唯物史观指导的倾向，在坚持其固有内涵的基础上不断丰富、发展马克思主义。刘大年认为，中国近代史研究的突破必须着眼于理论的创新，"新资料有限，而新眼光新认识提高无穷。我们在资料上应当达到超越前人，因为新出的资料多了，前人未见的我们也见到了。但是做到了这一步顶多也不过同前人一样。要使学术水准提高，就

---

① 王庆成：《忆刘大年同志对近代史学科建设的贡献》，《近代史研究》2000年第6期。
② 丁守和：《怀念刘大年同志》，《近代史研究》2000年第6期。
③ 《学习祖国历史 建设精神文明》，《读书》1982年第11期。

必须掌握创造性运用马克思主义。资料与理论谁也不可缺少。要前进还要在理论上努力"。① 事实上，刘大年不为种种潮流所左右，始终不渝地坚持唯物史观，并为之做出了新的探索；同时对史学的理论方法进行探讨，其成果泽及后来的中国近代史研究者。

刘大年在"文革"中通读《马克思恩格斯全集》，某些篇章曾反复诵读，具有相当坚实的理论基础。有鉴于"文革"期间理论的混乱，在史学研究领域，对马克思主义理论的糟蹋令人痛心，他在"文革"后撰写了很多关于历史理论的文章，对历史唯物主义在史学研究中的运用，以及历史学自身的理论，多所阐发，一些文章引发了热烈争鸣。这些文章大多收入1987年出版的《刘大年史学论文选集》，且排在文集首位，所占篇幅也较多。他在"弁言"中坦言：

> 1979年以后写的一些文稿，有两种截然不同的评价。一种认为代表了某种倾向，而且是"有力的代表者"，意存奖饰。一种认为划框框，定调子，难于接受。这表明我们的学术界百家争鸣，思想活跃。至于我自己，只不过是按照现有的认识去说话。不求鸣高，不问时尚，不作违心之论，枉己殉人。②

此中所指即为这些历史理论文章，具体涉及历史研究的指导思想和对象问题、历史科学的任务问题和时代使命问题、历史动力问题、历史学理论的建设问题。

这些史学理论文章也使很多史家得到鼓舞。林甘泉认为："书（按：指《刘大年史学论文选集》）中许多篇章，我认为对于今天史学界的思想状况和理论状况来说，很有针对性，也可以说有指导意义。……就坚持马克思主义理论指导这一点来说，就足以使许多同志得到鼓舞。"③ 胡思庸言："伏案一气读了两篇（《历史研究的指导思想问题》《历史前进的动力问题》），不觉已是夜阑人静……孤灯对卷，如闻空谷足音。"④ 项观奇亦对刘大年的战斗精神深表钦佩，认为他在坚持

---

① 刘大年手稿，刘潞提供。
② 刘大年：《刘大年史学论文选集》，弁言，第1页。
③ 《林甘泉来函》，《刘大年来往书信选》（下），第490页。
④ 《胡思庸来函》，《刘大年来往书信选》（下），第493页。

一种倾向,是一个有力的代表。① 戴逸曾说:"我感觉到,他在这方面下的功夫是很大的,阐发的一些理论相当透彻,并且有明确的针对性,表现了他在理论方面的成熟,也表现了一位历史学家的远见卓识。"②

中国和世界的历史学各有其科学成分。但是历史学是否以及怎样成为一门科学,至今不无争议。历史唯物主义给历史学奠定了科学基础,但它并不能代替历史学理论。他的史学理论探索即由此而生发,并对历史学理论的一系列关键问题都有明确看法。刘大年关于马克思主义历史学理论的基本观点和思想概括如下。

(1) 关于历史研究的指导思想。新时期以来,在各种现代科学的渗透之下,在种种新思潮的冲击之下,唯物史观的指导地位受到质疑。刘大年认为,历史研究离不开一定的指导思想。所谓"无偏无党,浩然中立",不过是表明他拒绝某种思想,而选择另外的思想。历史学要想成为科学,不能脱离马克思主义的哲学指导。在他看来,历史唯物主义作为一个科学理论体系,是以人类社会生活里的基本事实,即以生活资料的谋得方式为出发点。其基本内涵有二:其一,人们依赖一定的生产力并结成相应的关系进行解决衣食住行所需的物质资料的生产,以开始对历史的创造,其他一切创造都起源于和最终依赖于这个创造的存在和继续;其二,社会生活中经济、政治、意识形态是相互联系、不可分割的。人们的社会关系同时表现为经济、政治和意识形态的关系。它是一个统一的社会关系客观体系。人们对历史的创造受到物质生活环境条件的制约。因此,从人的思想活动来说明历史是漂浮无根的。

(2) 关于历史研究的对象。在 1985 年发表的《论历史研究的对象》这一长文中,刘大年强调:"与一定的生产力相联系的、以生产关系为中心的社会关系、社会联系及其运动变迁,这就是历史研究的对象。"换言之,阶级和阶级矛盾是阶级社会历史的"枢纽"。此文提交第 16 届国际历史科学大会,作者下了很大的功夫。对于"人事"说、社会说、结构说、文化说、综合说、规律说等种种关于历史研究对象的主张均做了具体分析,旁征博引,体现出对于西方史学理论相当程度的

---

① 《项观奇来函》,《刘大年来往书信选》(下),第 474 页。
② 戴逸:《刘大年同志与中国历史研究》,《近代史研究》1995 年第 5 期。

了解。刘大年这一论述更重要的是针对"凡过去的一切都是研究对象"的观点，他明确指出："'一切'都成为研究对象了，实际就取消历史科学研究的对象了。"①

（3）历史前进的动力问题。刘大年认为，在私有制社会，生产力是历史前进的最终动力，阶级斗争则是直接动力。二者不是互相排斥的关系，而是紧密联系，又各立门户。生产力与生产关系的矛盾运动，生产方式的变化和发展，决定整个社会的变化和发展。在私有制历史上，这种变化和发展是通过阶级矛盾与对抗来实现的。因此，说阶级斗争推动历史前进，是对问题的直接回答。这种观点不同于"历史是由个人创造的"那种空洞的观点，而是指出了个人活动是由一定社会关系、环境决定的，它会使人认识到社会历史过程，最终也是自然历史过程。② 他对于"合力"论明确表示不能认同，1987年发表《说"合力"》，引起热烈争鸣。③

（4）历史发展的规律问题。刘大年认为，历史学之所以成为一门科学，就在于它有规律可循。所谓规律，要从事物的重复性表现出来，重复性及其演变所在，就是规律所在。论及现象背后的本质，无不处在重复中。中国近代史中的帝国主义、封建阶级、人民大众的状况，每一次重大事变、社会变动的过程，就是它们间的斗争、它们的性格、相互关系重复表演与发展的过程。历史运动方向并不随着权力人物的意志愿望改变，人们的意志只有在与重复性所表现出来的客观规律相适合时才能起作用。中国近代史著作，必须揭示这种运动规律。④

（5）研究历史必须实践性与科学性统一。刘大年在1997年接受采访时强调，"现实生活中，革命性与科学性往往不统一。因此，掌握马克思主义不是一句话就能说得清"。"学术研究不是靠热情和主观意愿，而是靠事实和对事实的了解。历史研究一定要强调联系现实，科学研究要建立在充实的史料根据上，这样才能发挥史料的作用，也是联系

---

① 刘大年：《历史研究的对象问题》，《刘大年史学论文选集》，第30页。
② 参见刘大年《关于历史前进的动力问题——在太平天国学术讨论会上的发言》（《近代史研究》1979年第1期）、《异化与历史动力问题》（《哲学研究》1984年第4期）。
③ 商榷文章主要有郑宏卫《历史的动力与合力：兼评刘大年的〈说"合力"〉》，《学术研究》1988年第3期；吴廷嘉《合力辩：兼与刘大年同志商榷》，《历史研究》1988年第3期；刘尊武《论恩格斯的历史"合力"思想及其意义：兼与刘大年同志商榷》，《江西大学学报》1988年第3期。
④ 刘大年：《面向新世纪 漫谈历史规律问题》，《史学史研究》2003年第3期。

现实最基本的一种途径。历史类比、影射根本不是历史。……讲历史，总要回到现实之中。一个是不能不联系现实，一个是不能勉强联系现实，牵强附会。"马克思主义史学必须与现实联系，但不宜提历史研究为政治服务，"要还历史以真实面目。脱离现实，违反历史，只能让人们造成混乱"。他还坦言：马克思主义"尽管个别理论过时了"，但整个体系是科学体系，以之作为历史研究的指导，才能有真正意义的历史科学。①

刘大年的史学理论亦为国外学者所关注。1992年，俄罗斯东方文献出版社用俄文出版了刘大年《历史科学问题》一书，向俄国学术界系统展现其史学理论研究成果。在对唯物史观加以阐述、对史学理论加以探索的同时，刘大年积极倡导学界的史学理论研究。在1983年发表的《当前历史研究的时代使命问题》一文中，他认为"马克思主义历史学理论的研究，是历史学本身的基本建设，也是历史学论述社会主义前途的重要部分"，并强调："马克思主义历史学理论不等于历史唯物主义，辩证唯物主义与历史唯物主义，是马克思主义历史学理论的基础，但是不能代替后者，正像马克思主义哲学不能代替任何一门自然科学的理论和方法论一样。"②1985年发表《论历史学理论研究》，围绕生产力与生产关系、经济基础与上层建筑对历史本体论加以探讨，进一步倡导历史学具体的理论研究。③

据张椿年回忆，《史学理论研究》这个刊物从酝酿到问世都得到了刘大年的支持。当时中国社会科学院一些学者向刘大年请教，计划办一个专门的史学理论刊物，刘大年完全赞同。④1986年5月6日在安徽举行的全国历史学理论讨论会上，他提出推进历史学理论发展的三条建议：制定长远规划，切实办好史学理论讨论会；重点翻译介绍一批国外史学理论书籍；出版一个专门的马克思主义旗帜鲜明的史学理论刊物。⑤经刘大年登高一呼，出版一个史学理论刊物就有了更为广泛的群

---

① 1997年9月1日采访刘大年记录《历史学研究中的几个问题》。
② 刘大年：《当前历史研究的时代使命问题》，《近代史研究》1983年第3期。
③ 刘大年：《论历史学理论研究》，《近代史研究》1985年第4期。
④ 张椿年：《中国史学界的骄傲》，《近代史研究》1995年第4期。
⑤ 刘大年：《"欲登高，必自卑"——1986年5月6日在歙县历史学理论讨论会上的发言》，《史学理论》1987年第1期。

众基础。在筹备过程中,刘大年多次了解筹备进展情况。海外学者对中国马克思主义史学的研究及评价,亦引起刘大年极大的关注。他与德国学者罗梅君有联系,对罗所著《政治与科学之间的历史编纂》这一研究马克思主义史学的著作甚感兴趣,并托项观奇寄来一本。① 概而言之,刘大年对史学理论的重视和贡献在老一代史家中是相当突出的。

有学者认为,"'文革'后史学界唯物史观派的内部冲突基本上是在黎澍与刘大年之间展开的"。② 将新时期以来刘大年、黎澍两人的学术观点的分歧描述为非此即彼的根本对立,似有简单化之嫌。无须讳言,刘、黎二人学术思想上存在某种分歧,如果不加分析片面强调这种分歧,二者似乎壁垒分明,势难两立。如此把握 80 年代以来中国史学界的思潮,好像简单明了,却不甚准确。

对于黎澍关于"历史创造者"的基本观点,刘大年有不同看法。回溯新中国建立以来的学术史,关于"历史创造者"问题实质上有过三次论争:其一,60 年代初围绕"历史主义"而展开论争,其实质是如何看待封建社会历史的创造者;其二,十一届三中全会后围绕"历史动力"问题而展开论争,"农民战争是封建历史发展的真正动力"受到质疑;其三,黎澍撰文对"人民群众是历史的创造者"这个更一般的命题提出质疑,引发论争。三次论争的焦点在于:剥削者、压迫者作为一个阶级是否参与了历史的创造及其在历史创造中所处的地位。刘大年在 60 年代的论争中无疑站在以范文澜、翦伯赞为代表的"历史主义"阵营,所撰《论康熙》一文鲜明地表述了他在此问题上的立场;在"历史动力"问题论争中曾撰写《关于历史前进的动力问题》,③ 强调阶级斗争在变革历史进程中的作用。而对于"历史创造者"问题,他实际上写过两篇相关文章:1964 年作《中国近代史上的人民群众》,强调"历史前进的方向是由人民群众决定的,不是由反动统治者决定的";④ 1983 年发表《历史上的群众与领袖问题》,明确表示"人民创造自己的

---

① 据刘大年所藏未刊书信,刘潞提供。
② 王学典:《80 年代的"新启蒙"与黎澍》,《20 世纪中国史学评论》,山东人民出版社,2002,第 382 页。
③ 刘大年:《关于历史前进的动力问题》,《近代史研究》1979 年第 1 期。
④ 刘大年:《中国近代史上的人民群众》,《历史研究》1964 年第 1 期。

历史，就包括那些起了推动历史前进作用的英雄人物们的创造"。① 在他看来，"人民群众是历史的创造者"针对以往史学研究中的英雄史观和帝王将相创造历史的旧史观而提出，其主旨应该在于说明创造历史、决定历史前进方向的人主要不是少数统治者、杰出人物，而是普通人民群众，这里并不排斥英雄人物在历史创造中的作用。

刘大年没有直接参与针对"历史创造者"问题的论争，但这一论争无疑对他有相当大的触动，且引发了他的理论思考。胡思庸撰写《历史的创造与历史的动力》与黎澍商榷，并致信刘大年。刘在回信中表达了自己的看法，"马克思主义的社会科学研究，在追求革命真知。既求知，就不能墨守旧闻，食古不化。反之，也不能赶时髦，看风色行情著文立说"，② 显而易见对黎澍观点持保留态度。

黎澍去世后，刘大年借怀念黎澍之机，公开表明了他的观点：

> 第一，历史是人或人们创造的，这不能算作对问题的回答。因为一般谈历史，本来说的是人类社会的历史。古今中外从来没有人说它不是由人自己创造的。物以类聚，人以群分，问题在于他们究竟怎样创造了自己的历史。第二，现在争论的双方，都并非无懈可击。反驳文章指出了黎文若干弱点，但限于如何解释马克思主义著作等具体问题，没有能够对其核心部分展开相反论证。所以这种驳难，并不足以使对立面相形见绌，或者失去存在的理由。第三，人民群众是否历史的创造者，这样来进行争论，答案就只能直接归结为是或否，机械而单一。其实事实比这远为复杂。把问题改换为人民群众如何或怎样创造了历史，讨论就会掘进一层，增加深度和广度。"如何"或"怎样"的问题解决了，"是否"问题也就切实解决了。第四，不少研究者不赞成黎文论点，而又不能有力地驳倒它，说明了这样一个事实：以前大家讲人民群众是历史创造者，是把它看作一个科学定论的。至于为什么，却很少认真思考。论证当然也有，现在看来，那些论证或者片面，或者不深入充分。相反的意见一经提出，始而愕然，继而僵持不下。僵局不会长久保持，分

---

① 刘大年：《历史上的群众与领袖问题》（原载《哲学研究》1983 年第 9 期），《刘大年史学论文选集》，第 137 页。
② 《刘大年来往书信选》（下），第 432 页。

歧将推动各种不同观点的研究,彼此竞赛,最后的结果无论哪一方被肯定,哪一方被否定,或是出现第三种结论,都是科学上的前进。这个事实,正好指出了黎文新观点的意义。①

此后,在 1994 年发表的《光大范文澜的科学业绩》一文中,刘大年重申了自己的观点。② 从刘大年的已刊、未刊文字来看,他对于"历史创造者"问题有其独到思考。他对于黎澍以"人们自己创造自己的历史"代替"人民群众是历史的创造者"表示异议,认为由这个角度切入思考并不能从学理上解决问题,而应该转换考察的角度,进而提出从"人民群众怎样创造历史"的角度来思考。

这里有三点值得注意。其一,刘大年没有直接参与论战,关键在于他对于黎澍引发论战的深层用意了然于胸:过去以僵化、教条的态度对待"人民群众是历史的创造者"这一命题,在"文革"中更将这种僵化推到极致,导致非历史主义思潮恶性膨胀,将"劳动群众"作为历史的唯一创造者,将剥削阶级的历史作用完全抹杀,而对下层人民的自发斗争片面拔高。黎澍通过强调"杰出人物也是历史的创造者"而拨乱反正,所针对的正是这个"唯一",无疑有益于克服以往史学研究的片面性与教条主义。正是在这个意义上,刘大年与黎澍心意相通,甚至表示钦佩之意:"勇于探索,不断革新自己的看法,是黎澍学术研究的一个特点。……舍弃陈说——不管是多么权威的陈说,探求新知,是科学研究本来的品格。凡是追求科学者总要保持这种品格。黎澍为此锲而不舍,直到最后。'烈士暮年,壮心不已',那是一种难得的气概。"③

其二,黎澍提出这一命题,诚如王学典所言,不是或不完全是一个学术命题,而基本上是一个意识形态命题,④ 其"社会"意义远大于"学术"意义。他提出以"人们自己创造自己的历史"代替"人民群众是历史的创造者",亦值得商榷。因为人们提出某种理论命题,归根结底在于它具有某种解释功能,历史创造者问题之价值,恰在于从对不同的人们在历史发展中的地位出发来对他们做出价值评判。其实,如果不

---

① 刘大年:《怀念黎澍同志》,《近代史研究》1989 年第 2 期。
② 刘大年:《光大范文澜的科学业绩》,《近代史研究》1994 年第 1 期。
③ 刘大年:《怀念黎澍同志》,《近代史研究》1989 年第 2 期。
④ 王学典:《80 年代的"新启蒙"与黎澍》,《20 世纪中国史学评论》,第 400 页。

做僵化理解,"人民群众是历史的创造者"本为马克思主义唯物史观的题中应有之义。中国的马克思主义者很早就对此有所体会,如革命先驱李大钊曾写道:"民众的势力,是现代社会上一切构造的唯一基础";"社会发展是联合以图进步的人民造成"。① 毛泽东在《论联合政府》中指出:"人民,只有人民,才是创造世界历史的动力。"② 刘少奇曾说过:"只有人民群众,才是历史的真正创造者,真正的历史是人民群体的历史。"③ 1956 年邓小平在《关于修改党的章程的报告》中指出:"马克思主义向来认为,归根结底地说来,历史是人民群众创造的。……人民群众的觉悟性、积极性、创造性愈是发展,工人阶级的事业就愈是发展。"④ 实际上,唯物史观派的史学,其最大贡献便是将关注的焦点转向下层人民群众的生活,着力描述群众的经济、社会生活及其反抗斗争,使史学真正在实践层面摆脱精英史学的窠臼。

其三,刘大年提出转换思考的角度,由此生发了一个重要的史学思想。在 1988 年致姜涛函中,刘大年再次提到"历史创造者"问题:"不久前学术界讨论人民群众是否创造历史问题,不同意见相持不下。我想如果不把'题珠'或'题眼'放在'是否'上,而改为放在'如何'或'怎样'上,问题可能容易说清楚一些。道理很明显,'如何'、'怎样'的问题解决了,'是否'问题也就真正解决了。"在指导姜涛的博士论文时强调,讲人口变化是否影响历史运动还远远不够,更应着重论述人口变化如何或怎样影响历史运动。"'是否'影响自然应当讲,但重点应摆在'如何'或'怎样'上。只有在这方面根据确凿事实讲出一些道理,论文才有意思。这应该是文章的精魄所在,也是表现全文思想性、理论性的部分。"⑤

刘大年这一史学思想实有深意存焉,非大识力者不能及此。在他看来,历史现象极为复杂,很难以简单的两极予以界定,非此即彼、二元对立的思维模式必然导致认识的简单武断,亦此亦彼可能才是历史认识的常态。历史认知问题,如果单纯从"是否"的角度进行争论,非

---

① 《李大钊选集》,人民出版社,1978,第 223 页。
② 《论联合政府》,《毛泽东选集》第 3 卷,人民出版社,2008,第 1031 页。
③ 《刘少奇选集》(上),人民出版社,1981,第 350 页。
④ 《邓小平文选》第 1 卷,人民出版社,1989,第 217—218 页。
⑤ 《刘大年来往书信选》(下),第 478—479 页。

"是"即"否",并不能展现问题的复杂性。"是否"之争往往涉及纯粹理论思辨的宏观问题,而史学究其实质仍是一门以实证为主的学问,它主要通过感性事实本身来说明世界,同哲学这样的思维科学有着严格的区别。"事实胜于雄辩"可能才是史学的本质特征。将历史中人与事的真实面相加以具体描绘刻画,即着眼于"如何""怎样",更有说服力,反过来可以为"是否"之争提供具体研究的支持。

刘大年下如此大功夫研究史学理论,自有其深刻考虑。1990年8月27日,刘大年在接待日本友人井上清时说:

> 我研究计划里要写一部中国近代史,已经出了三册,还应该再写两本,我把它放下了。我感到这些书别人也可以写。最近十年来,我写的文章主要是讲要坚持马克思主义。有的朋友对我讲,一部书写不完很可惜。我认为,如果在宣传马克思主义方面做得少更可惜。我宁可不写那部书,还是要写我认识到的、应该讲的那些马克思主义的道理。总结到一条,中国还是要走社会主义道路。马克思主义是科学,不是宗教。如果有人一定要把马克思主义比做宗教,那我就像个和尚,一辈子就念这一本经了。①

1999年9月24日,刘大年去世前仅两个月,他在"中国社会科学50周年"学术报告会上做了《与同志们交流》的报告,语重心长地提醒中国社会科学院年青一代的学者,要注重马克思主义理论对社会科学研究的指导作用。这篇演讲收在《刘大年集》里,用作代前言,编者将题目改作《马克思主义哲学社会科学的历史使命》。这是他最后一次对公众讲话,可以说这篇演讲是刘大年赠给中国社会科学院青年学者们的临终遗言。

四 与时俱进的创新精神

刘大年的学术研究注意追踪中国近代史研究的前进步伐,具有与时

---

① 《接待井上清简报》(五),王玉璞整理,原件存刘潞家。

俱进的创新精神。他晚年曾有"马恩责我开生面"诗句，此句化自王夫之自题画像的堂联"六经责我开生面，七尺从天乞活埋"。① 王夫之此联表明了他凛然大义的崇高气节以及对中华传统文化继往开来的历史责任感；"马恩责我开生面"则真切体现了刘大年在新的时代背景下，继承、发展马克思主义史学的使命感。

刘大年的中国近代史研究，在研究课题的选择、研究方法和学术观点的运用上，坚持开放进取，博采众家之长而能融会贯通。在他的论文中，经常引证国外某些著名学者的思想理论，描述国外研究的状况。《国外中国史研究》等反映国际学术动态性的刊物，是他常读不辍的书。他随时阅读国外报道，为了论证或便于自己阐述某种观点，经常引用国外著名政治家、学者或者重要报章社论的最新见解，以及经济发展数字。他一再指出，对于西方史学理论的探索"应当受到鼓励"，② "要了解、熟悉国外不同流派的学说、观点"，③ "国外历史学凡属好的传统，不管来自何方，我们同样也要知道和加以研究"。④ 1986年他在致田汝康的信中特别提及："西方讲历史哲学的书，不乏精粹之作，如不久前出版的恩斯特·卡西尔《人论》、科林伍德《历史的观念》等便是。我希望多读一些，多了解一些。对马克思主义理论、对中国传统、对西方非马克思主义著作，都必须正确看待，我们才能前进。"⑤ 1988年在中国史学会第四次代表大会上，他提交的发言《鄙弃抱残守缺，勇敢坚持真理》，表明的就是他对学术思潮的基本态度。

二战以后，科学技术迅猛发展，西方史学界兴起"技术中心论""技术决定论"，主张利用最新自然科学技术来研究历史。这种理论在80年代初的中国史学界得到了一定回应，一些学者倡议将系统论、控制论、信息论等引进史学研究，并期望以之为主导，克服"史学危机"。刘大年密切关注西方史学动态，敏锐地注意到这股潮流。在1983年发表的《关于历史研究的指导思想问题》一文中，刘大年指出，历

---

① 刘大年曾作《遣怀》，诗云"船山学术旧难跻，借尔高言觅径蹊。不拟孤山闲放鹤，鹁鸪恰恰向人啼"（1983年9月26日），表达对王夫之的钦慕之情。见刘大年手稿。
② 刘大年：《历史研究的指导思想问题》，《刘大年史学论文选集》，第3页。
③ 刘大年：《"欲登高，必自卑"——1986年5月6日在歙县历史学理论讨论会上的发言》，《史学理论》1987年第1期。
④ 刘大年：《历史学理论的建设问题》，《刘大年史学论文选集》，第201页。
⑤ 刘大年：《致田汝康》，《刘大年来往书信选》（下），第437页。

史唯物主义整个学说体系不但建筑在人类社会历史知识的基础上，也建筑在自然科学成就的基础上，但是马克思从来不认为可以将自然科学方法作为指导来研究社会历史。①

刘大年对"技术决定论"旗帜鲜明地批评，并不意味着排斥自然科学方法。他认为，"自然科学的一切成就我们必须充分注意，一切科学的方法我们都应当采用"。在他看来，如果限于将自然科学的方法作为研究手段在历史研究中加以运用，那将促进学术健康发展，有其积极意义。

20 世纪 80 年代初，他关于历史前进动力问题的文章，引起史学界的关注，引发讨论。有青年学者运用从国外引进的"三论"来批驳他。他在 1987 年发表《说"合力"》一文来回答，用相当专业的术语描述现代自然科学最新发展成就来为自己辩护。自然科学的那些术语，并不是研究人文社会科学的人们一眼就可以看懂的。②

重视经济史本是马克思主义史学题中应有之义，但在政治主导的年代，新中国史学界总体偏重重大的事件、战争、人物的活动，对于经济史研究有所忽视，经济史研究依然是近代史研究中的薄弱环节。刘大年在 1981 年即明确提出，中国近代史研究应该从加强近代经济史研究加以突破。这在后来被证明是极有远见的呼吁，打破了近代史研究多年的沉闷局面。这固然首先得益于他对历史唯物主义的深刻体认，但也可以看到西方年鉴学派、结构主义史学思想的影响。③

十一届三中全会后，思想解放大潮冲击着几乎所有领域。在中国近代史研究领域，胡绳以"三次革命高潮"为标志的理论体系受到李时岳"四个阶梯论"强有力的挑战。刘大年接受国内有关近代化问题的研究成果，引进近代化视角，对既有的"革命体系"做出了与时俱进

---

① 刘大年：《历史研究的指导思想问题》，《刘大年史学论文选集》，第 22 页。原载《世界历史》1983 年第 4 期，原标题为《关于历史研究的指导思想问题》。
② 我当年曾向大年先生请教，文章中那些自然科学最新研究领域的动向他是怎么了解的。他告诉我，他从北方大学时期担任工学院负责人，在罗致自然科学家方面颇费精力，1950 年后在中国科学院工作，与许多自然科学家联系紧密，了解他们的研究志趣。而且他一贯注意自然科学领域的最新进展。为了准确起见，他曾与 80 年代在自然科学不同领域的头面人物多次通过电话，才能写出在自然科学家看来并不外行的话。与他争鸣的年轻学者，尽管不同意他的观点，但对他对自然科学领域最新成果的概括，不能置一词。
③ 刘大年：《中国近代史研究从何处突破？》，《刘大年史学论文选集》，第 273—274 页。

的调适、改造，大大增强了其解释力。

刘大年对《从鸦片战争到五四运动》的评论文字公开发表者仅有《评戊戌变法》一文。① 书信中提及，誉之为"历史学方面第一流科学著述，不止是中国近代史的杰作"。② 而在《从鸦片战争到五四运动》书本上的批注，则不乏观点相左之处。例如，对于胡著论述中法战争一节，刘大年批道："如此看来，似乎清政府主要只有投降的一面，而且投降得顺利没有什么阻碍。这不能说明为什么徐、唐、岑（按：即徐延旭、唐炯、岑毓英）等出关布防，而且战争还是打起来了。事实上存在两种势力的斗争，有民族矛盾。"③ 对于胡著关于慈禧反对维新的原因分析，刘大年认为将之完全归结为光绪与慈禧的权力斗争"未免缩小了这场斗争的'救亡图存'的社会意义"，"权力斗争是亡国危机使之激化"。刘大年对胡著批注甚多，无法一一列举。就基本观点分歧而论，主要在于刘大年认为胡著弱化了中外民族矛盾而突出了阶级矛盾，对封建统治者与列强的矛盾淡化处理是其偏失，在阶级分析中对封建统治者内部的矛盾分析亦显不够。这一评析应该说是相当中肯的。

对于李时岳提出的"四个阶梯论"，刘大年提出"不可以把辛亥革命同洋务运动放在一条历史轨道上去评价"。④ 而对于李时岳的"两个趋向论"，刘大年进行了自己的思考。1996 年，他在郭世佑《纪念李时岳》一文旁边注："有没有主导的占统治地位的趋势。第一，两种趋势是否同等，有无不相称的，对称是否尊重历史？第二，近代社会的本质是什么，基本矛盾是什么，如果对称，当做何表述。"⑤ 此后他对此又有所生发："中国近代历史上存在着一个特殊的矛盾现象：在民族遭受压迫和民族工业出现上存在着虽不相等却是明显的两个走向、两条路线。一条是急剧的下降线，半殖民地半封建统治秩序不断加深，中国最后被推到了接近亡国的险境。一条是曲折而微弱的上升线，上一个世纪六七十年代中国近代工业出现，本世纪初短暂地显现出一个小小的浪

---

① 刘大年：《评戊戌变法》，《近代史研究》1982 年第 4 期。
② 《致谢文孙》，《刘大年来往书信选》（上），第 322 页。
③ 刘大年未刊稿，刘潞提供。
④ 刘大年：《孙中山——伟大的爱国主义者与民主主义者》，《近代史研究》1981 年第 3 期。
⑤ 刘大年手稿。

潮,尽管也只限于轻工业。这个浪潮在第一次世界大战结束,帝国主义再次加紧控制以后成为过去,但是直到日本发动全面侵华战争,民族工业也仍多少保持增长倾向。民族工业是新生事物,给中国前景带来了光明。也就是伴随着它,中国出现了新的社会力量,出现了民族资产阶级、工人阶级、近代知识分子。"① "帝国主义与封建势力相结合,把中国推进了黑暗深渊,民族工业、新的社会力量出现,给中国前景带来了光明。"②

在这里,刘大年实际上明确将近代民族资产阶级的发生发展作为挽救"沉沦"的上升力量。当然这并不意味着抹杀近代人民群众反帝反封建的斗争作为上升力量和进步主线的意义。③ 不难看出,刘大年已然纠正以往过于强调阶级斗争的偏失,对于发展生产力的重要性多有强调,对于阶级斗争与生产力的发展之关系有了更为深刻的辩证认识。④ 这段文字中,近代化被赋予了与革命相提并论的意义,实际上包含了刘大年晚年"两个基本问题论"的意蕴。

刘大年对中国近代史主题的阐述,最早可追溯至1958年,他撰文提出:在半殖民地半封建的中国,"挽救民族危亡,发展资本主义,成了社会生活提出的两个最根本、最迫切的问题"。⑤ 他在20世纪50年代对近代经济史、近代资本主义发展史的强调,虽然未曾标示"近代化"概念,实际上已然涉及近代化历程的问题。1985年发表的《论历史研究的对象》指出:"帝国主义侵略下,面临被瓜分、灭亡的半殖民地的中国,人民为了生存下去,一要推翻帝国主义及其代理人封建阶级的统治,二要发展资本主义,求得民族、国家的前进,二者缺一不可";"二者也许可以作些折中调和,但也必有主有次,不会半斤八两"。⑥ 1990年,刘大年在"近代中国与世界"国际学术讨论会上做题为《中

---

① 刘大年:《中国近代史的两条线》,《刘大年集》,第31页。
② 刘大年:《方法论问题》,《近代史研究》1997年第1期。
③ 林华国认为,承认"两种趋向论",必定意味着淡化乃至抹杀反帝反封建斗争的意义。窃以为值得商榷。参见林华国《中国近代史研究中两种历史观的论争》,《近代历史纵横谈》,北京大学出版社,2005,第22—23页。
④ 刘大年认为,毛泽东理论中"最大的缺陷是缺少发展生产的理论,许多地方都是强调生产关系,强调分配,而主要是强调平均主义,在这个关键问题上,缺少马克思主义,缺少唯物,表现了中国传统文化的极大弱点"。参见刘大年手稿。
⑤ 刘大年:《戊戌变法六十年》,《人民日报》1958年9月29日,第7版。
⑥ 刘大年:《历史研究的对象问题》,《刘大年史学论文选集》,第96页。

国近代化的道路与世界的关系》的报告，明确阐述了近代化问题："近代世界的基本特点不是别的，就是工业化，也就是通常所说的近代化。适应世界潮流，走向近代化，是中国社会发展的必然趋势"；"中国是否有能力自立于世界民族之林，如何自立于世界民族之林，其核心，就是中国社会能否走向近代化，在当今世界上自荣自立的问题"，"中国民族独立，民主革命完成之日，也就是中国近代化扫清了前进道路上的障碍，独立自主迈开第一步之时"。① 此文实际指出了研究中国近代化问题的基本原则：近代中国走向以工业化为特点的近代化是历史必然趋势，但因中国的国情，走资本主义道路以实现近代化行不通。民族民主革命以获取独立是近代化的必要前提。

此后，刘大年继续思考并阐释近代史的两个主题及其相互关系。1991年他明确归纳："20世纪初期的中国，最基本的实际情况、最尖锐的社会矛盾，一是民族不独立，要求在外国侵略压迫下解放出来，一是社会生产落后，要求工业化、近代化。两个问题内容不一样，又密切联系在一起。"② 1995年8月15日发表的《民族的胜利，人民的胜利》一文，其中明确提出："中国近代历史上有两个基本问题：第一，民族不独立；第二，社会未能工业化、近代化。前者是外国侵略者造成的，后者是封建统治者造成的。"③ 在《抗日战争与中国近代史基本问题》一文中，刘大年对此做了进一步阐述："民族独立与近代化，不是各自孤立的，它们紧密地联结在一起。没有民族独立，不能实现近代化；没有近代化，政治、经济、文化永远落后，不能实现真正的民族独立。中国人民百折不回追求民族独立，最终目的仍在追求国家的近代化。"④ 1996年发表《中国近代历史运动的主题》指出："110年的历史运动是什么？我以为基本的运动是民族运动。中国近代民族运动的内容有两项，一是要求民族独立，二是要求中国近代化。"⑤ 1996年11月，刘大年在"孙中山与中国近代化"国际学术讨论会上致开幕词，对"民族独立"与

---

① 刘大年：《中国近代化的道路与世界的关系》，《瞭望》1990年第22期。
② 刘大年：《孙中山对中国国情的认识》，《真理的追求》1991年第10期。
③ 刘大年：《民族的胜利，人民的胜利》，《人民日报》1995年8月15日，第9版。
④ 刘大年：《抗日战争与中国近代史基本问题》，《我亲历的抗日战争与研究》，第354—355页。
⑤ 刘大年：《中国近代历史运动的主题》，《近代史研究》1996年第6期。

"近代化"的关系做了辩证分析：近代化与民族独立"两个问题内容不一样，不能互相代替，但又息息相关，不能分离"；民族资产阶级、工人阶级、近代知识分子"这些新的社会力量，各自凭着自己的作用，再加上占人口最大多数的农民群众，才构成了争取民族独立和打开中国近代化前进的最后支柱。这些新的社会力量，一般说，和民族工业的出现与存在直接间接或多或少是相联系的"。① 从这个角度看，考察近代化的进程无疑极有意义，革命与近代化这两个审视中国近代史的视角在此得以整合。

在1997年发表的《方法论问题》中，刘大年进一步阐述了两大基本问题之相互关系："民族独立与近代化，是两件事，不能互相替代。民族独立不能替代近代化，近代化也不能替代民族独立。它们紧密地联结在一起，不是各自孤立的。没有民族独立，不能实现近代化；没有近代化，政治、经济、文化永远落后，不能实现真正的民族独立。中国人民百折不回追求民族独立，最终目的仍在追求国家的近代化。"但是，"人们无法来实现两任务同时并举，或者毕其功于一役"，因而"中国的近代化要从解决民族独立问题来突破难关"。②

在刘大年生前定稿的最后一部学术著作《评近代经学》中，再次强调"中国近代社会的基本问题、主要矛盾斗争，一是民族丧失独立，要求从帝国主义侵略压迫下解放出来；二是社会生产落后，要求实现工业化、现代化"。刘大年在晚年以极大精力撰述《评近代经学》，绝非突发"思古之幽情"，亦非偿还青春之夙愿，而是从近代经学切入研究近代社会历史，重新思考、清理传统与现代化的关系这一宏大命题。他指出："一般地说，不彻底清理与批判古老的、主要是反映停滞社会生活的传统，便无所谓发展创新，更谈不到现代化。今天中国的现代化不是在脱离传统文化与周边环境条件绝缘的状态中进行的，它必定要碰到辩论传统文化的根基与彻底清理、批判其中阻碍发展更新的废弃物的问题。"③ 不难看出，《评近代经学》包含对国家民族前途命运的探索，而近代化与民族独立仍然是论述的核心问题。

---

① 刘大年：《关于研究孙中山与中国近代化问题》，《文汇报》1996年11月13日，第10版。
② 刘大年：《方法论问题》，《近代史研究》1997年第1期。
③ 刘大年：《评近代经学》，《刘大年集》，第324页。

刘大年对"两个基本问题"的论述,相对于此前认为近代中国只有一个民族独立问题的观点,是一个很大的进步与转变。有学者指出,"两个基本问题"的言说体系,对于近代史上"民族独立"与"现代化"这两大任务,"虽分了时间上的先后,却全然未作主次的分野",这是"前辈大家的一种智慧"。①"两个基本问题论"同胡绳晚年对近代史主题的归纳相当接近,若细绎其微妙差异,则刘大年没有如胡绳那样强调近代中国不同阶级对于近代化追求的本质区别。在其论述中,洋务派的近代化举措、民族资本主义的发生发展,在促使"新的社会力量"产生这一意义上,都应肯定其价值。所以,19世纪六七十年代洋务运动中中国近代工业的出现,被纳入了"曲折而微弱的上升线"。"两个基本问题论"被学界普遍认为是对中国近代史主题的辩证、完整的表述,体现了刘大年对于"革命"与"近代化"两种中国近代史解释视角在新的认识基础上的整合,确切地说,体现了他引入近代化视角以调整、完善其理论体系的努力。由于论述精辟、涵盖全面,加之刘大年在学术界的崇高地位,"两个基本问题论"已然深刻影响并将继续影响中国近代史学界的学术研究。

五 结语

作为中国近代史研究领域的拓荒者,刘大年的名字与中国近代史学科体系建设紧密相连。在中国近代史的研究实践中,刘大年力图将中国作为研究、叙述的主体,通过将马克思主义普遍原理与中国历史实际相结合,进而构建立足于中国语境的中国近代史研究体系。诚然,新中国成立后的一段时间,因政治原因,国内近代史学界缺乏与国际学术的交流,某种程度陷入故步自封之境。新时期以来,刘大年亦展现了其开放的气度,他倡导、支持西方史学理论研究,追踪近代史的研究前沿,吸收先进学术成果,大力弘扬实事求是的学风;他反对亦步亦趋地追随西方思潮,而努力追求立足于中国独特的问题意识与西方学界进行平等的

---

① 徐秀丽:《中国近代史研究中的"革命史范式"与"现代化范式"》,《中国社会科学院院报》2006年5月30日,第7版。

交流与对话。可堪欣慰的是,他同其他前辈学人一起创建的学统并未中断,在西潮汹涌的今天,相当多的学者仍然以扎实的研究工作为中国近代史学科体系的完善与发展添砖加瓦。

如果说他兼具战士与学者的双重品质的话,那么新中国成立前作为与主流近代史解释体系针锋相对的挑战者,他更多地显示了战士的一面;新中国成立初期百端待举,他为推进学科体系完善与发展而不懈努力,这时主要体现的是作为建设者的一面;随着"左"倾政治日益挤压学术研究的空间,甚而危及史学本身的存在,他也有过迷惘,但很快拨开雾障,以隐忍坚韧的方式进行抵制,战士的一面再度凸显;新时期以来,随着拨乱反正、思想解放方针的确立,学科的建设与发展成为首要任务,他又着重展现了学者的一面。战士与学者两种角色意识虽在不同时期展现的程度有别,却并非根本矛盾、对立的关系,而在他身上得到了较为和谐的统一。从根本上来说,对他最为准确的定位应该是爱国主义者、民族主义者、共产主义者,也是中国近代史研究园地创榛辟莽的开拓者。

同时应该看到,刘大年对马克思主义怀着终生不渝的信仰,马克思主义唯物史观始终是他所铺设的近代中国历史画卷的底色。在经历"文革"、苏东剧变之后,他对马克思主义的信仰反而更为坚定,这种执着源于以一种大历史的眼光对近代以来中国与世界的关系的深刻洞察。通过透析近代中国与世界的复杂关系,他坚定地相信中国经由革命斗争获取独立、走向现代化这一历史选择的正确性。

如今,中国近代史研究无论从深度还是广度都有了相当可观的掘进。但是,刘大年与同时代学人运用唯物史观基本理论研究中国近代史,对近代中国的基本认识具有超越时代的意义,其方法与路向值得后来者继承、弘扬。

战士型的学者　学者型的战士[*]

——刘大年的学术生涯

一

1998年11月中旬，中国社会科学院中日历史研究中心专家委员会代表团访问日本，83岁的中国社会科学院近代史研究所名誉所长刘大年同志率团前往。在会见日中友好会馆会长后藤田正晴先生（84岁）的时候，在会见日中历史研究中心评议委员会座长隅谷三喜男先生（82岁）的时候，在会见京都大学名誉教授井上清先生（85岁）的时候，刘大年就中日关系中的一个重要问题，即历史认识问题发表讲话，引起了与会者的注意。此行另一个意外收获，是刘大年会见了半个多世纪前在八路军总部白求恩医院工作的日本医生山田一郎。1943年，刘大年从冀南去太行山抗日根据地，在山头与日军遭遇，跳悬崖脱险，但肺部受伤破裂，生命垂危。山田出主意，用中国的传统药物治疗，终于转危为安。山田一郎是八路军的日本俘虏，东京大学医学部的高才生。他在八路军中参加了中国共产党，抗战结束后回国，转为日本共产党党员，在东京代代木医院当院长，更名为佐藤猛夫，今年已经89岁，头脑清楚。据陪同会见的日本友人在日中友好会馆的会见会上当众介绍，刘大年先生与日本的"白求恩"会见的场面极为感动人。刘大年对于这次

---

[*] 原载中国社会科学院科研局组织编选《刘大年集》，中国社会科学出版社，2000。收入《张海鹏集》，中国社会科学出版社，2008。

能够见到战场上的日本朋友之一,在整个访问期间都非常兴奋和愉悦。

刘大年1915年8月出生于湖南华容县一个中小地主家庭。抗日战争前家境已经衰落。六岁入小学,大部分时间念私塾。1936年肄业于长沙湖南国学专修学校。1937年夏天,他为了寻找工作,住在武昌粮道街一家学生公寓里。7月8日傍晚,当报道发生卢沟桥事变的报纸"号外"在武昌蛇山传播时,他在蛇山和黄鹤楼一带看到了临时偶然聚集起来的大量人群,在那里议论卢沟桥和宛平城的战事。那些带着愤怒和兴奋情绪的人的激昂议论,使他感受到了中国人的民族精神和爱国情怀。平津失陷,日寇深入国境,国家危在旦夕。抗日战争的时局大变动改变了国家的命运,也改变了周围的环境,他受爱国思想和求知欲驱使,决定去延安。1938年从家乡到长沙八路军办事处,受到湖南知识青年尊崇的"徐先生"徐特立、老资格共产党人王凌波指点,8月到达陕北,进了陕北抗日军政大学,同年加入中国共产党。翌年抗日军政大学第五期毕业。抗大毕业后他被分配在冀西和冀南抗日根据地工作,以后长期生活、斗争在河北平原和太行山上。

1939年起,他先后任冀西专区行政干部学校教导主任,冀南行政主任公署、晋冀鲁豫边区政府冀南行署宣传科长、教育科长,冀南抗战学院、政治学校教员,北方大学工学院副主任,北方大学、华北大学历史研究室副主任。1950年5月,中国科学院近代史研究所成立,担任研究员,兼中国科学院编译局副局长,并为科学院党组成员。1954年以后,任近代史研究所副所长、中国科学院哲学社会科学部学部委员。那时候,由于近代史研究所所长范文澜年事已高,经领导机关同意,专心于中国通史的写作,故由刘大年主持所务。"文化大革命"中刘大年被作为"走资派"批判,下放劳动。1978年恢复工作,任中国社会科学院近代史研究所所长,中国社会科学院研究生院教授、博士生导师。1982年以后,他离开近代史研究所的实际领导岗位,任近代史研究所名誉所长,摆脱了繁杂的行政事务,他能够集中更多的时间和精力来关注中国近代史的研究事业。

从小学至湖南国学专修学校肄业,刘大年大半受的是旧式传统教育。他把所谓"国学"看作根本学问,一意追求,很少接触社会政治现实。到陕北以后,读到的第一本马克思主义原著是《共产党宣言》。虽然似懂非懂,却在自己头脑里打开了一个前所未有的新天地。从此,只要是新书，不管是政治经济学的、哲学的、外国历史的，都如饥似渴地去读。从湖南到陕北的途中，他还提醒自己："国学"是我们祖宗立国的根本，不可忘记。读过那些有限的新书以后，仿佛大梦初醒，盲目崇拜孔学的观念，不知不觉烟消云散了，他从此确立起马克思主义的思想基础和献身革命的人生道路。那条道路，最现实的就是到烽火连天的抗日战争前线去，从事民族解放的斗争，经受锻炼和考验。这是那时许多有觉悟的青年知识分子共同走过的道路。中华人民共和国成立后各方面事业的干才，很多是这一代经受过抗日战争烽火洗礼的青年。

在抗日根据地里，他一直从事宣传教育工作，需要重视马克思主义理论学习；同时又在一些院校、训练班屡次讲授社会发展史、中国革命运动史等课程，更需要读有关的书，特别是读历史书。抗日根据地环境艰苦，谈不上有多少文化设施，但也不是无书可读。李达的《社会学大纲》，郭沫若的《中国古代社会研究》，吕振羽的《史前期中国古代社会研究》和《殷周时代的中国社会》，以及苏联人、日本人讲中国社会历史的书，在少数人手里仍然能够找到。他就是在那时读到上面这些著作并引起对哲学、历史学的重视的。全面抗日战争的八年，从一方面可以说是他为以后从事学术研究工作做准备的八年。

二

抗战胜利后，刘大年弃戎从学，开始从事学术工作。如果说全面抗日战争的八年，刘大年是作为一名战士，经历战火的洗礼与考验，关注中国的命运，那么这时候，他开始尝试换一个角度，以学者的身份观察中国的历史与中国的命运。刘大年不是一个只坐在书斋里，钻进象牙塔里做学问的学者。他像在前线作战的战士总是依据战线的实际而又迫切的需要，选取最重要的突破口那样，依据中国社会现实的急切需要以及从中国与世界关系发展的大局出发，提出课题，展开研究。他具有"国学"的良好根底，又运用马克思主义唯物史观作为解剖刀，分析历史资料，研究历史与现实的关系。他写出的一些研究论著，受到新兴的中国近代史学科研究者的重视。

刘大年写的头一部书是《美国侵华简史》。1947年，他生病离开工作休养,开始收集中美关系史资料。那时美国在抗日战争后期就确定下来的扶蒋反共政策正在加紧实施,中国人民与美国统治集团的矛盾一天天激化。中美关系的历史怎样,很自然地成了人们关心的问题。在解放区,研究这个题目苦于缺乏原始资料。北方大学校长、历史学家范文澜向他提到可以注意两部书,一部是《李鸿章全集》,一部是王芸生的《六十年来中国与日本》。《美国侵华简史》的有关部分就大量利用了这两部书的材料。为了收集资料,他经当时中宣部副部长陈伯达介绍,访问了中共党内国际问题专家王炳南和柯伯年。文稿最后经过在中宣部工作的哲学家艾思奇审阅,认为可以出版。1949年8月,《美国侵华简史》由华北大学出版,同时在《人民日报》上连载。不久经过修改、补充,于1951年、1954年以《美国侵华史》为书名,由人民出版社出第一版、第二版。苏联、朝鲜、捷克斯洛伐克和民主德国相继出版译本。苏联《大百科全书》第二版第21卷(中国卷)历史部分刊有记录。《美国侵华史》的出版适应当时的需要,在社会上产生了相当的影响。这是从革命根据地走出来的学者在观察、研究中美关系时写的第一本书,也是新中国成立初期出版的第一本有关中美关系的学术著作。半个世纪过去了,今天有关中美关系历史的研究已经大大前进了,但是人们仍然没有忘记刘大年这本给新中国献礼的书。对于作者来说,这是他研究中国近代史的开始,同时也奠定了他在中国近代史学界的地位。

1955年至"文化大革命"以前,刘大年出版了《台湾历史概述》(与丁铭楠、余绳武合著)、《中国史稿》第四册(主持编写)、《中国近代史诸问题》三本书。《台湾历史概述》可以说是《美国侵华史》的续篇。1950年美国出兵台湾,派遣第七舰队进驻台湾海峡,引起了全体中国人民的严重抗议。《台湾历史概述》就是这种形势在学术界的反应。这本书简要通俗,出版后得到过中国科学院学术奖金,70年代曾印行第二版。

《中国史稿》第四册的编写与历史学界的百家争鸣直接相关。郭沫若与范文澜都用马克思主义研究历史,他们对于中国奴隶制与封建制的分期不同。以前各讲各的,到了北京以后,两人的著作都为自己的观点辩护,谁也没有基本上改变。1954年中国科学院决定新设立两个研究所,连同原来的近代史所,称历史一所、二所、三所,郭沫若、陈垣、范文澜分别担任所长,目的是加强中国历史学研究,推进百家争鸣。经过酝酿，郭沫若准备主编一部中国通史，范文澜则继续写他的《中国通史简编》。郭编通史后来定名为《中国史稿》，古代部分由历史一所、二所合并后的历史所承担，分为三册，尹达负责组织编写；近代史、现代史分为第四、五册，由刘大年、田家英主持编写。刘大年主持了《中国史稿》第四册的全部编写工作，从提出提纲到最后定稿；近代史研究所的部分学者为这本书的编写贡献了心力。

以前讲中国近代史的书，包括拥有众多读者的范文澜著《中国近代史》，一般带有纪事本末的特点，而且内容偏重于政治史。这在当时是有道理的，但是需要改进。《中国史稿》第四册做了改变。依照刘大年的看法，1840 年至 1919 年近代中国 80 年的历史，明显地表现为鸦片战争至太平天国失败、1864 年至戊戌变法与义和团运动失败、1901 年至五四运动爆发这三个不同时期。在这几个时期里，帝国主义、中国社会各阶级的相互关系及其矛盾斗争各有特点。其中社会经济状况、阶级斗争、意识形态是结合在一起的、统一的。因此，新的著作要求根据历史演变的时间顺序讲述事件；不只讲政治事件，也要讲经济基础、意识形态；不只讲汉族地区的历史，也要讲国内各民族在斗争中与全国的联系和相互关系。《中国史稿》第四册这种写法，就是总结了新中国成立以来中国近代史学科的研究成果，加以概括和升华，给中国近代史搭起了一个新的架子，有些地方做出了可喜的概括。当时它是指定的高等学校教材，印数很多。1982 年全国近代史专家在承德举行学术讨论会，有的研究者评论说，60 年代最有影响的近代史著作是郭沫若主编——实际上是刘大年写的《中国史稿》第四册。这个评论指出了那本书在一段时间里流行的情形。此后，我国高等学校历史系编写或者使用的中国近代史教材，大体上也参照过这个框架。

《中国近代史诸问题》是一本论文集，1965 年出第一版，1978 年出第二版时改名为《中国近代史问题》。其中《回答日本历史学者的问题》、《亚洲历史评价问题》和《论康熙》三篇论文，引起过国内外的评论和争论。1963 年 12 月，刘大年参加中国访日学术代表团，在日本历史教育工作者协会大阪支部举行的欢迎会上演讲，事后根据日本《历史地理教育杂志》刊载的讲演记录稿写成《回答日本历史学者的问题》，发表在《人民日报》上。文章中有关于世界历史发展中心、如何评价历史人物等问题的论述。1965 年 4 月，毛泽东看了这篇文章，认为文中说的世界历史发展中心应该是世界人民革命斗争的主要潮流所在的地方，讲得很对；但对于如何评价历史人物提了一个问题：照这么讲，剥削阶级的历史人物还是没有什么作用啰？这说明那时史学论著上对剥削阶级的历史人物的研究和评价存有简单化偏向。刘大年的论述不免也蒙受其影响。1965年5月，他应邀出席巴基斯坦第十五届历史学会，提交的论文叫《亚洲历史评价问题》，受到与会者欢迎。1965年7月，《人民日报》全文发表；同年11月和1966年3月，《北京周报》英、日文版和德、法文版先后刊载，表明论文提出了许多读者关心的问题。《论康熙》在《历史研究》发表后，在国内引起反应是很自然的，那时候史学界存在"左"的偏向，高喊"史学革命"，主张打倒帝王将相，以为刘大年讲帝王将相，是想"反潮流"。事隔不久，又在国外引起了苏联方面的批判。苏联《历史问题》杂志1963年10月号上发表苏联科学院院士齐赫文斯基等人的文章，说那样评价康熙，"在刘大年以前，中国没有一个历史学家提出过"，并认为它所表现出的错误倾向是同中国离开国际共产主义运动的协调一致路线有密切关系。《历史问题》开了头，以后苏联报刊多次举出《论康熙》加以批驳。刘大年在《中国近代史问题》一版、再版后记里也都简要予以回答。一个学术问题的争论变成了政治性的争论，它从一个局部、一个侧面反映出了历史的曲折。实际上，《论康熙》这篇文章使用马克思主义唯物史观，观察和分析了康熙皇帝和清朝初期的历史，对康熙皇帝和清朝初期在中国历史上的地位做出了客观的评价，至今仍被史学界看作是历史研究的一篇范文。我国清史专家戴逸教授最近还指出："《论康熙》这篇文章，一直是我们研究清史的人经常阅读的。"①

"文化大革命"以后，刘大年的研究工作，一是继续研究中国近代史，二是研究历史学理论问题。这以后，他出版了《赤门谈史录》、《中国近代史稿》（第一、二、三册，主持编写）、《刘大年史学论文集》、《抗日战争时代》以及《中国复兴枢纽——抗日战争的八年》（主编）等几部著作。

《赤门谈史录》主要讨论辛亥革命的性质，列举经济基础、领导革命的社会力量、同盟会纲领、革命的主力军等四项根据，说明辛亥革命

---

① 戴逸：《刘大年同志与中国历史研究》，《近代史研究》1995年第5期。

是资产阶级民主革命，在叙述中分别评价了国外同类著作中的代表性观点。关于辛亥革命的性质，海峡两岸研究者的评价截然不同。此岸学者认为辛亥革命是中国资产阶级性质的革命，彼岸学者坚决不同意，认为是全民革命，或者国民革命。这种讨论在80年代初引起过广泛的注意，至今还在进行，可见分歧之大之深。台湾学者认为，领导革命的孙中山等人不是资产阶级，中国当时还没有资产阶级，即或有，也是大贫、小贫，怎么能说辛亥革命是资产阶级性质的革命呢？《赤门谈史录》在这次争论前数年，就对辛亥革命是资产阶级民主革命进行了翔实的论证，卓有见地。《赤门谈史录》是多次讲演的结集，讲演的听众是日本学者。这是因为，1979年作者由日本东京大学校长向坊隆聘请为东大研究生院特聘教授，讲授中国近代史，着重讲辛亥革命。《赤门谈史录》就是在那个讲稿基础上写出的。东京大学的校门为江户时代加贺藩"大名"前田家旧物，朱漆大门，称为"赤门"，本书命名的寓意在此。

"文化大革命"后期，郭沫若主编的《中国史稿》准备扩充篇幅，重新编写的任务提上日程。近代史部分仍由刘大年主持编写。他那时从设在河南农村的"干校"回到了北京，还没有"解放"。由于预计要写的字数较多，经郭沫若同意，把近代史部分独立出来出版，定名为《中国近代史稿》。刘大年约集丁铭楠、钱宏、樊百川、张振鹍、龙盛运、刘仁达、金宗英等参加编写。他根据各位作者提供的初稿，从头加以改写、定稿。1978年出版第一册，1984年出版第二、三册。第一册付印时郭沫若去世，书上的署名是中国社会科学院近代史研究所。《中国史稿》第四册树立了中国近代史的一个框架，如有的评论者所说，"有骨头无肉"，《中国近代史稿》大体上采用了这个框架，加上往后的研究成果，大大丰富了各章节的内容，使某些主要部分的论证更有说服力，史料则大为充实了。每个时期各有总评，成一家之言。第三册讲完了义和团运动，后面尚待继续编写。这三册书出版后，也被定为高等学校教材，印制数量不少。

《刘大年史学论文选集》出版于1987年，讲史学理论的文章排在首位，占的篇幅也较多。刘大年认为中国历史学传统悠久，中国的和世界的历史学各有自己的科学成分，有了它们我们才能够认识以往的历史。但是历史学是否以及怎样成为一门科学，至今仍是一个争论问题。马克思主义的历史唯物主义给历史学奠定了科学基础，它并不能代替历史学理论。探讨历史研究如何成为科学，就是历史学理论最后要解决的问题。他讲历史学理论的文章不少，大部分收拢在该论文集里面。这些文章是《历史研究的指导思想问题》《历史研究的对象问题》《历史前进的动力问题》《历史上的群众与领袖问题》《历史研究的时代使命问题》《历史学理论的建设问题》等。对于历史学理论的一些关键问题他都讲了自己的看法。本书出版以后，他还在继续思考马克思主义历史学理论问题，问题如下。

（1）关于哲学指导思想问题。刘大年指出：科学，无论自然科学和社会科学研究，都离不开一定的指导思想。就像恩格斯说的那样，不管自然科学家采取什么样的态度，他们还是得受哲学的支配。问题只在于他们是愿意受某种坏的时髦哲学的支配，还是愿意受一种建立在通晓思维的历史和成就的基础上的理论思维的支配。有的历史研究者在对待指导思想问题上，喜欢标榜"无偏无党，浩然中立"，其实那不过是表示他拒绝某种思想，而选择另外的思想。马克思主义的历史唯物主义是科学思想中的最大成果。历史研究要成为科学，只有依靠马克思主义的哲学指导。这里是指它的思想体系，不是指个别的词句与某些哪怕是很重要的论点。马克思主义已经被人们"驳倒"了一千遍、一万遍。最新的反驳来自苏联、东欧国家社会主义制度崩溃之后，一些预言家站出来说，这是共产主义的"大失败""总危机"，断言马克思主义已经"过时"了。

在这样的历史背景下，要想讲清楚历史学的哲学指导思想问题，首先要讲清楚什么是马克思主义、什么是唯物史观。刘大年认为，马克思主义历史唯物主义作为一个科学理论体系，简单说起来，那就是它以人类社会任何共同生活里的基本事实，即生活资料的谋得方式为出发点。第一，它找到了人类社会存在和历史运动的物质存在、物质基础。人们依赖一定的生产力并结成相应关系进行解决衣食住行需要的物质资料生产，来开始自己对历史的创造，其他一切创造都起源于和最终依赖于这个创造的存在和继续。这是认定历史运动是独立于人的意志的客观过程的头一个也是决定性的根据。这个根据是推不倒的，所以历史唯物论是推不倒的。第二，它指出了社会生活中经济、政治、意识形态是不可分割的以及他们各自的作用和相互关系。人们的社会关系同时表现为经济、政治和意识形态的关系。它是一个统一的社会关系客观体系。人们按照自己的意志创造历史，但人们不能脱离物质生活环境条件，而必须受物质环境条件的约束从事创造。这就是说，人们以前总是从人的思想活动说明历史是飘浮无根的，只有从所生活的那个物质环境条件来说明历史，才能落到实处。第三，人们对于在社会生活中多种多样的活动，以前似乎是不可能加以任何系统化的，现在则被综合起来，归结为完全可以从物质上量化查考的社会经济结构系统了。这就是归结为物质生产体系结构中不同利益人群，即不同阶级可以量化查考的状况，以及由此而来的不同地位作用上。一定的质必定表现为一定的量，社会物质生活中不能以某种方式量化的事物，就很难确定其质的地位。

（2）关于历史研究的对象问题。刘大年认为，历史研究的对象为何物，一向众说纷纭。或者认为历史研究不存在一定的客观对象，或者认为凡过去的一切全部是研究对象，或者认为历史上某些事物、某个领域的状况是研究对象。以某些事物、某个领域为对象的，又有"人事"说、社会说、结构说、文化说、综合说、规律说等各种主张。从它们中间选择一种，或者对所有各种主张兼收并蓄，综合成为某种新说，都行不通，必须另寻出路。判别历史研究的对象，首先要找出它的客观根据。其根据应当是时间上连续性的事物，全面、集中体现出人创造历史的和客观实在的事物。依照这个根据，从社会关系及其运动考察历史研究的对象，我们就知道，原始社会、私有制时代和未来的共产主义社会都是建立在一定的社会关系之上而又各有自己的特点的。私有制社会历史研究对象的本质，就是社会阶级、阶级矛盾斗争，它们相互关系的消长变迁和以此为纽带的全部社会关系的客观体系及其运动。

（3）关于历史前进的动力问题。对于什么是人类历史前进的动力，同样存在各种各样的答案，有过无数的争论和辩难。在私有制社会，生产力与阶级矛盾斗争，其中只有一个是推动历史前进的动力，还是两个都是？如果只能有一个，它是生产力还是阶级矛盾斗争？如果两个都是，它们的关系到底怎样？对此我们需要有统一完整的理解。刘大年认为，生产力是最终起作用的，阶级矛盾斗争是直接起作用的。它们的关系不是一个排斥一个、一个代替一个，而是紧密相联结，又各立门户。生产力与生产关系的矛盾运动，生产方式的变化和发展，决定整个社会的变化和发展。在私有制历史上，这种变化和发展是通过阶级矛盾与对抗，通过阶级间的斗争来实现的。因此，说阶级矛盾、斗争推动历史前进，是对问题的直接回答。这种观点不同于"历史是由个人创造的"那种空洞的观点，而是指出了个人活动是由一定社会关系、环境决定的，它会使人认识到社会历史过程，最终也是自然历史过程。

（4）历史发展规律问题。历史之所以成为一门科学，最后在于它是有规律可循的。找不出规律的认识，就不能以科学相矜夸。以前人们有时拿历史唯物主义的一般规律、社会经济规律来说明历史运动。它们或失于宽泛，或失于狭窄。我们认定了社会阶级、它们间相互关系的消长变迁是历史研究的对象，我们就知道了它们运动演变的规律也就是历史前进的规律。规律要从事物的重复性表现出来。物质生产过程，产品交换分配，同一经济形态下的生产力与生产关系矛盾，不同范围和不同形式的社会阶级、阶级矛盾斗争，一种社会制度代替另一种社会制度等，论现象背后的本质，无不处在重复中。例如，中国近代史中的帝国主义、封建阶级、人民大众的状况，每一次重大事变、社会变动的过程，就是它们间的斗争、它们的性格、相互关系重复表演与发展的过程。社会历史中的重复性就是常规性、规律性。与自然界的事物不同，历史运动规律要通过有思想意志的人的活动、斗争来实现。历史运动方向并不随着权力人物的意志愿望改变，这说明人们的意志只有在与重复性所表现出的客观规律性相适合才能起作用。写得比较好的近代史的书，就是写出了这种运动规律的书。

刘大年认为，历史唯心论与历史唯物论，面对的社会现象相同。由于立脚点相反，对事物、事件的看法处处分歧对立。唯心主义看到了社会现象的复杂性，但无法抓住事物的本质。因此，关于它的科学成分，只能停留在个体的、现象上的描述、分析，对于整个社会关系内在的联系，它们的演变，不得不出于臆想和猜测。先天的弱点，使那种研究不能真正成为现代科学。唯心论否认历史运动中存在不以人的意志为转移的客观规律性；有时也讲规律，但并非指对社会关系内在联系的认识，不过表示研究者的主观任意性。根据历史唯物主义观点，确认历史研究的对象是社会阶级、阶级矛盾斗争以及由此构成的社会关系客观体系及其运动，事情就截然不同了。它找到了历史研究如何成为科学的前提。

这就是刘大年对马克思主义唯物史观的阐述，是他对马克思主义历史学理论的思考。在刘大年看来，"马克思主义是建立在近代社会生产力基础之上的，是资本主义生产力与生产关系存在、资本主义生产关系存在的产物。资本主义这个人类历史上的特殊阶段没有走完它的行程，马克思主义这个伟大的认识科学，就依然是人们认识社会、认识社会历史走向的科学思想体系"。① 我们说，宇宙间一切事物都是变的，只有变是不变的。马克思主义是人类社会发展到资本主义阶段的产物。这个阶段正在蜕变中。研究对象的暂时性，决定了科学本身的暂时性。马克思主义论述资本主义社会矛盾的部分有一天是要过时的，但那是在世界资本主义生产关系消灭以后。

刘大年是在抗日战争的洪流中成长起来的。在他的晚年，他又把研究兴趣同抗日战争的历史研究自然地联系了起来。

1982年，在我们的邻国日本发生了一件引人注意的事。日本文部省规定修改中学历史教科书，公然否认日本对中国的侵略。教科书的编者家永三郎教授起而抗议，同日本政府的文部省打起了官司。这一事件引起了中国、东南亚各国乃至世界舆论的关注，也引起了刘大年的严重关注。这个抗日战争时期的八路军战士不能不把历史研究的眼光逐渐转移到抗日战争这一段历史上来。这一年，他第一次发表有关抗日战争历史的文章。1987年，他在《近代史研究》第5期发表《抗日战争与中国历史》一文，表明他研究的深入。1989年2月20日，刘大年作为全国人大常委会委员在七届全国人大常委会第六次会议上，就日本当局在侵华战争性质问题上的倒退做了义正词严的发言，曾吸引国内外视听。日本报纸迅速转载这个发言，苏联、法国、美国报纸和通讯社纷纷发表评论，谴责日本当局的行径。此后几年里，刘大年撰写了好多篇有关抗日战争史的论文。1996年，他将这些论文结集出版，题名《抗日战争时代》。同时，他还用相当多的精力，组织并主持编写了《中国复兴枢纽——抗日战争的八年》这本学术著作。该书在抗日战争胜利50周年时由北京出版社出版，1997年修订再版。

关于抗日战争的历史，国内学术界的认识并不完全一致。刘大年认为："抗日战争的历史和整部中国历史一样必须成为科学的客观研究的对象。我们必须把抗日战争的研究建立在坚实的科学基础上，提高它的科学性。……对于叙述历史，我们主张客观的历史是怎么样，写出来的

---

① 刘大年：《历史学的变迁》，《北京大学学报》（哲学社会科学版）1998年第4期。

历史也必须是怎么样。"①这就要求在研究抗日战争历史时，一是必须以事实为根据，二是必须具体问题具体分析。实际上，有的研究者在人物评论中，看重人物的自我表白，胜过看重客观事实。有的史实评论中，看局部多，看全局少。顾虑把共产党的地位、作用降低了的，有之；顾虑把国民党的地位、作用降低了的，也有之。问题争论、讨论中不乏停留在表面的，没有解决的远远多余解决了的问题。按照胡乔木的说法，"对这段历史的认识还有许多不够深刻的地方"。② 这些问题中，有两个特别重要，这就是正面战场和敌后战场的作用问题、国民党和共产党的领导作用问题。

刘大年认为，弄清这些问题，要认识抗日战争时期历史的特别复杂性。抗日战争时期的对日战争，首先是民族战争，同时也是人民战争；其间交叉着错综复杂的矛盾，既有民族矛盾，又有阶级矛盾；抗日战争既是一场民族解放战争，又是一场与国内民主革命相结合、相伴随的战争；既有正面战场，又有敌后战场；既有国民党对正面战场的领导，又有共产党对敌后战场的领导。只有依据历史事实，看到抗日战争历史的复杂性，具体问题具体分析，才有可能把抗日战争历史研究中认识不够深刻的地方，进一步弄清楚。由此出发，刘大年对于抗日战争历史有如下观点。

（1）中国抗日战争是在中国共产党倡导的抗日民族统一战线的旗帜下，以国共合作为基础，各阶级、各族人民团结起来进行的民族解放战争。当时国家权力掌握在蒋介石、国民党手中。抗日战争有蒋介石、国民党参加，才有了全民族的抗战。抗战期间，蒋介石虽然没有放弃反共，也没有放弃抗战。从全民族战争的角度看，蒋介石、国民党在抗战中的重要地位和作用，应当得到客观的、全面的理解。同样，中国共产党领导的人民力量的存在和发展，是这场民族解放战争胜利的基本条件之一，而且这个基本条件所发生的作用，贯穿在抗战的全过程里。如果没有这个基本条件，全民族抗战是否能实现，或者一时实现了，能否坚持下去而不中途夭折，以及中国是否能取得抗战的最后胜利，就要打一个大问

---

① 刘大年：《照唯物论思考》，《抗日战争研究》1996 年第 2 期，转引自《抗日战争时代》，中央文献出版社，1996，第 142 页。
② 胡乔木：《致中国抗日战争史学会成立大会的信——代发刊辞》，《抗日战争研究》1991 年第 1 期。

号了。所以，人民力量的存在和发展这个基本条件的极大重要性，更加应该得到客观的、全面的理解。因此，抗日战争这场民族解放战争的胜利，是国民党、共产党和全国人民共同奋斗争取得来的。

（2）两个战场的存在是决定抗日战争面貌和结局的关键。抗日战争的特异之处是蒋介石政权控制的正面战场与共产党领导的敌后解放区战场并存。它们在战略上互相依托、互相配合，与强大的敌人角胜。两个战场是互存互补的关系，缺一不可。缺了一个，抗日战争的胜利都是难以想象的。有正面战场的坚持，又有敌后战场的强大存在，才有战争胜利的结局。两个战场的存在来自国共合作，来自抗日民族统一战线。在战争中日军由胜利推进转向失败，国民党和共产党的力量朝相反的方向运动这种复杂的过程，是从两个战场上开始和完成的。两个战场在战争中的不同表现，直接影响了全国的政治局势。因此，两个战场的地位和作用，客观地表现了国民党和共产党在抗战中的地位和作用。既不要看轻国民党的作用，更不要看轻共产党的作用。

（3）在抗日战争中，国民党、共产党两个领导中心并存。国民党与共产党在抗日战争中的领导权，是由抗战前两个敌对政治实体的关系嬗变而来的。说国民党、蒋政权发挥了领导作用，是因为它掌握着民族战争所必需的、国际国内承认的统一政权，它指挥200万军队，担负着正面战场的作战任务。它虽然积极反共，在抗日问题上严重动摇，但到底把抗日坚持下来了。说共产党发挥了领导作用，是因为它坚持了抗日统一战线，使民族战争所必需的国内团结能够维持下来，指挥八路军、新四军，担负着敌后战场的作战任务。它们所处的地位不同，能够起作用的方面不一样，也不表现为某种平衡，而又都是不可缺少的。在抗日战争这个整体大局中，国民党、共产党都起着领导作用。这个作用都是全局性的，不是局部的、暂时的。双方这种都是全局性的领导作用，不是由于它们存在某种形式的共同领导或与之相反的分开领导来实现的，它们的领导作用是在既统一又矛盾斗争中来实现的。在抗日统一战线内部既统一又斗争的过程中，国共力量的消长发生着变化，总的趋势是人民的力量、共产党的力量逐渐增强，并且历史性地改变了国内政治力量的对比。这是对抗日战争中国民党、共产党的领导地位和作用的最终说明。

（4）抗日战争是中国近代历史发展的一个根本转变，是近代以来中国第一次取得的对外战争的全局胜利。这个胜利改变了中国历史发展的航向。抗日战争中，军事上和国内政治关系上同时存在两个过程、两种演变：一个是日本的力量由强变弱，由军事胜利到最后的彻底失败；另一个是国内两大政治势力的力量对比发生了重大变化。前一个演变关系到中国亡不亡国、民族能否独立的问题，后一个演变关系今后是新中国还是旧中国、中国能否打开通向现代化前途的问题。

以上可以看出，这些看法可以说是抗日战争史研究的一次思想总结，他所提出的一系列看法，较之以前一些简单的说法显得具有科学性了，更加实事求是了，更加符合历史真相了。这是一个八路军老战士、一个马克思主义的历史学家在他晚年的学术生涯中所达到的一个新的境界。

三

刘大年的历史学研究有着非常明显的特点。除了始终坚持马克思主义历史唯物主义的指导外，他还非常注意历史研究与现实的关系，非常注意追踪中国近代史研究的前进步伐。

在历史学理论的研究中，刘大年曾提出历史与现实的关系进行讨论。他认为，讲过去的事，回答现在的问题，瞻望未来，是历史科学的基本特点，也是它与文学、经济学研究中结合现实需要所不同的地方。他说：中国马克思主义历史学一诞生，就明白宣告了自己负担的迥然有异于封建阶级、资产阶级历史学的崭新使命。它把过去与现在、未来的联系，完全不是看作外部的偶然的联系，而是看作内在历史运动客观规律的联系。他认为，从今天来说，从社会主义事业出发，古今中外的历史都需要研究。今天的现实生活要求历史解答的问题不是减少了，而是增加了，研究任务不是减轻了，而是加重了。从宏观角度看，现实的研究任务是：第一，深入研究中国历史发展的全部客观过程，揭示中国的社会主义、共产主义长远前途，仍然是中国历史科学首要的和根本的任务。第二，中国今天处于社会主义建设时期，社会主义建设需要各方面的知识。认识中国全部文明史，就是认识我们的先民是怎样对待、改造他们所处的环境、改造世界的，从中吸取和改造一切有价值的东西，来服务于今天的社会主义建设事业。第三，必须通过一个国家的具体历史的研究，找出与其他国家的共同点与不同点。我们今天需要从全世界历史的广度，从发达国家现代化的高度，进一步观察人类社会发展的前景，把我们对社会主义前途的科学认识，提高到一个新的水平上来。第四，中华人民共和国的历史，应当认真开展研究。中华人民共和国已经过去了差不多半个世纪，其间有顺利发展，也有重大曲折。顺利发展所取得的辉煌成就，证明社会主义制度是唯一合乎"国情"的最富有生命力的制度，而所遇到的重大曲折，并没有证明这个制度不具有强大生命力，只是证明它需要改革。历史的长河看不到尽头，社会生活中的改变、革新也就不会有尽头。总之，刘大年认为，一门中国近现代史，一门历史学理论，是历史学里面与现实关系密切的领域。他的研究工作的注意力主要放在这两个门类上。为什么研究历史，由此可见他的志趣所在。

刘大年的中国近代史研究，在研究课题的选择上，在研究方法和学术观点的运用上，是开放的、进取的，不是一成不变的、故步自封的。在历史学理论和中国近代史研究上，他经常关注国内外研究的进展。在他的论文中，经常引证国外某些著名学者的论点，描述国外研究的状况。他随时阅读国外报道，为了论证或者便于自己阐述某种观点，经常引用国外著名政治家、学者或者重要报章社论的最新见解和经济发展数字。前些年，有的青年学者引用国外的所谓"三论"来驳斥他的观点，他也作文回答，用很专业的术语描述国外自然科学最新发展的情景来为自己辩护。在讨论中国近代史发展主线的时候，他在《中国史稿》《中国近代史稿》以及有关论文中，有很鲜明的观点。但是，他并没有停止在这种思考上。

改革开放以来，中国近代史学界有人主张用近代化的观点重新改写中国近代史。这不失为一种应当思考的主张。1990年，刘大年在中国社会科学院近代史研究所为建所40周年举办的国际学术讨论会上，就中国近代化的道路与世界的关系提出论文，指出"适应世界潮流，走向近代化，是中国社会发展的必然趋势"，同时指出，"近代中国没有实现西方那样的近代化，但它凭自己的力量打开了走进近代化世界的大门"。[①] 此后，他又进一步指出：在110年的中国近代史期间，"明显地

---

① 刘大年：《中国近代化与世界的关系》，中国社会科学院近代史研究所科研组织处编《走向近代世界的中国》，成都出版社，1992，第2、13页。

多了一个帝国主义的侵略压迫,少了一个民族独立;多了一个帝国主义支持下的封建统治,少了一个社会工业化、近代化。因此,中国近代史上的基本问题是两个,第一,民族独立问题,第二,社会工业化、近代化问题"。至于这两个基本问题之间是什么关系,刘大年认为:"没有民族独立,不能实现近代化;没有近代化,政治、经济、文化永远落后,不能实现真正的民族独立。中国人民百折不回追求民族独立,最终目的仍在追求国家的近代化。"① 民族独立和近代化问题,两者的内容虽不相同,不能互相代替,但又息息相关,不能分离。

刘大年认为,中国近代史上存在一个特殊的矛盾现象:在民族遭受压迫和民族工业出现上存在虽不相等确是明显的两个走向、两条路线。一条是急剧的下降线,半殖民地半封建统治秩序不断加深,中国最后被推到了接近亡国的险境;一条是曲折而微弱的上升线,19世纪六七十年代中国近代工业出现,20世纪初短暂地显现一个小小的浪潮,直到日本发动全面侵华战争,民族工业也仍多少保持增长倾向。就是伴随民族工业的产生,中国出现了新的社会力量,出现了民族资产阶级、工人阶级、近代知识分子。其中,工人阶级是近代工业的生产劳动者,最富于革命性、创造性,民族资产阶级、近代知识分子也各有特色。这些新的社会力量,各自凭着自己的作用,再加上占人口最大多数、深受压迫的农民群众,才构成了争取民族独立的最后支柱。了解了这些新生的社会力量与民族工业直接间接的关联,了解了中国近代史上民族压迫与近代工业同时存在的下降与上升两条线、两个走向的矛盾运动,也就可以对中国近代历史有更完整、更丰富、更深刻的认识了。

中国的现代化要走什么道路来实现?刘大年把他论述中国近代史的观点贯穿下来,反复讲,中国走社会主义道路来实现现代化,是历史的选择。对于社会主义,以前受传统束缚,在讨论邓小平社会主义初级阶段理论中,他认为现在中国处在社会主义的黎明。他说:"社会主义初级阶段实际有两重意思,一是起点不高,二是前程远大。这好比从黑夜到白昼,必须经过黎明那一段。黎明也有两重意思,一是还处在晨光之熹微中,二是跨过这一段,前面就是天光大亮。照我看,社会主义初级

---

① 刘大年:《抗日战争与中国近代史的基本问题》,《抗日战争时代》,中央文献出版社,1996,第125、130页。

阶段可以归结到一点：中国社会主义是在黎明，世界社会主义是在黎明。"①"黎明"是一种文学形象的说法，它讲了眼前，也讲了未来，可以认为是有科学性的形象说法。这里也指出了中国要实现现代化有很长的路要走。

四

新中国诞生后，中国历史学发展到了一个新的阶段。刘大年在这时与学术界的接触多起来。1953年秋天，中共中央设立历史问题研究委员会，中宣部提名委员会由陈伯达、郭沫若、范文澜、吴玉章、胡绳、杜国庠、吕振羽、翦伯赞、侯外庐、刘大年、尹达等11人组成。毛泽东批准了这个名单，并指定陈伯达为委员会主任。在委员会里，刘大年比大多数人年轻，属于晚辈后学。委员会活动很少，有些工作是通过科学院去做的。刘大年因为担任中国科学院学术秘书（负责联系哲学社会科学），又在近代史所工作，有责任协助郭沫若院长，担负起有关的组织事务性事情。组织科学院研究人员思想改造工作，筹备成立历史一所、二所（如西北大学校长侯外庐、上海顾颉刚调来历史二所分别担任副所长、研究员都是刘大年经手的，中山大学历史系陈寅恪教授与中国科学院和《历史研究》杂志的联系也是经刘大年之手），筹备中国科学院哲学社会科学学部，遴选学部委员，制定十二年科学发展远景规划等，他是始终参与者或日常事务的主持者。1958年，范文澜经上面批准，集中时间写书，刘大年实际主持近代史所的工作。他回忆说，长时期在科学院工作，有很多机会向学术界前辈和同志学习，深受教益。但政治运动、行政工作又往往把作为研究员担任的科学研究变成了业余，计划经常不能实现。他的感受是：研究学问和从事革命事业中的任何其他工作一样，要取得相当成绩，环境当然有关，关键在人的追求、奋斗。环境影响人，人克服困难，在改造环境中前进。

刘大年与我国老一辈社会科学家、历史学家有密切联系。他与我国史学界著名的"五老"——郭沫若、范文澜、吕振羽、翦伯赞、侯外

---

① 刘大年：《邓小平理论与社会主义黎明》，《人民日报》1997年10月10日。

庐有很多工作关系。他经常对后学谈到"五老"的风范。当 1987 年"五老"中的最后一位侯外老去世时，他曾经满怀感情地回忆并评价"五老"对创建我国马克思主义历史学的功绩。他说，他们那一代人为推动时代前进付出了辛勤劳动，他们做完了时代交给的答卷。但那些答卷也只代表过去的时代。他认为，马克思主义历史学必须跟上时代步伐，不断发展前进。以往已经证明马克思主义历史学与中国革命实践相结合，表现了巨大生命力，"那么，现在和今后，按照新的条件，坚持这种结合的马克思主义历史学就是常青的"。① 刘大年还与我国老一辈的自然科学家有密切联系。1946 年他担任晋冀鲁豫边区北方大学工学院首任负责人，组建工学院，接触一些自然科学家，这使他至今仍是北京理工大学校友会名誉会长。他以后在中国科学院工作，同许多自然科学家交往。他与竺可桢、杨钟健、梁思成、贝时璋、华罗庚、钱三强等自然科学家都有很好的工作关系和个人关系。数学家华罗庚和被称为"西医先驱"的北京协和医院张孝骞老大夫去世后，他都写过悼念文章。

  刘大年在对外学术交流中也非常活跃。他从 1953 年参加中国科学院访苏代表团，到最近一次访问日本，有许多次出国进行学术访问和政治性访问的机会，到过许多国家。在他的推动下，1983 年中国史学会加入国际史学会。1985 年，他率中国历史学家代表团出席有 4000 人参加的第十六届世界历史科学大会，并在开幕式上讲话，表示中国史学家将与各国同人一道，为繁荣国际历史科学而努力。按照惯例，国际历史科学大会开幕式除了东道国的贺词外，就是国际史学会秘书长的工作报告，特别安排刘大年讲话，使中国史学界获得了荣誉。② 大会开幕式后，德国总统魏茨泽克举办招待会，邀请 30 余位学者出席，中国代表团团长刘大年和代表团顾问季羡林应邀出席。当德国总统与刘大年交谈时，苏联科学院院士齐赫文斯基教授主动代为翻译。齐赫文院士是苏联首屈一指的汉学家，研究中国近代史的学者。四十年来，刘大年与齐赫文之间有过许多的学术交流、争论，彼此参加过在各自国家召开的各种学术讨论会。近代史研究所与苏联科学院东方学研究所、远东研究所建

---

① 刘大年：《侯外庐与马克思主义历史学》，《历史研究》1998 年第 1 期。
② 张椿年：《中国史学界的骄傲》，《近代史研究》1995 年第 5 期。

立起来的学术交流关系,与他们两人之间的友谊有很大关系。1992年,齐赫文出版了他的回忆录《我的一生与中国》,记录了他20世纪30—90年代与中国的交往。书的末尾,一一列举对他有过帮助的老师、教授的名字,说"是他们培养了我对中国及其勤劳的人民,对中国丰富的文化和悠久历史怀有深深的敬意",同时又说:"我还想在本书结束的时候,向我在生活道路上遇到的中国学者郭沫若、侯外庐、曹靖华、吴晗、刘大年、胡绳以及其他许多中国朋友深表谢意,是他们帮助我理解和正确评价我的邻国——中国的丰富文化遗产,促进了苏中两国人民之间相互理解和友谊的发展。"①

刘大年还与德国著名学者、老一代汉学家贝喜发教授及日本著名学者、诗人吉川幸次郎和井上清教授等建立了学术交流关系。国外这些知名学者都成了中国人民真诚的朋友。中国十年内乱结束,1978年吉川写给刘大年的诗上说:"今闻日月重开朗,蓬矢桑弧兴味除。"② 是祝贺,也是赞扬。京都大学名誉教授井上清研究日本近代史、日本帝国主义史,著作富有科学性,铁骨铮铮。1960年井上清应刘大年邀请,访问近代史研究所。从这时候开始,刘大年与井上清结下了深厚的友谊,此后学术交流、思想交流,从未间断。1990年,近代史研究所建所40周年,井上清专程前来祝贺,他对刘大年表示,近代史研究所是他学术活动的第二个"家"。前面提到的刘大年1979年东京大学的讲学,那时的主持者是东京大学田中正俊教授。1986年,已经是东京大学名誉教授的田中正俊写了一本小书,题为《战争·科学·人》。这本书以他21岁作为"学徒兵"被驱赶上战场的亲身经历,揭露日本军国主义的罪恶。他在序言里说:"谨以本书献给抗日民族解放战争的英勇战士,我们的老师刘大年先生。"③ 短短一句话,不仅表明了作者追求真理的可贵品格,也代表了日本正直学者对中国学者,对刘大年——一位八路军出身的历史学家的尊重之情。

1964年起,刘大年连续当选为第三届至第七届全国人大代表,第四届至第七届全国人大常委会委员,第六、七届全国人大教科文卫委员会委员。1980年中国史学会重建,他当选为第二、三届史学会主席团

---

① 齐赫文:《我的一生与中国》,陈之骅等译,社会科学文献出版社,1994,第121页。
② 引自刘大年《赤门谈史录》,第135页。
③ 田中正俊:《战争·科学·人》,韩一德译,黑龙江人民出版社,1990,第6页。

成员、执行主席。现在是中国社会科学院近代史研究所名誉所长、孙中山研究学会副会长和中国抗日战争史学会会长。

　　本文开头提到刘大年这次访问日本，遇到了抗战中在八路军中服务的日本友人的故事。与此同时，他还与一个未曾谋面的日本朋友互通音问。这位日本朋友就是昭和天皇的胞弟三笠宫崇仁亲王（现年83岁）。《抗日战争研究》1995年第2期发表了原载日本《This is 读卖》杂志三笠宫的文章，那是1943—1944年，三笠宫化名若杉参谋广泛考察中国战场以后，对中国派遣军总司令部干部的一个讲话：《作为日本人对中国事变的内心反省》。他在这个讲话中列举日本自甲午战争以后侵略中国的事实，揭露日本军人的残暴行为，说日本对中国是"无所不取，掠夺殆尽"，特别指出共产党的军队"对民众的军纪也特别严明，决非日本军队所能企及"，在这种情况下，中共若不"猖獗"，那将成为世界七大奇迹中的第一大奇迹了吧。他还说："在我看来，这样的日本军队，是无法与中共对阵的。"这份讲话稿，当时作为"危险文书"被没收，近年被日本学者从档案中查找出来，经三笠宫肯定后予以发表。显然，无论是1944年还是1994年，三笠宫都是讲了真话的，他是谴责日本对中国的侵略的。尽管他是昭和天皇的胞弟，是皇族，他的态度值得中国人民钦佩和尊敬。刘大年通过日本政治家后藤田正晴把一封亲笔信转送给三笠宫崇仁，正是表达了这种看法。刘大年在信中评价三笠宫的讲话说："先生以宏达坦荡襟怀，对待近代中日关系的历史，对待中日战争，我认为这是真正反映了日本民族的优异本色与勇敢精神，体现了日本众多国民的良知，是足以受到日本严肃的学术界公允评价，而载诸竹帛的。"几天以后，后藤田先生给刘大年先生回信，说后藤田亲手把这封信送呈三笠宫，"三笠宫殿下非常高兴，殿下说：'刘大年先生的大著我一定仔细拜读，先生处请代为多多致意'"。

　　他永远在前进，在追求。这就是刘大年：一个战士型的学者，一个学者型的战士。

1998年11月28日草于东厂胡同一号，
12月19日修改，30日夜再改

刘大年与抗日战争史研究*

本文是一年多以前写的,没有发表。原本是希望直接采访刘大年先生,获得更多的第一手史料,并且已经向刘大年先生提出了采访提纲,准备等待稍有空闲时进行。渠料空闲没有等来,大年先生已经作古。刘大年先生半个世纪的学术生涯,他对中国学术界、对中国历史学界尤其是中国近代史学界的贡献,尚待时日清理,本文只是对大年先生有关抗日战争的研究以及与此有关的话题作一追忆,借以悼念刘大年先生。

一

1998年11月中旬,中国社会科学院中日历史研究中心专家委员会代表团访问日本,83岁的中国社会科学院近代史研究所名誉所长刘大年同志率团前往。在会见日中友好会馆会长后藤田正晴先生(84岁)的时候,在会见日中历史研究中心评议委员会座长隅谷三喜男先生(82岁)的时候,在会见京都大学名誉教授井上清先生(85岁)的时候,刘大年就中日关系中的一个重要问题,即历史认识问题发表讲话,引起了与会者的注意。此行另一个意外收获,是刘大年会见了半个多世纪前在八路军总部白求恩医院工作的日本医生山田一郎。1943年,刘大年从冀南去太行山抗日根据地,在山头与日军遭遇,跳悬崖脱险,但肺部

---

* 本文原作于1998年11月,2000年1月4日完成。原载《抗日战争研究》2000年第1期,发表时题名为《战士型的学者 学者型的战士——追念刘大年先生的抗日战争史研究》。收入《东厂论史录——中国近代史研究的评论与思考》时改题为《刘大年与抗日战争史研究》。

受伤破裂,生命垂危。山田出主意,用中国的传统药物治疗,终于转危为安。山田一郎是八路军的日本俘虏,东京大学医学部的高才生。他在八路军中参加了中国共产党,抗战结束后回国,转为日本共产党党员,在东京代代木医院当院长,更名为佐藤猛夫,今年已经89岁,头脑清楚。据陪同会见的日本友人在日中友好会馆的会见会上当众介绍,刘大年先生与日本的"白求恩"会见的场面是极为感动人的。刘大年对于这次能够见到战场上的日本朋友之一,在整个访问期间都非常兴奋和愉悦。

刘大年1915年8月出生于湖南华容县一个中小地主家庭(土改时定为富农)。1936年肄业于长沙湖南国学专修学校。1937年夏天,他为了寻找工作,住在武昌粮道街一家学生公寓里。7月8日傍晚,当报道发生卢沟桥事变的报纸"号外"在武昌蛇山传播时,他在蛇山和黄鹤楼一带看到了临时偶然聚集起来的大量人群,在那里议论卢沟桥和宛平城的战事。那些带着愤怒和兴奋情绪的人的激昂议论,使他感受到了中国人的民族精神和爱国情怀。平津失陷,日寇深入国境,国家危在旦夕。抗日战争的时局大变动改变了国家的命运,也改变了周围的环境,他受爱国思想和求知欲驱使,决定去延安。1938年从家乡到长沙八路军办事处,受到湖南知识青年尊崇的"徐先生"徐特立、老资格共产党人王凌波指点,8月到达陕北,进了陕北抗日军政大学,同年加入中国共产党。翌年抗日军政大学第五期毕业。抗大毕业后他先被分配在八路军部队,然后在冀西和冀南抗日根据地工作,以后长期生活、斗争在河北平原和太行山上。

在抗日根据地里,他一直从事宣传教育工作,需要重视马克思主义理论学习;同时又在一些院校、训练班屡次讲授社会发展史、中国革命运动史等课程,更需要读有关的书,特别是读历史书。抗日根据地环境艰苦,谈不上有多少文化设施,但也不是无书可读。李达的《社会学大纲》,郭沫若的《中国古代社会研究》,吕振羽的《史前期中国古代社会研究》《殷周时代的中国社会》,以及苏联人、日本人讲中国社会历史的书,在少数人手里仍然能够找到。他就是在那时读到上面这些著作并引起对哲学、历史学的重视的。抗日战争的八年,在一方面可以说是他为以后从事学术研究工作做准备的八年。

抗战胜利后,刘大年弃戎从学,开始从事学术工作。如果说抗日战争的八年，刘大年是作为一名战士，经历战火的洗礼与考验，关注中国的命运，那么这时候，他开始尝试换一个角度，以学者的身份观察中国的历史与中国的命运。刘大年不是一个只坐在书斋里，钻进象牙塔里做学问的学者。他像在前线作战的战士总是依据战线的实际而又迫切的需要，选取最重要的突破口那样，依据中国社会现实的急切需要以及从中国与世界关系发展的大局出发，提出课题，展开研究。他具有"国学"的良好根底，又运用马克思主义唯物史观作为解剖刀，分析历史资料，研究历史与现实的关系。他写出的一些研究论著，受到新兴的中国近代史学科研究者的重视。

在解放区，刘大年开始收集资料，从事中国近代历史的研究。他写的头一本书是《美国侵华简史》。那时美国在抗日战争后期就确定下来的扶蒋反共政策正在加紧实施，中国人民与美国统治集团的矛盾一天天激化。中美关系的历史怎样，很自然地成了人们关心的问题。1949年8月，《美国侵华简史》由华北大学出版，同时在《人民日报》上连载。不久经过修改、补充，于1951年、1954年以《美国侵华史》为书名，由人民出版社出第一版、第二版。这是从革命根据地走出来的学者在观察、研究中美关系时写的第一本书，也是新中国成立初期出版的第一本有关中美关系的学术著作。半个世纪过去了，今天有关中美关系历史的研究已经大大前进了，但是人们仍然没有忘记刘大年这本给新中国献礼的书。对于作者来说，这是他研究中国近代史的开始，同时也奠定了他在中国近代史学界的地位。

二

新中国成立以后，刘大年长期在近代史研究所担负领导工作。他的研究工作主要集中在中国历史学的理论研究方面，在中国近代史的宏观架构的研究与设计方面，也在中国近代史的专题研究方面做了一些探索。在历史学理论方面，刘大年认为中国历史学传统悠久，中国的和世界的历史学各有自己的科学成分，有了它们我们才能够认识以往的历史。但是历史学是否以及怎样成为一门科学，至今仍是一个争论问题。马克思主义的历史唯物主义给历史学奠定了科学基础，它并不能代替历史学理论。探讨历史研究如何成为科学,就是历史学理论最后要解决的问题。他讲历史学理论的文章有《历史研究的指导思想问题》《历史研究的对象问题》《历史前进的动力问题》《历史上的群众与领袖问题》《历史研究的时代使命问题》《历史学理论的建设问题》《照唯物论思考》《方法论问题》等。对于历史学理论的一些关键问题他都讲了自己的思考。在中国近代史的宏观架构的研究与设计方面,以《中国史稿》《中国近代史稿》为代表。这两本书是在刘大年主持下撰写的。以前讲中国近代史的书,包括拥有众多读者的范文澜著《中国近代史》,一般带有纪事本末的特点,而且内容偏重于政治史。这在当时是有道理的,但是,它不适应新时代的需要,显然需要改进。《中国史稿》第四册做了改变。依照刘大年的看法,新的著作要求根据历史演变的时间顺序讲述事件;不只讲政治事件,也要讲经济基础、意识形态;不只讲汉族地区的历史,也要讲国内各民族在斗争中与全国的联系和相互关系。《中国史稿》第四册这种写法,就是总结了新中国成立以来中国近代史学科的研究成果,加以概括和升华,给中国近代史搭起了一个新的架子,有些地方做出了可喜的概括。这本书对我国高等学校历史系编写或者使用的中国近代史教材,有较大的影响。《中国近代史稿》大体上采用了这个框架,加上往后的研究成果,大大丰富了各章节的内容,使某些主要部分的论证更有说服力,史料则大为充实了。每个时期各有总评,成一家之言。第三册讲完了义和团运动,可惜以后的撰写计划未能完成。在专题研究方面,刘大年也努力做出了探索。《赤门谈史录》是这方面的代表作。《赤门谈史录》是1979年在东京大学讲学时的讲稿,后来整理成书。它主要讨论辛亥革命的性质,列举经济基础、领导革命的社会力量、同盟会纲领、革命的主力军等四项根据,说明辛亥革命是资产阶级民主革命。在叙述中还分别评价了国外同类著作中的代表性观点。刘大年发表的学术论文中,《回答日本历史学者的问题》、《亚洲历史评价问题》和《论康熙》三篇文章,曾经受到广泛注意,引起过国内外的评论和争论。

三

刘大年是在抗日战争的洪流中成长起来的。在他的晚年,他又把研究兴趣同抗日战争的历史研究自然地联系了起来。

1982年，在我们的邻国日本发生了一件引人注意的事。日本文部省规定修改中学历史教科书，公然否认日本对中国的侵略。教科书的编者家永三郎教授起而抗议，同日本政府的文部省打起了官司。这一事件引起了中国、东南亚各国乃至世界舆论的关注，也引起了刘大年的严重关注。这个抗日战争时期的八路军战士不能不把历史研究的眼光逐渐转移到抗日战争这一段历史上来。这一年，他第一次发表有关抗日战争历史的文章。1987年，他在《近代史研究》第5期发表《抗日战争与中国历史》一文，表明他研究的深入。1989年2月20日，刘大年作为全国人大常委会委员在七届全国人大常委会第六次会议上，就日本当局在侵华战争性质问题上的倒退做了义正词严的发言，曾吸引国内外视听。日本报纸迅速转载这个发言，苏联、法国、美国报纸和通讯社纷纷发表评论，谴责日本当局的行径。此后几年里，刘大年撰写了好多篇有关抗日战争史的论文。1996年，他将这些论文结集出版，题名《抗日战争时代》。同时，他还用相当多的精力，组织并主持编写了《中国复兴枢纽——抗日战争的八年》这本学术著作。该书在抗日战争胜利50周年时由北京出版社出版，1997年修订再版。

关于抗日战争的历史，国内学术界的认识并不完全一致。刘大年认为："抗日战争的历史和整部中国历史一样必须成为科学的客观研究的对象。我们必须把抗日战争的研究建立在坚实的科学基础上，提高它的科学性。……对于叙述历史，我们主张客观的历史是怎么样，写出来的历史也必须是怎么样。"① 这就要求在研究抗日战争历史时，一是必须以事实为根据，二是必须具体问题具体分析。实际上，有的研究者在人物评论中，看重人物的自我表白，胜过看重客观事实。有的史实评论中，看局部多，看全局少。顾虑把共产党的地位、作用降低了的，有之；顾虑把国民党的地位、作用降低了的，也有之。问题争论、讨论中不乏停留在表面的，没有解决的远远多余解决了的问题。按照胡乔木的说法，"对这段历史的认识还有许多不够深刻的地方"。② 这些问题中，

---

① 刘大年：《照唯物论思考》，《抗日战争研究》1996年第2期，转引自《抗日战争时代》，第142页。
② 胡乔木：《致中国抗日战争史学会成立大会的信——代发刊辞》，《抗日战争研究》1991年第1期。

有两个特别重要，这就是正面战场和敌后战场的作用问题、国民党和共产党的领导作用问题。

刘大年认为，弄清这些问题，要认识抗日战争时期历史的特别复杂性。抗日战争时期的对日战争，首先是民族战争，同时也是人民战争；其间交叉着错综复杂的矛盾，既有民族矛盾，又有阶级矛盾；抗日战争既是一场民族解放战争，又是一场与国内民主革命相结合、相伴随的战争；既有正面战场，又有敌后战场；既有国民党对正面战场的领导，又有共产党对敌后战场的领导。只有依据历史事实，看到抗日战争历史的复杂性，具体问题具体分析，才有可能把抗日战争历史研究中认识不够深刻的地方，进一步弄清楚。由此出发，刘大年对于抗日战争历史有如下观点：

（1）中国抗日战争是在中国共产党倡导的抗日民族统一战线的旗帜下，以国共合作为基础，各阶级、各族人民团结起来进行的民族解放战争。当时国家权力掌握在蒋介石、国民党手中。抗日战争有蒋介石、国民党参加，才有了全民族的抗战。抗战期间，蒋介石虽然没有放弃反共，也没有放弃抗战。从全民族战争的角度看，蒋介石、国民党在抗战中的重要地位和作用，应当得到客观的、全面的理解。同样，中国共产党领导的人民力量的存在和发展，是这场民族解放战争胜利的基本条件之一，而且这个基本条件所发生的作用，贯穿在抗战的全过程里。如果没有这个基本条件，全民族抗战是否能实现，或者一时实现了，能否坚持下去而不中途夭折，以及中国是否能取得抗战的最后胜利，就要打一个大问号了。所以，人民力量的存在和发展这个基本条件的极大重要性，更加应该得到客观的、全面的理解。因此，抗日战争这场民族解放战争的胜利，是国民党、共产党和全国人民共同奋斗争取得来的。

（2）两个战场的存在是决定抗日战争面貌和结局的关键。抗日战争的特异之处是蒋介石政权控制的正面战场与共产党领导的敌后解放区战场并存。它们在战略上互相依托、互相配合，与强大的敌人角胜。两个战场是互存互补的关系，缺一不可。缺了一个，抗日战争的胜利都是难以想象的。有正面战场的坚持，又有敌后战场的强大存在，才有战争胜利的结局。两个战场的存在来自国共合作，来自抗日民族统一战线。在战争中日军由胜利推进转向失败，国民党和共产党的力量朝相反的方向运动这种复杂的过程，是从两个战场上开始和完成的。两个战场在战争中的不同表现，直接影响了全国的政治局势。因此，两个战场的地位和作用，客观地表现了国民党和共产党在抗战中的地位和作用。既不要看轻国民党的作用，更不要看轻共产党的作用。

（3）在抗日战争中，国民党、共产党两个领导中心并存。国民党与共产党在抗日战争中的领导权，是由抗战前两个敌对政治实体的关系嬗变而来的。说国民党、蒋政权发挥了领导作用，是因为它掌握着民族战争所必需的、国际国内承认的统一政权，它指挥 200 万军队，担负着正面战场的作战任务。它虽然积极反共，在抗日问题上严重动摇，但到底把抗日坚持下来了。说共产党发挥了领导作用，是因为它坚持了抗日统一战线，使民族战争所必需的国内团结能够维持下来，指挥八路军、新四军，担负着敌后战场的作战任务。它们所处的地位不同，能够起作用的方面不一样，也不表现为某种平衡，而又都是不可缺少的。在抗日战争这个整体大局中，国民党、共产党都起着领导作用。这个作用都是全局性的，不是局部的、暂时的。双方这种都是全局性的领导作用，不是由于它们存在某种形式的共同领导或与之相反的分开领导来实现的，它们的领导作用是在既统一又矛盾斗争中来实现的。在抗日统一战线内部既统一又斗争的过程中，国共力量的消长发生着变化，总的趋势是人民的力量、共产党的力量逐渐增强，并且历史性地改变了国内政治力量的对比。这是对抗日战争中国民党、共产党的领导地位和作用的最终说明。

（4）抗日战争是中国近代历史发展的一个根本转变，是近代以来中国第一次取得的对外战争的全局胜利。这个胜利改变了中国历史发展的航向。抗日战争中，军事上和国内政治关系上同时存在两个过程、两种演变：一个是日本的力量由强变弱，由军事胜利到最后的彻底失败；另一个是国内两大政治势力的力量对比发生了重大变化。前一个演变关系到中国亡不亡国、民族能否独立的问题，后一个演变关系今后是新中国还是旧中国、中国能否打开通向现代化前途的问题。

以上可以看出，这些看法可以说是抗日战争史研究的一次思想总结，他所提出的一系列看法，较之以前一些简单的说法显得具有科学性了，更加实事求是了，更加符合历史真相了。这是一个八路军老战士、一个马克思主义的历史学家在他晚年的学术生涯中所达到的一个新的境界。

四

前面提到的刘大年1979年东京大学的讲学，那时的主持者是东京大学田中正俊教授。1986年，已经是东京大学名誉教授的田中正俊写了一本小书，题为《战争·科学·人》。这本书以他21岁作为"学徒兵"被驱赶上战场的亲身经历，揭露日本军国主义的罪恶。他在序言里说："谨以本书献给抗日民族解放战争的英勇战士，我们的老师刘大年先生。"① 短短一句话，不仅表明了作者追求真理的可贵品格，也代表了日本正直学者对中国学者，对刘大年——一位八路军出身的历史学家的尊重之情。

本文开头提到刘大年这次访问日本，遇到了抗战中在八路军中服务的日本友人的故事。与此同时，他还与一个未曾谋面的日本朋友互通音问。这位日本朋友就是昭和天皇的胞弟三笠宫崇仁亲王（时年83岁）。《抗日战争研究》1995年第2期发表了原载日本《This is 读卖》杂志三笠宫的文章，那是1943—1944年，三笠宫化名若杉参谋广泛考察中国战场以后，对中国派遣军总司令部干部的一个讲话：《作为日本人对中国事变的内心反省》。他在这个讲话中列举日本自甲午战争以后侵略中国的事实，揭露日本军人的残暴行为，说日本对中国是"无所不取，掠夺殆尽"，特别指出共产党的军队"对民众的军纪也特别严明，决非日本军队所能企及"，在这种情况下，中共若不"猖獗"，那将成为世界七大奇迹中的第一大奇迹了吧。他还说："在我看来，这样的日本军队，是无法与中共对阵的。"这份讲话稿，当时作为"危险文书"被没收，近年被日本学者从档案中查找出来，经三笠宫肯定后予以发表。显然，无论是1944年还是1994年，三笠宫都是讲了真话的，他是谴责日本对中国的侵略的。尽管他是昭和天皇的胞弟，是皇族，他的态度值得中国人民钦佩和尊敬。刘大年通过日本政治家后藤田正晴把一封亲笔信转送给三笠宫崇仁，正是表达了这种看法。经过刘大年本人同意，我把这封信的原文公布如下：

---

① 田中正俊：《战争·科学·人》，韩一德译，黑龙江人民出版社，1990，第6页。

崇仁先生左右：

　肃启者，秋日朗朗，祝候健康。

　三、四年前，读到《读卖杂志》上的尊著《作为日本人对中国事变的内心反省》及答记者问，至今印象犹新。先生以宏达坦荡襟怀，对待近代中日关系的历史，对待中日战争，我认为这是真正反映了日本民族的优异本色与勇敢精神，体现了日本众多国民的良知，是足以受到日本严肃的学术界公允评价，而载诸竹帛的。当先生以若杉参谋名义在中国战场广泛考察的时候，我作为中国共产党领导下的一名县团级工作人员，在河北平原上抗日游击战争队伍中服务。《内心反省》叙述的中国人民的苦难生活，共产党军队与人民血肉相连的关系等，几乎就像是我亲身经理的事实那样真切。更有意外者，从答记者问中得知，我们竟然还有共同的熟人，那就是溥仪先生。溥仪大赦释放后，曾在全国政协担任文史专员，我一度兼管过那项工作。在此以前和以后，我跟他也有接触，略知其后事。这似乎也是彼此可以交流的话题。六十年代起，我几次访问贵国，这次是与中日历史研究中心专家委员会同仁一起，来与日方评议委员会见面的。我在东京的时间有限，先生会见外来客人也未必方便，看来是没有当面表示敬意的机会了。中日两国需要在不断增进的友好关系中进入二十一世纪。先生老成硕望，加以影响推进之，两国人民之福也。拙作《抗日战争时代》几处引用《内心反省》及答记者问文字，奉上一册请教。诸惟吉祥辉焕，顺颂时绥。

　　　中国社会科学院刘大年拜具，一九九八年十一月九日

几天以后，后藤田先生给刘大年先生回信，说他亲手把这封信送呈三笠宫，"三笠宫殿下非常高兴，殿下说：'刘大年先生的大著我一定仔细拜读，先生处请代为多多致意'"。

他永远在前进，在追求。这就是刘大年：一个战士型的学者，一个学者型的战士。

五

以上文字是一年多以前写的。当我现在续写如下文字的时候,刘大年先生在医院停止呼吸不过几天。我原本希望刘大年先生再有日本之行,对抗日战争历史或者中日关系再次发表意见,以启迪后人。但是这样的机会不会再有了。现在可以说,1998年11月的日本之行,是刘大年先生的日本告别之旅。这次他以中国社会科学院中日历史研究中心专家委员会访日代表团团长名义,在东京、京都各地,所到之处,所接触之人,所发之言,均与抗日战争历史有关,均与中日关系历史有关。他致函三笠宫,表彰三笠宫在日本侵华战争当时仗义执言的行为,期待三笠宫在中日两国需要在不断增进的友好关系中进入21世纪方面有所作为;他与日本政治家后藤田正晴对话,回顾历史,希望开辟中日关系的未来;他与日中友好会馆日中历史研究中心评议委员会的专家隅谷三喜男、安藤彦太郎、卫藤沈吉等先生会面,谈的也是如何从大局出发推动中日关系历史的研究;他与抗战时期在129师卫生部白求恩医院担任过副院长的日军被俘士兵山田一郎(今名佐藤猛夫)会见,畅叙在太行山抗日根据地建立的友情;在京都,特别拜访京都大学名誉教授井上清,除了畅叙友情、互祝健康,就是殷殷以中日关系为念。

始于抗战,终于抗战,这是刘大年先生的人生轨迹。七七事变的枪声,惊醒了他求职的梦,他不安于在武汉、长沙求职,亟亟于奔赴抗日的最前线,在抗日军政大学学习抗日的理论与实际,并且正式参加八路军。1999年11月22日,在病床上口述遗嘱,回顾自己的人生际遇,他说:"一辈子作了个爱国的中国人。感到最自豪的是当过一年零半个月的正规八路军战士。以后就不是正规的,在地方上,县团级。在国家民族危亡的时候不是个旁观者。"在民族危亡累卵的时刻,他作为战士,投入了捍卫祖国独立、民族解放的伟大斗争。他在冀南抗日政府工作,遇到过日军大扫荡的艰难情景;在往129师师部的途中,因向导带错路,遭遇日军,不得已跳崖,引起肺部破裂大出血,险些丧命。可以说,这是始于抗战。

抗战胜利后,他进入北方大学,做过工学院负责人,这是他今天担任北京理工大学校友会名誉会长的由来。接着担任华北大学历史系主任，华北大学历史研究室副主任。他的历史研究工作，是从撰写美国侵华史开始的。新中国成立伊始，他的《美国侵华史》经过一再修改，在当时曾经风靡一时，起过重要作用，这奠定了他在中国近代史学界的地位。中国科学院建立，他担任党组成员、编译局副局长，主编《科学通报》，同时兼任近代史研究所研究员。1953年12月30日，中国科学院院务会议任命他为近代史研究所副所长，协助范文澜所长工作。他的这一任命，在1956年得到党中央的正式批准，随后，为了使范文澜所长集中时间写书，刘大年实际主持近代史研究所工作。1954年，《历史研究》创刊，郭沫若院长安排尹达、刘大年分任主编、副主编。中国科学院哲学社会科学部成立后，他还担任分党组成员、哲学社会科学规划办公室主任。他的学术活动经历，与我国的哲学社会科学事业，与我国的历史学建设，尤其是与中国近代史学科的建设，与近代史研究所的学术活动不可分离了。

1982年，在他67岁的时候，他退出了近代史研究所的领导岗位。也就在这一年，因为日本的教科书事件，他把他晚年的时间和精力大多用在中国抗日战争历史的研究上来了。1989年，曾担任中国社会科学院院长、中共中央政治局委员的胡乔木，找刘大年和白介夫讨论加强抗日战争历史的学术研究问题，酝酿组织学术社团，出版专门学术刊物。我受指派，协助刘大年先生从事有关的准备工作，包括替胡乔木同志起草有关信件、草拟社团章程、与国务院有关部门（民政部社团司、财政部文教司等）商讨社团登记以及申请财政资助事项。乔木与大年、介夫商量，原准备成立一个相当高规格的有关抗战研究的社团，胡乔木亲任会长，大年任副会长，请聂荣臻等老帅担任顾问。后来主意改变了，决定以刘大年任会长，胡乔木任名誉会长，请杨成武、吕正操等老将军任顾问。

1991年1月，中国抗日战争史学会在人民大会堂正式成立，王忍之同志讲话，代表中共中央宣传部支持学会的成立。刘大年在学会成立大会上发表长篇讲话，结合社会上一些糊涂看法，论述成立抗日战争史学会的目的、工作方法和学风会风。在这篇讲话中，他特别指出："抗日战争是近代中国历史的伟大转折点。那段历史过去了，在许多方面又与今天的现实存在着联系。我们强调'四个坚持'，将共产党领导、社会主义道路，处处跟抗日战争联系在一起。加强这段历史的研究，意义明显。文化知识中包括我们民族起码的历史知识。在有些人的头脑里什么叫抗日战争，一派迷茫恍惚。这也说明推进抗日战争研究，了解我们民族这段历史的必要性。"① 这篇讲话，把成立一个专业性学术社团的目的说清楚了，也把学会的工作方法和学风讲清楚了。与学会成立同时，还在根据胡乔木的意见积极筹办专业刊物。1991年9月，《抗日战争研究》创刊号出版，发表了聂荣臻元帅的题词、胡乔木署名的代发刊词和刘大年的《做什么，怎么做？》等文章。这个刊物的发行，为我国学术界增加了专门发表抗日战争研究成果的学术园地。刘大年是这个刊物编辑委员会的召集人，近代史研究所是刊物的编辑单位。

中国抗日战争史学会成立后，连续参与主办了三次大型的国际学术讨论会：1991年9月在沈阳召开的"九一八事变60周年国际学术讨论会"、1993年1月在北京召开的"第二届近百年中日关系史国际学术讨论会"、1997年7月在卢沟桥中国人民抗日战争纪念馆召开的"七七事变60周年国际学术讨论会"。刘大年担任了这三次国际学术讨论会组织委员会主席，并在开幕式上发表讲话。这期间，在抗战胜利50周年大型学术讨论会的开幕式上，刘大年应邀发表主题演讲，并以《民族的胜利，人民的胜利》为题发表于1995年8月15日的《人民日报》，为各方面所关注。他还多次参加抗日战争纪念馆召开的会议，积极倡导、推动抗日战争历史的研究和抗战史知识的普及。

为了迎接抗战胜利50周年，中国抗日战争史学会和中国人民抗日战争纪念馆决定编辑中国抗日战争史丛书，邀请刘大年主持全面论述抗日战争的书，作为丛书第一本。我曾向他谈到，胡绳同志主编的《中国共产党的七十年》，提纲挈领，条分缕析，大事不漏，小事从简，值得参考。他表示首肯。这部书原已有草稿，但是水准不够，我帮他从所里组织研究有素的中年研究者，重新商讨提纲，分工完成。刘大年先生在这本书上花了很多精力，与作者分别讨论写法，逐字逐句修改草稿，又与统稿者反复商讨。应出版者要求，1995年曾与丛书一起出版，但因为刘大年坚持质量不够，只有少许印刷。此后又继续修改，反复琢磨，终于在1997年6月出版，书名《中国复兴枢纽——抗日战争的八年》。

---

① 刘大年：《做什么，怎么做？》，《抗日战争年代》，中央文献出版社，1996，第76页。

这本书是在学术界已有研究的基础上写成的，又加入了主编者和作者们的许多思考。本书除了记述八年抗战的基本历史事实外，还在有关战争的性质、战争的起点、两个战场问题、文学艺术和文化思想理论问题、构成本书的理论框架和体系等问题上做出了认真的思考。刘大年在本书的引言中说："理论必须建筑在牢固的事实基础上。……这本书所叙述的是抗日战争的基本事实。它对读者提供的价值，可以归结为这样两点：（一）抗日战争一是民族战争，二是人民战争；抗日战争的历史是靠全民族的力量写下来的，是靠中国人民的力量写下来的。（二）八年间的基本事实力求都有记载，力求做到信而有征。如此而已，其余不足以自是。"① 这是主编者谦虚的说法。其实，关于抗日战争研究的理论体系，用两个战场的并存及其矛盾运动，把民族矛盾和阶级矛盾（民族矛盾是起决定作用的，阶级矛盾并非不尖锐，但是内战终究没有导致分裂，民族战争到底坚持下来了）连接在一起，贯穿于抗日战争的全过程中，这样一种研究方法，这样一种理论性的概括，对于抗日战争研究有着重大的指导意义。这是学术界都注意到的。

由于中国抗日战争史学会的成立，《抗日战争研究》刊物的创办，几次大型的国际和国内学术讨论会的召开，我国的抗日战争史研究状况有了根本的改观。发表的论文、出版的著作、研究者的队伍，都达到空前规模；研究的水平和质量大大提高。这样一种状况，对于在我国国民中普及历史知识，进行爱国主义教育，以及对于提高近代史学界的学术水准，显然都是有益的。如果从这个角度看，刘大年先生在其中发挥的作用，更应当加以重视了。我前面所说，成于抗战，就是指此而言。

刘大年先生在《抗日战争时代》一书完稿时，有诗记其事，其中有句云："太行风雪平原暑，我是山川路上人"。他是从太行山走下来的共产党员，他是从太行山走下来的历史学家。他始终行路匆匆，朝着一个共产党员和一个历史学家所应该具备的品质和目标，前行，前行，未有停歇。因为他始终没有忘记他的本色：他是一个战士！

---

① 刘大年、白介夫主编《中国复兴枢纽——抗日战争的八年》，北京出版社，1997，第10页。

试论罗尔纲史学研究的新生命[*]

在罗尔纲先生诞生110周年之际，中国社会科学院批准出版《罗尔纲全集》。这是学术界盼望许久的事，也是我国学术文化宝库建设中十分有意义的事。

罗尔纲先生生前是中国社会科学院近代史研究所一级研究员，是我国著名的历史学家、考据学家、金石学家、军事史家、文学史家。生于1901年1月，卒于1997年5月，终年97岁。一生著述宏富，身后留下著作、文章约900万言，另指导学生搜集、整理、编辑太平天国史资料3000万字。《罗尔纲全集》将他的著述分成太平天国史类、兵志类、金石类、文学类、文史杂考、生涯回忆、师友回忆、书信、杂著共九大类，凡19卷22册。罗尔纲先生是我国学术界公认的太平天国历史研究的开创者、奠基者和学术大师。已故中国社会科学院近代史研究所名誉所长刘大年称他是新中国最早的"太平天国史学一大家"，[①] 王庆成先生认为"罗先生是中国以至全世界研究太平天国之最杰出者"，[②] 确是的论。

罗尔纲先生走上学术道路之始，曾受到他的老师胡适的悉心指导，

---

[*] 原载《近代史研究》2011年第1期；作为前言收入《罗尔纲全集》，社会科学文献出版社，2011。

[①] 刘大年：《太平天国史学一大家——祝贺罗尔纲85岁寿辰和从事学术工作60年》，《近代史研究》1986年第6期。《刘大年史学论文选集》（人民出版社，1987）收入时题目改为《罗尔纲与太平天国研究》；又见《太平天国史》序一，中华书局，1991。

[②] 王庆成：《怀念罗尔纲先生》，《近代史研究》1998年第3期。

受过考据学的基本训练。① 1930年夏，罗尔纲在上海中国公学毕业前夕，给他的老师、中国公学校长胡适之写信，希望校长帮助找工作。胡适之欣赏罗尔纲为学为人具有"谨慎勤敏""不苟且""执事敬"的美德，就让他到自己家里做助手和家庭教师。② 就在他作为胡适助手和家庭教师期间，他确定了研究太平天国历史的志向。尽管北大文科研究所和中央研究院社会研究所不批准他研究太平天国的申请，他还是坚持在业余从事艰苦的研究工作。1937年，他的第一部研究太平天国的历史书《太平天国史纲》出版。这本书得到学术界重视，胡适虽肯定他的叙事很简洁，却批评他"专表扬太平天国"，③"此书的毛病在于不免时髦"。④ 这是因为此书是第一本正面论证太平天国是农民革命运动的历史书，它明确指出"太平天国革命的性质，是贫农的革命"，这次革命"含有民主主义的要求，并且参入了社会主义的主张"。⑤ 这种观点在那时的学术界是独树一帜的。可见，他走上学术道路之始，他的研究旨趣和方向便与他大名鼎鼎的老师有别。这正如台湾研究学术史、研究胡适的学者潘光哲所指出的，罗尔纲第一部研究太平天国历史的《太平天国史纲》，如此重视社会、经济方面的因素与影响，显示他述史的关怀意向同胡适几无一致之处。潘光哲指出：当罗尔纲自己披荆斩棘，在自己深耕易耨的园地中生产了自己的果实之后，就已超越老师治学的樊篱，

---

① 为了感念在胡适家里受到的考据学的训练和胡适对他为学为人的教导和指导，罗尔纲在1943年专门写了一本《师门辱教记》，记载他跟着胡适做了几年"徒弟"的生活，感念他的老师胡适之叫他做学问"不苟且"的教训。这本书1944年4月由桂林建设书店出版。1945年2月，罗尔纲在四川南溪县李庄在桂林本的基础上做了仔细修订，重写了自序，交独立出版社准备印行。出版社请胡适写一篇序。胡适很看重这一本小书，认为这本自传"是自传里没有见过的创体"，给他的光荣"比他得到三十五个荣誉博士还大"，并在1948年给这本书写了序言。但是这本经过作者修订的自传体小书未能在独立出版社出版。1952年，胡适在台湾拿到了这本书的修订本，带在身边，直到1958年胡适自美国回到台北，在他68岁生日前十天，自己出资印制了罗尔纲这本自传，书名改为《师门五年记》，送给前来祝寿的宾客。参见罗尔纲《关于〈师门五年记〉》《任驻美大使自称过河卒子》，罗尔纲：《师门五年记·胡适琐记》，三联书店，1995。
② 《师门五年记胡适序》，罗尔纲：《师门五年记·胡适琐记》，第4页。
③ 罗尔纲：《生涯六记》，贵州人民出版社，1991，第61页。
④ 中国社会科学院近代史研究所中华民国史研究室编《胡适的日记》，1937年2月21日，中华书局，1985，第539页。
⑤ 罗尔纲：《太平天国史纲》，商务印书馆，1937，1948年2月第4版，第98、101页。

在学术历程上走出自己的路来。① 这个评论是恰当的。罗尔纲先生不仅继承了中国传统的学问路数,受到考据学和实证史学的影响,同时也受马克思主义理论的启迪。

罗先生少年时代在贵县家乡就耳濡太平天国起义英雄的业绩,国民革命时期在上海求学就接触革命青年,接触并学习过马克思主义主要理论著作。中年以后则努力学习马克思主义。② 一些与罗先生有过亲密接触的学者回忆,罗先生在新中国成立后自觉地学习马克思主义理论,他用马克思主义指导自己的学术研究,不是空洞地、抽象地讲马克思主义,不作那种贴标签式的、寻章摘句的表面文章,而是运用马克思主义的立场、观点、方法去指导自己的研究工作和考据工作。他在历史研究中,在太平天国史研究中,追求科学认识、追求真理的实事求是态度,就是坚持了马克思主义精神。他曾对人说:"马克思主义是开启历史秘奥的钥匙,不懂马克思主义就看不出历史的真相。"③ 其实这句话是他自己的学习心得。晚年,他应广西史学会第五届年会要求,为青年学者谈治学心得,就结合自己的学术道路,实事求是地、鲜活生动地讲如何在史学研究中学习马克思主义理论,如何运用阶级斗争的观点,如何认识人民群众的力量。他强调:"我说的没有片言只字的教条主义的空话,句句都是从切身体验中得来。"④

从罗先生《太平天国史纲》出版以后四十多年的学术轨迹,我们可以看出他学习和运用马克思主义的基本指向。

第一,以太平天国通史的撰写为例。1937 年出版的《太平天国史纲》的学术倾向和理论倾向已如前述。新中国成立以后,罗先生开始认真学习、研究马克思主义和毛泽东著作,努力领会唯物史观的精义。1951 年开明书店出版的《太平天国史稿》就不再简单地提贫农革命,

---

① 潘光哲:《胡适与罗尔纲》,《台大文史哲学报》(台北)第 42 期,1995 年 4 月。
② 1954 年 3 月 29 日,罗尔纲致函中国科学院近代史研究所所长范文澜,感谢范所长同意他到近代史研究所工作,特别表示"请求大家对我这一个正在向马列主义开始学习的人,多多指示,多多帮助"(罗文起辑《罗尔纲书信选》,《近代史研究》1998 年第 3 期),明确显示了罗尔纲正在学习马列主义的意向。
③ 本刊:《纪念太平天国 140 周年暨罗尔纲 90 华诞学术座谈会纪要》,《近代史研究》1991 年第 3 期。
④ 罗尔纲:《谈治学》,《困学丛书》上卷,广西人民出版社,1989,第 113 页。

而提出太平天国"反封建反侵略之伟大精神""永为中国人民所缅怀追思"。① 1957年修订出版的《太平天国史稿》增订本进一步提出"太平天国是反封建、反侵略的农民革命,是在没有先进阶级领导下农民革命所发展到的最高峰","太平天国革命只能起着民主革命先驱者的作用"。② 在1957年版重印题记中还指出,太平天国革命由于受农民革命的局限,有它进步的一面,也有它落后的一面,不能因为强调进步的一面而忽略了落后的一面。这就不仅比《太平天国史纲》准确了,也比1951年版《太平天国史稿》、1955年史稿修订本准确。研究太平天国史的祁龙威教授评论说:"肯定还是否定这次农民阶级斗争的性质?实质上是肯定还是否定近代中国社会半封建半殖民地性质的问题,也是肯定还是否定近百年中国民族民主革命的问题。"③ 可见,罗尔纲先生在深入学习了马克思主义理论后,不再把太平天国当作一般的农民起义,而是从近代中国民族民主革命的角度来研究太平天国的历史。他还结合人物评价谈到这方面的体会。他说:"每个人都从属于一定的阶级,生活于一定的时代。太平天国革命发生在中国进入近代史时期,中国社会的性质、革命的环境,都已具有新的特点,不同于历史上的单纯农民战争,而是在资产阶级民主革命进入准备阶段,掀起波澜壮阔的农民革命战争,就是革命的前途,也有了新的展望。考察太平天国人物的思想言行及其特点,无不受到其阶级与所处时代制约。"④

在罗先生看来,用马克思主义阶级观点和阶级分析方法研究太平天国历史,不仅要研究农民阶级,还要研究地主阶级。他说,马克思主义经典作家对资产阶级、工人阶级都进行了精湛的研究,而对地主阶级的研究相对来说是比较少的。中国的地主阶级在世界各国中是比较完整、比较系统、比较"高明"的,用马克思主义指导,研究地主阶级是一项很有意义的工作。⑤ 罗尔纲说:"太平天国时期,中国封建社会已经开始崩溃,正在进入半殖民地半封建社会。历史研究工作者掌握马克思

---

① 罗尔纲:《太平天国史稿》,开明书店,1951,自序。
② 罗尔纲:《太平天国史稿》(增订本),中华书局,1957,第15、26页。
③ 祁龙威:《太平天国史研究概述》,《扬州师范学院学报》1980年第1期。
④ 罗尔纲:《〈太平天国人物〉序》,《困学丛书》下卷,广西人民出版社,1989,第706页。
⑤ 转引自贾熟邨《回忆罗老的谆谆教导》,《近代史研究》1998年第3期。

主义的理论，对这一时期中国地主阶级进行研究，可以看出中国封建社会为什么在这时开始崩溃，也就可知它为什么特别漫长的原因。这是一个重大的历史研究的课题。"① 贾熟邨先生在这样的指导下研究太平天国时期的地主阶级，取得了一定成绩。罗先生进一步鼓励他："希望他以毕生精力，再接再厉地进行研究，取得更大的贡献，为丰富马克思主义宝库作出不懈的努力。"② 可见，罗先生在马克思主义观点的掌握上已经成竹在胸了。

罗尔纲先生1991年91岁高龄时出版的150万字巨著《太平天国史》，是其一生研究太平天国历史的集大成之作。茅家琦先生评价这部书是"太平天国史研究的全面总结"，"是一部内容十分丰富的'立体史学'，也是一部'百科全书'式的历史著作"，③ "有很高的学术价值"。④ 在这部大著的序论中，罗尔纲运用马克思主义理论，运用阶级观点和阶级分析方法，已经很自如了。序论开宗明义，首先指出："历史科学的根本任务之一，是要正确说明人民群众在历史上的地位和作用。因此本书开宗明义第一章就首先要向读者说明人民群众是创造太平天国历史的动力这一大宗旨。"依据这一理论，他指出："太平天国革命的动力是人民群众，太平天国的历史是由人民群众所创造的。太平天国的领导者和英雄们乃是在当时的历史的转折时期、在急剧转变社会冲突的时代、在革命战争当中从人民群众里面成长起来和锻炼出来的杰出的代表人物。当然，我们必须肯定太平天国那些领导者和英雄人物在太平天国革命当中所起的个人作用，他们代表了人民的利益和意志，站在历史斗争的前列，组织了千千万万人民群众，领导着人民群众把历史推向前进。但是，创造太平天国历史的动力，究竟还是人民。"⑤ 正是根据这一理论指导，罗尔纲研究了太平天国起义的时代背景、太平天国前期的胜利进军、太平天国反封建反侵略的纲领和政策、太平天国内部的分裂、太平天国的失败以及太平天国革命的历史教训。肯定人民群众在

---

① 罗尔纲：《〈太平天国时期地主阶级的初步研究〉序》，《困学丛书》下卷，第681页。
② 罗尔纲：《〈太平天国时期地主阶级的初步研究〉序》，《困学丛书》下卷，第682页。
③ 茅家琦：《太平天国史研究的全面总结》，《近代史研究》1992年第5期。
④ 茅家琦：《放开视野，观察历史——就〈太平天国史〉的评价问题与吕实强先生商榷》，《近代史研究》2000年第1期。
⑤ 罗尔纲：《太平天国史》第1册，卷一序论，中华书局，1991，第3—4页。

历史上的作用，是马克思主义对于人类历史发展的核心观点之一。《太平天国史》序论完全接受了这一重要观点，这是罗尔纲晚年在太平天国历史研究中学习和运用马克思主义理论的重要证明。

第二，以撰写太平天国历史书的体裁变化为例。我国旧史以《史记》《汉书》为代表，创下纪传体的撰史体裁，二十四史一以贯之。罗尔纲认为太平天国国祚略等三国五代，今正史中三国五代皆有专史，独太平天国史尚付阙如。因此，为求中国旧日正史系统之完整，为求太平天国史在中国过去正史中应得之地位，他在 1951 年出版的第一部《太平天国史稿》中用了纪传体体裁：本纪以系年月，列传以著人物，志则述典章经制，表则以佐纪传志之不逮。可以说完全是旧史体裁。1955—1957 年修订改写时，有了新的体会，认识到：正史体裁，本纪以记大事，列传以笺注本纪，表以标明烦琐的史事，志以记典章制度。但这种体裁有一个大的缺点，就是根本不可能做综合的叙述。鉴于此，1957 年增订本增加序论，作为第一卷，以下仍然是本纪、表、志、列传。1991 年版《太平天国史》在体裁上做了原则的修订，这一修订充分体现了马克思主义理论对撰史体裁的指导意义。

从 1958 年起，罗尔纲在史稿基础上重新撰写《太平天国史》时，认真严肃思考撰史体裁问题。他学习了毛泽东有关批判继承历史遗产的观点，对如何处理纪传体有了新的认识。这个新认识主要表现在如何看待本纪和列传上。他认识到纪传体以人物为本位，突出个人，掩蔽人民群众，使读者发生英雄创造历史的错觉；本纪体裁专记帝王一人的统治，其目的是要体现出封建君主制的统摄万方、纲纪后代的特征，具有浓重的封建性。因此必须改变本纪和列传的写法，而且需要改变人物传记在全书中的比重。新的体裁将本纪取消，将洪秀全、洪天贵福的事迹归入列传，将本纪中的国家大事独立出来，设置纪年体裁，又将列传改为传，这就将纪传体的封建性取消了。这样新的体裁变为序论、纪年、表、志、传。传只是全书五种体裁中的一种，这就把旧史体裁以人物为本位的纪传体性质改变了。罗尔纲把这种新的体裁称为"多种体裁综合而成的综合体裁"。他认为，这一综合体裁具有三个特点：其一，增加序论，概括全书，不仅改变了纪传体"大纲要领，观者茫然"的大弊，而且能够担负起理论性阐述的任务；其二，取消本纪，剔除了纪传体以君主纲纪天下后世的浓重封建性；其三，将纪传体改为序论、纪年、表、志、传五部分，传只占全书五分之一，在比重上和实质上对纪传体做了根本的改变。这样新的撰写体裁，就不能再看作是旧史的纪传体了。这一改变是在马克思主义理论指导下完成的。应该说，这是罗尔纲先生在学习和运用马克思主义理论后，对我国正史撰写体裁革新的重大贡献。

第三，以罗尔纲先生最擅长的考证为例。其实，罗尔纲的全部研究工作都是建立在辨伪、考信的基础上的。不管是太平天国历史，还是晚清兵制，还是金石拓片整理，还是《水浒传》研究，无一不是以辨伪、考信的考证工作为基础。他出版的《太平天国史论文集》共十集，包括辨伪集、订谬集、史事考、史料考、太平天国史丛考等，都是在做考据。刘大年先生曾经指出："现在我们对那场农民革命运动一些重要史实，能够有比较准确的了解，在很大程度上要归功于这些考证所取得的成就。"① 这是极为准确的评价。我们可以说，这是中国传统的考据学对他的影响。我们还可以进一步说，这是马克思主义理论、辩证唯物主义和历史唯物主义的基本原理对他的研究工作的影响。

考据学不为旧史学所专有，马克思主义历史学也离不开考据学，罗尔纲的辨伪、考信所取得的成就就是有力的证明。历史记载（特别是近代史）包罗万象，纷繁复杂，每个记录历史的人有不同的立场、观点和角度，如何从复杂多端的记载中找出历史的真相以及这些真相所反映的历史的本质，就需要马克思主义的解剖刀。如前所述，罗尔纲在学习和运用马克思主义立场、观点和方法研究太平天国历史的时候，他的主要工作是考据，他对太平天国历史研究的主要结论是从考据中得出来的。他考出太平天国的性质是反封建、反侵略，他对太平天国的纲领及其实施做了翔实的考证，他考出洪大全不是太平天国的领袖，他考出太平天国的政体是军师负责制，他考出太平天国的内讧及其失败的因由，他对李秀成自述的真伪做了长时间的考证，他考出李秀成写自述是实施苦肉缓兵计，是学蜀汉姜维伪降、劝曾国藩反清为帝，目的是复兴太平天国。他考证《水浒传》，考出罗贯中 70 回本是原本，100 回本和 120 回本是"续加"和"盗改"，从而得出 70 回本《水浒传》是一部反抗封建统治、宣扬农民起义的不朽名著，推翻了《水浒传》只反贪官，不

---

① 《太平天国史序一》，罗尔纲：《太平天国史》第 1 册，卷一。

反皇帝，是一部奴才传的错误论断。

祁龙威先生认为，罗尔纲是当代考证学的高峰。① 郭毅生先生认为，罗尔纲"继承了乾嘉学派的优长却又突破了旧考据方法的局限性"。② 对于罗尔纲的考据，贾熟村先生总结：他"已经不再是片面地、孤立地看问题，而是全面地、联系地看问题；不再是从现象看问题，而是从本质看问题；不再是'是则是，否则否'地看问题，而是从矛盾对立之中看问题；不再是静止地看问题，而是发展地看问题；不再是无视或掩盖阶级斗争，而是正视和揭露阶级斗争；不再是无视或蔑视群众，而是有群众观点和走群众路线"。③ 这连续几个"不再是"和"是"，总结得很好，因为这一段话正确地揭示了罗尔纲晚年的考据方法是科学的，是辩证的，是接受了马克思主义世界观的指导的。说罗尔纲的考据方法已经远迈前人，是符合史实的。

胡绳先生在祝贺罗尔纲85岁寿辰时说过："乾嘉学派的考据工作只限于古文献中的文字的校订与诠释，而我们的历史考据则着眼于事实的真相。马克思主义对考据工作的指导作用在于分别轻重，使考据工作不致漫无边际地进行，为考据而考据，甚至钻入牛角尖。至于在弄清楚一件事实真相以后，把许多事实联系起来，阐明其因果关系和规律性，那就不是只靠考据所能做到的了。但一切论断必须以客观事实为依据，不能凭主观的任意的猜想，这是马克思主义史学所要遵守的原则。"④ 胡绳的话是对罗尔纲学习和接受了马克思主义以后所做考据工作的客观评价。事实上，罗先生自己多次强调考证工作必须得到唯物史观的指导，并且力图把考证工作与唯物史观相结合。⑤ 1956年秋，罗尔纲在完成《太平天国史论文集》七集做总结时，他才深切地体会到"做考据工作必须以马克思主义作指导，才能够发挥考据方法的效能"。⑥

---

① 祁龙威：《当代考证学的高峰》，《近代史研究》1998年第3期。
② 郭毅生：《永远的怀念》，转载贾熟邨、罗文起编《困学真知——历史学家罗尔纲》，南京大学出版社，2001，第80页。
③ 贾熟村：《罗尔纲》，中国社会科学院科研局编《中国社会科学院学术大师治学录》，中国社会科学出版社，1999，第738页。
④ 胡绳：《祝贺时的感想》，《近代史研究》（祝贺罗尔纲85寿辰和从事学术工作60年专栏）1986年第6期。
⑤ 祁龙威：《考证学与太平天国史研究——纪念罗尔纲先生》，引自贾熟邨、罗文起编《困学真知——历史学家罗尔纲》，第191页。
⑥ 罗尔纲：《谈治学》，《困学丛书》上卷，第108页。

罗尔纲曾经回顾自己学习马克思主义前后做考据工作的情况和经验。他说："今天检查我过去做的太平天国史事考据工作所用的方法，都是古老的乾嘉学派的考据方法。我是从时间、地点、人事等等方面提出证据来证明虚谬。这一种方法，从实际出发，依靠证据，实事求是地去鉴定史料或史事的真伪。但是，它却不能从全面的发展上去看问题，因此，在比较简单的事件上，是可以解决问题的，但遇到了复杂的事件，就往往受着一定的局限，不能深入。研究历史，要想深入去发掘历史事件的内容，非掌握马克思列宁主义的观点、立场不可。"① 他举例说，20世纪40年代，他研究太平天国的土地法、圣库制度、诸匠营与百工衙制度、乡官制度、妇女解放等，是割裂开来，孤立地去看，只能考出一个个孤立的史事，看不出它们的内部联系。学习了马克思主义后，才懂得必须全面地、联系地看问题，再来考证，才考出《天朝田亩制度》包括废除地主阶级土地占有制的土地法，废除私有财产的圣库制度，生产资料收归国有、工业归国营的诸匠营、百工衙制度，还有人民选举乡官的民主制度和妇女解放等，其中"贯串着一个反封建的纲领"。②

谈到考据，还有一个"史料即史学"的问题。20世纪80年代初，有人问罗尔纲怎样看史学界有人轻视理论、重视考据的倾向，罗尔纲立即回答"这是不对的"。他指出，考据只是历史研究的第一步，"历史研究是要找到历史发展的规律性，看出历史发展中的本质的东西，其目的是为了今天，为了明天，不是为历史而历史的。这种认为'史学就是史料学'的谬说，不但大大违背马克思主义的历史科学，也不是中国古代史学家的作法"。③

当然，同样是用唯物史观做指导来做考证工作，可能得出不同的结论与解释，这在学术研究的过程中是正常的现象，正是在这种同与不同的切磋中，推动了学术的进步，这里不赘述。

罗尔纲一辈子研究太平天国，终生研究都在为太平天国的事业辩护，乃至面临巨大的政治压力也不后退；同时又以同样的兴趣和努力，探讨、研究一部表现了我国宋代底层劳动人民的小说《水浒传》，在在体现出他努力探讨我国底层劳动人民的生活和奋斗，探讨这种奋斗如何

---

① 罗尔纲：《〈太平天国史记载订谬集〉自序》，《困学丛书》下卷，第789页。
② 罗尔纲：《谈治学》，《困学丛书》上卷，第109页。
③ 罗尔纲：《〈太平天国史丛考乙集〉自序》，《困学丛书》下卷，第869、873页。

影响中国历史的走向。我以为，指出罗先生的巨大研究成果受到了马克思主义的影响，是符合事实的。罗尔纲在接受马克思主义以后，写文章，做研究，不是言必称马克思主义，但他的研究旨趣，贯穿他的研究的思想指导的，是马克思主义的。据钟文典先生回忆，罗尔纲曾致函钟文典，要他指导青年看史料，要注意作者的资产阶级客观主义立场，要青年学者了解，同一事实，立场、观点不同，解释也就不同，谆谆告诫青年学者不要中毒。① 这样的告诫，正是罗尔纲自己学习了马克思主义理论后的心得。

罗尔纲一生追求学术事业，心存远大，脚踏实地，不务虚名，不慕官位，努力在学术研究上做出贡献。50年代初，罗先生在南京一手创办了南京太平天国博物馆。当正式任命罗尔纲为馆长时，罗先生坚辞不就，宁愿接受范文澜所长之聘，到近代史所做一名普通的研究员。后来，他担任过两届全国人大代表、两届全国政协委员，虽不能辞，遇到活动，却很不能适应，以至不再参加政协的活动；但对于学术研究，始终追求，终身不悔。正是有这种精神，造就了一代大学问家。范文澜先生说过做学问要有"等富贵如浮云"的精神，罗尔纲以终生的学术追求实践了这种精神。

罗先生常说做学问"要大处着眼，小处下手"，必须从打基础下功夫，由博入专，不可急功近效。罗先生直到辞世前，仍从事史学研究，终生乐此不疲。他做学问，宏博淹通，基础极为雄厚。罗先生在复一位研究中国文化史的青年的信中，强调"做学问'要大处着眼，小处下手'。能大处着眼，为学方不致流于烦琐，而有裨益于世。能小处下手，方不致流于空谈。所以千万不要求速效，要花三四十年读书，积累史料和增进知识的功夫，然后以三四十年做研究的功夫，断断乎必会有大成就的"。② 他举英国人李约瑟为例，李约瑟本是一个外交官，抓住中国科技史这个题目，下了几十年的研究功夫，终于成就了《中国科学技术史》这部名著。其实，罗先生自己的例子更有说服力。罗先生著《太平天国史》，如果从1937年《太平天国史纲》算起，前后经历了54年。他注李秀成自述，从青春注到白首，前后花了49年。他注意并研

---

① 钟文典：《师恩永存》，《近代史研究》1998年第3期。
② 罗尔纲：《复李乔》（1984年12月1日），《近代史研究》1998年第3期。

究《水浒传》，从 20 世纪 20 年代就开始，到 1992 年出版《水浒传原本和笔者研究》，前后花了近 60 年。

罗先生告诉一个研究太平天国史的青年，"必须从打基础下功夫，刻苦学习，刻苦钻研。学问的高峰是可以攀登的，但断不是急功近效所能达到的"。① 他还在一封信中表示要"提倡一点我国治学朴质的作风，反对主观臆断、夸夸其谈的风气"。② 罗先生做学问，从来是言必有据，没有材料，或者根据不足，就不说话，或不说满话。在研究历史问题，广泛收罗史料的过程中，他始终坚持一种打破砂锅璺（问）到底的精神，不弄清问题，决不罢手。一旦发现新的材料，必定重新审视自己以往的研究。

罗先生是史学研究的大师，在学术研究中却非常谦虚谨慎，不但坚持自己认为正确的地方，在发现自己的错误时立即改正。一次一个青年朋友写文章指出罗先生文章中的错误，罗先生认真审视自己的文章，发现的确是自己弄错了，马上写文章更正。他把文章寄给《安徽史学》编辑部，并附上一封信，建议"为百家争鸣提倡一种好风气——互相切磋、承认错误的好风气"。他在信中说："鄙见以为，提意见的同志应本学术为公、与人为善的态度，以和风煦日的文笔提出商榷的意见，而被提意见的同志则应以闻过则喜和有则改之、无则加勉的态度去接受批评。自古文人相轻，同行成仇。特别是那些自封为专家、权威之流，如有人提出正确意见，或考出真伪时，竟强辩不休，甚至结伙反对，使论问题则是非不明，考史料则真伪不辨。此种情况，于昔为烈，于今不绝。"罗先生建议编辑部在他的文章前加一段按语，指出他的错误，以便批评有的放矢。他强调说："承认错误是对人民负责的应有态度，而提意见的同志则应有与人为善的态度，为百家争鸣提倡一种好风气。"③

罗先生在学术研究中，一辈子都是坚持这种虚怀若谷的态度，这是一种真正的大家风范。只要有人指出他文章中的错误，他立即写信感谢，并且写文章公开改正。这种闻过则喜、有则改之、无则加勉的态度，在今天值得大大加以提倡。

---

① 罗尔纲：《复李敏》（1982 年 9 月 24 日），《近代史研究》1998 年第 3 期。
② 罗尔纲：《复饶任坤》（1985 年 10 月 6 日），《近代史研究》1998 年第 3 期。
③ 罗尔纲：《致〈安徽史学〉编辑部》（1984 年 4 月 22 日），《近代史研究》1998 年第 3 期。

罗尔纲先生年少离开广西贵县，到上海上学，后到胡适家帮助胡适工作兼做家庭教师，又随胡适到北京工作。抗战期间，辗转云南、四川。1949年后，先在南京工作，着手筹办太平天国博物馆，后长期任职于中国科学院近代史研究所（中国社会科学院近代史研究所的前身）。本人是后学晚辈，1964年8月才到近代史研究所报到，1988年9月担任副所长，1994年1月担任所长，2004年7月免职，在负责所里工作期间，每年都要到罗先生家里看望。1991年1月，罗先生九十大寿，中国社会科学院院长胡绳来罗先生家里祝寿，献花，我陪同在侧。罗先生前一天知道了胡绳院长要来家里，异常兴奋，一夜未曾好好休息，早起不慎摔了一跤，头碰到暖气管上，出了血。我们到罗家时，罗先生头上还缠着纱布。胡绳院长来时，原来躺着的罗先生连忙坐起来。胡绳知道他因为兴奋摔跤，表示歉意，忙请他躺下。罗先生坚持坐起来说话。胡绳说些年轻时读过罗先生的书之类的话，仰慕罗先生在太平天国历史研究上的成就，表示中国社会科学院有罗先生这样的学者是中国社会科学院的光荣，祝愿罗先生健康长寿。有意思的是，胡绳是苏州人，说的是苏州口音，罗先生是贵县人，说的是很难懂的贵县话，两人的话，全靠在场的罗先生女儿罗文起和女婿贾熟村翻译，我也偶尔在旁插话。1997年，罗先生满了97岁，我和近代史研究所的同志们正在考虑为罗先生庆祝百岁生日。可惜，这个愿望没有实现，罗先生在那一年仙逝了。过了两年、三年，罗先生尊为领导的近代史研究所名誉所长刘大年、中国社会科学院院长胡绳也先后谢世了。

1999年6月28日，南京太平天国博物馆举办罗尔纲史学馆开馆暨罗尔纲铜像揭幕仪式。我陪同中共中央政治局委员、中国社会科学院院长李铁映前往出席。李铁映院长以《纪念罗尔纲　学习罗尔纲》为题发表了长篇演讲，肯定罗尔纲同志一生向往光明，追求真理；一生治学不苟且；一生坚持真理，胸怀坦荡；一生布衣，为学者典范。李铁映呼吁要大力提倡罗尔纲做学问"十年磨一剑""甘坐冷板凳"的精神，号召青年一代学者向他学习。①

罗尔纲先生女公子罗文起女士，早已年逾古稀，担负了整理罗先生

---

① 李铁映：《纪念罗尔纲　学习罗尔纲——在南京罗尔纲史学馆开馆暨罗尔纲铜像揭幕仪式上的讲话》，《光明日报》1999年7月16日，第7版。

全部文稿的繁重任务。罗文起早年学农，数十年来在近代史研究所工作，一直是罗尔纲先生的助手，帮助罗先生整理文稿、查阅资料，充当罗先生文稿的第一读者。《罗尔纲全集》的文稿收集、整理和编辑工作自然由她承担，贾熟村研究员从旁协助。罗文起在文稿整理大体告竣的时候，给我一个任务，要我为全集写序。我没有资格做这件事，实在不敢承担。无奈罗文起甚坚持，我只好勉为应命。

罗尔纲先生是我尊崇的前辈，是近代史研究所，也是国家的历史学大师。关于罗尔纲先生，许多学者已经说了很多景仰的话，我只讲一点别人说得不多的话，主要是强调说明罗先生在学术上取得巨大成就的思想渊源，说明马克思主义理论如何推动罗尔纲先生的学术进步。

1949年以前，罗尔纲出版的著作有12种，1950年以后出版的著作超过30种。他于1954年进入近代史研究所，1955年以后出版的著作接近30种，编辑的历史文献等不在内。他进入近代史所时，已经53岁了。他努力学习马克思主义，在学习中把马克思主义与中国历史文化传统相结合，在史学研究中多有开拓，多有创新。总结全文，我们可以概括地得出一个结论：马克思主义开拓了罗尔纲史学研究的新生命。

作为晚辈，我希望用这些话来祝贺《罗尔纲全集》的出版，也希望史学研究的后来者有所憬悟。不敢云序，学习心得而已矣。

2010年1月10日完稿，11月4日修订
于北京东厂胡同一号

论牟安世的中国近代史研究[*]

牟安世先生（1924—2006）是当代著名历史学家，在海内外享有盛誉。先生学识宏博，执着于中国近代史研究领域凡50余载，成果丰硕，先后出版《鸦片战争》《太平天国》《洋务运动》《中法战争》《义和团抵抗列强瓜分史》等5部专著，发表论文近30篇，提出一系列在学界影响深远的学术观点，充分彰显了先生在中国当代学术史上的重要地位。

先生曾就读于北京大学史学系，获得了严谨规范的学术训练和广博丰厚的知识积累。1947年毕业后进入北方大学历史研究室、华北大学历史研究室，沐受一代史学宗师范文澜的濡染、教诲。1949年4月随华北大学历史研究室进入北平东厂胡同一号。华北大学历史研究室于1950年5月改称中国科学院近代史研究所。这个研究所是中国科学院系列里最早成立的一个研究所，所长正是范文澜。在这里，先生选择了以万象杂陈、风云变幻的中国近代史为治学的主攻方向。这种治学领域选择的背后隐含着一种"以史经世"的现实关怀。20世纪50年代初，先生曾奉调到中国科学院党委工作，结束工作后，他到了中国科学院历史研究所，仍旧埋头于中国近代史研究。纵观他的史学著作，坚持唯物史观的指导，方面广博，论述谨严，既有对具体问题体察精微的考证，也不乏对近代中国宏观发展历程的沉潜思辨。引史抉义，阐幽发微，力求厘清历史进程的脉络，再现近代中国丰富斑斓的历史画卷。在先生辞世一周年之际，撰写本文，试图对他的治史成就、治学精神做一探讨，以纪念先生。

---

* 本文应约请而作，与赵庆云合著。原载《牟安世先生逝世周年纪念文集》，中华书局，2008。

一

范文澜先生1946年出版的《中国近代史》（上编第一分册）奠定了中国近代史学科体系的基本格局，经过1954年的分期问题讨论，一系列关于中国近代史研究的理论、原则基本确立，学科体系得到进一步完善。然而，任何一种理论体系或者研究范式都需要切实的研究成果的支撑才能葆有其生命力。应该承认，新中国成立初期的中国近代史研究仍然非常薄弱，范文澜、胡绳等先生的著作以宏观把握百年风云见长，对具体事件的挖掘却不够深入，许多研究领域尚有待开拓。牟安世先生正是从政治史研究切入，扎根于几个重要的专题领域辛勤耕耘，以他坚实的5部专著及多篇独具见识的论文，大大充实了唯物史观派的中国近代史学科体系，推动了中国近代史研究的进展。

如所周知，胡绳当年提出"三次革命高潮"论得到绝大多数史家的认同，并有力地开拓了人们的研究视野，促进了中国近代史研究的繁荣与发展。毋庸讳言，在大多数史家将目光聚焦于"三次革命高潮"的同时，不属于此"三次高潮"的史事却被有意无意地淡化。而且由于当时片面强调人民的革命斗争，洋务运动等被人们视为禁脔而基本上无人涉足，甚至对帝国主义侵华史的研究也受到批判。① 在这样的学术背景和政治环境下，先生于1955年出版《中法战争》，1956年出版《洋务运动》，具有在某种程度上填补空白的意义，体现了超出同侪的学术眼光与学术胆识。《中法战争》虽然只是不到10万字的小册子，却通过较为丰富的材料分析和论述，以历史唯物主义为分析武器，对中法战争的起源、经过及其影响做出了科学的解释，精辟分析了向垄断资本过渡的法国在每一时期侵略政策的变化，揭示了清朝统治集团内部的矛盾及其投降政策最后如何断送了胜利成果，并有力地说明了以刘永福、冯子材为代表的中国人民在援助越南、反抗侵略中进行的不屈不挠的斗争。作者坚定的无产阶级立场，使这部著作脱离了资产阶级史学观点的影响；作者饱含的爱国热情，使此书成为爱国主义教育的优秀教材。科学性与

---

① 张振鹍：《回忆范老与帝国主义侵华史研究》，《近代史研究》1994年第1期。

革命性、求真与致用在此得到了很好的统一。唯其如此，此书出版后即引起较大反响，并得以大量发行，至1961年已重版六次，使研究中国近代史的学者大为鼓舞。① 此书在一些具体问题上多能运思于成说之外，言人所未言。例如，中法战争的起点并无定说，是著认为黑旗军可以代表中国抗法，因此将1883年8—9月黑旗军与法军展开的怀德之战和丹凤之战看成中法战争爆发的标志。李鸿章与法国方面签订《李福协定》是否违旨，史学界历来存在争议，是著对此做了深入分析：清朝政府之所以提出这些条件，无非是为了装饰门面，敷衍抵抗派，原来也并没有坚持命令李鸿章必须把这些条件加以贯彻执行的意思。② 当然，限于当时的研究条件及篇幅，此书也不可避免地存在一些瑕疵，最大的缺陷可能在于对侵略者阴险狡诈揭露得不够深刻，对于中法战争中各帝国主义国家之间的矛盾予以勾销，有复杂问题简单化之嫌。但小疵大醇，不宜苛责，此书在中法战争研究领域的开拓之功已为诸多学者所肯定。

范文澜先生的《中国近代史》和胡绳先生的《帝国主义与中国政治》出版于新中国成立前，成为中国近代史研究的典范之作，二书都将洋务运动置于中国近代两条政治路线的对立与斗争中去考察而加以全面否定。新中国成立后，洋务运动鲜有人问津。先生敏锐地意识到洋务运动时期是中国近代史上一个相当重要的时期，"在这个时期中，开始出现了中国的近代工业，发生了一系列对中国社会带有根本性质的关键问题，其中一些问题在某种意义上我们可以说是决定了中国近代历史发展的方向"，因而转入洋务运动研究，所撰《洋务运动》成为1949—1959年关于洋务运动的唯一专著。在洋务运动的总体认识上，他基本承继了范文澜、胡绳的观点，在导言中即开宗明义地指出："所谓洋务运动（或称'同光新政'），乃是清朝统治者在汉族地主官僚和外国侵略者的支持下，用出卖中国人民利益的办法，换取外洋枪炮船只来武装自己，血腥地镇压中国人民起义，借以保存封建政权的残骸为目的的运动。毫无疑问，这是一个反动的、卖国的、并以军事为中心的运动。"③ 此书的最大价值在于以翔实的史料，对洋务运动的产生、发展及其给中国社会

---

① 沈奕钜：《评牟著〈中法战争〉——和牟安世先生商榷中法战争的几个问题》，《学术月刊》1961年第6期。
② 牟安世：《中法战争》，上海人民出版社，1956，第65页。
③ 牟安世：《洋务运动》，上海人民出版社，1956，第230、1页。

带来的后果进行了全面探讨。大量引用外文资料和统计数字，增强了著作的说服力。作者将洋务运动分为三个阶段：1860—1872 年，建立军事工业阶段；1872—1885 年，围绕军事工业建立其他企业阶段；1885—1894 年，北洋海军成军和建立炼铁厂阶段。这种划分为此后的研究奠定了基本框架。1962 年，先生撰文进一步阐明了自己的观点，他强调洋务运动所实行的经济垄断政策和官督商办方针，促进的是官僚买办资本的发展，对于早期民族资本主义却只能起阻碍作用。① 改革开放以后，一些学者将洋务运动视为近代中国历史前进脉络的基本标志之一，全面肯定其意义。先生以与时俱进的精神，对自己的观点做了调整和补充。他坦言：自己原来在《洋务运动》一书中对洋务运动的评价"缺乏客观上的不以人的主观意志为转移的另一方面，即清政府通过这一运动，建立了机器局，使用机器进行生产，出现了'一个完全的技术变革'，并且产生了无产阶级，在一定程度上显示了中国资本主义的发生和发展，因而在中国近代史当时的现代化问题上迈出了第一步；尽管还存在着许多缺点和弊病，但却是中国近代史上的一个崭新事物，发生了深远的影响和作用，它毕竟是充当了历史的不自觉的工具"。与此同时，他不为潮流所动，仍坚持自己从具体研究中得出的一些基本看法："就洋务运动本身的实践来看，它基本上是阻碍了中国资本主义的正常发展，促进了中国资本主义的畸形发展，它是在资本主义列强侵略中国和中国封建主义摧残下的一个受封建性和买办性控制的畸形发展的资本主义婴儿。"② 关于洋务运动，如今史学界仍然难有定论，观点的多元与争鸣正是学术繁荣的标志，先生积数十年研究之功，自然成为一派观点的代表。

太平天国史是新中国成立后史学研究的热点，先生在 1959 出版的专著《太平天国》，以政治史的视角为主，同时兼顾社会经济生活，在对太平天国运动进行科学分期的基础上，采用编年与纪事本末相结合的方法撰述。牟著以其资料翔实、考订谨严而在众多太平天国史著中为人所瞩目。此书 1972 年翻译成日文，由日本新人物往来社出版，享有超越国界的声誉。在吸收史学界新成果的基础上，作者对此书做了较大幅

---

① 牟安世：《关于洋务运动对中国早期民族资本的作用问题》，《文汇报》1962 年 5 月 17 日。
② 牟安世：《关于洋务运动的几个问题》，《吉林大学社会科学学报》1981 年第 3 期。

度的增订，于 1979 年由上海人民出版社出版。增订后的《太平天国》征引史料百余种，并引用了大量外文史料，成为一部达 40 余万字的相当厚重的著作。作者充分展示了开阔的视野与娴熟的史料驾驭能力，将宏观把握与微观考辨紧密地结合起来。是著以丰富确凿的史实，极力状写太平天国革命运动兴起、发展、衰亡的演进历程的丰富内容和波澜曲折，状写英勇与悲壮交织的多彩多姿的历史场景，力图多层面地反映历史的真实，因此显得血肉丰盈。其中对于大小 30 多场战役的叙述尤为绘声绘色，引人入胜。同时，作者高明的史识也值得称道，是著对于太平天国革命前夕的国际形势、国内经济状况与阶级关系均做了精辟分析，深刻把握了革命爆发的根本原因。对于太平天国领导者的政治、经济与军事决策之利弊得失也做了深入剖析，提出了不少独到见解。例如，作者明确指出，太平天国占领天京后应立刻全力北伐，直捣北京，才能引导当时迅猛发展的革命形势，给清朝统治者以致命一击，而定都天京的保守战略使太平天国错过了千载难逢的良机。① 至于各次具体战役的得失分析，也颇有见地。例如，其作者认为太平军从湘潭到田家镇之所以连连失利，主要应归咎于杨秀清军事领导所犯的错误，未能做到知人善任，赏罚严明，"既不应该在未克南昌之前将赖汉英调回，也不应派林绍璋去湘潭，派石凤魁守武昌"。② 这种具体而微的分析是以往著作中不多见的。不管你对作者观点认同与否，也不得不承认这些论说持之有故，言之成理。先生特别钟情于太平天国史研究，此书出版后，又陆续发表了 8 篇关于太平天国的文章，并于 1978 年加入北京太平天国史研究会。他的早期研究无疑偏重于政治、军事事件，这也是当时的学术大背景使然。改革开放以来，他将重心转向了太平天国时期的社会、经济与文化领域。1981 年发表的《跋邓拓先生所存太平天国文物——兼论太平天国后期苏浙部分地区社会经济的某些问题》一文是经济史研究的力作，从几件珍贵的文物材料出发，分析太平天国农民把"租田概作自产"的现象，提出太平天国政府在某种程度上实行了"耕者有其田"的政策这一新颖观点。③ 1985 年，他又撰文呼吁学界重视太

---

① 牟安世：《太平天国》，上海人民出版社，1979，第 142—148 页。
② 牟安世：《太平天国》，第 175 页。
③ 《北方论丛》1981 年第 1 期。

平天国经济史研究。① 1986 年发表的《洪秀全早期基督教思想》是其思想史研究的代表作,深刻剖析了洪秀全革命思想的真正来源。② 在 1991 年发表的《论太平天国革命与中国近代化》一文中,他引入近代化视角来分析太平天国运动在中国近代化历程中的重要意义,指出反帝反封建与向西方学习相结合是中国特色的近代化模式,而《资政新编》则是一个比较全面的中国近代化纲领。③ 先生不遗余力地开掘新史源,变换研究视角,有关太平天国的众多著述在学界影响甚巨,充实了新中国的史学园地。

孟子云:"观水有术,必观其澜。"历史研究须能把握历史的大转折处,鸦片战争作为中国近代史的开端,无疑是中国历史上的关节点。先生涉足鸦片战争研究领域较早,20 世纪 60 年代已经发表了两篇论文。其中《中国人民反帝斗争的前奏——鸦片战争中舟山一带人民的反侵略斗争》一文站在人民的立场,充分论述了人民群众反帝斗争的伟大力量;④《从鸦片战争的胜败看决胜的是人不是武器》通过对鸦片战争实际进程的具体分析,雄辩论证了鸦片战争失败的根本原因不在武器低劣,而在于清政府的反动和腐朽。⑤ 此文在今天依然有不可抹杀的意义。1982 年出版的专著《鸦片战争》是先生多年心血的结晶,是著广泛而充分地运用了中外文史料,全面考察了鸦片输入、禁烟斗争、战争过程,比较完整地还原了鸦片战争的全貌。作者热情讴歌了以林则徐为代表的爱国志士和中国人民反抗侵略的英勇斗争,用相当长的篇幅状写虎门销烟、三元里人民抗英斗争以及各地军民可歌可泣的战斗场景。作者笔端饱含爱国主义热情,使此书超越了单纯学术著作的意义,成为激动人心的爱国主义优秀教材。尤为可贵的是,作者在结合政治与军事的基础上,考订基本史实,对战争的具体进程做了详尽、系统的考察,甚至于每一场战斗交战双方的主客观条件及在战略战术上的成败得失都做了相当深入的探讨,提出了一些发人深省的洞见。这些都是此前鸦片战

---

① 牟安世:《要重视太平天国经济史的研究——读〈太平天国经济制度〉》,《光明日报》1985 年 5 月 1 日。
② 《学术论坛》1986 年第 2 期。
③ 《学术研究》1991 年第 6 期。
④ 《新建设》1964 年 1 月号。
⑤ 《人民日报》1965 年 10 月 11 日。

争研究中被忽视或语焉不详的,在近代军事史的研究方面具有开拓意义。在叙述了第二次穿鼻之战后,作者总结了中方失败的三条原因,然后进一步指出这一切归根结底全因琦善的妥协投降政策。① 将每一次战役失败的具体原因与深层次的根本原因结合起来加以分析,由小中见大,能够给读者真正的启迪。此外,作者力求客观中允,不掩恶不溢美,严格从历史事实及时代脉络出发立论,去除了以往研究将历史人物脸谱化的弊病。例如,是著对林则徐并未止于颂扬,不讳言他在虎门失陷中的战略疏忽和错误;② 对于琦善也并非骂倒了事,而是缜密考订,澄清了一些不属于琦善的罪责,如作者指出琦善对《穿鼻草约》只是面允,并未签字,也并未盖用关防。③ 这种对基本史实的辨伪考信无疑增强了著作的学术价值。此书的不足之处是未能对鸦片战争给中国社会带来的经济与思想文化的变化加以剖析,因此一定程度上限制了著作的深度开拓。完成这部专著后,先生没有终止对鸦片战争的探索,他接续撰文将鸦片战争与中国近代化联系起来加以考察,较充分地论述了鸦片战争前后社会经济、思想文化方面的变化,一定程度上弥补了《鸦片战争》的不足。④

义和团运动作为"三大革命高潮"之一曾备受研究者青睐。值得注意的是,在新中国成立初众多史家争趋义和团研究这个热点时,先生正遨游于其他学术领域。他转向义和团研究是在义和团运动已经受到学界冷落和质疑的80年代中期,而契机则是李时岳先生的一篇文章《中国近代史主要线索及其标志之我见》⑤。先生撰写《中国人民反对外国教会侵略的斗争和中国近代史的主要线索》一文提出商榷意见。⑥ 具体论争内容详见后文,此处不赘。1997年,先生出版了《义和团抵抗列强瓜分史》,这部长达47万字的厚重专著迥异于以往义和团研究著作,其最大特点是延伸了历史的视界,大大拓展了义和团研究的范围,上溯到中日甲午战争中国面临瓜分危机开始,下迄景廷宾起义,把1895—

---

① 牟安世:《鸦片战争》,上海人民出版社,1982,第201—207页。
② 牟安世:《鸦片战争》,第214页。
③ 牟安世:《鸦片战争》,第206—207页。
④ 牟安世:《鸦片战争与中国近代化》,中国社会科学院历史研究所编《古史文存·明清卷》(下),社会科学文献出版社,2004,第901—917页。
⑤ 《历史研究》1984年第2期。
⑥ 《社会科学研究》1985年第4期。

1902年的史事网罗在一起加以论述，谋篇布局独具匠心。作者在书前的《几点说明》中坦言："义和团运动是中国近代史上一个争论较多的专题，它是否在中国近代史上起到了阻止帝国主义列强瓜分中国的作用也是有争议的。"事实上，改革开放以来，对义和团的评价成为史学界争论的焦点，对义和团反帝作用的质疑声不绝于耳。是著有着非常显明的现实指向，即以扎实可靠的历史事实对种种质疑做出旗帜鲜明的回应，着重实事求是地论述"我国人民怎样面临了帝国主义列强的三次瓜分危机和义和团运动、爱国官兵展开的英勇斗争，又是怎样通过瓜分危机的三次缓解从而阻止了他们对中国的瓜分的"。[1] 先生在开掘史源、搜集考订史料方面下了相当大的功夫，很多史料在以往的义和团论著中未曾得见。尤为可贵的是，先生充分运用了大量外文资料，以侵略者自己的记载与看法来说明义和团运动的正义性质及正面作用，体现了作者运用史料的高明之处。对一些具体史实的考订常能做到不囿于成说而自出机杼。如山东冠县梨园屯起义的时间，历来众说纷纭，先生却于别人习焉不察处敏锐地发现：在1899年1月16日的咨总署文中，东抚张汝梅称拳民于1898年10月26日起事。对照当年日历，这一天恰为星期三，故赵席珍日记中的"二十五日（星期三）"应为"二十六日"之误。[2] 总体说来，是著以具体详赡见长，坚实的史实考订使之成为后来的义和团研究者难以绕越的著作。

先生不务虚名，心无旁骛，继承了范文澜先生的"二冷"（坐冷板凳、吃冷猪头肉）精神，埋首斗室，十年磨一剑，在五个专题领域做出了卓著成绩，在同时代史家中殊不多见。

二

百家争鸣是学术繁荣的必由之途，不同观点在相互切磋砥砺中求同存异，凝聚共识，才能推动历史研究的前进。先生对学术争鸣的意义有深刻的理论认识，他指出，历史研究"在主观动机上虽力求实事求是，

---

[1] 牟安世：《义和团抵抗列强瓜分史》，经济管理出版社，1997，第2页。
[2] 牟安世：《义和团抵抗列强瓜分史》，第174—175页。

但在客观效果上却未必不大有径庭";①"我们在对具体的历史事件进行具体研究、具体分析以后，它们都可以表现为同我们有关的某种有意义的东西，仁者见仁，智者见智，从而激起我们赞成和反对的热忱，出现了各种不同的观点和看法。这既是研究工作中十分正常的现象，也是推动和发展科学研究事业的必由之路。沉默着的历史事实通过这样的争鸣而富有生气具有意义，活跃在人们的头脑之中，万古长青。这些不同的观点和看法最足以破除人们的隅见株守、胶柱鼓瑟；也最足以使人开动脑筋，启人心智"。②学术争鸣不能急功近利，必须建立在深入扎实研究的基础上。范文澜先生曾说："谁能对大的或较小的问题长期不倦地下苦功夫，谁就有可能经过数年而一鸣，或毕一生而一鸣，或师徒相传而一鸣，或集体合力而一鸣。这就是说，想在学术上一鸣，并不是什么容易事。"③而不肯下苦功，轻率发表意见，或者抱着教条主义态度企图一鸣惊人式的"争鸣"，只能是"潦岁蛙鸣"，反映的是学风的浮躁与浅薄，与百家争鸣不可同日而语。牟安世先生是范老提倡的学有专长的争鸣的忠实践行者，他厚积而薄发，在一些关键问题上鸣出了自己的声音，而且鸣得赫赫有生气。

在《太平天国》一书中，先生提出建都天京是一大战略失误，在学界引起强烈反响。茅家琦、方之光诸先生撰文商榷，认为从全国敌我力量对比来看，正确的战略方针应该是建都天京，据长江之险，分攻东南，徐图北伐。④先生撰文回应，进一步阐述了自己的观点。他指出，茅家琦等人过于着重从军事方面去分析，回避了当时尖锐的阶级斗争和政治经济情况，因而对当时的革命形势做出了与历史实际不相符合的判断。建都天京不但贻误戎机，而且直接导致北伐失败，在后期天京成为太平天国的一个沉重包袱。⑤80年代后，学术界再次就此展开讨论，虽然仍未取得共识，但多数学者倾向于认为牟安世的论述较有说服力。

鸦片战争时期"弛禁派"的利益归属问题，史学界历来存在争议。

---

① 牟安世：《太平天国》，后记，第567页。
② 牟安世：《汇粹争鸣第一书：黄振南编〈中法战争史热点问题聚集〉》，《广西社会科学》1993年第5期。
③ 范文澜：《"百家争鸣"和史学》，《学习》1956年7月号。
④ 茅家琦、方之光：《太平天国建都天京是战略上的重大错误吗——与牟安世先生商榷》，《文汇报》1963年7月9日。
⑤ 牟安世：《论太平天国建都天京》，《文汇报》1963年7月25日。

胡思庸先生等认为,"弛禁派"代表的是最腐朽的大官僚、大地主商人的利益。① 陈旭麓先生提出,"弛禁派"反映的是贵族、官僚、地主、商人中与鸦片贸易直接有关的受贿集团、烟贩子和瘾君子的利益。② 先生则认为:"弛禁就是解禁和开禁,而这正是鸦片贩子们多少年来想尽一切办法梦寐以求也不曾得到的,因此弛禁论本质正是代表中外鸦片贩子利益的言论。"③ 他进而对"弛禁论"的来源、后果等做了深入剖析,其观点得到了有力的理论和事实支撑。

先生非常重视人民群众在反帝斗争中的作用,他发表的《论黑旗军援越抗法战争的历史功绩》发展了《中法战争》中的见解,进一步提高了黑旗军抗法的地位。他指出,黑旗军高举抵抗帝国主义侵略的旗帜,以游击战争的方式打败了法军,推迟了越南的殖民地化,也推迟了帝国主义瓜分中国的狂潮。④ 郭维勇撰文与之商榷。⑤ 先生又撰写了《论中法战争与云南及黑旗军的关系》一文申述己说,他认为1873年12月21日黑旗军击败法军的第一次纸桥之战(又称罗池之战)在很大程度上规定着中法战争的进程和格局,应该看作中法战争的起点。⑥

先生不仅在这些具体问题上独立思考,新见迭出,率多见称于学界。而且,他对中国近代史研究体系的理论问题也进行了不懈的探索。20世纪70年代末期,史学界在对"文革"拨乱反正的旗帜下,涌现了"思想解放"的潮流,但也不可避免地产生了一些矫枉过正的观点。有论者强调农民起义不能变革旧的生产方式、建立新的生产方式,据此认为农民起义,包括太平天国起义,"不能称为革命,只能叫农民运动"。⑦ 先生撰文商榷,认为从普遍的、约定俗成的含义来说,"革命"通过暴力夺取政权,而以能否变更生产方式来定义"革命"是不全面的,"因为它遗漏了在阶级社会中,作为革命根本问题的政权问题和根本办法——使用暴力、武装斗争的方法",而变革旧的生产方式、建立

---

① 苑书义、胡思庸主编《中国近代史新编》,人民出版社,1981。
② 陈旭麓:《近代中国八十年》,上海人民出版社,1983。
③ 牟安世:《鸦片战争》,第105页。
④ 牟安世:《论黑旗军援越抗法战争的历史功绩》,《学术论坛》1983年第3期。
⑤ 郭维勇:《也论黑旗军在中法战争中的地位和作用——与牟安世先生商榷》,《暨南大学研究生学报》1986年第2期。
⑥ 《浙江学刊》1987年第5期。这是对《中法战争》中观点的修正。
⑦ 《历史研究必须提倡真实性和科学性》,《光明日报》1979年10月27日。

新的生产方式"也是革命的结果，而不是革命的本身"。他在文章最后说，"在学术研究中，每个同志都应该解放思想，有充分的自由，根据他自己的科学体系，对他所研究的对象作出新的定义或提出新的原则，而不必也不应照抄旧有的东西或照录权威的意见"，并称自己的意见"未必有当"。① 这种虚怀若谷的胸怀、心平气和的论争态度，令人钦佩。

中国近代史的上限问题，关系到近代史学科的研究对象及学科体系的建构。中国近代史始于鸦片战争已基本上得到史学界公认，但鸦片战争始于何时难有定说。先生在《鸦片战争》一书中即提出，鸦片战争应该以 1839 年的九龙之战为起点。有学者撰文质疑，认为九龙之战属于一定偶发性的局部武装冲突，不应视为鸦片战争的起点，而应以英国派遣军舰队抵华时间即 1840 年 6 月为开端。② 先生于 1987 年发表《试析中国近代史的开始及其上限》，对近代史上限问题进行了深入分析，明确提出应以 1839 年作为鸦片战争的起点及中国近代史的上限。③ 李少军在 1990 年撰文与之商榷。④ 牟安世此说在学界虽然尚存争议，但这些观点的提出及争鸣无疑丰富了人们对于近代史上限问题的认识与探讨。

中国近代史的基本线索问题更是关系到整个中国近代史学科体系的理论构架的重要问题。改革开放以来，以李时岳先生为代表的学者对以"三次革命高潮"为标志的传统学科体系提出质疑，再次兴起关于中国近代史基本线索的讨论。先生针对李时岳的《中国近代史主要线索及其标志之我见》撰写了《中国人民反对外国教会侵略的斗争和中国近代史的主要线索》，就反洋教斗争和义和团运动的性质、作用以及它们在中国近代的历史地位等问题加以商榷。先生认为，反洋教运动既具有反侵略性质，也具有农民革命的性质，作为反洋教运动发展的最高阶段的义和团运动也是一场农民革命运动。由此出发，他对中国近代史线索进行了深入探讨，指出：义和团运动不能排除在标志中国近代史基本线索的历史事件之外，因为"皮之不存，毛将焉附"，"帝国主义列强瓜分

---

① 牟安世：《论太平天国运动能否称为革命》，《社会科学研究》1981 年第 1 期。
② 李少军、杨卫东：《读牟安世著〈鸦片战争〉》，《福建论坛》1983 年第 6 期。
③ 牟安世：《试析中国近代史的开始及其上限》，《学术月刊》1987 年第 2 期。
④ 李少军：《关于鸦片战争的开端问题：与牟安世先生商榷》，《社会科学动态》1990 年第 8 期。

中国的罪行如果没有义和团运动的阻止，那么近代中国人民所面临的各种重要问题，诸如民主主义革命，现代化工业的建设以及国家的富强等等，都是无从谈起的"。此文发表后，李时岳又撰《反洋教斗争的性质及其他——答牟安世先生》予以回应，否定义和团运动的农民革命性质，并认为"义和团运动阻止了帝国主义对中国的瓜分"的说法是夸大其词。先生发表《再论中国人民反对外国教会侵略的斗争和中国近代史的主要线索》对李文论点一一加以辩驳，他认为不能用"民、教争殴"的表象"去掩饰和抹杀包括觉悟了的教民在内的中国人民反洋教运动的本质"，并进一步论证义和团运动阻止列强瓜分中国的历史作用，由此生发对中国近代史基本线索的论述。笔者以为，牟安世先生之所以在晚年不遗余力撰写《义和团抵抗列强瓜分史》，此次争鸣实肇其端。

牟安世先生商榷争鸣的著述量多面广，以上所举仅其荦荦大者。正是在这种以追求真理为唯一旨归的相互辩难砥砺中，他不但由争鸣的对手方吸取有价值的成分而使自己的思考论述更加完善，同时，争鸣也激发了他研究的灵感和著述欲。若就其大者而言之，他作为百家争鸣方针的积极倡议者和践行者，推动了史学界良好学术氛围的形成，促进了中国近代史学科的繁荣与发展。

三

20世纪中国史学界群星灿烂，高峰并起。牟安世先生勤学精思，形成了他独特的学术风格，足以跻身当代一流史学大家行列。他的治学精神，笔者以为有如下几点值得特别重视。

（1）不慕名位，潜心治学。先生五十余年如一日，心无旁骛，学术成为其生命的出发点和归宿，体现出一个学者超然无求的精神境界。他曾经奉调担任中国科学院党委宣传部副部长，却因入仕之心不切，问学之心弥笃而放弃职位，埋首于故纸堆中终生不悔，脱离了名缰利锁的羁绊，始终保持着学者本色。新中国成立后前十七年，政治运动此起彼伏，当相当一部分学者沉湎于政治运动的激情中时，先生却仍能全神贯注于学术。《中法战争》《洋务运动》《太平天国》三部专著皆诞生于50年代，且面世后即成为专题领域的开拓之作。史无前例的"文革"

开始后,真正意义的史学已无容身之地,但先生仍在默默积蓄能量,1982 年出版的《鸦片战争》中的一些资料即搜集于这段艰难岁月。① 在政治风潮席卷一切的年代,先生固守一隅的学术研究空间,与政治运动始终保持某种程度的疏离。他没有留下一篇批判文章,所撰写的学术著作也基本上没有沾染那个时代常见的批判文风,这在同时代学者中殊为罕见。若做一横向比较,我们对他的勤勉与专注当会看得更加清楚。改革开放以后,商品经济大潮汹涌,相当一部分学者卷进了市场,学问成了偶一为之的副业和点缀,学术界弥漫的是浮躁的学风。牟安世先生仍我自岿然不为所动,甘守寂寞与清贫,且老而弥笃,于 73 岁出版厚重专著《义和团抵抗列强瓜分史》,铸就了晚年的学术辉煌。

(2) 博与专、宏观与微观的结合。先生治学植根乎博,专务于精,能将"博"与"专"很好地结合起来。他学识广博,视野宏大,且对唯物史观也能得其神髓,对中国近代史的全局有系统的把握与认识,是谓"博";一生治史不出中法战争、洋务运动、太平天国、鸦片战争、义和团五个专题领域,且每一时期均全力以赴某一专题,并形成专著,是谓"专"。他对一些具体问题的论述常富于洞见,这种洞见即来自通识的眼光。罗尔纲先生曾提出:做学问"要大处着眼,小处下手",实乃不易之论。先生治学很好地践行了罗先生的原则,将宏观思辨与微观论证结合无间。他的著作,既有对近代中国总体理论构架的宏观思索,更不乏对具体历史事实的缜密考证。在他看来,只有在确凿的历史细节的基础上,才能建立起既有鲜明轮廓而又可窥其堂奥的历史大厦;同时,如果仅仅满足于过程叙述和细节探讨,而没有作者透析历史的深邃眼光,则无异于抽掉了历史的灵魂。因此,他治学不避饾饤琐碎,但由于能从大处着眼,而不至流于烦琐考据;他的专著都有对宏大的历史事件的总体论述,但由于有坚实的史料支撑而不显空泛,他对于近代中国百年历程的宏观论述,也因为对丰富复杂的近代史事有深入研究而显得格外有力。刘大年先曾提出,"是否"诚然重要,但历史研究重点还应放在"如何"与"怎样"上,真乃精辟之论。② 牟安世先生的著述,正是着力于还原历史细节的复杂性,在弄清"如何"与"怎样"的基础

---

① 牟安世:《我写〈鸦片战争〉》,《书林》1983 年第 5 期。
② 刘大年:《致姜涛复函》,《刘大年来往书信选》(下),中央文献出版社,2006,第 479 页。

上评判千秋功罪。有学者将 20 世纪的史家分为"史料派"与"史观派",其实真正的马克思唯物主义史家,应该是"史料""史观"并重的,牟安世先生身上就真切地体现了这一点。

(3) 深切的现实关怀。诚然,历史学家应该能够静居斗室潜心向学,却不能在精神上游离于现实之外,而应有自身对时代精神的体悟,并以研究获得的历史智慧与时代需要进行平等交换。一个学者若缺少现实关怀,他就不可能有深刻的历史洞察力;一个学科如果不能满足社会需要,就只有走向衰亡一途。先生是一位有着强烈时代使命感的学者,他的著作无不饱含着爱国主义情愫,充满对国家民族命运的深切关切。《中法战争》《太平天国》《鸦片战争》《义和团抵抗列强瓜分史》,既是严谨的学术著作,又是雅俗共赏的爱国主义教材。同时应该看到,历史与现实毕竟又有严格的界限,而不能混为一谈,如果以历史来为现实作注,则易流于随意俯仰历史,丧失史学固有的真义。毋庸讳言,新中国成立后学术日益政治化,一些史学家在对政策的跟随中进退失据、无所适从。笔者以为,牟安世先生的高明之处在于,他在历史研究与现实政治之间实现了某种程度的超越。一方面,他对现实政治功利、政治运作持一定的疏离态度,尽量保持自己的学术空间;另一方面,他牢牢把握了时代前进的主流和精神,其学术研究着眼的是国家人民的长远利益,这使他的著作具有超越时代的价值。学术究竟应如何为现实服务,牟安世先生学术人生是具有启示意义的。

(4) 牟安世先生在中国近代史研究中,始终坚持马克思主义、唯物史观理论的宏观指导,运用阶级分析的方法解剖纷纭的历史现象,得出科学的认识,往往发人所未发。先生在近代史研究的某些具体问题上的认识,学者们可能会有讨论,但是,先生在坚持唯物史观指导上,他的执着精神是令后人钦佩的。今天纪念先生,坚持唯物史观的指导,尤有意义。

二
中国近代史基本规律研究

中国近代史的"两个过程"及有关问题[*]

中国近代史基本线索问题，是最近几年近代史研究领域讨论得最为热烈的问题之一。本文谨就中国近代史的"两个过程"及有关问题，提出一点刍荛之见，参加争鸣。

关于"两个过程"问题

所谓"两个过程"，指的是毛泽东在他的《中国革命和中国共产党》这篇著名论文中的一个论断。毛泽东指出："帝国主义和中国封建主义相结合，把中国变为半殖民地和殖民地的过程，也就是中国人民反抗帝国主义及其走狗的过程。从鸦片战争、太平天国运动、中法战争、中日战争、戊戌变法、义和团运动、辛亥革命、五四运动、五卅运动、北伐战争、土地革命战争，直至现在的抗日战争，都表现了中国人民不甘屈服于帝国主义及其走狗的顽强的反抗精神。"毛泽东在这里实际上勾画出了近代中国历史过程的客观内容。新中国成立以来，中国近代史的研究者把上述引文中的头一句话当作毛泽东对中国近代史基本过程的原则论述，或者把它看作中国近代史的基本线索，以此为指导，编写出版了几种主要的中国近代史论著。人们把毛泽东的这个论断概括为"两个过程"论。

在中国近代史基本线索问题的讨论中，有的同志认为"两个过程"

---

[*] 本文作于1984年2月，曾在中国社会科学院近代史研究所做学术报告，原载《历史研究》1984年第4期。收入张海鹏《追求集——近代中国历史进程的探索》，社会科学文献出版社，1998。

论没有概述中国近代史的"全部内容",是对毛泽东本人原意的"误解",要求"摆脱""两个过程"论的"束缚",重新学习马克思主义理论,"悟出一些新的道理,把我们的研究建立在科学理论的基础上"。①

　　毛泽东关于中国近代史基本线索的概括有好几处。上面那一大段引文是最重要的一处,也是最完整的一处。它是对中国近代社会历史过程的基本概括,也是完整的概括。既然是概括,就只能指出近代中国社会那些基本的、主要的、本质的特点和过程,不可能对中国近代史的"全部内容"巨细靡遗、兼收并蓄。那样的任务,应由一部长篇巨制的中国近代通史来完成,不是理论概括所能承担的。

　　另外,为更好地总结中国革命经验和历史经验,毛泽东有时候从某一个侧面来概述中国近代史,以便加深对中国近代历史特点和革命特点的认识。为了说明帝国主义不容许中国建立资本主义社会的论点,毛泽东在《新民主主义论》一文中指出"帝国主义侵略中国,反对中国独立,反对中国发展资本主义的历史,就是中国的近代史"。根据这里对中国近代史的概括,我们不能以为中国近代史只有帝国主义反对中国独立、反对中国发展资本主义的历史这一方面,而应当把它包括在前述"两个过程"的第一个过程中,是对第一个过程的进一步阐述和补充,而不是相反或者矛盾。从这里可以看出,毛泽东把发展资本主义看作是中国近代史的基本内容之一。这一点在毛泽东的其他著作中也经常谈到。这是当然的。可见,发展资本主义是中国近代史"两个过程"的题中应有之义,没有也不应该被忽略。有时候,毛泽东又从另一个侧面来概括中国近代史。为了驳斥美帝国主义关于中国发生革命的反革命理论,毛泽东在《唯心历史观的破产》一文中又说:"反对英国鸦片侵略的战争,反对英法联军侵略的战争,反对帝国主义走狗清朝的太平天国战争,反对法国侵略的战争,反对日本侵略的战争,反对八国联军侵略的战争,都失败了,于是再有反对帝国主义走狗清朝的辛亥革命,这就是到辛亥为止的近代中国史。"这又是一个概括。我们当然不能以为只有这些才是中国近代史的内容,而应当把它理解为对前述"两个过程"中第二个过程的补充和说明。

---

① 胡滨:《打破框框,开阔视野》,《文史哲》1983年第3期,"关于中国近代史基本线索问题(笔谈)"专栏。

"两个过程"论只是概括了中国近代史的主要线索。我们在论述整个中国近代史的时候，只能以它为指导，不能用它来代替或者包括中国近代史丰富多彩的内容。这是显而易见的。中国近代史上还有"新学与旧学之争""西学与中学之争"，甚至还有统治阶级内部的矛盾和斗争，等等，这些都是近代史的重要内容，都是近代史研究的对象，都是撰述近代历史时应着重说明的问题。但是应当承认，它们在历史发展过程中都包括在"两个过程"的范围之内，都是可以用"两个过程"论的思想来加以解释的，因此用它们来冲淡或者代替"两个过程"论是不妥当的。

由此可见，"两个过程"论是对中国近代史基本线索的正确概括，它正是毛泽东本人的原意，而不是对毛泽东本人原意的"误解"。

既然"两个过程"论是一个科学概括，既然引导中国人民取得民主革命胜利的新民主主义革命理论就是以这一科学概括为依据的，那么用这个理论来指导近代史研究，当然正是把我们的工作建立在科学理论的基础上。很显然，如果"摆脱"中国近代史上的"两个过程"，按另外的意见来撰写近代历史，就会脱离历史的主要内容，不能说明历史的基本的、本质的特点，就会与近代历史的客观进程大相径庭。

关于农民阶级的历史地位和作用问题

农民问题是中国近代史上最重要的问题之一。毛泽东在创立新民主主义革命理论的过程中，给了农民问题以极大的注意。在《新民主主义论》一文中，毛泽东指出："中国的革命实质上是农民革命。……因此农民问题，就成了中国革命的基本问题，农民的力量，是中国革命的主要力量。"在《论联合政府》一文中，毛泽东还指出："除了无产阶级是最彻底的革命民主派之外，农民是最大的革命民主派。"因为中国是一个大国，农民占人口的绝大部分，推翻封建地主阶级，使农民从封建的土地关系中获得解放，从而造成将农业国转变为工业国的可能条件，这是民主革命的基本任务。

实事求是地研究近代中国的历史，就要高度重视并充分评价农民在民主革命中的历史作用。遵循"两个过程"这一基本线索，农民是中国革命的主力军的作用就能得到合理的说明。按照一些同志关于中国近代史基本线索的新见解,提出以洋务运动—戊戌变法—辛亥革命为主线,虽然重视了资产阶级在近代史上的作用,但是第一,它没有正确指出洋务运动的性质;第二,它轻视、贬低了农民的作用。关于洋务运动,以下还要提到,这里先谈农民的作用问题。以往的研究工作中存在"拔高"农民的作用、贬低资产阶级的倾向,是不妥的。根据历史唯物主义的原理纠正这种倾向,是理所应当的。但在重视资产阶级的作用的同时,又有"拔高"资产阶级(如说"公车上书"与五四运动类似①)而贬低农民(如以"时代中心"为由,从中国近代史前80年中把农民的地位几乎排挤掉了②)的倾向,也是值得认真研究的。

  从戊戌维新运动开始,特别是20世纪初以后,中国成长中的资产阶级的确代表了中国社会新的生产力,代表了时代前进的方向,取得了领导反帝反封建的民主革命的资格,但是他们并没有把这个革命领导到胜利。为什么?这与资产阶级不重视去领导或者发动农民的革命力量是有关的。维新运动的发动者仇恨或者说恐惧农民革命的力量,辛亥革命的领导者虽然注重从下层群众中去寻找支持力量,但未能把农民的力量发动起来。他们领导的改良的和革命的运动虽然起到了推动历史前进的作用,却始终未能完成应当由他们承担的民主革命的任务。这从反面证明了农民的革命主力军的作用是不容忽视的。从正面来说,太平天国和义和团运动是中国近代史上单纯由农民发动的运动。在太平天国时期,洪秀全等人发动了数以千万计的农民群众在全国范围内同封建地主阶级进行了长达十余年的如火如荼的斗争,在《北京条约》签订、第二次鸦片战争结束、外国侵略者积极谋求支持清政府镇压农民革命的时候,太平天国又勇敢地走上了反抗资本主义列强侵略的战场。戊戌维新运动失败之后,又是农民以义和团的形式沉重打击了帝国主义瓜分中国的迷梦,阻止了帝国主义迅速使中国殖民地化的企图。是的,农民不是新生产力的代表,他们提不出在中国发展资本主义的明确主张,这是他们的阶级局限所在;但是他们打击帝国主义及其走狗封建统治势力,正是资产阶级民主革命的要求。这本来是要由资产阶级做的,它没有做,农民

---

① 参见李时岳《从洋务、维新到资产阶级革命》,《历史研究》1980年第1期。
② 参见杨立强、沈渭滨《"近代中国资产阶级研究"讨论会综述》,《历史研究》1983年第6期。

替它做了。总之，从太平天国到义和团所表现出来的农民的革命主力军作用，是历史的客观存在，轻视或贬低都是没有理由的。因此，应当切实估价旧民主主义革命时期农民阶级和资产阶级推动历史前进的作用，不能把它们对立起来。农民始终是近代史上革命的主力军，但是只有在先进阶级领导下，才能充分发挥革命主力军的作用，资产阶级民主革命中的领导权问题，基本上是领导农民的问题。资产阶级放弃了对于农民的领导，辛亥革命没有给农村带来一个大的变动，这个革命要失败是必然的。

不能因为农民不是新生产力的代表，就轻视或无视农民特别是近代中国农民的历史作用。近代无产阶级只占人口中的少数，资产阶级的数量相对来说更少一些。在无产阶级登上近代政治舞台以前，在反对封建统治的战斗行列中，首先是农民，接着是农民和资产阶级。在太平军中浴血奋战的自然主要是农民。就是在辛亥革命过程中，同盟会等革命党人在新军中做了有成效的工作，那些参加革命党的新军士兵主要还是农民。会党曾经是以孙中山为首的革命党人一个时期里依靠的反清力量，那也主要是由农民或从农民中游离出来的分子组成的。在无产阶级登上政治舞台以后，中国共产党依据马列主义的指导，分析了中国的国情，认清了中国革命的对象和革命的动力：无产阶级是革命的领导力量，农民是革命的主力军，民族资产阶级是革命的动力之一。可以说，农民的鲜血一直洒在近代反封建斗争的战场上。

拿反对帝国主义来说。近代中国人民的反帝斗争经历了感性认识和理性认识两个发展阶段，走过曲折的道路。太平天国、戊戌维新、义和团、辛亥革命和五四运动，是这两个发展阶段中的主要标志。太平天国时期的农民和义和团时期的农民对资本-帝国主义的认识虽然是很初步的，但面对外国侵略者，他们都敢于以血肉之躯去同洋枪洋炮拼搏，以保卫国家的独立和主权，这是令一切侵略者瞠目的。义和团失败后，资产阶级批判了义和团的"野蛮排外"，主张"文明排外"。提出"文明排外"，带有对义和团排外活动中野蛮落后一面的否定，是有积极意义的，反映了中国人民的反帝斗争觉悟水平的某种提高。但在资产阶级的宣传和实际活动中，他们往往把义和团的反帝斗争精神也给否定了。因此，所谓"文明排外"，实际上是不"排外"。虽然资产阶级的宣传家对推翻封建王朝与反对帝国主义的关系并不是没有认识，他们认为推翻

"洋人的朝廷"就可以避免瓜分、挽救危亡,这是看出了反清革命和反帝斗争的一致性;但在资产阶级革命政党的纲领上,却看不到明确的反帝意识,没有正面提出反对帝国主义的口号。相反,同盟会提出的基本对外政策却承认清政府与帝国主义订立的一切不平等条约,承认外国侵略者在中国享有的特权。资产阶级革命派企图通过不同帝国主义发生正面冲突来实现民族独立,完成反清革命。这在一定意义上可以说是资产阶级震慑于八国联军侵略、义和团失败的教训而表现出来的反帝幼稚病。从这里表现出来的资产阶级的反帝积极性,较之太平天国和义和团是后退了。五四运动特别是中国共产党成立以后,在马克思列宁主义的指导下,中国人民认识到了帝国主义的本质,认识到了帝国主义之间以及帝国主义与中国封建统治者之间的关系,认识到了帝国主义不仅是中国人民的敌人,也是帝国主义国家的人民的敌人,因而响亮地喊出了"打倒帝国主义"的口号,完成了对帝国主义认识上从感性阶段到理性阶段的飞跃。农民只有"灭洋"一类的笼统说法,没有阶级内容,"打倒帝国主义"则明确了它的阶级性,两者不同。但提出"打倒帝国主义"的口号,无疑是太平天国、义和团农民群众的反帝精神和斗争传统的继承,是前者事业的继续。周恩来指出义和团的英勇斗争是50年后中国人民伟大胜利的奠基石之一,当是指此而言。农民是被压迫者,处在社会的底层,文化水平低下,不免背有不少愚昧落后的历史包袱。维新运动和辛亥革命时期的资产阶级知识分子,都具有较高的文化素养,比较了解国内外大势,又从西方学到了进化论、天赋人权论等资产阶级的思想武器,他们组织了政党,提出了推翻封建专制、建立资产阶级共和国的方案,因而反封建斗争的水平比农民阶级前进了一大步。但由于他们所代表的那个阶级在经济上同帝国主义存在既矛盾又依赖的情况,他们在反帝斗争中存在软弱性;在这方面,近代农民的反帝积极性和坚定性要优于资产阶级。

关于资本主义、资产阶级问题

有的同志认为,中国近代社会"争取独立和谋求进步始终是历史的主题;而向西方学习、发展资本主义则是近代中国争取独立和谋求进步的根本道路";① 或者说，近代"中国人民面临着争取民族独立（反对帝国主义）和谋求社会进步（发展资本主义）两项根本任务。这两项任务贯串着整个中国近代史，一切斗争，包括政治的、经济的、思想文化的斗争在内，都是围绕着这两项根本任务进行的。它们构成中国近代史的基本线索"。② 依据这种理解，他们以资本主义运动（包括经济和政治两方面）为主要线索来考察中国近代历史发展的进程，认为洋务运动、维新运动、辛亥革命"反映了近代中国人民政治觉悟的迅速发展，标志着近代中国历史前进的基本脉络"。③ 他们认为，在当时的社会历史条件下，要争取民族独立和谋求社会进步，就必须向先进的西方资本主义国家学习，改变中国贫穷落后的状况，实现中国的近代化。

对于上述见解，至少有三个问题需要弄清。第一，半殖民地半封建时代中国的根本道路是什么？或者说中国发展资本主义的前提条件是什么？第二，对于近代中国的资本主义运动究竟如何评价？第三，怎样使中国走上近代工业化道路？

本文第一节提到毛泽东的"两个过程"论是中国近代史的基本线索。根据毛泽东的理论，近代中国人民面临的首要任务是进行反帝反封建的资产阶级民主革命。反对帝国主义以实现民族革命，反对封建主义以实现民主革命。因为帝国主义和封建主义都是阻碍、压制中国民族资本主义发展的反动势力，反帝反封建的民主革命完成了，就可以使中国资本主义的发展走上健康的轨道。实践证明，毛泽东关于近代中国社会性质、革命任务、革命道路的理论是正确的，整个民主革命时期都是适用的。研究近代中国发展的根本道路，不能不以此为指导。

把近代中国发展的根本道路概括为争取民族独立和谋求社会进步，看来是有意回避上述关于反帝反封建革命的提法。首先，笼统地提谋求社会进步是近代历史的主题是缺乏针对性的。人类社会发展的总趋势都可以说是谋求社会进步。人类社会历史的每一次重大进步，都是与生产

---

① 据《历史研究》编辑部近现代史编辑室整理的资料《国内史学界关于近代中国资产阶级的研究》（《历史研究》1983年第4期）。该项资料注明这段文字出自1981年3月12日《人民日报》发表的李时岳、胡滨《论洋务运动》一文。经查上述资料所引述的这段文字，与原文有出入，但并不违背作者的本意，或者可以看作对作者本意的一种概括。据此，本文仍然加以引用。
② 胡滨：《打破框框，开阔视野》，《文史哲》1983年第3期。
③ 李时岳：《从洋务、维新到资产阶级革命》，《历史研究》1980年第1期。

方式从低级到高级的演变紧相关联的，都有其特定的阶级内容。资产阶级民主革命的根本任务是什么？在欧洲，资产阶级发动民主革命是要推翻封建专制，变革旧的生产方式，建立资本主义社会；在近代中国，就是反对帝国主义的压迫和封建主义的统治，发展中国民族资本主义。中国资产阶级民主革命的历史针对性和阶级特点在这里得到了明确的体现。以谋求社会进步的笼统提法来代替它，是把本来明确的概念变模糊了。这样提出问题，使人产生疑问：在中国是否不经过反帝反封建斗争就可获得社会进步？向西方学习，发展资本主义，对近代中国的确是非常需要的，但是帝国主义和封建主义都不容许。历史事实是，在中国，不驱逐帝国主义势力，不推倒封建主义统治，民族资本主义的工业企业要发展是极其困难的，有些甚至是不可能的。推翻帝国主义和封建主义是在中国发展资本主义的前提条件。因此，把发展资本主义当作近代中国争取独立和谋求社会进步的根本道路是欠妥的，它有意无意抹杀或模糊了中国人民面临反帝反封建斗争的根本任务。关于中国社会性质和革命道路，在20世纪二三十年代曾经有过激烈的争论。这在当时，对于中国革命如何开展来说，是一个十分紧迫的现实问题。中国共产党科学地解决了这个问题。毛泽东等人正确地分析了中国的国情，指明了在半殖民地半封建中国进行民主革命的正确道路。历史证明，中国民主革命已经通过这条道路取得了胜利。今天我们从学术上来探讨近代中国历史发展的根本道路问题，当然已经没有了当初那样的时代紧迫感。但这说明，对中国近代历史要获得正确的认识，一定要接受历史唯物主义、毛泽东思想的指导。马克思主义的历史观不是主观主义，应当从历史发展的诸因素中找出本质和规律性的东西。不能主观主义地臆想出一条道路来代替已经由历史实践检验证明为正确的道路。

其次，说到近代中国的资本主义运动。一些同志从发展资本主义是近代中国争取独立和谋求社会进步的根本道路出发，认为19世纪70年代开始，中国就产生了资本主义，因而也就产生了资产阶级；洋务运动、维新运动、辛亥革命是三次不同程度的资本主义运动。按这种说法，洋务运动也成了进步运动，也是近代中国历史前进的基本脉络的标志之一。基本的分歧在于对洋务运动的评价上。

洋务运动是不是资本主义运动，史学界缺乏深入研究，认识也不一致。有的同志认为洋务运动是资本主义化运动；有的同志认为洋务运动是地主阶级的自救运动，不能说它代表了时代前进的方向。在地主阶级的自救政策（洋务新政）指导下发展起来了一批洋务企业，应当说洋务企业多少带有某种资本主义性质。然而，是不是近代中国历史上一切带有资本主义性质的运动都是进步的呢？这需要做出具体分析，不能一概而论。

毛泽东对马克思列宁主义的贡献之一，就是把中国半殖民地半封建社会的资产阶级分成官僚买办资产阶级和民族资产阶级两个部分。官僚买办资产阶级同帝国主义、封建主义一起是中国人民的敌人。民族资产阶级则要复杂一些。它在一定时期、一定程度上有参加民主革命的可能性，因而是民主革命的动力之一。由于它对帝国主义和封建主义存在既依赖又矛盾的情况，就决定了这个阶级在民主革命中的软弱性和不彻底性。

毛泽东对洋务运动没有做过直接评价，但他对中国资产阶级所做的这种马克思主义的分析，对洋务运动史的研究具有指导意义。中国官僚买办资产阶级何时形成，学术界没有统一的认识。但至少在洋务运动时期已开始出现，而在北洋军阀时期发展起来，到四大家族产生，才形成了后来典型的官僚资产阶级。以李鸿章为首的洋务派、以袁世凯为首的北洋军阀和以蒋介石为首的四大家族是一脉相承的。其共同点是通过国家政治权力集聚起雄厚资本。有人说洋务派和北洋军阀控制的企业是国家资本主义，其实改变说法并没有改变事情的本质。洋务派所代表的国家和北洋军阀所代表的国家是什么国家呢？不是人民大众的国家，而是地主阶级或大地主大资产阶级的国家。这样的国家资本主义，依然是国家官僚资本主义。说它是民族资本主义，只具有人种学上的含义，不具有阶级社会的特点。而分析任何国家资本主义，只有找出它的阶级特点，才是抓住了国家的本质的东西。李鸿章等洋务派是地主阶级的一个政治派别。洋务新政只能是19世纪60年代后帝国主义侵略中国步步深入的产物。李鸿章所谓"外须和戎，内须变法"的"变法"，不仅是肢体之变，而且从根本上要受制于帝国主义。要"和戎"，就是承认帝国主义强加给中国的一系列不平等条约，维护殖民地半殖民地秩序。掌握政权的洋务派通过国家政治权力发动的洋务活动能够发展到什么程度，从根本上要依帝国主义容许到什么程度而定。帝国主义并不希望它在中国的代理人是封建老顽固，自然乐于给它披上一层资本主义的色彩；但帝国主义也不容许洋务派包打天下，为所欲为。它在侵略中国时取得的一系列特权，包括通商、通航、税收等特殊权益，不仅阻抑了民族资本主义的成长，也不利于官僚资本主义的发展。在洋务运动之前，外国资本主义为了侵略的需要，已经在中国开办了一些资本主义企业，在洋务运动期间开办得更多，而在《马关条约》后形成高潮。帝国主义在中国搞的这些资本主义活动，或者更确切些说是殖民主义活动，是要在中国榨取高额利润，从经济上控制中国，与它在政治上控制中国的活动大体上是一致的。与此同时，还有一个可以称之为中国民族资产阶级的资本主义运动在发动中。民族资本主义是在帝国主义和封建主义的夹缝中艰难地生长起来的。民族资本主义的个别企业在洋务运动之前就出现了，在洋务运动中，一部分地主、官僚、买办商人又投资于近代企业而转化为民族资本家。民族资本主义是一定要冲破封建势力的压制而产生出来，它之所以与洋务派的资本主义企业大体同时产生，是半殖民地的时代条件造成的。因为帝国主义的侵略破坏了中国自给自足的自然经济，客观上给中国资本主义的产生创造了条件和可能。太平天国给地主阶级以沉重打击，促进了中国资本主义的出现。中国资本主义已经站在时代的大门口，呼之欲出了。

这样看来，近代中国存在几种不同性质的资本主义运动。只有民族资本主义才是对中国历史的发展和中国人民的解放有利的，才是进步的。官僚资本主义和殖民主义，则是造成中国贫穷落后的根本因素，是反动的。中国不是多了民族资本主义，而是多了封建主义、官僚资本主义和帝国主义。比较起官僚资本主义和帝国主义在华开办的企业，民族资本主义企业是十分微弱的。因此，不加分析地以资本主义运动为主要线索来考察中国近代历史发展的进程，笼统地说洋务运动反映了近代中国人民政治觉悟的迅速发展，代表了时代前进的方向，是难以令人首肯的。

不能把洋务运动说成是时代前进的方向，还因为发动洋务活动的奕䜣、李鸿章等洋务派都是清政府的廷臣疆吏，是统治阶级的代表人物。他们同统治阶级中的另一翼顽固派一起，共同决定、执行着清政府对内镇压、对外投降的基本国策。位居政权顶端实行折中控制的是慈禧太后。不是把引进西方资本主义的生产技术当作罪过，而是因为他们引进的目的是镇压国内人民的反抗，维护摇摇欲坠的封建统治。洋务派与顽固派一样，对外是民族投降主义者。洋务派在办洋务企业时，虽也有"御外侮""收利权"等对外的一面，但那不是根本的目的。洋务派并没有发动全民族的力量来对付帝国主义侵略者。李鸿章只准自己办洋务，不准民族资本主义得到发展。对外国的侵略，他们并不想真正抵抗，掌握在他们手中的近代先进武器形成不了保卫祖国的干城。随着帝国主义侵略步步加深，掌握国家权力的洋务派官僚总是一次比一次更严重地把民族、国家的利益出卖给外国侵略者。所谓"御外侮"云云，就越来越失去其应有的积极意义。中外关系并不如他们所期望的那样"相安无事"，中国正急速地走向殖民地化的深渊。那种把洋务派的经济活动和政治、外交活动分开来评价的意见是说不通的，事实上是分不开的。

有的同志引证马克思关于英国用蒸汽和自由贸易（或者蒸汽和科学）在印度造成社会革命的论断，说明引进资本主义机器生产是社会的进步。印度早已沦为英国的殖民地。英国在19世纪初由极卑鄙的利益驱使把资本主义生产力引进印度，给整个印度民族带来流血与污秽、穷困与屈辱，但从人类解放的历史使命来说，英国在印度造成的社会革命"毕竟是充当了历史的不自觉的工具"。① 同时，马克思又说，英国把机器运用到印度，"就无法阻止这个国家自己去制造这些机器了"，即无法阻止这个国家近代民族工业的发生。但是，他又明确指出，不列颠资产阶级在印度播下的新的社会因素，"既不会给人民群众带来自由，也不会根本改善他们的社会状况，因为这两者都不仅仅决定于生产力的发展，而且还决定于生产力是否归人民所有"。② 中国在沦为半殖民地后，它自身萌芽的资本主义因素中断了，外国资本主义的生产技术直接移植到中国的土地上来。外国资本主义在中国也充当了历史的不自觉的工具。从这个意义上可以说，洋务运动发展的结果，在客观上也多少起到了促进中国资本主义发生的作用，有一定的进步意义。以往有的研究者把洋务运动的反动作用说得绝对了，也是欠妥当的。

与上述两个问题相联系的第三个问题，是中国近代工业化道路问

---

① 马克思：《不列颠在印度的统治》，《马克思恩格斯选集》第2卷，人民出版社，1972，第68页。
② 马克思：《不列颠在印度统治的未来结果》，《马克思恩格斯选集》第2卷，第73页。

题。中国近代需要工业化即需要实现资本主义化，这是没有疑义的。但如何走上工业化道路，研究者之间产生了分歧。讨论这个问题不能只从概念上来争论，还要看事实。历史事实是，近代中国始终没有实现资本主义工业化。尽管中国发展了一些工业，包括民族资本主义工业、官僚资本主义工业，直到 1949 年以前，中国始终没有改变半殖民地半封建社会的地位。中国人民却进行了百余年的反帝反封建斗争，经历了旧民主主义革命和新民主主义革命阶段，最终取得了新民主主义革命的胜利。如果说，"要争取民族独立和谋求社会进步，就必须向先进的西方资本主义国家学习，改变中国贫穷落后的状况，实现中国的近代化"，①这只是一种善良的愿望。如果说，向西方学习，发展资本主义，是近代中国争取独立和谋求进步的根本道路，这就未免把中国向西方学习、发展资本主义的作用提到了一个不应有的高度。从来搞资产阶级革命都不是在资本主义已经高度发展之后，而是在资本主义有了一定程度的发展，遇到封建主义生产关系的束缚，不冲破这种束缚就不能前进。英国资产阶级革命和法国大革命就是这样发生的。只有资产阶级革命的成果巩固以后，资本主义才能得到大发展。工业革命发生在 18 世纪的英国而不发生在 17 世纪的英国，就是这个道理，中国近代的情况与英、法等欧洲国家又有不同。中国资本主义发生的时候，正面临帝国主义的压迫和封建主义的统治。而且中国资本主义不是在封建社会的母体内在自身发展的基础上孕育形成的，而是基本上从西方资本主义社会直接移植的。固然没有资本主义一定程度的发展，不可能有资产阶级民主革命的胜利。但是，在既有资本主义一定程度的发展之后，在帝国主义和封建主义的残酷统治之下，不首先进行资产阶级民主革命，发展资本主义是一句空话，所谓"谋求社会进步"也只能停留在"谋求"二字上，社会还是得不到真正的进步。

关于这个问题，毛泽东在他一系列重要著作中有许多论述。一些同志常常引用《论人民民主专政》中关于先进的中国人向西方国家寻找真理的话，"要救国，只有维新，要维新，只有学外国"，以此证明向西方学习近代资本主义的必要性。不错，毛泽东的确讲了那一段话，但是，他讲的是自从 1840 年鸦片战争后直到中国共产党诞生以前那 80 余

---

① 胡滨:《打破框框，开阔视野》，《文史哲》1983 年第 3 期。

年里先进的中国人向西方寻找救国真理的历史过程。洪秀全、康有为、严复和孙中山是那些先进的中国人的代表。李鸿章一类人是不能算在当时先进的中国人之列的。毛泽东接着还有下面一段话："帝国主义的侵略打破了中国人学西方的迷梦。很奇怪,为什么先生老是侵略学生呢?中国人向西方学得很不少,但是行不通,理想总是不能实现。多次奋斗,包括辛亥革命那样全国规模的运动,都失败了。"这些失败说明了什么?说明帝国主义是不会容许中国人搞资本主义的。先进的中国人虽然向西方资本主义学了不少东西,也在国内发展了一些资本主义,但革命老是不能成功,理想总是不能实现。毛泽东在《论联合政府》一文中指出:"没有工业,便没有巩固的国防,便没有人民的福利,便没有国家的富强。"同时又一再强调指出,"没有独立、自由、民主和统一,不可能建设真正大规模的工业","在一个半殖民地的、半封建的、分裂的中国里,要想发展工业,建设国防,福利人民,求得国家的富强,多少年来多少人做过这种梦,但是一概幻灭了。许多好心的教育家、科学家和学生们,他们埋头于自己的工作或学习,不问政治,自以为可以所学为国家服务,结果也化成了梦,一概幻灭了"。毛泽东讲的这几段话,包括一个完整的意思,就是中国只有通过民主革命,推翻帝国主义、封建主义的统治,才能发展资本主义。不能把本末倒置了。从前那些好心的教育家、科学家不理解革命的必要性,以为埋头教育和科学就可以拯救祖国。他们之所以总是不成功,就是把本末倒置了。主张向西方学习、发展资本主义是近代中国根本道路的同志,实际上是在研究工作中重复了这种倒置。历史已经证明,不是资本主义救了中国,而是马克思列宁主义救了中国,是社会主义、共产主义的理论和实践救了中国。中国共产党在马列主义指导下,高举反帝反封建的斗争旗帜,推倒了帝国主义和封建主义的统治,才使资本主义在中国获得了发展,才使中国具备了成为工业国的条件和可能。这当然不是说先进的中国人千辛万苦向西方寻找真理都搞错了,不是的。那些终生真诚地从事于实业建设、科学活动、教育事业的先贤,都曾经为振兴祖国尽到了中华儿女的一份责任。但是,在半殖民地半封建的中国,只靠向西方学习,发展资本主义,是不能使中国走上工业化的道路的,只靠工业、科学、教育事业是救不了中国的。

关于"时代中心"问题

近来有关于"时代中心"问题的讨论。有的同志认为:"民族资产阶级是近代中国的'时代中心'。"为了说明近代中国 80 年只有民族资产阶级是"时代中心",还特别强调指出:"从严格意义上说,农民阶级无法完成反侵略反压迫、发展资本主义的历史使命,不可能真正担起时代中心的角色。"按照这种意见,农民阶级虽是"反侵略反压迫斗争的主力军","演出过悲壮的场面",也不过是"一度充当了不自觉的历史工具"。① 农民在中国近代史上的作用就这样被不恰当地贬低了。

列宁在 1915 年写的《打着别人的旗帜》这一篇有战斗性的论文中,提出了"时代中心"问题。所谓"时代",列宁指的是资本主义世界范围的大时代,而不是指某一国历史发展中的具体时代,这里是指当时马克思主义文献里经常引用的欧洲资产阶级历史发展的几个不同阶段。② 列宁在这篇文章里还告诫说:"马克思的方法首先是考虑具体时间、具体环境里的历史过程的客观内容,以便首先了解,在这个具体环境里,哪一个阶级的运动是可能推动社会进步的主要动力。"③ 列宁这段话应当成为我们分析近代中国历史过程的理论依据。

运用列宁所指明的方法来分析中国近代史,我以为不能简单地把民族资产阶级当作近代中国 80 年的"时代中心"。

中国民族资产阶级何时形成?学术界尚未做出有说服力的论证。中国近代民族工业在 19 世纪六七十年代萌生,数量极微;甲午战后稍有发展,力量也不大。帝国主义的瓜分危机和戊戌维新、义和团运动的失败,实际上(而不是形式上)促进了中国人民的觉醒,激起了各阶层人士的民族自尊心,激发了少数先进分子的革命热情。从那时起,中国

---

① 杨立强、沈渭滨:《"近代中国资产阶级研究"讨论会综述》,《历史研究》1983 年第 6 期。
② (1)1789—1871 年,从法国大革命到普法战争,是资产阶级上升的时代,是资产阶级民主运动的时代;(2)1871—1914 年,是资产阶级绝对统治和衰落的时代,是从进步的资产阶级变成反动的财政资本的时代;(3)1914 年以后是帝国主义时代。列宁称它为"三个时代"或"三个时期"。
③ 《打着别人的旗帜》,《列宁全集》第 21 卷,第 121 页。

近代民族工业有了长足的发展，民族资产阶级的政治代表开始组织起来、行动起来，以崭新的面貌叱咤云天，提出了推倒封建统治、建立资产阶级共和国的革命方案。资产阶级革命派的出现及其政治上的趋向成熟，反映了民族资本主义的长成，可以说民族资产阶级从这时起正式形成了。因此，从20世纪初到五四运动以前这样一个历史阶段里，说民族资产阶级是时代的中心，说这个阶级的运动是推动社会进步的主要动力，应当是符合这个时期历史过程的客观内容的。但是由于中国民族资产阶级太软弱（包括政治和经济两方面），缺乏反帝反封建斗争的坚定性和彻底性，虽然结束了几千年的封建帝制，却并未触动封建统治的根基——地主阶级土地所有制，没有解决资产阶级民主革命的基本问题，没有结束半殖民地半封建社会的发展道路。当1919年五四运动爆发之后，民族资产阶级就不能左右中国的时局，不得不从中国近代史的时代中心位置上悄然隐去，失去了继续领导中国民主革命运动的资格。

在民族资产阶级形成以前的60年里，近代中国的时代中心由哪个阶级来承当呢？如果像有的同志"从严格意义上"说的那样，农民阶级"不可能真正担起时代中心的角色"。按照这样的逻辑，在同样严格的意义上来说，民族资产阶级也无法完成反侵略反压迫、发展资本主义的历史使命，不是连民族资产阶级也不能真正担起时代中心的角色吗！按照列宁的说法，所谓"时代中心"，是指决定时代的主要内容、时代发展的主要方向的阶级，是指可能推动社会进步的主要动力。准此而论，在近代中国，情况又是如何呢？

中国近代民族工业虽早已个别地在社会机体上产生出来，但直到19世纪八九十年代才有民族资产阶级的少量生长。面对封建统治的层层压力和帝国主义的瓜分危机，民族资产阶级的政治代表不得不在软弱的阶级基础上和浅薄的理论准备后回答时代提出的问题，论证自己初步的政治主张：要求变法，要求民族资本主义工业的生存权利。这虽然是民族资产阶级在19世纪末迈出的重要的一步，却也是很脆弱的一步。"百日维新"好像历史长剧中一幕短暂的过场戏，一反掌间就被封建顽固派打到幕后去了。争取民族资本主义工业的生存权利虽然符合时代发展的方向，他们却把希望寄托在一个好皇帝甚至帝国主义的身上。这些提出初步政治主张的人不认识，正是封建专制制度和帝国主义势力不给予民族资产阶级以生存的权利。从这个意义上可以说他们还没有意识到自己的历史使命，他们还没有形成为决定时代主要内容的阶级。所以，紧跟着维新运动的失败，就有义和团反帝爱国运动的猛烈爆发。这说明，直到19世纪末，直到民族资产阶级正式形成以前的这个历史阶段里，农民阶级仍然是活跃在时代舞台上的强大力量，依然是推动社会进步的主要动力。

半殖民地半封建社会里的农民不是纯粹封建社会里的农民。他们发动的以反对封建统治和资本－帝国主义势力为目标的农民战争和民族战争，不单纯是中世纪农民反抗地主阶级的阶级战争，而是那个时代里（世界范围内）资产阶级民主运动和民族解放运动的一部分。《天朝田亩制度》主张平均分配土地，不仅在否定地主阶级土地所有制上具有进步意义，如果真正实行起来（实际上由于种种原因并未真正实行），在那时的时代条件下，在外国资本主义已在中国植根，而中国民族的资本主义即将萌生的情况下，必定为中国资本主义的发展开拓道路。① 《资政新篇》的提出，不能把它看作是毫无根据的偶然现象。它得到洪秀全的基本同意，表明了太平天国领导人在新的时代条件下对农民起义前途的新探索。据太平天国的朋友呤唎及其他西方旅行者的记录，太平天国的不少重要干部有寻求反映西方资本主义知识的愿望。这是由那时的时代条件所决定的。义和团反帝爱国运动，据一些同志说只能算是民族战争，但它是发生在19世纪末20世纪初的中国的民族战争，属于资产阶级民族解放运动的范畴。它的"扶清灭洋"的排外主义口号，虽然不可避免地具有盲目排外的消极意义，但它要求驱逐外国侵略者、要求废除帝国主义在中国的一切特权（"最恨和约，误国殃民，上行下效，民冤不伸"）是这一次反帝爱国运动的主流。列宁在1908年评价俄国农民运动的时候说："没有农民群众这种革命精神，没有他们顽强无情的斗争，那没收地主土地也好，建立共和国也好，实行普遍、直接、平等和无记名的选举权也好，都是没有希望实现的'空想'。"② 在近代中国，

---

① 早在1905年，列宁在论述俄国民主革命中的策略时就阐述过这种思想。他说："即使农民起义完全成功，即使是着农民的利益和按照农民的愿望重新分配了全部土地（'平分土地'或其他类似办法），也丝毫不会消灭资本主义，反而会促进资本主义发展，加速农民本身的阶级分化。"见《社会民主党在民主革命中的两种策略》，《列宁选集》第1卷，第539页。

② 《社会民主党在俄国革命中的土地纲领》，《列宁全集》第15卷，第153页。

没有农民群众的这种革命精神，没有他们顽强无情的斗争，反帝反封建的革命斗争能够向前推进吗？没有他们的斗争，中国在殖民地化的道路上不是陷得更深吗？这样说并不排除其他种种因素的作用，只是说，在19世纪内，只有农民的斗争是推动中国社会进步的主要动力。我们也可以说，维新运动和义和团联翩出现并各具弱点，表明在19世纪末20世纪初，农民阶级和民族资产阶级正处在交接"时代中心"接力棒的重要关口。进入20世纪后，民族资产阶级就在历史的新起跑点上前进了。

主张民族资产阶级始终是近代中国时代中心的同志认为，19世纪70年代以后，中国就存在民族资产阶级了。其实，从70年代到90年代初期，中国只有洋务派创办的军用工业和民用工业有合法存在的权利，那显然都是早期官僚资本主义企业。少量的民族资本企业只能非法存在，处境艰难。民族资产阶级尚未形成。因此，他们是把执行洋务新政政策的地主阶级当权派之一的洋务派当作民族资产阶级来看待了。有的文章还论证了洋务企业就是民族资本主义企业。这样，"时代中心"的桂冠就从民族资产阶级的头上移到了洋务派头上。说民族资产阶级是"时代中心"，那是振振有词的；说洋务派也是"时代中心"，反映了时代前进的方向，是推动时代前进的主要动力，就未免相差悬远，风马牛不相及了。如果说这个时期多少还有一些近代工业的话，那么在40—60年代，资本主义工业尚未出现，谁是"时代中心"呢？有的同志认为，在鸦片战争以后一段时间里，可以说有一个"潜在"的资产阶级在起"时代中心"的作用。这就太令人费解了。资产阶级的存在是一种客观事实。没有资产阶级，何来一个"潜在"的"时代中心"？用砍掉农民阶级的办法来构筑没有资产阶级的资产阶级"时代中心"体系，这是历史研究中一种削足适履现象。这样的体系是很难经受得住客观历史事实的检验的。

提出"时代中心"来说明近代中国社会前进的主要动力是有意义的。但如果简单地以民族资产阶级是近代中国的"时代中心"，来轻视农民在近代史上的作用，则是不符合历史事实的，也是有悖列宁的原意的。重要的是要以马克思主义为指导，实事求是地评价农民阶级、资产阶级在中国近代史上的地位和作用，而不是其他。

关于近代史研究的指导思想问题

有位作者写道,"我们的历史认识基本上是解放前后在党的民主革命理论指引下取得的",它虽然比封建史学、买办史学高明得多,但是,"民主革命时期对历史的某些未必正确的理解长期凝固不变,成为'框框',障碍着人们的视线"。这位作者发出了"马克思主义的再学习和历史的再认识"的召唤,要求历史研究者努力挣脱极左政治的枷锁和教条主义的绳索,"解放思想、实事求是,敢于突破旧框框,探求新知识"。① 提倡历史研究者学习马克思主义,在历史研究中解放思想、实事求是,都是正确的。问题是如何根据这一正确思想估价我们在党的民主革命理论指引下取得的历史认识。

说有关中国近代史基本线索的认识是在党的民主革命理论指引下取得的,这并不为错。党的民主革命理论是在马克思列宁主义、无产阶级世界观指导下取得的,是首先争取民主革命的胜利然后不间断地使革命转变为社会主义的理论。它是马克思列宁主义与中国革命实际相结合的产物。毛泽东在《新民主主义论》中指出,"中国的民主革命,没有共产主义去指导是决不能成功的",又说,"在现在,新民主主义,在将来,社会主义,这是有机构成的两部分,而为整个共产主义思想体系所指导的"。这里已经把问题说得十分清楚了。欧洲资产阶级的革命理论在那个时候是相当生气勃勃的,但当历史把资产阶级民主革命的任务提到中国人民面前时,原先曾经是革命的欧洲资产阶级已经走向了自己的反面。中国民主革命的先驱者孙中山虽然参照、借鉴欧洲资产阶级的革命理论创立了中国资产阶级的革命学说,力图领导中国的资产阶级民主革命,但这个革命在半路夭折了。因此,中国资产阶级的革命理论并不曾启迪中国历史学者认识近代中国的历史发展规律。在中国,只有共产主义的革命理论永葆青春,把中国革命从一个胜利引向另一个胜利;也只有共产主义理论教育了整整一代中国人民,包括中国历史学者,使他们能运用这个理论考虑中国的革命问题,回顾以往的历史并展望国家的

---

① 李时岳:《马克思主义的再学习与历史的再认识》,《史学集刊》1982 年第 2 期。

未来。

可见，党的民主革命理论是马克思主义理论的组成部分。在这一理论指引下取得的对中国历史特别是对中国近代史的认识，不仅比封建史学、买办史学高明得多，而且比资产阶级史学高明得多。尽管研究者对中国近代史的许多具体问题会有分歧，而且随着研究工作的深入还会有一系列新的问题提出来，但对中国近代社会的性质、革命的性质、革命的动力、革命的领导力量及其转变等问题，对毛泽东所说的"两个过程"等已为千百万群众的革命实践检验过的这些真理，不应该再有什么怀疑。不能说经过了社会主义革命和建设，经过了"十年浩劫"，就有理由来怀疑上述在民主革命理论指导下得出的对历史的基本认识。这里是指毛泽东对中国近代史所得出的一些规律性认识。至于毛泽东对近代中国历史的某一个具体论点、某一个具体问题说过的话，学术界在深入研究的基础上，得出了不同的意见。当然有提出讨论、参加争鸣的自由，这是学术研究过程中的正常现象。毛泽东本人也是这样要求的。《毛泽东书信选集》所载，1956年2月19日毛泽东致刘少奇、周恩来等的信，提出不应禁止人们对毛泽东关于孙中山世界观等类学术问题发表不同意见，就是证明。

"回到50年代去"，这不是马克思主义的提法，应该是回到马克思列宁主义、毛泽东思想的轨道上来。50年代正确的东西要坚持，50年代错误的东西要丢弃。由于党的指导方针上的失误，史学研究中出现的片面化、简单化的倾向应该纠正，教条主义的东西应该废止。但是，极左政治的枷锁和教条主义的绳索，应当主要是指"四人帮"煽动的极左思潮和"两个凡是"所体现的教条主义。邓小平同志指出，拨乱反正，就是拨林彪、"四人帮"破坏之乱，批评毛泽东同志晚年的错误，回到毛泽东思想的正确轨道上来。又说，解放思想，就是要运用马列主义、毛泽东思想的基本原理，研究新情况，解决新问题。因此，不能把毛泽东思想的基本原理作为"框框"来突破，作为"教条主义"来抛弃，更不能拿80年代社会主义建设的新经验来否定已经历史检验过的党的民主革命理论。

以上所说，不是要无条件肯定近代史学界在50年代所取得的一切成就，而是要求坚持毛泽东思想在近代史研究中的指导地位。在中国近代史研究中坚持毛泽东思想的指导，当然首先是要坚持毛泽东思想的核心即马克思列宁主义的世界观和方法论的指导，坚持历史唯物论的指导。从毛泽东思想的形成过程来看，毛泽东运用马克思主义原理结合中国历史实际时，主要是结合了鸦片战争以来的中国近代历史的实际。可以说，毛泽东对中国近代社会性质的分析，对近代民主革命经验的总结，以及由此而得出的他对中国近代史的一系列基本结论，是组成毛泽东思想的内容之一。毛泽东没有为我们留下一本有关中国近代史的专门著述。他对中国近代史的一些基本结论，都融合在他那些重要的革命文献之中。同马克思、恩格斯、列宁一样，毛泽东对历史经验的总结与对革命原则的阐述之完美的结合，都堪称典范。他结合革命基本问题的阐释，探讨了中国近代史上一些带规律性的东西。他把对中国近代史的研究，同对马克思主义理论和革命现实问题的研究紧密结合在一起。往往有这样的情况，他的论述既是对中国近代历史规律的认识，也是对中国革命基本问题的认识。我们据此说毛泽东对中国近代史的科学论断是马列主义与中国实际相结合的产物之一，当不会有夸大无稽之弊。

尽管毛泽东已经对中国近代史的一些最重要的问题提出了指导性的意见，尽管学术界已经接受了这些意见，并对中国近代史总的布局取得了一定的进展，但中国近代史研究的现状还是不能令人满意。几部中国近代史著作，确实存在大同小异、陈陈相因的情况；毛泽东在《改造我们的学习》中提出的研究近百年的经济史、政治史、军事史、文化史的任务并未完成；近代史研究中还有很多空白点和薄弱环节；各种专门史的研究也才刚刚提上日程；就是对反帝反封建的民主革命的历史经验也还缺乏系统的、有力的论证，半殖民地半封建时代的旧史学还有待系统清理；如此等等。我们不应该只满足于停留在对近代历史认识的某些原则性结论上，要在细心研究尽可能丰富的资料的基础上，写出有血有肉、真实可信的历史来。只要我们在科学的道路上敢于攀登、辛勤耕耘，我们的近代史研究一定会取得新的更大的进步。

中国近代史的分期及"沉沦"与"上升"诸问题*

一

最近，胡绳同志在对《近代史研究》创刊100期表示祝贺时重提一个建议："把1919年以前的八十年和这以后的三十年，视为一个整体，总称之为'中国近代史'，是比较合适的。这样，中国近代史就成为一部完整的半殖民地半封建中国的历史，有头有尾。1949年中华人民共和国成立以后的历史可以称为'中国现代史'，不需要在说到1840—1949年的历史时称之为'中国近现代历史'。"① 胡绳同志这个建议非常重要。事实上早在50年代，如荣孟源、李新、刘大年等，就讲过这个意见。但是由于那时的时代背景，这样的意见没有受到足够的重视。

二

在中国历史学界，对中国近代史、现代史的概念至今仍有很不相同的认识。一般来说，是把1919年五四运动以后的历史称作中国现代史，

---

* 本文曾在1997年9月29日下午演讲于北京师范大学95周年校庆文史哲学科学术报告会。原载《近代史研究》1998年第2期。收入张海鹏《追求集——近代中国历史进程的探索》，社会科学文献出版社，1998。

① 《近代史研究》1997年第4期（100期纪念号）。

而把由此上溯到鸦片战争的历史称作中国近代史。大学历史系一般以1919年为中界，分设中国近代史教研室、中国现代史教研室，学生们关于中国近代史、现代史的知识，大约以此为依据。十几年前，史学界成立了一个学术团体叫中国现代史学会，聚集在它周围的大多是以五四运动为中国现代史起点的学者。中国现代史的下限在哪里？学者们的意见可能不尽相同，有些人可能把1949年后的某一时期也算在内。有关中国近代史的出版物，包括学术著作和教科书以及通俗读物，大多数以1919年五四运动为下限；有关中国现代史的出版物，绝大多数以1919年为上限，有的则起于辛亥革命（台湾有关中国现代史的出版物，都以辛亥革命为上限）。

有一派学者有不同见解。他们认为，应该把1840—1949年这个时期的历史都称作中国近代史。明确中国近代史这一概念的科学定义，其理论依据在于要阐明中国近代史所涵盖的那个社会的性质是什么。他们认为，1840年鸦片战争发生在清朝道光年间，在那以前，中国是一个与外部世界来往不多的、独立发展的封建社会。从第一个不平等条约《南京条约》签订以后，中国的国家地位和主权受到很大损害，而且随着此后一系列不平等条约的签订，这种损害变得越来越巨大。在帝国主义的侵略压迫下，中国从一个独立的封建社会变成了一个半殖民地半封建的社会。在这样的社会里，中国的政治、经济、军事、文化的发展，往往要打上帝国主义侵略的烙印。看起来中国是独立的，但国家主权受到帝国主义的严重侵害。中国的这个社会性质，不仅在道光以后的晚清社会没有改变，在北洋军阀时期没有改变，就是在国民党在南京建立全国统一的中央政府——国民政府以后，也没有改变。只是在1949年10月1日中华人民共和国建立以后，才根本改变了中国半殖民地半封建社会的性质，中国才改变成为一个新民主主义的社会，往后更发展成为一个社会主义的社会。这个国家是一个主权在民的、人民群众当家做主的、虽受国际环境影响但不受外国干预的独立的国家。这就是说，1949年10月1日前后的中国国家性质、社会性质是完全不同的。依据对中国社会历史发展的特点的这种认识，这一派学者认为，以1840年鸦片战争为开端，到中华人民共和国成立以前的这一段历史都应该称作中国近代史。因为在这110年里，中国社会性质没有变化。

20世纪50年代，关于中国近代史分期问题曾有过热烈的讨论。当时的讨论集中在分期的标准上，但也涉及中国近代史上下限问题。当时主流的意见，把中国近代史定在1840—1919年的时限内。但也有一些人主张，应依据社会性质和革命性质，把1840—1949年的中国历史都称为中国近代史。最早提出这一主张的，据《中国近代史分期问题讨论集》① 所载，似乎是1956年6月4日林敦奎在中国人民大学第六次科学讨论会讨论"中国近代史分期问题"时提出的。据报道，林敦奎认为中国近代史的下限应延长至1949年中华人民共和国成立。② 接着，荣孟源在1956年第8期《科学通报》发表《关于中国近代史分期问题的讨论》一文，开宗明义说："有人说，中国近代史的断限应从1840年起，到1949年9月止。我赞成这个意见。"他分析道："从鸦片战争起，到中华人民共和国成立以前，中国社会性质是一个半殖民地半封建社会，中国革命性质是民主主义革命，这一百一十年的历史应该作为一个历史时期，叫做中国近代史。假如从新民主主义革命起到目前止作为中国现代史，那么所谓近代史只是半殖民地半封建社会历史的一半，而现代史却包括着中华人民共和国成立前后两个不同性质社会的历史。这样就其科学性来说是不妥当的……1949年以前，我们把新民主主义革命时期作为现代史，把旧民主主义革命时期作为近代史，那时中国社会性质没有改变，按两段民主主义革命的不同来区分历史是应该的。但在今天中国人民民主革命胜利之后，中国社会性质已经改变，中国革命性质已经改变了，再保守着旧日的样子划分历史阶段就不妥当了。"③ 再接着，李新在为《中国通史半殖民地半封建社会时代（下）教学大纲（初稿）》所写的前言中写道："从1840年的鸦片战争起直到1949年中华人民共和国成立以前止，这个社会的性质是基本上没有改变的。因此没有理由把它划分为近代史（1840—1919）和现代史（1919—1949），而应该把它写成一部完整的包括整个半殖民地半封建社会时代的通史。……为了方便起见，把它称为近代史也是可以的。"④ 显然，李新也是同意

---

① 《历史研究》编辑部编《中国近代史分期问题讨论集》，三联书店，1957。
② 杨遵道：《中国人民大学第六次科学讨论会上关于"中国近代史分期问题"的讨论》，《中国近代史分期问题讨论集》，第228页。
③ 荣孟源：《对于近代史分期的意见》，《中国近代史分期问题讨论集》，第146页。
④ 李新：《关于近代史分期的建议》，原载《教学与研究》1956年第8、9合期，转引自《中国近代史分期问题讨论集》，第153页。

中国近代史实际应该包括 1840—1949 年的历史的。此后,在《历史研究》编辑部组织的讨论中,李荣华、赵德馨也同意上述主张。①

这次讨论中还有一些折中的意见。如戴逸在中国人民大学的讨论中指出,1840—1949 年的历史是否叫作近代史,值得商量。因为说近代史、现代史实际上只有相对的意义,没有一个严格的科学的含义;什么时候算近代,什么时候算现代,似乎很难说。他建议"把 1840—1949 年叫做半殖民地半封建的中国史"。② 这一意见在综合大学文史教学大纲讨论会上也得到了反映。③ 也有人认为,这样的意见虽然是可以考虑的,但目前解决问题的时机还不成熟,而且近代史、现代史的名称沿用已久,"突然改变恐难合于习惯"。④

中国科学院近代史研究所当时的主张如何?前述荣孟源的意见可供参考。荣孟源当时是近代史所办公会议的成员。据他后来回忆,50 年代初参加近代史所所长办公会议的同志都同意这一观点。刘大年 1959 年在《中国近代史研究中的几个问题》⑤ 一文中以及 1964 年在向外国历史学者介绍新中国的历史科学时,也持这种观点。刘大年指出:"中华人民共和国成立以后,历史前进到了一个崭新的时代。十几年前的'现代',已经很快为今天的'现代'所代替。时至今日,我们再用'近代'去概括鸦片战争至五四运动的历史,用'现代'概括五四直至中华人民共和国以后的历史,显然是非常不合理了。"⑥

1981 年人民出版社出版了胡绳著《从鸦片战争到五四运动》,这是中国近代史研究领域一部很重要的著作。作者在序言中开篇就说道:"这本书所讲的是中国半殖民地、半封建时代中的前一段,即无产阶级领导的新民主主义革命开始以前一段的历史。虽然多年来大家习惯上称

---

① 《中国近代史分期问题的讨论》,原载《历史研究》1957 年第 3 期,转引自《中国近代史分期问题讨论集》,第 202、207 页。
② 《中国近代史分期问题讨论集》,第 228—229 页。
③ 《中国近代史分期问题讨论集》,第 230 页。
④ 《中国近代史分期问题讨论集》,第 228、230 页。
⑤ 原载《历史研究》1959 年第 10 期,转引自《刘大年史学论文选集》,人民出版社,1987,第 247 页。
⑥ 《回答日本历史学者的问题》,《刘大年史学论文选集》,第 494—495 页。作者在此文中还就分期问题做了长篇讨论,此处不赘引。这里顺便指出,中国社会科学院近代史研究所自 1977 年恢复研究工作起,即明确 1840—1949 年的中国近代史都是它的研究对象,该所的出版物和主办的刊物都以此为准。

这一段的历史为中国近代史,但是早已有人建议,把中国近代史规定为从1840年鸦片战争到1949年中华人民共和国成立前的一百一十年的历史,而把中国民主革命胜利,摆脱了半殖民地、半封建的社会以后,进入社会主义时代的历史称为中国现代史。在中华人民共和国成立已经超过三十年的时候,按社会性质来划分中国近代史和中国现代史,看来是更加适当的。"① 《从鸦片战争到五四运动》出版后,学者们再次关注中国近代史的下限。其中,李侃著文,列举出不以1949年为中国近代史下限的种种弊端,主要是不利于了解和把握中国近代史发展的全过程,不利于揭示和认识中国近代历史的发展规律。② 陈旭麓亦在稍后撰文论述中国近代史发展线索,认为"近代从鸦片战争至五四运动的80年,应延伸至中华人民共和国诞生的110年",应把110年作为一个完整的历史时期。"所谓完整的历史时期,就是说这个110年不同于秦汉以来任何一个历史朝代,而是一个特殊的历史社会形态,即在封建社会崩溃中被卷入资本主义世界的半殖民地半封建社会。"③

以上可见,对于1840—1949年中国社会的性质,今天中国史学界绝大多数人认为它是半殖民地半封建性质的,因此,实际上绝大多数学者是接受依社会性质相同,把1840—1949年的中国历史作为中国近代史的学科对象这一看法的。可是实际上,依照习惯,尤其是大学历史系方便组织教学的习惯,许多人仍旧把这一段历史分为中国近代史和中国现代史,而所谓中国现代史的下限往往是模糊不清的。还要指出,除了个别小册子做了一点探索外,还没有一本严肃的学术著作是按照1840—1949年的时限来撰写中国近代史的。这种现象,今天是到了澄清的时候了。

三

人们常说,近代中国的历史是屈辱的历史。从鸦片战争中清政府失

---

① 胡绳:《从鸦片战争到五四运动》,人民出版社,1981,序言,第1页。
② 李侃:《中国近代"终"于何时》,《光明日报》1982年11月17日。另,80年代初期还有人著文评述中国近代史分期问题讨论的,如曾景忠《中国近、现代史划期问题述评》,《百科知识》1983年第10期;来新夏《中国近代史分期问题讨论综述》,《文史知识》1984年第9期。上举两文都倾向支持以1949年为中国近代史下限。
③ 陈旭麓:《关于中国近代史线索的思考》,《历史研究》1988年第3期。

败时候起，中国社会便逐渐陷入了半殖民地半封建社会的深渊。这便是近代中国社会的"沉沦"。这是以往的历史学家对中国近代史的一种解说。

十来年前，有学者发表论文，提出近代中国不仅有"沉沦"，还有"上升"。所谓半殖民地半封建社会，半殖民地是对独立国家而言的，半封建是对半资本主义而言的。半资本主义对封建社会是一种历史的进步，半资本主义的存在，就是"上升"。所以，半殖民地半封建社会不仅有"沉沦"，而且有"上升"。这种"沉沦"和"上升"是并存的。①这是历史学家对近代中国历史的又一种解说。

对这一新的解说，我一直萦怀于心。我觉得这种解说有一定的新意，又觉得难以自圆其说，一时找不到更为恰当的说法。它看到了半资本主义（半资本主义未必准确，实际是半殖民地半封建社会内部的资本主义因素）的存在，对它做了充分的估计，是它的长处。但如何估计半资本主义的因素，颇为困难。中国社会的近代资本主义因素，在19世纪40年代即随着资本-帝国主义的入侵产生了，那完全是外国资本主义势力带进来，且为资本-帝国主义侵略中国服务的。如果说中国刚刚由一个独立的封建国家"沉沦"到半殖民地半封建社会，几乎同时就有半资本主义的"上升"因素，这无论在理论上、实践上、感情上，都很难以说服人。民族资本在帝国主义和买办企业的夹缝中产生，在19世纪90年代才有一定的增长，这当然可算作中国社会里的半资本主义因素。如果以此为准，则"上升"要到19世纪末才出现。这样，"沉沦"与"上升"并存，就解释不通了。

说近代中国"沉沦"，有它合理的地方，因为它看到了帝国主义侵略、政府腐败给中国社会带来的严重后果，但是，仅止于此，不能很好地解释为什么近代中国以后有积极的、向上的发展。说近代中国的"沉沦"中有"上升"，也有它合理的地方，因为它看到了在沉沦、屈辱的

---

① 参见李时岳《近代中国社会的演化和辛亥革命》，《纪念辛亥革命七十周年学术讨论会论文集》上册，中华书局，1983，第173页；又见同作者《中国近代史主要线索及其标志之我见》，《历史研究》1984年第2期。汪敬虞曾评论这一观点说："根据作者的论证，人们可以得出这样的结论，那就是：中国近代社会，既可以说是半殖民地半封建，也可以说是半殖民地半资本主义。因为半封建＝半资本主义。"见汪敬虞《中国近代社会、近代资产阶级和资产阶级革命》，《历史研究》1986年第6期。

中国,仍然存在上升的因素。但说在"沉沦"的过程中始终"包含着向上的因素","沉沦"与"上升"并存,也不能说服人。

怎样解释才符合历史发展的真实呢?思索良久,我提出如下的想法。

帝国主义侵略确实使中国社会发生"沉沦",使独立的中国社会变为半殖民地,独立主权、领土完整受到严重损伤。但是,"沉沦"也不是中国社会的唯一标志,换句话说,近代中国社会也不是永远沉沦下去。即使是"陷入半殖民地半封建社会的深渊",这个"深渊"也应该有一个底。

这个深渊的"底"在哪里?底就在20世纪的头20年,就在《辛丑条约》签订以后至北洋军阀统治时期。因为是"谷底",所以是中国社会最困难的时候:《辛丑条约》给中国带来了最大的打击,帝国主义侵略中国更加重了,西有英国对西藏的大规模武装侵略,东有日俄在东北为瓜分中国势力范围进行武装厮杀,北有俄国支持下外蒙古的"独立"运动,南有日本、英国、法国在台湾、九龙租借地和广州湾租借地的统治;1915年以后,又有袁世凯接受日本提出的企图灭亡中国的"二十一条"、袁世凯称帝、张勋复辟、日本出兵青岛和山东以及军阀混战,民不聊生至于极点。看起来中国社会变得极为黑暗、极为混乱,毫无秩序、毫无前途。这正是"沉沦"到谷底的一些表征。但是,正像黑暗过了是光明一样,中国历史发展在谷底时期出现了向上的转机。中国资产阶级革命派力量壮大起来,并导演了辛亥革命推翻帝制的悲喜剧。这个革命失败,中国人重新考虑出路。于是,新文化运动发生了,五四爱国运动发生了,马克思主义大规模传入并被人们接受也在这时候发生了。孙中山领导的中国国民党从这时改弦更张,重新奋斗。中国共产党在这时候成立并提出反帝反封建的明确主张。我们可以看出,从这时候起,中国社会内部发展明显呈现上升趋势,中国人民民族觉醒和阶级觉醒的步伐明显加快了。在这以前,中国社会也有不自觉的反帝反封建斗争,也有改革派的主张和呐喊,但相对于社会的主要发展趋势而言,不占优势;在这以后,帝国主义的侵略还有加重的趋势(如日本侵华),但人民的觉醒、革命力量的奋斗,已经可以扭转"沉沦",中国社会积极向上的一面已经成为社会发展的主要趋势了。

近代中国社会的发展轨迹像一个元宝形,开始是下降,降到谷底,然后上升,升出一片光明。这就是说,鸦片战争以后,中国陷入半殖民地半封建社会深渊,直到20世纪初期,北洋军阀时期,"沉沦"到了谷底。对于中国社会的发展来说,这时候面临的主要是"沉沦"。虽然这时中国在经济、政治、思想、文化诸方面,实际上存在积极的、向上的因素,但这种因素的发展是渐进的、缓慢的,相对于社会"沉沦"主流来说,它是弱小的;北洋军阀往后,直到40年代,半殖民地半封建社会中国渐渐走出谷底,随着新的经济因素不断成长、壮大,随着新的社会阶级的出现,随着人民群众、社会精英民族意识和阶级意识的日渐觉醒,社会向上的、积极的因素逐渐发展成为社会的主流因素,影响着社会向好的方面发展,虽然消极的、"沉沦"的因素仍然严重存在,其对中国社会的压迫甚至不比北洋军阀时期以前弱,但是由于有新的阶级、新的政党、新的经济力量、人民群众的普遍觉醒这样的上升因素在起作用,终于制止了帝国主义使中国滑向殖民地的企图。这样解说近代中国的"沉沦"与"上升",是否更合理些呢?

四

接着我们要讨论近代中国的革命高潮问题。这是一个饶有兴味且争论不休的问题。早在1954年,胡绳在一篇讨论中国近代史分期问题的论文中,提出了"三次革命高潮"的概念。他认为,中国近代史上存在太平天国、戊戌维新和义和团以及辛亥革命三次革命高潮。"根据历史发展的情况来看,三次革命高潮中阶级力量的配备和关系是各不相同的,这正是中国近代社会经济结构的发展过程中的各个不同阶段的集中反映。"三次革命高潮是中国近代政治史中一个统率全局的重要概念。它表明作者是采用马克思主义的阶级观点和阶级分析的方法来处理史料,来看待近代中国的历史进程的。在中国近代史的研究上,它是马克思主义的史学家区别于新中国成立前资产阶级的、封建阶级的史学家最重要之处。我国史学界虽然在这个概念的具体内涵的表述上,或者在某次革命高潮的评价上,与胡绳有不尽相同的认识,但大体上大家是接受这个概念的。这反映在大学的讲堂上,也反映在有关中国近代史的主要出版物上。胡绳所著《从鸦片战争到五四运动》就是按照作者自己提出的三次革命高潮的理论框架来结构篇章、铺陈编写的。80年代初，有学者对这个概念提出了质疑，认为洋务运动也应该被看成是与太平天国、戊戌维新、辛亥革命一样，是近代中国的进步潮流。持这样观点的学者认为，洋务运动的方向是资本主义化，洋务运动开启了中国的近代化，应该给予恰当的评价。还有学者对义和团提出了全面的否定。胡绳除了在《从鸦片战争到五四运动》书中正面叙述洋务运动和义和团外，还在初版前言中指出，"本书不认为有理由按照'洋务运动—戊戌维新—辛亥革命'的线索来论述这个时期的历史的进步潮流"；同时指出，"在充分估计义和团运动的反帝斗争意义的时候，必须看到它具有的严重弱点；同时也不能因为在当时的历史条件下，义和团运动不可能发展为一个健康的反帝斗争，就把它的历史地位抹煞掉"，从而全面坚持了三个革命高潮的观点。

三个革命高潮的概念是中国近代史中很重要的概念。有人批评三个革命高潮的概念，希图用"阶梯"论或者别的什么论来代替。照我看来，从政治史或者革命史的角度来观察，这个概念的提出是反映历史实际的。固然从经济史、思想史、文化史或者从近代化史的角度观察中国近代史，可以从各相关专业的需要出发提出不同的、反映各相关专业历史实际的某些概念，但是从中国近代史的全局衡量，恐怕都要考虑三个革命高潮概念的统率、制衡作用，把三个革命高潮概念完全撇开不用，恐怕是难以反映历史真实的。

但是，胡绳当初提出这个概念的时候，所处理的对象是中国近代史的前半期，即1840—1919年。如果如前面所述，把中国近代史的下限放在1949年9月，则胡绳所提中国近代史的三个革命高潮的概念不符合实际，是很明显的。从这个角度对三个革命高潮论所做的批评，是完全有道理的。因此，从中国近代史的全局考虑，有必要重新考虑中国近代史上的革命高潮问题。

已经有学者从这个方向考虑问题。有人主张把农民起义的太平天国、资产阶级领导的辛亥革命、无产阶级领导的新民主主义革命作为中国近代史上的三次革命高潮。[①] 这个主张，正如陈旭麓所批评的，自成

---

① 转引自陈旭麓《关于中国近代史线索的思考》，《历史研究》1988年第3期。

一说，却未尽如人意。① 依我之见，其缺点一是没有考虑辛亥革命以前的情况，二是第三次高潮拖得太长，也不完全反映历史实际。陈旭麓认为胡绳的三次革命高潮不能算是真正的革命高潮，"只有二十世纪才出现具有完全意义的革命，形成高潮"。② 陈旭麓认为，在整个中国近代史上，的确存在三次革命高潮：第一次是资产阶级领导的1911年（辛亥）革命，推翻了清朝政府；第二次是国共合作的1927年大革命即国民革命，打倒了北洋军阀政府；第三次是中国共产党领导的解放战争，1949年推翻了国民党的统治，夺取全国胜利。③ 陈旭麓的主张，从革命的本来意义出发，将20世纪的中国三次革命定义为中国近代史上的三次革命高潮，其用意是很好的，无可非议。

但是，如果考虑到胡绳当初提出革命高潮概念④的用意，是为了说明中国近代史发展的基本线索，是为了"要使历史研究真正渗透着马克思主义的思想力量，就要善于通过经济政治和文化现象而表明在中国近代历史舞台上的各种社会力量的面貌和实质，它们的来历，它们的相互关系和相互斗争，它们的发展趋势"，是为了认识"革命运动高涨的时期乃是社会力量的新的配备通过激烈的阶级斗争而充分表露出来的时期"，⑤ 我们就会明了，他并不是从革命的本来意义上来定义"三次革命运动的高涨"这一概念的。他提出这个概念的出发点是可以理解的，它对于我们从政治上来认识中国近代史发展的基本线索和特点，恰恰是很重要的。况且，19世纪内几次革命运动的高涨（如太平天国运动、戊戌维新、义和团运动等），为此后真正革命运动的到来做了认真的准备，提供了思想资料，是从旧民主主义革命过渡到新民主主义革命不可缺少的准备阶段。缺少了这些，我们认识中国近代史的基本线索，总结中国近代史的发展规律，就缺少了必要的环节。从这个认识出发，我认为中国近代史的革命高潮依然应该把19世纪的几次革命运动包括在内。当然，不一定非要三次不可。从全局衡量，我认为应该有七次。它

---

① 陈旭麓：《关于中国近代史线索的思考》，《历史研究》1988年第3期。
② 陈旭麓：《关于中国近代史线索的思考》，《历史研究》1988年第3期。
③ 陈旭麓：《关于中国近代史线索的思考》，《历史研究》1988年第3期。
④ 胡绳当初所说的是"中国近代史中的三次革命运动的高涨"，学者们后来概括为"三次革命高潮"，但这一概括并非胡绳的本意，只是后来相沿成习罢了。参见胡绳《中国近代历史的分期问题》，《中国近代史分期问题讨论集》，第7—11页。
⑤ 见胡绳《中国近代历史的分期问题》，《中国近代史分期问题讨论集》，第4、7页。

们是：

第一次，太平天国革命运动；

第二次，戊戌维新和义和团运动；

第三次，辛亥革命；

第四次，新文化运动和五四运动；

第五次，1927年大革命；

第六次，1937—1945年抗日战争；

第七次，解放战争的胜利和中华人民共和国的成立。

以上七次革命运动或革命高潮，基本上决定了近代中国的政治走向，包括从旧民主主义革命到新民主主义革命的所有主要阶段，包括民族民主革命的基本内容。这就是中国近代史发展的基本线索。

五

中国近代史是中国历史的最近阶段，中国现代史是中国历史的当前阶段。研究中国近代史，就要研究中国如何在外国资本－帝国主义侵略下走上半殖民地半封建道路的，半殖民地半封建社会的中国较之封建中国有什么不同，它出现了一些什么较之封建社会不同的东西，形成了怎样新的社会阶级力量，这些新的社会阶级力量又如何决定了近代中国的发展方向，这些新的社会阶级力量怎样同帝国主义、封建主义做斗争，去争取中国的民族独立、去准备中国现代化的起步条件的。因此，依据这种理解，依据对近代中国革命高潮的形成和"沉沦"与"上升"不同发展的认识，我提出对于中国近代史分期的不成熟意见。

1840—1864年，是中国初步沦为半殖民地半封建社会的时期，也是中国社会的积极力量对中国社会面临的急剧变化做出初步反应的时期。反映前一方面的重大事件有两次鸦片战争，以及其间签订的《南京条约》《望厦条约》《黄埔条约》《天津条约》《瑷珲条约》《北京条约》；反映后一方面的包括林则徐销烟、魏源的《海国图志》著作和太平天国起义。

1864—1901年，是中国半殖民地半封建社会的成型期，也是中国社会中的积极力量对所处环境做出强烈反应的时期。反映前一方面的主要史实是甲午战争和《马关条约》的签订,帝国主义抢占租借地和瓜分势力范围及有关条约的签订,八国联军侵华及《辛丑条约》的签订;反映后一方面的主要史实有知识分子上层的戊戌维新运动和农民等下层社会义和团反帝运动。

1901—1915年,是中国半殖民地半封建社会向下沉沦到谷底的时期,在这一时期里,帝国主义放弃了瓜分中国的政策,清政府企图自救而失败,民族资产阶级的经济实力在增长,其政治代表人物发动辛亥革命推翻清朝统治、谋求中国的新出路失败,袁世凯取得政权并部分回到清朝统治的局面。1915年,袁世凯接受日本灭亡中国的"二十一条"并称帝,陈独秀创办《新青年》也在这一年。

1916—1937年,中国社会内部发展开始呈现上升趋势,资产阶级及其政治代表的力量、无产阶级及其政治代表的力量迅速成长,并终于取代旧势力开始成为主导社会发展的力量。国共两党合作推动了中国社会的前进,国共合作的破裂导致内战,引起社会分化,延缓了中国社会的进步。在这个时期,新文化运动以及五四运动发生,中国共产党成立以及国共合作发动大革命,都极大地影响了此后中国历史的发展。

1937—1945年,日本全面侵华,妄图独霸中国,使中国全部殖民地化,想做西方列强在19世纪内想做而未做到的事。但时代变化了,日本侵略引起中华民族的新觉醒,国共两党面对日寇侵略,"兄弟阋于墙外御其侮",经过八年全面抗战,赢得了对日作战的最后胜利。这是近代中国历史上反击外敌入侵取得的第一次胜利。它是标志中国社会向上发展趋势的典型事例。这一次民族革命的伟大胜利,对中国近代史的转折具有根本意义。

1945—1949年,是中国两大政治势力为决定中国发展方向而决战的时期。中华人民共和国的成立标志着近代以来中国人受侵略、受欺侮的时代一去不复返了。中国人民争取到了民族的独立、国家的尊严,因此为中国的现代化争取到了起步条件。中国人把国家民族的繁荣富强放在首要地位来考虑的时机到来了。

1997年9月29日1:37写完

近代中国历史发展的特点与转折[*]

一 中国近代史的时限及其分期

中国历史学者今天所说的中国近代史，指的是1840年至1949年的中国历史。这110年的历史，是有史以来中国社会变化最剧烈的时期，是中国落后挨打并逐步走向半殖民地半封建社会的时期，是中国人民在民族危亡面前不断觉醒，为了国家独立、民主和社会现代化而奋起反抗帝国主义侵略和封建统治者的时期，是中国社会由旧民主主义革命转向新民主主义革命的时期，是旧中国走向新中国的关键时期。

中国近代史包括两个不同的历史发展阶段：一个是1840—1911年12月的晚清历史，另一个是1912—1949年的中华民国历史。

历史分期问题，在我看来是一个马克思主义的概念。以往的历史学者，往往把历史写成帝王将相、英雄人物的家谱。他们往往把王朝更迭作为历史叙述的先后次序。中国的马克思主义者在研究中国历史的时候，往往认为中国历史可以依据其不同时期的发展特点，比如按照生产方式（生产力和生产关系的结合），或者按照历史上阶级斗争的不同表现，或者按照人民群众在不同历史时期的不同作用，将历史发展划分为若干个段落，以此来观察中国历史发展的规律和特点，以此来阐释历史

---

[*] 本文是2007年10月在首尔大学东亚文化研究所所做《近代中国历史发展的特点与转折》学术报告的基础上写成的，原载首尔大学东亚文化研究所《东亚文化》第45辑，2007年12月；转载于金东吉主编《张海鹏先生七秩初度纪念文集》，社会科学文献出版社，2008。

发展的方向。最早主张遵循唯物史观指导中国近代史撰写的历史学者李鼎声在《中国近代史》序论中,认为历史学不再单纯是一种记载的科学,"它不仅要记述人类在与自然斗争及创造自己的历史过程中的种种活动,而且要说明此活动历史的条件与原因,解释历史上各种重大事变的因果关系以及指出在何种情况之下一种旧的社会为新的社会所代替";历史学任务的改变,决定了传统的"以帝王、圣贤、英雄为中心,专门记载朝代兴亡治乱的历史体系和那种偏重于人类文化生活的记载,而不能说明文化兴衰递嬗的全过程的历史编制,不能合理的存在了";"中国历史是全人类历史的一部分",研究中国历史的主要任务,"乃是要考察中国社会在全人类历史之一般的进程中,特有的发展路线,同时要解释中国历史上许多重大事变,如民族的分合斗争,社会形态的转变、交替,各阶级的分化战斗,各种文化制度与意识形态的递嬗变化等等发生的原因与其成果,说明中国文化与世界文化的交汇影响。只有这样,中国史才能成为人类一般历史的一个支流,才能帮助我们了解中国民族的内在变化与外在关系,而变成我们一种有用的智识的工具"。[①]

从这里出发,就产生了中国近代史的时限及其分期问题。

"近代史"一词,来自欧洲的 Modern History。欧洲学者所谓 Modern History,大体上是指 1500 年以来的历史。这种认识是从欧洲历史发展道路出发的,它实际上包括我们今天所说的近代史、现代史甚至当代史。日本用汉字"近代史"翻译 Modern History,含义与西文相同。中国自古就有近代、近世的说法,其含义比较含混,似乎没有确定的时间概念。

中国近代史这门学科在 20 世纪初萌芽、发展。20 世纪中叶以前,中国学者所撰写的中国近代史书,对中国近代史的时限范围没有明确的概念。那时候的近代史书,往往命名为中国近世史、中国最近世史、中国近代史、中国现代史、中国近百年史,没有统一的称呼。这些著作的时限范围也很不一致。大多是从清朝道光年间写起,也有一些从明末清初写起;中国近代史终止于何时,也没有明确的说法,大多写到著作完成的前几年。

1933 年李鼎声出版《中国近代史》以后,1935 年上海商务印书馆

---

① 李鼎声:《中国近代史》,光明书局,1933,第 1—2 页。

出版陈恭禄撰写的《中国近代史》（两卷本），1938年在长沙艺文社发表蒋廷黻著《中国近代史》，1941年郭廷以在重庆出版《近代中国史》，1947年华北新华书店出版范文澜著《中国近代史》上编第一分册，华岗在1949年出版《中国近代史》。"中国近代史"，作为一本书名，或者作为一个学科的名称，大体上被确定了下来。

第一次提出中国近代史时限范围的是著名历史学家范文澜。范文澜在华北解放区出版的《中国近代史》上编第一分册，第一次给出了中国近代史的时限范围。范文澜的著作把上编的鸦片战争到五四运动定为旧民主主义革命时期，把下编的五四运动以后定为新民主主义革命时期。这就是说中国近代史包括旧民主主义革命时期和新民主主义革命时期。根据这样的时限范围和分期，华北大学历史研究室为全国初级中学编写的《中国近代史》教材，1949年4月在北平出版。这本教材的编辑说明指出："本书为初级中学中国近代史课本。全书分二编：上编叙述旧民主主义革命时代（1840—1919）；下编叙述新民主主义革命时代（1919—1945）。"① 这本教材是一个完整的《中国近代史》上编，它不仅为新中国建立之初迫切需要的初中历史教材解了燃眉之急，而且是对1949年以前中国近代史书编纂体系的一个良好的总结，也为新中国建立以后的中国近代史研究指出了基本方向。

作为学科名称，中国近代史和中国现代史，1949年以前的作者并没有明确的区分。典型的例子是李鼎声的书，1933年在上海出版的名为《中国近代史》，1940年在香港出版的名为《中国现代史初编》；曹伯韩的书，1939年出版的名为《中国现代史常识》，1946年出版的名为《中国近代史十讲》，1947年出版的名为《中国现代史读本》。以上这几本书的开端，大体上都是从鸦片战争写起。可见，他们并不认为中国近代史、中国现代史，有什么本质的差别。

1949年10月以后，也就是中华人民共和国建立以后，中国史学界对中国近代史、中国现代史概念的认识，长期以来存在不同看法。1954年在《历史研究》创刊号上，胡绳先生发表了《中国近代历史的分期问题》一文，引起了近代史学者的强烈关注和热烈讨论。1957年，《历史研究》编辑部汇集了三年来学者讨论文章予以出版。这次讨论，对于

---

① 华北大学历史研究室编著《中国近代史》上编，新华书店，1949，编辑说明。

中国近代史学界学习马克思主义基本理论、学习唯物史观、认识近代中国历史的基本线索问题，起到了很大的推动作用。但是，这次讨论的主题是中国近代历史的分期问题。所谓中国近代史，非常明确地局限在1840—1919年，无形之中，这次讨论把中国近代史的时限范围限制为1840—1919年的历史。从这时开始，中国历史学界出现了中国近代史和中国现代史的明确分界，分界线就是1919年发生的五四运动。此后，学术界往往把1919年五四运动以后的历史称作中国现代史，而把1919年上溯到1840年鸦片战争的历史称作中国近代史。有关中国近代史的出版物，包括学术著作和教科书以及通俗读物，大多数也以1919年五四运动为下限；有关中国现代史的出版物，绝大多数以1919年为上限，有的则起于辛亥革命（台湾有关中国现代史的出版物大多以辛亥革命为上限）。换句话说，把旧民主主义革命时期的历史称作中国近代史，而把新民主主义革命时期的历史称作中国现代史。在这样的认识氛围下，范文澜在1955年出版的《中国近代史》九版说明中特别指出："《中国近代史》上册，是1945年我在延安时写的，当时原想把旧民主主义革命时代和新民主主义革命时代的历史一气写下来，将旧民主主义革命时代划归上编，新民主主义革命时代划归下编，本书则是上编的第一分册。现在因为近代史与现代史已有明确的分期，故将此书改称为《中国近代史》上册。"① 这次改动对以后中国近代史书的编纂影响甚大，中国近代史的时限概念几乎就定在1840—1919年。可以这样说，1999年以前出版的中国近代史书，其时限都是如此。

尽管中国近代史学界的主流认识如此，但实际上许多研究者并不赞成。如中国人民大学教员林敦奎1956年6月4日在中国人民大学第六次科学讨论会上提出，中国近代史的下限应延长至1949年；中国科学院近代史研究所研究员荣孟源在1956年第8期《科学通报》发表《关于中国近代史分期问题的讨论》文章，主张中国近代史断限在1949年9月；中国科学院近代史研究所所长范文澜在1956年7月为政协全国委员会中国近代史讲座所做的报告，也主张中国近代史的下限在1949年；中国科学院近代史研究所副所长刘大年1959年在《中国近代史研究中

---

① 范文澜：《中国近代史》上册，人民出版社，1955，九版说明。

的几个问题》①一文中以及 1964 年在向外国历史学者介绍新中国的历史科学时,也持这种观点。

20 世纪 70 年代末,历史发展到了一个新的阶段,人们的认识也在发生变化。中国社会科学院近代史研究所自 1977 年恢复研究工作起,即明确 1840—1949 年的中国近代史都是它的研究对象,该所的出版物和主办的刊物都以此为准。附带介绍一下,中国社会科学院近代史研究所的前身即中国科学院近代史研究所。中国科学院近代史研究所的前身就是华北大学历史研究室。华大历史研究室的主任是范文澜,副主任是刘大年。范文澜、刘大年也是中国科学院近代史研究所的所长、副所长。这就是说,从华大历史研究室,到中国科学院近代史研究所,再到中国社会科学院近代史研究所,其主要负责人都主张中国近代史的下限在 1949 年。随着时间的推移,人们对近代中国的认识不断加深,越来越多的学者认为以 1919 年为中国近代史的下限,对历史认识和学科建设都没有好处,主张将 1840—1949 年的历史打通来研究。胡绳早在 1981 年所著《从鸦片战争到五四运动》序言中就说道:"在中华人民共和国成立已经超过 30 周年的时候,按社会性质来划分中国近代史和中国现代史,看来是更加适当的。"② 此后,把近代中国 110 年作为一个完整的历史时期的主张就更多了,"所谓完整的历史时期,就是说这个 110 年不同于秦汉以来任何一个历史时期,而是一个特殊的历史社会形态,即封建社会崩溃中被卷入资本主义世界的半殖民地半封建社会"。③ 1997 年胡绳在祝贺《近代史研究》创刊 100 期时,重提"把 1919 年以前的八十年和这以后的三十年,视为一个整体,总称之为'中国近代史'是比较合适的。这样,中国近代史就成为一部完整的半殖民地半封建中国的历史,有头有尾。1949 年中华人民共和国成立以后的历史可称之为'中国现代史',不需要再说到 1840—1949 年的历史称之为'中国近现代史'"。1998 年,我本人先后在《光明日报》和《近代史研究》发表文章,继续阐释胡绳有关中国近代史分期的意见并讨论与中

---

① 原载《历史研究》1959 年第 10 期,转引自《刘大年史学论文选集》,人民出版社,1987,第 247 页。
② 胡绳:《从鸦片战争到五四运动》,人民出版社,1981,序言,第 1 页。
③ 陈旭麓:《关于中国近代史线索的思考》,《历史研究》1988 年第 3 期。

国近代史分期有关的问题。① 经过这次讨论,大体上统一了中国近代史学界的认识。1999 年,我主编的第一部以 1840—1949 年为断限的《中国近代史》在群众出版社出版,这是为中国警察写的一本简明的中国近代史。2007 年初,我主编的《中国近代通史》十卷本在江苏人民出版社出版。这是第一部写出了 1840—1949 年中国近代历史的大部头的通史性著作。

关于中国近代史内部的分期,我在 1998 年发表的文章中提出了见解,后来又做了修订如下。

(1) 1840—1864 年,是中国初步沦为半殖民地半封建社会的时期,也是中国社会的积极力量对中国社会面临的急剧变化做出初步反应的时期。

(2) 1865—1895 年,是中国早期现代化的尝试与失败时期,也是中国半殖民地半封建社会的成型期和中国朝野酝酿变法和改良的时期。

(3) 1896—1901 年,从戊戌维新到义和团的发生和失败,八国联军侵华导致《辛丑条约》的签订,是中国半殖民地半封建社会的确立期,也是中国社会中的积极力量对所处环境做出强烈反应的时期,说明了社会各阶级对国家命运的回答的深度和强度。

(4) 1901—1912 年,是中国半殖民地半封建社会向下"沉沦"到"谷底"的时期。在这一时期里,帝国主义放弃了瓜分中国的政策,清政府企图自救而失败,民族资产阶级的经济实力在增长,其政治代表人物发动辛亥革命推翻清朝统治、谋求中国的新出路失败,袁世凯取得政权并在体制上部分回到清朝统治的局面。

(5) 1912—1923 年,包括北洋军阀统治和军阀割据战争的大部分时期,是中国社会从"沉沦"到"谷底"并转趋上升的时期。中国社会内部发展开始呈现上升趋势,资产阶级及其政治代表的力量、无产阶级及其政治代表的力量迅速成长,并终于取代旧势力开始成为主导社会发展力量的时期。

(6) 1924—1927 年,从国民党第一次全国代表大会的召开到国民

---

① 参见张海鹏《中国近代史的分期问题》,《光明日报》1998 年 2 月 3 日;《关于中国近代史的分期及"沉沦"与"上升"诸问题》,《近代史研究》1998 年第 2 期。《光明日报》发表的这篇文章,曾译载于韩国中国学研究中心《中国学志》(1998 年第 4 期)。

党"分共"、大革命失败前,是国内两个政权对立的时期,国共合作发动国民革命,轰轰烈烈的工人运动和农民运动,国民革命的高潮和北伐战争的胜利进展,北洋各派系的争权夺利以及军阀政府的垮台,明显地标志了中国社会的上升趋势。

(7) 1927—1937年,国民党南京政府的建立和中共苏维埃政权的出现,是中国再次呈现两个政权对立的标志。日本实施大陆政策,施展局部侵略中国的政策,打破了中国实施现代化进程的努力,也改变了"兄弟阋于墙"的局面,十年内战时期的政争结构发生了重大变化,西安事变是一个关键因素。

(8) 1937—1945年,是日本全面侵华、中国人民发动全面抗日战争并终于取得近代中国第一次反抗外敌侵略胜利的时期。

(9) 1945—1949年,是中国两大政治势力为决定中国发展方向而决战的时期。中华人民共和国的成立标志着近代以来中国人受侵略、受欺侮的时代一去不复返了。这同时也标志着中国近代史的结束,中国现代史的开端。

《中国近代通史》就是根据这样的见解进行编纂的。

这就是说,1840—1949年的中国历史称作中国近代史,1949年以后的中国历史称作中国现代史。这种看法,在中国近代史学界,现在大体上已经取得统一。

二 "沉沦"与"上升":近代中国的 U字形历史进程

通过对中国近代史的研究和观察,中国近代史的发展轨迹明显地出现了"沉沦"和"上升"的发展阶段。所谓"沉沦"和"上升",有它自己的运行规律。

长期以来,研究近代中国历史的学者对中国近代史的总的概括是:近代中国的历史是屈辱的历史。从鸦片战争清政府失败时候起,中国社会便逐渐陷入了半殖民地半封建社会的深渊。近代中国由封建社会向半殖民地半封建社会转变,这便是近代中国历史的"沉沦",不是时代的进步。半殖民地和半封建是一个统一的历史过程,是不可分割的。半封建是在半殖民地前提下的半封建,半殖民地是晚清封建社会腐朽落后丧失部分独立主权而形成的,这种半封建不等于半资本主义。近代中国的苦难,是一个完整的过程。在这个过程里,"沉沦"是基本的特征。这是历史学家对中国近代史的一种总的解说。

二十多年前,有学者发表论文,提出近代中国不仅有"沉沦",还有"上升",认为近代中国社会"从发展趋势看,存在着两个互相矛盾而又互相连接、互相制约的过程,一个是从独立国变为半殖民地(半独立)并向殖民地演化的过程,一个是从封建社会变为半封建(半资本主义)并向资本主义演化的过程。这两个过程存在着某种关联,但本质上不是互相结合,而是互相排斥。前者是个向下沉沦的过程,后者则是个向上发展的过程"。① 所谓半殖民地半封建社会,半殖民地是对独立国家而言的,半封建是对半资本主义而言的。半殖民地地位的确立并不等于半封建社会的形成,二者并非同一取向,半殖民地半封建并非不能分割。向半殖民地的沉沦主要由于帝国主义的侵略,而向半封建的发展主要由于中国资本主义的发生和发展。中国由封建社会变为半封建社会是社会的进步,而不是"历史的沉沦"。② 半资本主义的存在,就是"上升"。所以,半殖民地半封建社会不仅有"沉沦",而且有"上升"。这种"沉沦"和"上升"是并存的。这是历史学家对近代中国历史的又一种解说。

说近代中国"沉沦",是有道理的,因为它看到了帝国主义侵略、中国社会发展的落后和政府的腐败给中国社会带来的严重后果。中国社会不能按正常发展,沦为半殖民地半封建社会,主权沦丧、战争频仍、人民受苦,这还不是"沉沦"吗?但是,仅止于此,不能很好地解释为什么近代中国以后有积极的、向上的发展。说近代中国的"沉沦"中有"上升",也有它合理的地方,因为它看到了在沉沦、屈辱的中国,仍然存在上升的因素。但说在"沉沦"的过程中始终"包含着向上的因素","沉沦"与"上升"并存,也不能解释整个中国近代史。

怎样解释才符合历史发展的真实呢?

---

① 李时岳:《近代史新论》,汕头大学出版社,1993,第21页。原文题为《中国近代史主要线索及其标志之我见》,发表于《历史研究》1984年第4期。收入文集时做了修改。

② 参见李时岳《关于"半殖民地半封建"的几点思考》,《历史研究》1988年第1期。

帝国主义侵略确实使中国社会发生"沉沦"，使独立的中国社会变为半殖民地，独立主权、领土完整受到严重损伤。但是，由于中国人民在"沉沦"和屈辱中不断反省和觉悟，反抗力度逐渐加大；也由于在资本-帝国主义侵略的刺激下逐渐生长了资本主义特别是民族资本主义因素，产生了新的阶级力量，因此，在中国社会的发展中增加了"上升"的成分，"沉沦"不是中国社会的唯一标志，换句话说，近代中国社会也不是永远沉沦下去。即使是"陷入半殖民地半封建社会的深渊"，这个"深渊"也应该有一个底。这个底就是"沉沦"和"上升"的转折点。

这个深渊的"底"在哪里？底就在20世纪的头20年，就在《辛丑条约》签订以后至北洋军阀统治时期。因为是"谷底"，所以是中国社会最困难的时候：《辛丑条约》给中国带来了最大的打击，帝国主义侵略中国更加重了，西有英国对西藏的大规模武装侵略，东有日俄在东北为瓜分中国势力范围进行武装厮杀，北有俄国支持下外蒙古的"独立"运动，南有日本、英国、法国在台湾、九龙租借地和广州湾租借地的统治；1915年以后，又有日本强行向中国提出的企图灭亡中国的"二十一条"，辛亥革命以后又有袁世凯称帝、张勋复辟、日本出兵青岛和山东以及军阀混战，民不聊生至于极点。看起来中国社会变得极为黑暗、极为混乱，毫无秩序、毫无前途。这正是"沉沦"到谷底的一些表征。但是，正像黑暗过了是光明一样，中国历史发展在谷底时期出现了向上的转机。19世纪60—70年代从西方引进的资本主义生产方式，慢慢在中国社会落地生根，在19世纪末20世纪初开始有了较大生长，中国的民族资产阶级在封建主义和帝国主义双重压迫下成长起来，并逐渐发出经济和政治的呼声。与此同时，中国无产阶级的力量也开始成长和集结。中国社会内部滋长的资产阶级改革派开始组织起来，向清政府要求政治权利，发出了一系列对内对外的政治、经济诉求。与此同时，资产阶级革命派力量壮大起来，并导演了辛亥革命推翻清朝封建专制的伟大历史事件。结果资产阶级革命派未能掌握国家政权，社会政治、经济未能按照革命派的设计沿着资产阶级共和国的方向发展，反而更加黑暗，中国人重新考虑出路。于是，新文化运动发生了，五四爱国运动发生了，马克思主义大规模传入并被人们接受也在这时候发生了。孙中山领导的中国国民党从这时改弦更张，重新奋斗。中国共产党在这时候成立并提出反帝反封建的明确主张。我们可以看出，从这时候起，中国社会内部发展明显呈现上升趋势，中国人民民族觉醒和阶级觉醒的步伐明显加快了。在这以前，中国社会也有不自觉的反帝反封建斗争，也有改革派的主张和呐喊，但相对于社会的主要发展趋势而言，不占优势；在这以后，帝国主义的侵略还有加重的趋势（如日本侵华），但人民的觉醒、革命力量的奋斗，已经可以扭转"沉沦"，中国社会积极向上的一面已经成为社会发展的主要趋势了。

近代中国社会的发展轨迹像一个元宝形，开始是下降，降到谷底，然后上升，升出一片光明。这就是说，鸦片战争以后，中国陷入半殖民地半封建社会深渊，直到20世纪初期，包括《辛丑条约》签订以后到北洋军阀统治的大部分时期，中国社会的"沉沦"到了谷底。在谷底及其以前的时期，对于中国社会的发展来说，面临的主要是"沉沦"。虽然这时中国在经济、政治、思想、文化诸方面，实际上存在积极的、向上的因素，但这种因素的发展是渐进的、缓慢的，相对于社会"沉沦"主流来说，它是弱小的；北伐完成，标志着半殖民地半封建社会的中国开始走出谷底，随着新的经济因素不断成长、壮大，随着新的社会阶级的出现，随着人民群众、社会精英民族意识和阶级意识的日渐觉醒，社会向上的、积极的因素逐渐发展成为社会的主流因素，影响着社会向好的方面发展，虽然消极的、"沉沦"的因素仍然严重存在，其对中国社会的压迫甚至不比北洋军阀时期以前弱，但是由于有新的阶级、新的政党、新的经济力量、人民群众的普遍觉醒这样的上升因素在起作用，终于制止了帝国主义使中国滑向殖民地的企图。从另一个角度来说，中国近代史不仅是屈辱的历史，也是中国人民为了民族独立、国家富强而不屈不挠奋斗的历史。所谓屈辱，主要体现在历史的"沉沦"时期；所谓奋斗，主要体现在历史的"上升"时期。这不是说历史的"沉沦"时期没有奋斗，那个时期中国人民有过不少次的奋斗，但是，由于觉醒程度不够，物质力量不够，斗争经验不够，那时候中国人民的奋斗还不足以制止中国社会的"沉沦"；在历史的上升时期，不是没有屈辱，日本帝国主义对中国的侵略甚至比以往历次帝国主义侵略给中国造成的损害还要严重，但由于中国人民空前的民族觉醒和空前的艰苦奋斗，中国社会不仅避免了继续"沉沦"，而且赢来了反侵略战争的彻底胜利，从而避免了给中国社会带来新的屈辱，实现了国家的独立和主权完整，为中国的现代化创造了基础条件。

"沉沦"和"上升"，中国社会走出了一条U字形路线，经过了110年的艰苦奋斗，终于凤凰涅槃，浴火重生，结束了半殖民地半封建的中国，诞生了人民的新中国。

三 近代中国历史进程中的若干转折

近代中国历史发展的路径或者方向不是一成不变的。在一定历史条件下，历史可能循着某种路径发展，历史条件改变了，发展的路径也可能改变，这就是历史发展的转折。近代中国历史在多数情况下是暴风骤雨似的，是急剧变化着的，我们可以从中观察到多次历史转折。研究近代中国历史发展的转折，对于我们认识中国近代历史发展的曲折性、艰巨性、历史发展道路的可选择性以及历史发展的规律性是有帮助的。观察中国近代史，应该注意这种转折，应该研究这种转折。

我们已经研究了近代中国历史发展的U字形进程，发现在近代中国历史的前期，其基本特征是"沉沦"，近代中国历史的后期，其基本特征是"上升"。在"沉沦"和"上升"中间有一个过渡期，就是"沉沦"的谷底时期，也就是"上升"的起始时期，这是近代中国历史发展的大转折。我们可以运用这种理论来观察近代中国历史，还可以发现各个不同的历史转折。正是这些不同的历史发展转折，构成了中国近代历史从"沉沦"到"上升"的基本过程和特点。

从鸦片战争开始的晚清时期，基本上是近代中国的"沉沦"期。众所周知，1840年抵抗英国侵略中国的鸦片战争，揭开了中国近代史的序幕。鸦片战争的结果，外国资本主义列强用鸦片和炮舰迫使中国接受了东方世界并不熟悉的带有西方殖民色彩的条约体系。清王朝时期的中国，开始从独立发展的封建的中国，逐渐演变为半殖民地半封建的中国。从此以后，清王朝在对外战争中，在对待强大的资本主义入侵者的过程中，捉襟见肘，步步退让，半殖民地半封建社会的印记逐步加深。由不平等条约为基础所构成的条约体系，是中国历史从未见的。鸦片战争形成了中国近代史的开端，形成了晚清中国历史的重大转折，严重影响了此后中国近代史的发展方向。这一点，不是马克思主义者的发明，

20世纪初以来大多数中国近代史书的作者都注意到了，已经是多数学者观察中国近代史的共识。

对鸦片战争以后的中国社会发起挑战的，是1851年爆发的太平天国农民起义。客观上说，太平天国农民起义是对鸦片战争以后中国社会发展方向的一次严重挑战。太平天国农民起义是中国农民起义历史上的大事，是近代中国历史发展进程中的大事。从历史时代的特点来观察，它发生在中国因为鸦片战争后形成的不平等条约体系初步建立、中国开始进入半殖民地半封建社会的时候，它的矛头所向虽然主要是从清朝皇帝到各级地主官僚在内的"阎罗妖"，同时它不可避免地要面对因为第二次鸦片战争发生而深入内地的西方殖民主义侵略者。从这个意义上来说，它不完全像陈胜、吴广以来那样单纯的农民战争。以太平天国为旗帜的这场农民战争迫使外国侵略者重新认识中国，认识中国的统治者和农民之间的关系，调整对华政策，明确了支持清朝统治者的政策方向；这场战争又迫使清朝统治者认识到农民造反是"心腹之患"，外国侵略是"肢体之患"，从而调整了对待农民起义和外国侵略之间的政策。因了这种大政策的调整，就影响到国内政治结构的转变，中央权力下移，汉人督抚当权，经制之兵无能而湘淮军兴起。这些转变不仅直接影响了此后政局的发展，影响了中外关系发展的格局，也影响了此后国内经济发展的形势。太平天国农民起义形成鸦片战争以后近代历史发展的第二个转折。

洋务新政的兴起客观上标志着近代中国历史发展的第三次转折。由于洋务新政的复杂性和自洋务新政发生以来评论家和历史研究者对洋务新政认识的极大分歧，对这个转折要多做些分析。洋务新政是第二次鸦片战争结束后，地主阶级当权派切实体验到西方列强的坚船利炮，面对太平天国、捻军等农民起义的汹涌潮流而发起的，号称"自强新政"，实质上是地主阶级当权派的自救运动。洋务新政首先抓军用工业，造枪造炮，主要是为了镇压农民起义，保证政权稳定，随着农民起义的逐渐平复，当然也有保卫国防、对付外国侵略（所谓"勤远略"）的动机。甲午战争败于日本，原先设计的所谓"自强"、所谓"勤远略"均化为泡影。评论家所谓洋务运动破产，主要是就这一点说的。有研究者指出，洋务运动虽然是从清政府办军用工业开始的，但办军用工业还不能说是追求现代化，只有在19世纪70年代创办"求富"性质的民用工业后，才意味着清政府开始追求发展生产力，追求现代化。① 官督商办的民用工业发展起来，西方资本主义的生产方式被引进中国，中国出现了工人阶级，也逐渐成长起来资产阶级（这里主要指民族资产阶级），这是中国原有的封建社会不曾有的新的社会阶级；与此相适应，一批西方社会科学书籍被翻译过来，一批洋务人才被培养出来。评论家或者认为这是中国工业化的开始，或者认为这是中国早期现代化的起点。资本主义的意识形态，资本主义的生产方式，虽然并未成为中国社会的主流，却是中国社会的新生事物，是推动此后改良派、革命派成长的物质基础和思想基础。这个物质基础和思想基础，是推动中国社会转型的动力。戊戌维新运动就是在这个基础上发动起来的。说洋务活动的兴起客观上标志着近代中国历史发展的第三次转折，主要指此而言。

但是，洋务新政也有它的局限性。如果把洋务新政的开展与稍晚些时候日本进行的明治维新相比较，这种局限性就更明显了。这种局限性主要表现在它不是由朝廷统一部署的在全国推行的运动，而是由部分中央的和地方的大臣经朝廷同意推动的运动，守旧的、保守的、反对的势力很大、很普遍，难以取得明治维新那样的效果；官办或者官督商办的办企业模式，在推动中国早期现代化方面也起过一定作用，但对民间企业家的发展起到了很大的约束作用，与日本明治政府主动提倡、推动民间企业的发展大不相同，因此成效差异很大；由地方督抚大员推动的官办或者官督商办企业，形成了相关地方权力的物质基础，这种基础与军事权力相结合，为此后地方割据势力的形成埋下了伏笔。由于以上原因，中国近代工业的发展速度延缓了，中国早期现代化的进程延缓了，丧失了许多发展机会。甲午战败表明，中国由地方官员推动的洋务新政大大落后于日本明治政府推动的改革、维新运动。而且洋务新政所涉及的"御外侮"的目标完全未能达成。从这个角度说，甲午战争的结果标志着洋务新政的失败，是有道理的。中央政府不能主动转变观念和提出措施，是甲午战争前后三十年间丧失许多发展机会的基本原因，也是洋务新政与明治维新效果大相差异的基本原因，当然也是中国早期现代化迟滞的基本原因。

---

① 参见严立贤《从洋务运动的官商矛盾看中国近代早期两种现代化模式的滥觞》，《中国社会科学院近代史研究所青年学术论坛（2000年卷）》，社会科学文献出版社，2001，第112页。

洋务活动的局限性还表现在，发动洋务活动的奕䜣、曾国藩、李鸿章等洋务派都是清政府的廷臣疆吏，是统治阶级的一个政治派别。他们同统治阶级中的另一翼顽固派一起，共同决定、执行着清政府对内镇压、对外投降的基本国策。位居政权顶端实行折中控制的是掌握皇权的慈禧太后。引进西方资本主义的生产技术是必要的，这种引进在客观上引起了中国社会内部结构和思想意识形态的缓慢演变，对于动摇封建专制统治的基础是有进步意义的，但引进的直接目的是镇压国内人民的反抗，维护摇摇欲坠的封建统治。这个目的，顽固派是可以接受的。洋务派在办洋务企业时，虽也有"御外侮""收利权"等对外的动机和表态，但那不是根本的目的，而且难免有掩饰之嫌。洋务派不可能发动全民族的力量来对付帝国主义侵略者。李鸿章只准自己办洋务，却限制民族资本主义发展。对外国的侵略，他们并不想真正抵抗，掌握在他们手中的近代先进武器，形成不了保卫祖国的干城。北洋舰队在当时不是落后的武器装备，至少与日本海军相比，在某些方面还是先进的，但是为了"避战保船"，匍匐港内，造成被动挨打的局面，成了日本的战利品。不是武器不如人，而是精神状态不如人。随着帝国主义侵略步步加深，掌握国家权力的洋务派官僚总是一次比一次更严重地把民族、国家的利益出卖给外国侵略者。所谓"御外侮"云云，就越来越失去其应有的积极意义。中外关系并不如他们所期望的那样"相安无事"，中国正急速地走向殖民地化的深渊。那种把洋务派的经济活动和政治、外交活动分开来评价的意见是说不通的，事实上是分不开的。说洋务活动是近代中国历史发展的第三次转折，是指其客观效果而言。洋务活动发展的结果，在客观上起到了促进中国资本主义发生的作用，有一定的进步意义。从思想倾向来说，洋务派比较务实，比较能够接受西方先进的东西，在这一点上显然比顽固派更为开明，更能够应对时局的发展。如果完全按照顽固派的那一套搞，中国社会还将继续停滞下去。以往有的研究者把洋务活动的负面作用说得绝对了，也是不能很好地理解历史进程的。

义和团运动和八国联军侵略中国是晚清历史发展的第四次转折。甲午战争以后，列强纷纷在中国抢占港口、瓜分势力范围，打算把这个"躺在死亡之榻"上的清帝国彻底瓜分。义和团的强烈反抗使帝国主义者看到了中国昂扬的民气，不得不改变"瓜分"政策，实行"保全"清帝国的政策，同时也要求清帝国实行若干改革。1901年的新政于是发生。新政名义上放松了对政治、经济和思想的控制，但社会上的阶级矛盾一个也没有减弱。经济政策的放松，鼓励了民族资本主义的发展，这就加强了代表资产阶级的立宪派和革命派向清朝统治阶级要求政治权利的物质基础，造成了革命派和立宪派活动的空间；废除科举、鼓励海外留学，造就了大批接受西方社会政治思想的新型知识分子，从中形成了一批封建专制主义和皇权统治的掘墓者；新政举措需要大量的资金，加上《辛丑条约》规定的巨大赔款，大大加重了人民群众的负担，加剧了本来就很紧张的统治者与被统治者之间的关系，民众反抗此起彼伏；由于社会上产生了新型阶级力量，从经济上、政治上反抗帝国主义列强侵略和收回利权的斗争逐年高涨；新式军队的编练和皇族内阁的组成，加剧了上层统治阶级内部满汉之间和利益集团之间的冲突。辛亥革命就在这些矛盾的基础上发生了。

把"沉沦"和"上升"的观点运用到民国历史时期，我们可以看到，民国历史时期基本上是近代中国的上升期。1901年到20世纪20年代，是近代中国"沉沦"到谷底的时期。这个谷底时期，是黑暗到黎明的转折期，是"沉沦"到"上升"的转折期，表现"沉沦"的阶级力量还很顽强，表现"上升"的阶级力量又不够强大。这种顽强和不够强大，体现为"沉沦"与"上升"的交替表演。其中，1911年武昌起义胜利导致1912年中华民国的建立，标志着近代中国上升期的起点，它又是民国历史的起点。它是"谷底"时期"沉沦"与"上升"交替表演的第一个回合。接着袁世凯掌握北京政权，孙中山、黄兴等革命派失去政权，形成交替表演的第二个回合。1913年宋教仁被刺，孙中山、黄兴发起"二次革命"，袁世凯镇压"二次革命"，宣布就任民国正式大总统，是这时期交替表演的第三个回合。1915年底袁世凯称帝，蔡锷等在云南发动"护国战争"，袁世凯从称帝到气急而亡不过5个月，这是交替表演的第四个回合。黎元洪任大总统后，发生张勋复辟和段祺瑞"再造共和"那样的政治局面，那实际是专制与共和斗争的一个表现形式；接着孙中山在广州组织护法军政府，号召维护《中华民国临时约法》；接着发生五四运动和六三运动，掀起了前所未见的反帝反封建斗争，这是谷底时期交替表演的第五个回合。我们看到从辛亥革命表现出来的民国历史的起点，也就是中国近代史"上升"时期的起点，到五四运动表现为新民主主义革命的起点，"上升"时期的阶级力量在明显地成长、壮大中,"沉沦"的阶级力量在逐渐消退。在辛亥革命造成的那样大的革命声势下,革命派为什么不能执掌国家政权?我们现在可以回答,辛亥革命所处的那个时期,正是近代中国历史发展"沉沦"到谷底的时期,是"沉沦"到"上升"的转折期,也是专制和共和的转折期。因为资产阶级的经济力量、物质基础还不够强大,制约着资产阶级的政治力量也就相对软弱。这是"谷底"时期的表现。总之,这个时期是民国历史的第一个转折期。这个转折值得认真研究。应该说,这个转折对近代中国历史发展进程的意义至今的研究都很不够。

1921年中国共产党成立,1924年中国国民党召开第一次全国代表大会,形成了第一次国共合作,这个合作导致工农运动的高涨,导致人民群众民主意识的高涨,最终导致北洋军阀的垮台。这是民国历史的第二个转折。对于这个转折,当时的人们是没有看得很清楚的。对于中国共产党的成立,对于中国国民党在1924年发动的重大改革,对于国共合作反对北洋军阀的政治动向,在最初并没有引起北方军阀的注意和重视,也没有引起当时北方社会舆论的深切关注,甚至也没有引起列强的严重注意。换句话说,当时北方各军阀并没有把南方改组后的国民党和新成立的国民政府放在眼里。北京、天津、上海等大城市的新闻媒体和社会舆论关注的重心,仍是北方政局的发展变化。对南方国民党的革新,对于国共合作,认为它不过是跟着苏联"赤化"而已。甚至到南方国民革命军誓师北伐,北方各军阀仍未把北伐军当成对自己的一个重大威胁,或者认为蒋介石也会像过去孙中山的几次北伐一样,不过虚张声势而已。盘踞北京政府的张作霖,以及号称拥有七八省的人力物力的吴佩孚与北伐军在湖南战场交锋,虽然遭遇不利,但它仍然充满自信,自以为扼守湖北咸宁汀泗桥这一天险,北伐军莫可奈何。未料吴佩孚的部队在数日之间,一败于汀泗桥,再败于贺胜桥,不仅出乎吴佩孚意料,社会舆论也一度大哗。汀泗桥、贺胜桥一战,使睥睨一世的吴佩孚威名扫地。从此以后,北伐军的声威震动全国,南方的革命军和革命政府也成为全国舆论关注的焦点。这个转折标志着近代中国"上升"时期的政治力量形成。

1927年国共合作破裂和南京国民政府成立,是民国历史的第三个转折。这个转折埋下了国共两党长期不和、长期斗争的根苗,影响了国家的发展,影响了整个社会文化、思想发展的走向,影响了社会制度选择的方向。北洋军阀的垮台，南京国民政府的建立，标志着社会发展的"上升"；而代表"上升"时期的政治力量的分裂，尤其是国共合作的破裂，又严重阻碍了社会"上升"的力度。

1936年12月西安事变，1937年卢沟桥事变，形成了民国历史的第四次转折。中国共产党及其武装力量经过十年内战的损失和挫折，已经变得很弱小了。在日本军国主义侵华步伐加快的形势下，中华民族与日本军国主义侵略者之间的民族矛盾急剧增长，爆发了西安事变。共产党看到了西安事变并非张学良、杨虎城的个人行为，看到了1931年以来的民族救亡的民众运动在反蒋的政治力量中的反应，看到了日本侵华导致中国与日本帝国主义之间民族矛盾的骤然上升，于是紧紧抓住抗日的旗帜。这个旗帜代表了中国大多数人的民族心理和要求，以此为据，促成了国共的再次合作。这次合作不仅最终取得了抗日战争的胜利，而且初步改变了中国在国际社会上的形象，废除了列强在华治外法权，以及由于签订1901年条约，列强强加在中国身上的沉重负担。在国共合作进行全面抗日战争的八年中，国共之间有许多矛盾和摩擦，特别是皖南事变使这种矛盾和摩擦达到了高潮，但都因为民族矛盾超过了阶级矛盾而化解了，没有造成国共合作的再次破裂。国共合作共同抗日，空前调动了全民族的救亡意识、民主意识，正是这种意识，标志着近代中国"上升"趋势的形成。从这时候起，"沉沦"那样一种社会发展趋势就退居次要地位而不复严重影响中国历史进程了。

抗战胜利后国共重庆和谈签订协议和政协会议的决议不能履行，1946年6月内战开始，是民国历史的第五次转折。这次转折所用的时间不长，却完成了近代中国历史发展的选择模式，完成了自辛亥革命开始以来的"上升"趋势，完成了从旧中国到新中国的转变。从这时候起，"沉沦"趋势就不复见于中国历史。这个转折不仅完成了从"沉沦"到"上升"的历史性转变，完成了从旧中国到新中国的历史转变，也原则上完成了从革命的中国到建设的中国的转变，完成了以争取独立民主为主要任务到建设现代化的中国为主要任务的历史性转变。

民国历史经历了38年，是近代中国历史发展最值得重视、最需要认真研究的一个历史阶段。但是历史现象复杂纷纭，错综曲折，起伏跌宕，如果研究者陷入具体琐碎的考证，缺乏宏观的把握，就难以取得重大的研究成果。抓住了上述五个转折点，深入研究和思考，就等于抓住了这段历史的基本线索,复杂纷纭的历史现象就可以顺藤摸瓜,梳理得清清楚楚了。

四 近代中国社会发展方向的选择:资本主义发展的趋向与社会主义的前途

从社会发展的历史进程来看,由于西方资本-帝国主义列强的侵略,中国历史到了近代的时候,没有顺理成章地从封建社会迈入资本主义社会,而是发生了严重变形,拐进了变态的半殖民地半封建社会。当然,这并不是说中国历史上就没有资本主义;恰恰相反,近代中国资本主义的产生与发展,资产阶级与无产阶级的形成及其阶级力量的壮大,为反帝反封建的新、旧民主主义革命准备了充分的物质条件和阶级基础,也因此充分地预示其光明的社会主义前途到来的历史必然性。

学术界已有的研究成果充分证明,早在明代中后期,苏州、杭州等江南地区的手工业经济领域,已经出现资本主义生产关系的萌芽。这种萌芽一经在封建社会的母体里形成,便有逐渐滋生蔓衍之势,如果没有外力的摧折,便会随着中国社会经济发展的特点引导中国社会进入具有中国特色的资本主义社会。正如毛泽东所说:"中国封建社会内的商品经济的发展,已经孕育着资本主义的萌芽,如果没有外国资本主义的影响,中国也将缓慢地发展到资本主义社会。"① 这种观点高度概括了20世纪30—40年代以后密切观察近代中国社会发展历程的人们,尤其是用唯物史观观察近代中国历史的人们的看法。由于鸦片战争打断了中国社会经济发展的正常秩序,近代中国历史偏离了本应向资本主义社会发展的轨道,而逐渐步入半殖民地半封建社会的异途。外国资本主义的入侵,在摧残中国社会内部原有的资本主义萌芽的同时,又加速了封建社会经济结构的分解。"一方面,破坏了中国自给自足的自然经济的基础,破坏了城市的手工业和农民的家庭手工业;又一方面,则促进了中国城乡商品经济的发展。这些情形,不仅对中国封建经济的基础起了解体的作用,同时又给中国资本主义生产的发展造成了某些客观的条件和可

---

① 《中国革命和中国共产党》,《毛泽东选集》第 2 卷,第 626 页。

能。因为自然经济的破坏,给资本主义造成了商品的市场,而大量农民和手工业者的破产,又给资本主义造成了劳动力的市场。"①正是在中国封建社会自然经济解体的基础上,在帝国主义与封建主义的夹缝中,产生了近代中国资本主义。

近代中国资本主义的发展历程大致可以分为四个阶段。

第一阶段:1840—1894年,从鸦片战争到甲午战争,主要是洋务运动时期,为近代中国资本主义的兴起阶段。1840年是近代史学界比较公认的中国近代史的开端,但并不是近代中国资本主义产生的确切年代。由于近代中国半殖民地半封建社会性质这样特殊的历史条件,最早在中国建立近代资本主义企业的并不是中国自己的民族资本,而是外国资本,如英国人1843年在香港创办的墨海书馆和1845年在广州建立的柯拜船坞,是中国最早的近代印刷机构和近代船舶修造工厂。中国民族资本主义的产生则与洋务活动密不可分。19世纪60年代,清政府内部一批洋务派官僚如奕䜣、文祥、曾国藩、李鸿章等人,在"求强""求富"的口号下开始了洋务活动。他们先后创办了一批近代军事工业和民用工业企业。这些企业虽然在资金来源、产品销售以及经营管理等方面都还难免浓厚的封建性,但由于采用了现代机器并与之相联系的产业工人进行生产,因此在一定程度上采用了资本主义的生产方式,带有一定的资本主义性质,从其与国家政权的关系方面来看,可谓国家官僚资本主义的初始形态。随着一批与外国资本主义有关系并且积聚了一定资本的买办,以及一些官僚、地主、商人投资近代企业,近代中国民族资本主义工业产生。近代中国民族资本主义自产生之日起,就受到外国资本主义和本国封建主义、官僚资本主义的压制和排挤,因而发展极其艰难、缓慢,力量相当弱小。据统计,到1894年,中国产业资本的总额约8952.6万元,其中外国资本5433.5万元,占60.7%,本国官僚资本2796.6万元,占31.2%,民族资本722.5万元,占8.1%。②

第二阶段:1895—1911年,从甲午战争到辛亥革命,尤其是清末新政时期,为近代中国资本主义的初步发展阶段。甲午战争的失败,标志着清政府以"自强"为目标的洋务活动的破产,但这并不是说所有

---

① 《中国革命和中国共产党》,《毛泽东选集》第2卷,第626—627页。
② 参见吴承明《中国资本主义的发展述略》,《中国资本主义与国内市场》,中国社会科学出版社,1985,第114页。

洋务企业一夜之间便都销声匿迹了，事实上也并没有阻止中国民族资本主义的发展。相反，由于外国资本取得在内地投资办厂的条约特权对民族工业的刺激，更由于清政府实业政策的调整，尤其是清末新政时期政府对发展民族工商业实行鼓励政策，因而掀起了一个民族资本投资持续发展的高潮。据统计，1858—1911 年，中国产业资本共设立创办资本额在 1 万元以上的工矿企业有 953 家，创办资本总额 20380.5 万元，其中 1895—1911 年有 804 家，占总数的 84.2%，创办资本额 16757.1 万元，占总数的 82.2%，分别是 1858—1894 年的 5.4 倍、4.6 倍。① 这一时期民族资本主义的初步发展，为民族资产阶级的维新变法运动和民主革命运动提供了物质条件和阶级基础。

第三阶段：1912—1927 年，北洋政府时期，是近代中国资本主义进一步发展阶段，其中第一次世界大战前后为其"黄金时代"。辛亥革命推翻了清王朝的封建专制统治，建立了中国历史上第一个资产阶级民主共和国——中华民国，以孙中山为首的南京临时政府颁布了一系列振兴民族工商业的政策法令，燃起了民族资本家振兴实业的热情，为民族资本主义的进一步发展提供了历史契机。虽然从政治上来说，刚刚诞生的革命政权很快落入以袁世凯为首的北洋军阀手中，连年军阀混战，兵连祸结，政治黑暗腐朽，近代中国历史沉沦到半殖民地半封建社会的谷底；但是，在经济发展上，中国民族资本主义经济经历了一个"经济奇迹"。究其原因，一方面，第一次世界大战的爆发暂时缓解了西方列强侵略的压力，进口贸易大为衰落，出口贸易急剧增长，为中国民族资本主义的发展提供了一个千载难逢的机会；另一方面，中国民族资本投资潜力与国内市场的扩大，以及生产技术、设备与经营管理方式的改进，加上民族资本家在反对军阀内战和抵制外货运动中激发的民族热情高涨等因素，这些都有利于促进中国民族资本主义的进一步发展。② 据统计，在 1912—1927 年的 16 年中，中国历年所设创办资本额在 1 万元以上的工矿企业共有 1984 家，创办资本总额约 45895.5 万元，无论创办

---

① 参见杜恂诚《民族资本主义与旧中国政府（1840—1937）》，上海社会科学院出版社，1991，第 29—31 页。

② 详细分析参见〔法〕白吉尔《中国资产阶级的黄金时代（1911—1937）》，张富强、许世芬译，上海人民出版社，1994，第 78—84 页；杜恂诚《民族资本主义与旧中国政府（1840—1937）》，第 137—159 页。

企业数还是创办资本总额，均在 1858—1911 年的 1 倍以上。① 这一时期，近代中国民族资本主义的发展进入了"黄金时代"。因此，尽管军阀政治混乱不堪，却发生了五四爱国运动，产生了中国共产党，从而近代中国历史开始从黑暗的谷底上升，并渐渐透露出一缕光明。

第四阶段：1927—1949 年，国民党政府时期，近代中国资本主义发展成为国家垄断资本主义，特别是抗日战争及战后达到最高峰。北伐战争以后，国民党政府实现了政治上的基本统一，便开始对全国经济进行控制。以蒋介石为首的国民党政权实行国家垄断资本主义政策，其垄断势力从金融业开始，逐渐渗透到重工业、轻工业各产业部门。抗战时期，蒋宋孔陈四大家族利用战争的机会，紧紧控制了全国的金融、交通、能源、制造、矿冶及其他产业部门等经济命脉。据统计，在全国近代产业资本（包括近代工业和交通运输业资本，含外资）结构中，官僚资本所占的比重，1894 年为 39.14%，1911 年为 26.76%，1920 年为 25.96%，1936 年为 35.87%，1947/1948 年为 64.13%；在全国金融业资本（含外资）结构中，官僚资本所占的比重，1894 年为 0，1911 年为 6.32%，1920 年为 16.04%，1936 年为 58.89%，1947/1948 年为 88.85%。② 显然，抗战以后，国民党政权对全国经济命脉的垄断达到登峰造极的地步。国家垄断资本主义的形成，桎梏了自由资本主义的正常发展，改变了近代中国资本主义发展的道路，以致中国社会再也不能继续沿着资本主义方向前进，因而转向社会主义道路便成为历史的必然趋势。毛泽东在 1947 年分析当前的形势时认为："蒋宋孔陈四大家族，在他们当权的二十年中，已经集中了价值达一百万万至二百万万美元的巨大财产，垄断了全国的经济命脉。这个垄断资本，和国家政权结合在一起，成为国家垄断资本主义。这个垄断资本主义，同外国帝国主义、本国地主阶级和旧式富农密切地结合着，成为买办的封建的国家垄断资本主义。这就是蒋介石反动政权的经济基础。这个国家垄断资本主义，不但压迫工人农民，而且压迫城市小资产阶级，损害中等资产阶级。这个国家垄断资本主义，在抗日战争期间和日本投降以后，达到了最高

---

① 参见杜恂诚《民族资本主义与旧中国政府（1840—1937）》，第 106、107 页。
② 参见许涤新、吴承明主编《中国资本主义发展史》第 3 卷《新民主主义时期的中国资本主义》，人民出版社，1993，第 726、736 页。

峰，它替新民主主义革命准备了充分的物质条件。"①以蒋介石为首的国民党政权的国家垄断资本主义即官僚资本主义，与帝国主义、封建主义一样，是中国共产党领导的新民主主义革命的对象。中国的社会主义现代化建设事业，正是在新民主主义革命胜利以后，在没收官僚资本的基础上起步的。正如列宁所说："国家垄断资本主义是社会主义的最完备的物质准备，是社会主义的前阶，是历史阶梯上的一级，在这一级和叫作社会主义的那一级之间，没有任何中间级。"②历史充分证明了列宁的这个论断。

社会主义是近代中国几代仁人志士孜孜追求的政治理想。如果说洪秀全领导的太平天国农民运动颁布的《天朝田亩制度》所构建的"天国"世界秩序，尚只是具有浓厚的乌托邦色彩的农业社会主义理想蓝图而已，那么孙中山的民生主义则是当时形形色色社会主义流派中最接近科学社会主义的一种空想社会主义政治理想。

1903年，孙中山在致友人书中提出了"民生主义"思想。这一次，他是用"社会主义"③一词来表述"民生主义"思想的。这是自1894年兴中会成立以来，孙中山第一次提出有关中国社会未来发展的框架设计。此后20多年中，孙中山反复说明并完善他的民生主义思想。学者们认为，民生主义一直到1924年孙中山正式公开讲演三民主义时才定型。在许多场合里，他都用"社会主义"的概念来表述他的民生主义。但是，正式的表述，或者说孙中山乐于使用的词还是民生主义。民生主义是孙中山三民主义的归宿，是三民主义思想中最具特色的部分。在孙中山看来，民生主义就是社会主义。他经过反复斟酌，认为还是把由日本传来的西方词语Socialism"社会主义"译为"民生主义"更为允当。孙中山钟情于民生主义，并为在中国实现民生主义而奋斗终生。

关于民生主义—社会主义思想的来源，虽然孙中山经常强调它源于中国古代乃至近代的思想资料，但实际上是受19世纪末以来西方自由资本主义发展为帝国主义以后，欧美各国广泛掀起的社会主义运动的影响。孙中山在阐发民生主义—社会主义思想的时候，经常回顾西方国家

---

① 《目前形势和我们的任务》，《毛泽东选集》第4卷，第1253—1254页。
② 《大难临头，出路何在?》，《列宁全集》(第2版)第32卷，第218—219页。
③ 《复某友人函》，中国社会科学院近代史研究所中华民国史研究室等编《孙中山全集》第1卷，中华书局，1981，第228页。

资本主义发展的历史，引用并分析西方社会主义思想流派的著作。

民生主义—社会主义思想的形成与发展，几乎贯穿了孙中山革命活动的全过程。孙中山是在19世纪末期开始观察并研究欧美、资本主义社会模式的。这时的欧美社会，正是通常所说自由资本主义发展到垄断资本主义的时候。工业革命以后，实业的迅速发展所带来的社会流弊，日甚一日。由此引起劳资关系紧张，工人罢工频仍，社会革命其将不远。面对欧美社会现实，孙中山不能不对中国如何实施资本主义的发展战略做出认真的思索。孙中山认识到，在当时的时代潮流之下，中国不可避免地要走上资本主义道路。"近世资本主义之天然演进，对于劳动者常与以不平之待遇"，这是欧美社会已经发生的事实。如果不加控制，任其发展，中国在十年以后，必有十万以上资本家，那时，中国必然重陷欧美社会的老路。中国又要发展资本主义，又要避免资本家垄断社会财富、压制人民群众，办法在哪里？鉴于中国实业发展未久，大资本家还未出现，也还没有资本家垄断社会经济的现象，这就为孙中山设计中国式的资本主义发展战略提供了合适的客观环境。孙中山认为，只要实行以土地国有和节制资本为主要内容的一系列民生主义政策，就能够避免出现大资本家，就能防止社会财富集中于少数人手中，就能防止资本家专制。可见，民生主义的出发点，是防止垄断性的大资本家出现，反对大资本家垄断社会财富。当然，没有资本家的社会不是资本主义社会。反对大资本家不是不要资本家。孙中山所要建立的，不是没有资本家的社会，而是不要大资本家、不要垄断资本家的资本主义社会。

在孙中山看来，实行土地国有、节制资本、发达国家资本的民生主义政策，就能防止大资本家为祸社会，也能刺激中等资本家——中产阶级的活力。于是，他呼吁、企盼中国社会产生中产阶级，认为这是实施民生主义、避免社会弊病的阶级基础。可以说，民生主义所要代表的是正在发展中的、受到严重压抑的、政治经济势力都很软弱的、渴望同官僚垄断势力和外国资产阶级争取平等地位的中国民族资产阶级的利益。民生主义的归结点，是社会和平协调发展，永远消弭劳资间的阶级斗争，永远防止无产阶级为向资产阶级争取政治、经济平等权益而发动的"社会革命"，或曰"第二次革命"。在他看来，做到"举政治革命、社会革命毕其功于一役"，甚至使民族、民权、民生革命一次完成，一劳永逸，就可保证中国社会永臻大同之域。

孙中山认为，只有实行民生主义，经济生活上人人平等，共同富裕，就能保证中国永远不再革命。从早年到晚年，孙中山都十分关心工人、农民的生活。因此，他赞成"得社会主义真髓"的亨氏土地公有、麦氏资本公有办法，就是希望造成"所得的利益归人民大家所有"，又"和资本家不相冲突"①那样的社会局面。这就是他理想中的民生主义——社会主义社会模式。陈义高尚，理想圣洁，无可批评。当然，孙中山追求的社会主义，是他常加称赞的德国俾斯麦的国家社会主义，是"不能够马上推翻"②资本制度的社会主义，是劳资和平协调发展而不致引起社会主义革命的社会主义。这种社会主义，不是马克思主义学说中经过社会主义革命的社会主义。结合孙中山的学说精神，可以姑且称之为民生社会主义。③

这种民生社会主义，实际上是孙中山设计的一种有中国特色的资本主义发展模式。这种模式的特点，一是以国家资本为社会的主要经济构成，不允许大资本垄断社会经济现象的存在；二是以中产阶级为社会发展的阶级基础，社会发展目标由代表中产阶级利益的政治代表所掌握；三是融入了社会主义的分配办法，力求全社会和平协调发展，全民都得到富裕，防患社会革命于未然；四是在政治方向和社会发展目标上，公开声称与马克思主义的社会主义、共产主义理想不相冲突，而且是好朋友。

民生社会主义上述特点，反映了孙中山的个人特色，且其主要方面已为中国国民党第一次全国代表大会宣言所接受。如果国家统一，政治稳定，政策得力，官吏清廉，在国家发展中取得一定成效是很有可能的。

但是，孙中山在确立自己的社会理想时，对国情的估计尚有若干不足。

其一，自鸦片战争以来，外国资本主义-帝国主义的政治、经济甚至军事势力控制了中国，中国几乎国将不国，它们不能容许孙中山在这块土地上试验自己的理想。这方面，自 1912 年初南京临时政府成立以来，

---

① 《民生主义第二讲》，《孙中山全集》第 9 卷，第 393 页。
② 《民生主义第三讲》，《孙中山全集》第 9 卷，第 410 页。
③ 张海鹏：《试论孙中山民生主义的真谛》，《中国社会科学院研究生院学报》1996 年第 5 期，又见「孫中山『民生主義』の真義についての試論」『孫文研究』、神戸、21 期、1997 年 1 月。此文在说明孙中山的民生主义——社会主义思想时，首先使用了民生社会主义这一概念。吴雁南等主编《中国近代社会思潮》第 2 卷第 6 编（湖南教育出版社，1998，第一章）论述了民生社会主义的发展，也使用了这样的提法，但未专门对此做出定义。

孙中山已经有了许多切身体会，并且认识到："我们要解决民生问题，如果专从经济范围来着手，一定是解决不通的。要民生问题能够解决得通，便要先从政治上来着手，打破一切不平等的条约，收回外人管理的海关，我们才可以自由加税，实行保护政策。"① 国家、民族不能独立，一切仁人志士要想实践自己的理想都是不成功的。要建国必须先救国。只有驱逐帝国主义出中国，建国的目标才有可能实现。在帝国主义和封建军阀统治中国局面未改变的情况下，建国蓝图越具体，就越具有空想性。1924年9月18日，孙中山代表中国国民党发表北伐宣言，明确宣布，辛亥革命以后之国内战祸，"直接受自军阀，间接受自帝国主义"，"此战之目的不仅在推倒军阀，尤在推倒军阀所赖以生存之帝国主义"。② 只有如此，中国才能脱离"次殖民地"之地位，以造成自由独立之国家，才具有实现三民主义的条件。到这时，孙中山的认识才得到了校正。

其二，孙中山强调中国只有大贫和小贫，意在模糊中国社会的阶级差异。他没有深刻认识中国农民对土地的渴望，没有体察到农民和地主阶级之间阶级斗争的存在。他虽以"洪秀全第二"自居，却没有认识到太平天国起义正是19世纪50年代农民和地主阶级斗争激化的表现。尤其是19世纪70年代以来，中国社会里资本主义生产关系正在成长，民族资产阶级（孙中山所企望的中产阶级）的经济势力到19世纪末20世纪初已经在中国社会的经济、政治生活中有相当影响，官办企业也有了可观的发展，外国资本主义的独资企业已经控制了中国经济的走向。这些资本主义的生产、金融、交通企业对中国传统社会的冲击力是很大的。现代工业企业中的劳资关系已经存在。对这些估计不足而设计民生社会主义的美丽图景，颇有些单向度思考的意味。试想，在中国的现实情况下，土地公有、资本公有能否实现？实现以后能否防止垄断性的大资本家产生？如何保证社会全体成员公平分配、人人幸福？是否能避免劳资间阶级斗争的产生？怎么能做到工人和资本家不发生冲突、农民得益、地主不受损失？这都是些未可肯定答复的问题。孙中山以为阶级斗争是社会发展的病态，是可以人为地加以医治的。殊不知阶级斗争是社会经济发展过程中，由于阶级利益差异之驱使必然产生的客观存在，人

---

① 《民生主义第四讲》，《孙中山全集》第9卷，第424页。
② 《中国国民党北伐宣言》，《孙中山全集》第11卷，第76页。

们不可主观上想象去消灭它。阶级斗争有时激化，有时缓和，在根本的阶级利益差异消失前是不可消灭的。有远见的政治家、政党可以引导社会阶级斗争的发展方向，却不可能像外科医生一样，把阶级斗争这个毒瘤从社会病体上割去。按照马克思主义的观点，在资本主义发展到一定阶段时，社会主义革命的到来不可避免。设想避免阶级斗争，避免社会革命，政治革命与社会革命毕其功于一役，作一劳永逸之计，是主观的、空想的、幼稚的。虽然对于孙中山的毕生奋斗来说，这是一种很崇高的理想，但是作为观察孙中山提出民生主义以来中国社会发展的历史研究者来说，对孙中山设计民生主义蓝图的不足之处，不能不指出来。

孙中山去世后，对如何执行他的三民主义学说，尤其是他的民生主义——社会主义思想，几乎成为中国政治生活的重要议题。国民党人、共产党人都声称自己是孙中山革命思想和革命事业的继承人。国民党内胡汉民、戴季陶、周佛海、蒋中正等人，都撰写过论述三民主义的著作，反映了国民党内各派系的观点。就民生主义——社会主义思想而言，其要义不外尽量阐发孙中山思想中符合资产阶级需要的方面，阐发不利于中国革命事业发展的消极、保守方面，说什么共产主义不符合中国国情，民生主义包含共产主义，只要一个主义（三民主义）一个党（国民党）就行了，马克思主义是民生主义的仇敌，等等。共产党与此不同。毛泽东在1940年发表《新民主主义论》，高度评价了孙中山革命三民主义的积极意义，精辟地解说了新三民主义与共产主义的联系和区别。毛泽东指出："中国的经济，一定要走'节制资本'和'平均地权'的路，决不能是'少数人所得而私'，决不能让少数资本家少数地主'操纵国民生计'，决不能建立欧美式的资本主义社会，也决不能还是旧的半封建社会。"① 很明显，在这里毛泽东极其准确地概括了孙中山在民生主义演说中的基本思想。说到共产主义与民生主义的联系，那是极其明显的。中国的共产主义者并不是要用阶级斗争的手段在中国硬造一个社会主义革命，不是一开始就要在中国实施社会主义革命。毛泽东说，中国革命必须分两步走，第一步是要变半殖民地半封建的社会形态为民主主义的社会。走这一步，共产主义者的纲领和政策与孙中山的民生主义——社会主义理想是基本一致的，所以孙中山一再强调，民生主义就是社会主

---

① 《新民主主义论》，《毛泽东选集》第2卷，第678—679页。

义,就是共产主义,共产主义是民生主义的好朋友。区别在于,中国革命还必须走第二步,即完成社会主义革命,建立社会主义社会。孙中山以为他的民生主义就是一个最美好的社会,不需要再进行社会主义革命。中国社会最终要进入共产主义,这一点上,孙中山与共产主义者是完全相同的。

在中国人民选择社会主义道路的历史途程中,孙中山是先知先觉者。他高倡社会主义,早在中国共产党成立之前。在这个问题上,他是共产党人的先生。共产党人把孙中山称作革命的先行者,是有充足理由的。孙中山虽然不是马克思主义者,不是科学社会主义论者,但他是一位真心实意要在中国推行社会主义的理想家、革命家,他的思想为中国人开启了一条既要发展大工业,实现国家工业化,又要避免西方资本主义的新的思维方式,预示着马克思主义的科学社会主义必将在中国代之而起,必将在中国主观的、空想的社会主义破产的基础上开辟胜利的道路。

近代中国人寻求马克思主义的科学社会主义,经历了一个相当长的艰难的探索历程。早在清末民初,马克思主义学说已被零星地译介进来。这是近代中国历史背景下西学东渐的产物。无论是外国传教士,还是资产阶级维新—改良派、革命派,抑或一般留日学生,甚至一批无政府主义者,他们在译介近代西方社会政治思想学说的行文著述中提到马克思、恩格斯的名字,介绍马克思主义学说的某些观点,①一般是就近

---

① 传教士的出版机关广学会1898年出版的《泰西民法志》(李提摩泰委托胡贻谷译,柯卡普原著,题名《社会主义史》,1892),是最早介绍马克思、恩格斯及其学说的一部译著。1899年2—5月,《万国公报》第121—124册连载李提摩泰节言、蔡尔康撰文的《大同学》,在中文刊物上较早提到马克思、恩格斯。1902年10月,维新—改良派旗手梁启超在《新民丛报》第18号上发表《进化论革命者颉德之学说》,介绍"社会主义之泰斗"麦喀士(马克思)。革命派领袖孙中山1896年、1897年伦敦被难时期就可能接触过马克思学说,1905年他又亲自访问了第二国际。同盟会的机关报《民报》是宣传社会主义的重要阵地,朱执信于1906年初在《民报》第2、3号上发表《德意志社会革命家小传》,介绍了马克思、恩格斯、拉萨尔、倍倍尔等人的生平及其学说,尤其是概述了马克思主义经典著作《共产党宣言》、《资本论》和《资本史》(《剩余价值学说史》)的基本思想。1903年,留日学生翻译了《近世社会主义》(福井准造著,赵必振译)和《社会主义神髓》(幸德秋水著,中国达记译社译)等日本社会主义者的重要著作。1907—1910年,中国无政府主义者的机关报刊东京《天义报》和巴黎《新世纪》,在宣传无政府主义的同时,也自然较多地涉及了马克思主义与其他社会主义思想。关于清末民初马克思主义学说在中国传播的详细论述,参见皮明庥《近代中国社会主义思潮觅踪》,吉林文史出版社,1991,第1—145页。

代西方各种社会主义思想流派混杂而言,明显缺乏理性与科学的认知。当然,这是由当时中国的社会历史条件决定的,任何人的思想认识水平都不可能超越其所处的时代。

五四前后,马克思主义在与各种非马克思主义的论战中脱颖而出。1917年俄国十月革命胜利,建立了世界上第一个社会主义国家,也给邻近的中国送来了马克思主义。在新文化运动中,一些激进的革命民主主义者如李大钊、陈独秀、毛泽东、周恩来、恽代英等人,开始转变为共产主义者,成为宣传马克思主义和科学社会主义的领袖人物。这些早期马克思主义者,在与实用主义者胡适的"问题与主义之争",与研究系梁启超、张东荪关于社会主义的论战,与反对无政府主义者的斗争过程中,进一步明确了要不要社会主义、要不要马克思主义,中国应走资本主义道路还是社会主义道路,是要基尔特社会主义还是科学社会主义,划清了马克思主义与无政府主义的界限,①更加坚定了马克思主义的信仰,进一步宣传了科学社会主义,为中国共产党的建立奠定了科学的思想理论基础;也在思想界和青年知识分子中,从而在社会上产生了广泛的影响。

中国共产党成立以后,马克思主义开始中国化——毛泽东新民主主义革命理论的形成与发展。1921年,中共一大明确地提出了要走俄国式的苏维埃革命道路,要通过阶级斗争的方式,用无产阶级革命军队推翻资产阶级,实行无产阶级专政。1922年,中共二大进一步提出了中国革命的最高纲领和最低纲领。最高纲领是党的最终奋斗目标,就是要通过无产阶级专政实现共产主义;最低纲领是党的近期奋斗目标,就是要进行反帝反封建的民主革命,建立完全独立、统一的真正民主的共和国。其实,这是要将中国革命分两步走:第一步是要"援助民主主义革命运动";第二步是要"实行'与贫苦农民联合的无产阶级专政'"。正如中共二大宣言所称:"民主主义革命成功了,无产阶级不过得着一些自由与权利,还是不能完全解放。而且民主主义成功,幼稚的资产阶级便会迅速发展,与无产阶级处于对抗地位。因此无产阶级便须对付资产阶级,实行'与贫苦农民联合的无产阶级专政'的第二步奋斗。如果

---

① 参见陈旭麓主编《五四以来政派及其思想》,上海人民出版社,1987,第100—169页。

无产阶级的组织力和战斗力强固，这第二步奋斗是能够跟着民主主义革命胜利以后即刻成功的。"①这个中国革命分两步走的思想，是马克思主义的普遍真理与中国革命具体实践相结合的产物，表明中国共产党人已经初步认识到中国革命需要经历民主主义革命和社会主义革命两个阶段这样重要的理论问题。

中共二大以后，尤其是1927年大革命失败以后，通过与国民党反动派的艰苦斗争，以及党内多次路线斗争，中国共产党在困境与挫折中逐渐走向成熟，其新民主主义革命理论体系也进一步完善和系统化。1939年底至1940年初，毛泽东先后写出了《〈共产党人〉发刊词》《中国革命和中国共产党》《新民主主义论》等文章，对新民主主义理论进行了全面系统的阐述。

毛泽东充分论证了近代中国半殖民地半封建社会的性质。在此基础上，他具体阐述了中国革命的对象、任务和动力，继而详细分析了中国革命的性质及其基本规律。毛泽东明确地指出，中国革命包括资产阶级民主主义革命和无产阶级社会主义革命这样两个不同性质的革命阶段，中国革命必须分为两个步骤。他说："中国现时社会的性质，既然是殖民地、半殖民地、半封建的性质，它就决定了中国革命必须分为两个步骤。第一步，改变这个殖民地、半殖民地、半封建的社会形态，使之变成一个独立的民主主义的社会。第二步，使革命向前发展，建立一个社会主义的社会。"②第一阶段只能是资产阶级民主主义革命，即新民主主义革命。"既然中国社会还是一个殖民地、半殖民地、半封建的社会，既然中国革命的敌人主要的还是帝国主义和封建势力，既然中国革命的任务是为了推翻这两个主要敌人的民族革命和民主革命，而推翻这两个敌人的革命，有时还有资产阶级参加，即使大资产阶级背叛革命而成了革命的敌人，革命的锋芒也不是向着一般的资本主义和资本主义的私有财产，而是向着帝国主义和封建主义，既然如此，所以，现阶段中国革命的性质，不是无产阶级社会主义的，而是资产阶级民主主义的。但是，现时中国的资产阶级民主主义的革命，已不是旧式的一般的资产阶级民主主义的革命，这种革命已经过时了，而是新式的特殊的资产阶级

---

① 《中国共产党第二次全国大会宣言》，《"二大"和"三大"：中国共产党第二、第三次代表大会资料选编》，中国社会科学出版社，1985，第104、105页。
② 《新民主主义论》，《毛泽东选集》第2卷，第666页。

民主主义的革命。这种革命正在中国和一切殖民地半殖民地国家发展起来，我们称这种革命为新民主主义的革命。"① 所谓新民主主义革命，是无产阶级领导之下的人民大众的反帝反封建的革命。这个革命，既是走向社会主义社会的过渡阶段，也是走向社会主义社会的必经阶段。"中国现时的革命阶段，是为了终结殖民地、半殖民地、半封建社会和建立社会主义社会之间的一个过渡的阶段，是一个新民主主义的革命过程。""中国的社会必须经过这个革命，才能进一步发展到社会主义的社会去，否则是不可能的。"②也就是说，第一阶段的新民主主义革命必然导致第二阶段的社会主义革命。"这个革命的第一步、第一阶段，决不是也不能建立中国资产阶级专政的资本主义的社会，而是要建立以中国无产阶级为首领的中国各个革命阶级联合专政的新民主主义的社会，以完结其第一阶段。然后，再使之发展到第二阶段，以建立中国社会主义的社会。"③他认为，中国革命的最终前途绝不是资本主义，而是社会主义和共产主义。"中国共产党领导的整个中国革命运动，是包括民主主义革命和社会主义革命两个阶段在内的全部革命运动；这是两个性质不同的革命过程，只有完成了前一个革命过程才有可能去完成后一个革命过程。民主主义革命是社会主义革命的必要准备，社会主义革命是民主主义革命的必然趋势。而一切共产主义者的最后目的，则是在于力争社会主义社会和共产主义社会的最后的完成。只有认清民主主义革命和社会主义革命的区别，同时又认清二者的联系，才能正确地领导中国革命。"④这既是中国共产党光荣的历史使命，又是近代中国历史发展的必然趋势。

近代中国社会必将发展到社会主义社会，而不是资本主义社会，这是中国共产党人的理想和奋斗目标。这个社会发展方向，中国共产党的领导者是清楚的。但是，长期以来，中国国民党反对这样的主张，虽然中国国民党的创始者孙中山提出过非资本主义发展方向的主张，但实际上孙中山所希望建立的，是不要大资本家的资本主义社会。他的后继者却背离三民主义的真义，虽然也打出"节制资本"的口号，但始终强

---

① 《中国革命和中国共产党》，《毛泽东选集》第 2 卷，第 646—647 页。
② 《中国革命和中国共产党》，《毛泽东选集》第 2 卷，第 647 页。
③ 《新民主主义论》，《毛泽东选集》第 2 卷，第 672 页。
④ 《中国革命和中国共产党》，《毛泽东选集》第 2 卷，第 651—652 页。

调反对共产主义,强调"资本国家化",① 实际上是在中国发展国家官僚垄断资本主义。一些中间派的知识分子,或者主张在经济上实行社会主义,在政治上采用美国的民主政治。究竟中国社会的航船驶向哪里,许多人是不清楚的。在社会实践中,决定性的东西还是这种社会和政治主张背后的物质力量。

这种物质力量在共产党人和人民的革命奋斗中被创造出来。在国际反法西斯战线已经取得根本性的胜利,中国抗战局面虽然还很严峻,但抗日战争的最后胜利已经可以预期的时候,中国共产党领导的武装力量在对日寇作战中空前地成长壮大起来。1945年春,全国已经有18个解放区,总面积已达95万平方公里,人口9550余万,八路军、新四军及其他人民军队发展到91万人,民兵220万人。② 正是在这样的物质基础上,1944年9月,林伯渠在重庆召开的第三届第三次国民参政会上,代表中国共产党正式提出了结束国民党一党统治,召开国是会议,组织各抗日党派联合政府的建议。1945年4月,抗战胜利在即,毛泽东在中共第七次全国代表大会上做了《论联合政府》的政治报告,明确地提出了要废除国民党一党专政、建立民主的联合政府的政治主张。他说:"为着彻底消灭日本侵略者,必须在全国范围内实行民主改革。而要这样做,不废止国民党的一党专政,建立民主的联合政府,是不可能的。""我们主张在彻底地打败日本侵略者之后,建立一个以全国绝对大多数人民为基础而在工人阶级领导之下的统一战线的民主联盟的国家制度,我们把这样的国家制度称之为新民主主义的国家制度。"③ 联合政府口号的提出,标志着中共开始将争取怎样一个抗战结果的问题提上议程,"是中共在经历了十余年的武装割据之后,第一次向国民党提出中央政府权力再分配的政治要求"。④但是,抗战胜利后,国民党不愿意

---

① 蒋介石:《中国之命运》,正中书局,1943,第142页。
② 引自中共中央党史研究室《中国共产党历史》第1卷下册,中共党史出版社,2002,第802页。
③ 《论联合政府》,《毛泽东选集》第3卷,第1066、1056页。
④ 邓野:《联合政府与一党训政:1944—1946年间的国共政争》,社会科学文献出版社,2003,第29页。本书从近代中国政治发展规律的角度探讨1944—1946年的中国政治,透过国、共和第三方面的政争,透过苏联和美国势力的介入,研究联合政府主张的提出,议论横生,多有独到见解,是不可多得的民国史佳作。缺点是纯粹讨论政治,没有指出国共两党不同的政治主张表示不同的中国发展方向的巨大差别。

放弃一党专政，不愿意与各种民主势力建立联合政府，并悍然撕毁双十协定、政协决议和停战协定，发动反共内战，企图消灭中国共产党及其武装力量。三年内战的结果，国民党反共反人民的独裁势力在大陆被消灭，加快了将新民主主义革命推向社会主义革命的历史进程。1949年10月建立的中华人民共和国政府，是一个排除了国民党，而以中国共产党为核心、各民主党派参加的联合政府。排除了国民党，就是排除了在中国发展官僚资本主义的政治势力，中国由新民主主义进入社会主义的发展阶段就变成确定无疑的社会现实了。

三
中国历史学科建设研究

当代中国历史科学鸟瞰*

三十年前《光明日报》发表《实践是检验真理的唯一标准》，其社会影响远远超出了哲学、马克思主义哲学乃至整个学术范围。这篇文章澄清了马克思主义哲学命题中一个被弄混乱了的问题，在"文革"结束不久的中国特殊背景下，引起了思想界、理论界乃至社会各界的强烈震动，破除了"四人帮"在对待马克思主义理论、毛泽东思想上强加的"精神枷锁"，极大地推动了思想解放的步伐。这篇文章的发表及其争论，对于十一届三中全会的召开和国家改革开放方针的确定，形成了重要的思想理论背景。

真理标准问题的讨论，促进了思想的大解放，促进了党的十一届三中全会的召开，也促进了全党和全国人民对什么是社会主义、怎样建设社会主义的认识。随后，党和国家就确定了"一个中心，两个基本点"的总方针。这个总方针规定了发展社会主义生产力是国家建设的中心，发展社会主义生产力既要坚持改革开放，也要坚持四项基本原则。改革开放成为国家和社会发展进步的总的要求。

纪念真理标准讨论和改革开放三十年来国家和社会的巨大变化，回顾三十年来中国历史学的发展，是有意义的。当代中国历史学的发展，

---

* 本文原载张海鹏主编《中国历史学 30 年》，中国社会科学出版社，2008。2008 年初，中国史学会会长会议决定组织国内历史学者总结改革开放以来中国历史学的发展情况，责成我来推动其事。我组织了各方面学者约 30 人，从中国历史学的各个角度，包括考古学、中国古代史、中国近代史、世界史、中国科技史等领域撰写了总结文章。编辑这些文章，题名为《中国历史学 30 年》。正好中国社会科学出版社正在组织学者撰写哲学社会科学各领域的总结文章，于是《中国历史学 30 年》便纳入中国社会科学院文库·中国哲学社会科学 30 年丛书之中。本文是《中国历史学 30 年》的第一篇。

就是在这样的理论背景和社会政治背景下展开的。

反思并检讨历史学领域的"左"的影响促进唯物史观的正确理解与运用

　　历史学领域是"四人帮"极左思潮的重灾区。所谓"儒法斗争"贯穿中国历史，所谓"对资产阶级要立足于批"，批判所谓"叛徒哲学"等谬论，肆虐于史学领域，显然是对阶级斗争学说的教条化理解和标签化运用。加上那时提倡的"儒法斗争""评法批儒"实际上是"四人帮"进行政治斗争的工具，不仅引起了人民群众对现实的普遍不满，也引起了知识界、史学界对影射史学的反感。这时候有关真理标准的讨论，十一届三中全会后的思想解放运动，推动了史学界对于教条化地运用马克思主义阶级斗争理论、唯物史观的反思，对于史学领域一系列错误观点的拨乱反正起到了直接的推动作用。

　　检验真理的实践标准，对于历史研究来说，就是必须珍重基本的历史事实。通过反思，史学界认识到：阶级斗争学说的确是马克思主义理论宝库中的基本理论。运用阶级斗争理论对历史上的阶级社会、阶级斗争做出必要的分析，是正确的、必须的，运用阶级分析的方法，会使我们更能看出历史发展的本质，认清历史前进的规律。但是，把阶级斗争作为标签到处乱贴，把任何历史现象都与阶级斗争相联系，则犯了教条化、简单化、扩大化、标签化的错误，会对历史上纷繁的社会现象做出非历史主义的结论。这种现象的出现，恰恰违反了历史的真实，违反了阶级斗争与历史主义相统一的认识方法和分析方法，因而也违反了马克思主义的基本原理。违反了基本的历史真实，所得出的认识与结论，就不是科学的认识与结论。

　　对于唯物史观和人类历史发展基本规律的认识，史学界在解放思想的情况下，也做了大量的探讨和分析。例如，如何认识中国历史发展的规律，如何认识五种生产方式在中国历史上的适用问题，如何认识中国封建社会长期延续的问题，如何认识资本主义萌芽问题，如何认识历史创造者问题，如何认识历史发展的动力问题，讨论都很热烈、很深入，虽然不易得出学界公认的一致意见，但是这种争论是在百家争鸣的氛围下进行的，没有发生打棍子、扣帽子的情形。像这样结合中国历史实际，深入探讨唯物史观的基本理论，探讨中国历史发展的基本规律，在对马克思主义进行教条化理解的氛围下是难以进行的。当然，像这样复杂的重大历史研究课题，有分歧或者有重大分歧是正常的。讨论还需要长期深入进行下去。重要的是正确掌握和领会马克思主义的基本理论，结合中国历史实际，开展长期的研究和探讨，才能推进若干重大历史和理论问题的认识与进步。

如何对几千年的中国历史进行分期，一向是中国历史学者十分关注的问题。以上古、中古、近古的概念来分期，中国古已有之，这种分法失之笼统，难以显示历史发展的实质。许多历史学家主张运用马克思主义的社会经济形态理论作为中国历史分期的理论根据。关于运用马克思主义的社会经济形态学说考察中国历史问题，近些年来有各种讨论和质疑，聚讼纷纭。林甘泉考察了马克思、恩格斯、列宁和斯大林有关社会经济形态学说的演变，认为斯大林比较完整地提出了五种生产方式的演进这种表达方式。斯大林的表达简明扼要，但容易产生简单化和公式化的毛病，如果据此认为五种生产方式是斯大林制造出来的公式，并不符合马克思主义学说史的真实。林甘泉认为，社会形态的发展是一种自然历史过程，用社会经济形态来划分历史的不同阶段，能够比较全面而深刻地解释不同时代的本质特征。他指出："主张用马克思社会经济形态理论作指导来划分历史发展阶段，揭示不同历史阶段的基本特征，并不意味着要把丰富多彩的历史剪裁成社会发展史的公式。"[①]

中国历史上是否存在过奴隶社会，是一个很大的问题。著名的历史学家郭沫若主张存在奴隶社会，但是近些年来有学者提出了质疑和挑战。作为一个学术问题，我们主张在仔细研究历史文献和考古实物资料的基础上，继续展开讨论。中国存在长期的封建社会，一向是中国历史学家的基本看法，近年来也有不同的讨论。有的学者认为，中国早期历史文献中有"封邦建国"的记载，那才是中国历史上的"封建"，它与欧洲中世纪的封建制度是不同的，中国历史不要套用封建社会的名称。其实，中国历史上封邦建国的"封建"只是当时的一种政治制度，多

[①]《世纪之交的中国古代史研究的几个热点问题》，《林甘泉文集》，上海辞书出版社，2005，第421页。

数学者主张的封建制度或者封建社会,是一种社会经济形态,是指封建的生产方式,是指领主制或地主制那样的生产关系。如果只认为封邦建国的"封建"才是"封建",中国历史就很难讲得通了。

近代中国长期处在内外战争环境中,革命势力的成长、革命事业的开展,成为这段历史的基调。学者们以往在处理近代中国的历史时,往往强调革命史,对于历史的丰富内容则照顾不够。最近三十年来,学术界做了许多探讨。有的学者提出了"现代化范式"的概念,主张在中国近代史研究中,用所谓"现代化范式"代替所谓"革命史范式"。在近代中国,革命是那个时候社会的基调,革命的目的是谋求国家的独立和富强。独立就是要反帝反封建,富强就是要现代化。但是近代中国110年的历史,现代化未能成为时代的基调。还有一种意见,提出现代化史观和革命史史观的区别。学者认为,对于这种区别,不要简单地采取否定或者肯定的态度,应该依据唯物史观的基本观点,实事求是地看待历史的过程,既要看到革命史在近代中国历史发展中的基本作用,也要看到现代化进程在近代中国也有一定程度的表现。著名历史学家刘大年主张,革命和现代化都是近代中国的历史主题。总之,采用现代化视角观察近代中国历史是可取的,代替说并不合适,研究和叙述历史不能简单化。

在对外开放的大背景下吸收、研究、借鉴国外史学理论

在这个大背景下,最近三十年来,中国历史学家与世界各主要国家和地区的历史学家之间建立了广泛的学术联系。中国学者到各国留学、讲学、出席各种与历史学相关的学术会议,足迹几乎遍及全世界。从国际历史学会在1980年召开的第十五届国际历史科学大会起,中国史学会组织的代表团都积极参加了历次讨论会。各国历史学家有关世界历史、地区史、考古学、中国古代史、中国近代史、史学理论等方面的著作,都被中国学者大量翻译成中文,在中国广泛流行。各国学者研究中的积极成果,正在被中国学者采用。

历史学领域各学科的建设,除了继续坚持唯物史观的基本理论指导

之外，大量翻译、引进了西方国家历史学领域的理论研究成果，在中国历史学研究中借鉴了国外的史学理论，开展了对西方史学理论的学术研究和评论。所谓新康德主义、新黑格尔主义、西方马克思主义、自由主义、生命派的历史理论、分析的历史哲学等，所谓文化形态史观、现代化史观、全球化史观、环境生态史观，所谓实证主义史学、年鉴学派史学、社会经济学、历史人类学、比较史学、计量史学、心理史学、社会史学，以及以系统论为代表的自然科学研究方法在史学研究上的应用，乃至后现代史学等。这种引进和借鉴，是改革开放方针在历史学领域的实现。这些西方史学流派和研究方法的引进，对于中国史学家开阔眼界，进一步认识历史的复杂性，开展多面向的史学研究是有帮助的。也有学者指出，现在历史学的学位论文、学术论文和专著，动辄引用西方学者（哪怕是二、三流学者）的论点来展开自己的论述，不再引用马克思主义经典著作的论点，是新时期的一个特点，几乎形成了新的教条主义。不管是对马克思主义的教条，还是对西方新史学理论的洋教条，都是教条，都有值得改进的地方。中国历史学家在新的历史时期，应该在马克思主义基本理论的指导下，广泛吸取中国传统史学理论和来自西方的史学理论，在新的时代条件下，有所创新，形成有中国气派的史学理论、史学概念和史学体系。这是我们在回顾历史时，所应期望于未来的历史学家的。

突破政治史、革命史的单线条式叙述，极大地拓宽研究领域

我国进入大规模的社会主义现代化建设事业，这样一种空前规模的社会改造，也影响着历史学者的眼界和观察历史的方法。社会历史是十分丰富复杂的，今天的社会现实也是十分丰富复杂的。以往的历史研究，突出了革命史、政治史，是时代的需要。但是，如果写历史只写革命史、政治史，就会蒙蔽人们的眼睛，限制人们认识历史的丰富内容。研究文化史、社会史、经济史、思想史、中外关系史、民族史、边疆史，与研究政治史、革命史同等重要，不可偏废。历史研究以政治、外交、经济的历史为主干，可以带动文化史、社会史、思想史、民族史、

边疆史的研究。政治史、革命史的研究也要克服简单化的毛病，在全面占有史料的基础上深化认识。三十年来，有关文化史、社会史、经济史、思想史、中外关系史、民族史、边疆历史以及历史地理学的研究等方面，甚至人口史、灾荒史等都有了很大的进展。这对于我们深化对中国历史发展道路的认识是极其重要的。

大规模现代化建设带动了大规模的考古工作。都城考古、文化遗址考古、古墓考古，取得了极其丰硕的成果；甲骨文、金文、简帛资料的大量发现，吐鲁番、敦煌文书以及徽州文书等史料的发现，晚清与民国史料的整理与研究，社会经济史料的编纂与整理，近代革命史料和中共党史资料的编纂与整理，都在推动中国历史学研究的深入，不仅大大地改变了我们对《史记》等古代记载提供的中国上古史知识的了解，也大大丰富了我们对战国到魏晋乃至宋元明清历史的知识，加深了对近代中国历史的认识。在中国古代史研究领域，学者们对中国几千年的历史做了大量深入的实证研究，通过这些实证研究，对古代中国的历史的认识有了许多前进，如有关人类起源问题、中国农业起源问题、中国文明起源和国家起源问题等。

关于人类的起源。自从 1871 年达尔文发表《人类起源和性的选择》以来，关于人类起源和起源地问题学者们各执一词，但大多数学者认为人类起源于非洲特别是中非的肯尼亚。中国考古学的成就证明，现代人单一起源的说法得不到中国考古学的支持。中国考古学家已发掘的几个点，如北京人、元谋人、繁昌人，人类活动都在 200 万年左右，至少可以证明，人类起源不一定是单一起源，应该是多源的。

关于中国农业的起源。中国考古学家和历史学家在研究了大量古代遗址中的植物遗迹后，已经得出大体接近的认识：1 万年前，中国的栽培稻出现；8000—9000 年前稻作农业形成；距今 6000—7000 年，稻作开始在以长江流域为中心的地区普及，稻作农业经济的代表遗址在距今 6000 年左右的河姆渡遗址；距今 7500—8000 年的遗存中，粟、黍已在华北广泛栽培了；距今 6000—7000 年的仰韶文化时期，华北旱作农业建立。考古资料证明，我国极有可能是世界上粟、稻、黍等几种主要农作物的起源地，至少是起源地之一。这一认识也有别于欧洲学者中国农产品西来说的早期认识，也推进了中国学者此前的认识。

关于中国文明的起源，20 世纪中叶以前，欧美学者坚持中国文明西来说，赞成者众多。随着20世纪下半叶以后中国考古发掘提供的大量实物资料，中国学者开始依据地下发掘的实物资料并结合历史文献，实事求是地研究中国文明的起源。近二十年来，大量的考古发现以及据此展开的学术研究，使中国文明起源与早期发展的多元一体进程在国内学术界得到了相当程度的共识：中国文明起源是多元的，各地都有自己的文明社会迈进的过程（即"文明化进程"）；中华文明的形成是一体的，即各个地区的文化相互竞争、碰撞、融合，最终形成了中华文明。有的学者把这种认识概括为"多元起源，中原核心，一体结构"。这一概括得到了多数学者的认同。① 在文明起源和国家起源的讨论中，国内学者以往根据恩格斯的理论，认为中国也经历了部落联盟转变为国家的模式。20世纪80年代引进国外有关"酋邦"的理论后，对上述见解产生了质疑。林甘泉研究了中国古文献以后认为，说中国前国家时期的政治组织是酋邦而否定有部落联盟，还缺乏足够的根据。②

为了推动对中国早期历史的研究，"夏商周断代工程"联系了自然科学和社会科学各方面学者攻关，对中国文明史初期的年代学大体已得出共识：夏的年代在公元前2070年至前1600年。这是在研究基础上得出的结论。

为了团结全国以及国外的研究力量，深入开展中国古代文明起源的研究，中国社会科学院、北京大学、上海大学、河南省、山西省等地成立了"古代文明研究中心"。2002年春季，中国社会科学院还正式启动了"中华文明探源工程预研究"课题，并且被列入"十五"计划国家重点科技攻关项目，研究工作正在顺利进行之中。该项目将研究的地域范围放在河南中西部和山西南部，时间范围定在距今4500年至3600年，相当于古史传说的尧舜禹时期到夏代末年。这项研究将为全面开展中华文明探源工程奠定基础，摸索经验，并提出一个切实可行的中华文明探源工程实施方案。

为了推动中国历史最后一个封建朝代——清朝历史的研究，国家组织了国家清史编纂工程，计划用十年左右时间，组织1000多位清史学者，以世界历史的广阔视野，创造性地继承中国修史传统，开展全面的

---

① 《世纪之交的中国古代史研究的几个热点问题》，《林甘泉文集》，第409页。
② 《林甘泉文集》，第413—414页。

清史研究，计划完成 100 卷大约 3000 万字的清史工程。这一计划目前正在积极实施中。

为了推动历史学研究，学术界组织了大型史料编纂工作。为了对先秦以至辛亥革命以前的传统文化典籍进行一次全面的、科学的、系统的分类整理，国家还推动了极大型类书《中华大典》的编纂。这一极大型类书在《古今图书集成》分类体例的基础上，融入了现代的科学体系和分类学知识，有所创新，有所前进。这一计划正在积极地实施中。

中国近代史与中国古代史学科相比，它是在 20 世纪初产生、20 世纪下半叶发展起来的新兴学科。近代中国的历史，是中国与西方列强猛烈冲撞的历史，也是中国的政治结构、经济结构、社会文化结构发生剧烈变化的历史。换句话说，是中国人反对帝国主义、反对封建主义，探索中国独立、救亡和富强道路的历史。在这 100 多年中，中国人在不同时期从欧洲学来了各种社会政治学说，也学来了马克思主义，用这些学说和主义做理论武器，反对帝国主义，反对封建主义，最终赢得了民族的独立，走上了社会主义道路。

改革开放以来，特别是最近十年以来，关于中国近代史、中国现代史的学科概念发生了根本变化。中国历史学界对中国近代史的时间范围做过长时间的学术讨论。三十年前，中国学术界大多把 1919 年发生的五四运动作为中国近代史和中国现代史的分界点。最近这些年，许多学者认为这样的分期是不科学的。因为以社会经济形态为划分历史时期的标准，1840—1949 年都是半殖民地半封建社会，同一个社会形态分成两个不同的历史时期，显然是不妥当的。学术界的基本认识是：应该按照马克思主义关于社会形态的学说，把半殖民地半封建社会时期的中国历史作为中国近代史，也即把 1840—1949 年的中国历史作为中国近代史。1997 年，担任中国社会科学院院长的著名中国近代史研究大家胡绳先生明确提出："把 1919 年以前的八十年和这以后的三十年，视为一个整体，总称之为'中国近代史'，是比较合适的。这样，中国近代史就成为一部完整的半殖民地半封建中国的历史，有头有尾。1949 年中华人民共和国成立以后的历史可以称为'中国现代史'，不需要在说到 1840—1949 年的历史时称之为'中国近现代历史'。"[①] 我本人也多次

---

① 胡绳题词，《近代史研究》1997 年第 4 期（100 期纪念号）。

在报刊发表论文和文章，阐明胡绳先生的建议。① 现在这一认识已经成为中国近代史学界的共识，几乎无人质疑。

第一本以 1840—1949 年的中国历史为学科对象的《中国近代史》，由张海鹏主持，在 1999 年出版。张海鹏代表中国社会科学院近代史研究所组织编纂的大型中国近代史《中国近代通史》十卷本，也在 2007 年初出版。这本近代通史，就是包括了 1840—1949 年这 110 年的中国历史。

最重要的变化来自《中国近现代史纲要》的编撰和出版。这本书作为马克思主义理论研究与建设工程首批重点教材经过中央批准，已经进入全国大学生的政治理论课课堂。本书开篇的话第一句就是："中国的近现代史，是指 1840 年以来中国的历史。其中从 1840 年鸦片战争爆发到 1949 年中华人民共和国成立前夕的历史，是中国的近代史；1949 年中华人民共和国成立以来的历史，是中国的现代史。"② 这句话极其重要，它定义了中国近代史和中国现代史的学科范围。这说明，中国近现代史学界长期讨论并已取得基本共识的中国近代史、中国现代史学科对象问题，已经固定下来。

全球化背景下的时代需要推动了
我国世界史学科的发展与繁荣

中国的世界历史研究作为一门学科也是后起的，1949 年以前，中国的历史学界还谈不上世界史的研究，直到 20 世纪下半叶才逐渐兴盛起来。中国学者对世界历史经历了先介绍外国学者的研究成果，再独立进行研究的过程。中国学者用中国人的眼光观察世界历史的发展进程，对世界历史研究中的"西欧中心论"保持着质疑的态度，并且一直在探讨中国学者主张的世界史理论体系。武汉大学历史系吴于廑教授对世界史学科的对象、范围、主题、途径、主线和研究方法提出了一系列看

---

① 见张海鹏《中国近代史的分期问题》，《光明日报》1998 年 2 月 3 日史林版；又见《关于中国近代史的分期及"沉沦"与"上升"诸问题》，《近代史研究》1998 年第 2 期。
② 本书编写组：《中国近现代史纲要》，高等教育出版社，2007，开篇的话，第 1 页。

法，他认为：世界历史在前资本主义时代是孤立发展的，只是经历了15世纪、16世纪以来的一系列重大转折之后，才形成整体的世界史。吴于廑先生在他撰写的《中国大百科全书》"世界历史"条目中指出，世界历史的纵向发展"是指人类物质生产史上不同生产方式的演变和由此引起的不同社会形态的更迭"，而横向发展"是指历史由各地区间的相互闭塞到逐步开放，由彼此分散到逐步联系密切，终于发展成为整体的世界历史这一客观过程而言的"，"研究世界历史就必须以世界为全局，考察它怎样由相互闭塞发展为密切联系，由分散演变为整体的全部历程，这个全部历程就是世界历史"。① 这个看法的核心是如何从全局上说明历史怎样发展为世界历史，可以把它称为整体世界史观。这种世界史理论体系，希望突破西欧中心论，写出真正意义上的世界史。北京大学历史系教授罗荣渠提出了以现代化的世界进程为世界历史理论体系和架构的观点，并且为此做了大量的研究。他主张："新的现代化理论应该以马克思主义关于生产力与生产关系的理论、基础与上层建筑的理论为纲，从经济史入手，加强对原始积累、商业资本、工业资本一直到垄断资本的更深入的全面研究。"② 这一理论模式在中国世界史学界有相当影响。是否把现代化作为世界近现代史学科新体系的主题，学者间一直存在争论。最新的争论出现在最近一期《历史研究》杂志上。在这期杂志中，有学者坚定主张以现代化为主题构建世界近现代史新的学科体系，③ 也有学者反对这一主张，认为"不应该抛弃社会形态从低级向高级发展的主线另起炉灶"。④ 还有学者坚持整个社会形态的交替构成了人类历史进程的基本内容和主要线索，认为"没有一种其它的历史理论和学说比马克思主义的历史理论更加关注人类整体的历史，马克思主义的历史理论对人类社会及其发展变化的阐述所具有的系统性和完备性是任何已知的其他理论无法相比的。从这一意义上说，我们在构建世

---

① 中国大百科全书总编辑委员会《外国历史》编辑委员会、中国大百科全书出版社编辑部编《中国大百科全书·外国历史Ⅰ》，中国大百科全书出版社，1990，第5、15页。
② 罗荣渠：《有关开创世界史研究新局面的几个问题》，北京大学历史系世界史专业编《北京大学百年校庆世界史文集》，北京大学出版社，1998，第217页。
③ 钱乘旦：《现代化与中国的世界近现代史研究》，《历史研究》2008年第2期。
④ 李世安：《现代化能否作为世界近现代史学科新体系的主线》，《历史研究》2008年第2期。

界历史体系的工作中也应该坚持以唯物史观为指导"。①

在世界史研究和撰写体系中,突破西欧中心论是否意味着世界历史就是各国历史的总和呢?有的世界史学者认为,我国编写的各种世界史教材(包括通史和各种断代史),都是按照社会发展形态进行历史分期,逐一叙述各地区、各国和各民族的历史。这实际上是一种分阶段的各国历史汇编。学者认为,这样一种历史叙述方式不能总揽世界全局,不能从全局考察人类社会的演变过程,不可能成为反映客观历史过程的科学著作。我国学术界应该以一种开放的、包容的、多元的态度,努力构建中国的世界史体系,有鉴别地吸取当代国际史学及社会科学一切新理论和新方法,考察人类文明形成与发展的整体轨迹,考察人类社会历史的整体发展。由此,有的学者提出了"全球史观"这样的概念,认为"全球史观"这样的概念可以避免用国别史范畴的概念去说明世界史的运行特点和规律的弊病,更加科学地发现和说明整个世界的发展状况及发展规律。

近年来,我国世界史学者就全球化和全球史进行了热烈的讨论。有的学者认为,全球史观是一种借用历史哲学和历史学已有成果的新提法,不是解释历史的新方法,更不是一种博大周密的新体系。有的学者认为,全球史观不是不需要历史中心,而是要建构新的中心。也有学者认为,全球化史观的影响力有限,尽管全球化史观已经问世近半个世纪,但西方人文社会科学的基础基本上还是建立在"欧洲中心论"的历史解读之上。还有学者认为,全球化史观存在诸多理论缺陷,最明显的是忽视社会内部的发展。还有学者认为,就如同不存在"文化全球化"一样,也不存在"全球化"的全球史。每个国家和民族都有自己心中的全球史。②

在我看来,在讨论世界史体系、质疑"西欧中心论"的时候,不能犯简单化的毛病。已经有学者指出,"西方中心论"是否成立,并不取决于主张这种理论逻辑的研究者是否站在西方的立场上,而是取决于世界历史的客观进程中是否发生过西方作为支配性的力量崛起于世界的历史事实。客观来看,从曾经影响世界历史进程的角度说,在 15 世纪

---

① 俞金尧:《什么是"世界历史"及如何构建世界史体系》,《历史研究》2008 年第 2 期。
② 参考于沛主编《全球化与全球史》,社会科学文献出版社,2007。

以前，世界历史上不只存在一个中心。资本主义兴起和发展以后，世界历史的中心变成以西欧为主。无论是向世界各地传播资本主义，还是向世界各地同时传播殖民主义，欧洲都曾经严重影响了世界历史的进程。但是世界历史的中心也不止一个。在很长的时期里，东方社会以中国为代表也还是一个中心。当然这个中心在 19 世纪中叶起，地位慢慢削弱。世界无产阶级革命兴起，俄国十月革命以后，世界逐渐形成社会主义阵营和资本主义阵营，社会主义阵营就有苏联一个中心，资本主义阵营有美国一个中心。第二次世界大战中，难道不是世界历史上的多中心时期吗？我们不能否认，在一段时间里，在欧洲发动战争的德国是一个中心，在亚洲发动战争的日本也是一个中心。历史进程还在发展之中，第二次世界大战后，反殖民主义及民族独立运动在世界范围内兴起，世界历史的中心也在发生变化。今天的美国是世界历史上的一个中心，但是不能说今天的世界只有一个中心。世界历史的推进从来都是在不止一个中心存在的情况下，两个或者多个中心进行博弈的结果。因此，在处理世界历史进程的中心问题上不可以太过于简单化。质疑"西欧中心论"或者"西方中心论"，是质疑西欧或者西方作为观察世界历史发展中心的观点，不是否定在世界历史发展的某一个时期，西欧或者西方曾经起过历史中心的作用，是质疑在这种观点下，无视世界历史的其他地区如广大的亚洲、非洲、拉丁美洲各国人民推动历史发展、创造历史契机的主动能力和实践。

按照历史唯物主义的原则，按照实事求是的精神，如何准确把握住影响世界历史进程的重大事件，从这些重大事件与世界的联系中来总体把握世界历史发展的全局，是世界史研究者的责任。中国的和平崛起，中国与世界越来越广泛的多种联系，要求发展中国历史学中的世界历史研究，建立包含面更广的世界史学科。这是时代向中国的世界史研究学者提出的任务。

近些年来，我国历史学的代表性著作，以通史而论，有中国社会科学院近代史研究所范文澜、蔡美彪的《中国通史》十卷本，中国社会科学院历史研究所尹达主持的《中国史稿》七卷本，北京师范大学白寿彝教授主编的《中国通史》十二卷本，林甘泉等主编的《中国经济通史》九卷本，赵德馨主编的《中国经济通史》十卷本，北京师范大学龚书铎教授主编的《中国社会通史》八卷本，郑师渠教授主编的

《中国文化通史》十卷本，许涤新、吴承明主编的《中国资本主义发展史》三卷本，胡绳著《从鸦片战争到五四运动》，刘大年主编的《中国近代史稿》三册，李新、陈铁健总主编的《中国新民主革命通史》十二卷本，龚育之、金冲及、郑惠、张海鹏主编的《中国二十世纪通鉴（1901—2000）》五卷本，中国社会科学院近代史研究所张海鹏主编的《中国近代通史》十卷本，吴于廑、齐世荣主编的《世界通史》六卷本，王绳祖主编的《国际关系史》十卷本，中国社会科学院世界历史研究所朱贵生、王振德、张椿年等著《第二次世界大战史》，军事科学院编撰的《第二次世界大战史》，陈之骅等主编的《苏联兴亡史》，齐世荣、廖学盛主编的《20世纪的历史巨变》，北京大学马克垚主编的《世界文明史》，何芳川等主编的《非洲通史》三卷本，刘祖熙著《波兰通史》，彭树智主编的《中东国家通史》十三卷本，刘绪贻、杨生茂主编的《美国通史》六卷本，等等，都是我国历史学的积极成果。

此外，历史学研究领域各种专门史著作甚多，不胜枚举。

中国历史编纂学在近代输入西方史学方法后，形成近代实证史学的传统。1949年后，中国马克思主义史学逐渐从边缘走向主流，成为影响中国历史学发展和中国历史学家的主要思想倾向。近些年来，随着中国社会经济结构的深刻变化，思想意识形态领域的多元倾向开始形成，对马克思主义史学的挑战随之发生。有学者明确表达了对唯物史观的质疑态度。有人撰文表示不赞成唯物史观作为中国历史学的指导理论。有学者热衷于传播诸如"后现代史学"那样的来自西方的史学理论，借以解构马克思主义史学的传统。有人一味吹捧所谓蓝色文明，贬低、否定所谓黄色文明，借以否定、贬低中国的传统文化，消解中华民族的爱国主义传统。有人著书立说，贬低、否定中国近代的革命历史和革命精神，美其名曰"告别革命"，对近代中国特别是中国共产党领导下的革命历史采取了"虚无主义"的态度。在纪念真理标准讨论三十周年和改革开放三十周年的时候，需要更多关注中国历史学的发展趋势和前景。迄今为止，所有的历史事实，都未能证明对人类社会历史的唯心主义解释是符合客观历史事实的。所有的历史理论都不能取代历史唯物主义的人类社会历史的认识。我们当然应该注意吸取能够正确解释历史客观事实的历史学理论，但是，在中国历史学界，坚持马克思主义，坚持唯物史观的指导，坚持学术上百家争鸣的方针，中国历史学的发展才能更为平稳、扎实和繁荣。只有这样,中国的历史学研究才能为中国和世界的读者提供更为全面、更为扎实、更为深入、更为准确和真实的中国历史和世界历史的著述,为人类的现在和未来服务;只有这样,中国的历史学研究才能为建设中国特色社会主义服务,才能为丰富中国特色社会主义理论做出贡献。

新世纪十年史学概述[*]

中国史学研究包罗万象，门类众多。在一篇短文里，无法照顾诸多方面。本文从中国考古学研究、中国古代史研究、中国近现代史研究、世界史研究等方面做一简述，遗漏和不当之处，敬祈指正。

中国考古学研究

进入新世纪的十年，是中国考古学发展最快的十年。由于经济建设突飞猛进，包括三峡工程、南水北调、西气东输等国家大型基本建设项目和丝绸之路申遗、大运河申遗等国家文化遗产保护项目的考古工作，以及为解决学术问题实施的主动考古发掘项目，累积了从旧石器时代以来各个历史时期的大量珍贵的考古材料，不仅填补了区域年代空白，有利于建立考古学的年代框架和文化谱系，也为解决某些长期聚讼不休的历史问题提供了难得机遇。举其荦荦大者，旧石器时代的如北京周口店"北京人"遗址的再发掘，河南许昌"许昌人"的发现，陕西吉县柿子滩旧石器时代晚期遗址群的持续调查和发掘；新石器时代的如浙江浦江上山遗址的发掘和"上山文化"的命名，湖南道县玉蟾岩遗址的发掘和中国最早期陶器的发现，河南新密李家沟遗址早于裴李岗文化的李家沟文化的发现，浙江余杭良渚城址的发现和持续发掘等；夏商周时代的如河南偃师二里头宫城遗址的发现和持续发掘，河南安阳洹北商城的发

---

[*] 本文原载中国史学会《中国历史学年鉴》编委会编《中国历史学年鉴（2002—2012）》，社会科学文献出版社，2014。

现和宫殿区的发掘，山西翼城大河口和绛县横水墓地的发掘等；秦汉已降诸历史时期的如河南内黄三杨庄汉代村落遗址的发掘，江苏盱眙大云山汉墓的发掘，河南安阳曹魏高陵的发现，广东"南海一号""南澳一号"沉船的水下考古发掘等，均具有重大的科学研究价值。

考古学和自然科学的合作空前密切，成果显著。考古学是一门边缘科学，介乎自然科学和社会科学之间。从考古遗迹、遗物的获得，到对它们的研究和保护，都离不开自然科学手段的介入。如果说20世纪后半叶以碳十四为代表的自然科学手段的应用，为中国考古学建立科学的年代框架和文化谱系做出划时代的贡献的话，那么过去十年在动物考古、植物考古、环境考古、冶金考古、文化遗产保护、年代学等众多方面的研究工作，则为更加广泛地获得古代人类的历史文化信息，更加深入地了解、复原古代人类的社会生活提供了新的更加有效的途径。以植物考古为例，由于系统的浮选方法的广泛应用，目前对"五谷"等众多植物的起源和发展，特别是对源自中国的栽培作物黍和粟，以及自西亚移入的栽培作物大麦、小麦等的起源和发展过程，有了远较过去深入的了解，对中国古代的社会和经济生活因此也有了更加丰富的认识。

中国文明起源及中国早期国家形成等重大理论问题的研究取得新进展。世纪之交，继"夏商周断代工程"结束之后开展的"中华文明探源工程"，为加强考古学家和自然科学家及其他相关学者的联合攻关建立了富有成效的机制，为深入研究中华文明的起源、发展和动因提供了难得机遇，中华文明起源和中国早期国家形成等重大理论问题的研究取得新突破。中华文明的发展过程，如果按阶段划分，从公元前3500年左右开始，黄河中下游、长江中下游和西辽河流域等主要文化区的文明化进程均呈现明确的加速发展趋势。一些文化和社会发展较快的地区开始相继进入初期文明阶段。中华五千年文明信非虚言。公元前3000年至前2000年前后，各主要文化区的文明化进程在剧烈的社会动荡中加速发展和演变。中原地区在各种文化因素激烈碰撞重组和文化中心不断移动的旋涡中持续发展。黄河下游的海岱地区则保持着稳健的社会复杂化进程，出现若干以大型城址为中心的等级结构更加复杂的区域聚落群，与中原地区东西并立，形成与古史记载中描述的夷夏对立相仿佛的格局。公元前1700年前后，河南偃师二里头遗址率先崛起，规模庞大，出现了中国最早的宫城、有中轴线布局的宫殿建筑和依附于宫殿区的手工业作坊等重要遗迹,成为凌驾于周围广大地区多个区域性中心聚落之上的都邑性聚落,标志着中国早期文明化进程发展至一个崭新的阶段。

关注国家起源中有关理论问题的探索,开始从理论或者方法论的层面对文明和国家起源的整体研究进行思考,对文明起源与国家产生的关系、中国古代国家产生的途径等重大问题进行理论分析。学者们认为,要推进中国国家起源和早期国家研究中理论问题的探讨,需要找准处理中国个案所应关注的问题点和重点,结合中国考古新发现,从中国的材料出发,创建出符合中国历史实际的理论,才是最上乘的文明和国家起源研究。中国国家起源的研究,是中国考古学和中国古代史学者共同关注的热点。

考古研究领域逐步扩展,研究方法呈现多元化。在各主要地区文化史的重建初步完成之后,考古学研究呈现多样化、多元化的态势。在中国远古人类的起源与迁徙、农业起源、中国文明起源、中西文化交流、聚落考古、农业考古、手工业考古(如盐业考古)、水下考古、遥感考古、墓葬考古、宗教考古等方面均取得了显著成就。以聚落考古为例,全覆盖式系统聚落调查方法在包括河南、山东、辽宁、四川、内蒙古、湖南、云南等多个地区的广泛应用,为研究各地区的社会复杂化进程和中国文明的起源提供了翔实的史料和科学的方法。

中国考古界对理论探讨的兴趣也在提升,已经有学者提出用唯物史观指导中国文明起源问题的研究。对于国外优秀成果的译介取得了不少成果,对外学术交流也逐渐增多。中国考古学家的论文也频繁出现在西方著名刊物上,这对国际考古学界了解、认识中国考古学,也为中国考古学走向世界,开创了新局面。这是过去从未有过的。由中国社会科学院考古研究所编辑的 *Chinese Archaeology*(年刊),用英文向国际学术界介绍中国考古学,对推动中外考古学界的交流互动发挥着日益重要的作用。

过去研究较为薄弱的边疆地区考古突飞猛进,并在不少方面取得了突破。以新疆和甘肃的青铜时代为例。比如,新疆流水墓地、小河墓地、洋海墓地、穷科克墓地、巴里坤遗址与墓葬群的调查与发掘,显示了新疆不同区域间的青铜文化,呈现纷繁复杂的面相。甘肃临潭磨沟齐家文化墓地的发掘,对齐家文化的年代与社会组织结构的认识提出了挑战;甘肃张家川马家塬战国时期戎人贵族墓地的发现,则为研究先秦时期东西方文化的交流提供了新材料。

研究成果大量出版，数量或许超过20世纪的全部出版物。除中国社会科学院考古研究所编著的集大成的多卷本《中国考古学》之《夏商卷》、《两周卷》、《新石器时代卷》和《秦汉卷》外，数以百计的考古发掘报告和研究专论出版，中国考古学多元化、多样化、多学科合作的研究态势，也体现在林林总总的著作中。

中国古代史研究

新世纪十年中国古代史研究取得很大进展，在一定程度上得益于考古材料的发掘和甲骨尤其是大量简帛的发现。这些材料的发现对于中国古代史分支学科简帛学的形成起到了关键作用。简帛的发现、整理与研究，是新世纪十年中国战国秦汉魏晋史研究最为关注的前沿性问题之一。这些简帛的内容涉及战国至魏晋时期官私文书、律令、户口簿、医书、日书、天象、地图以及古代典籍或者典籍佚文等，极大地推进了中国史学界对这一时期政治、经济、文化和社会管理方面历史的认识。经过研究者整理，出版数种简帛资料，为学者研究提供了第一手资料。从简帛的角度可以独立提出和系统研究许多重大课题。学者们通过研究这些史料，在战国楚史研究、秦汉魏晋史政治史研究、地方行政研究、爵制研究、律令制度研究和土地、赋役、户籍制度与相关经济史研究及思想文化与社会史研究方面都取得了突出成果。

2003年出版的《殷墟花园庄东地甲骨》一书收集了丰富的殷墟花园庄东地甲骨，为研究甲骨文字考释、甲骨文例、商代家族制度、权力分配、宗教祭祀等提供了宝贵资料，引起殷商史研究领域的重视，仅2005年就有约30篇论文发表。这批甲骨的发现和公布，对晚商王朝权力运作、祭祀制度、占卜制度、殷礼复原、有关地名与建筑考订、刻辞文字释读等起到了推动作用。十卷本《商代史》是运用甲骨文材料研究商史的最新成果。

由于秦简、汉简牍的大量发现，秦汉史的研究有了推进。一些以往不容易弄清楚的问题，如秦及西汉初期的土地制度形态、二十等爵制的实态及其在秦汉社会结构和政治结构中的地位和作用、秦汉官僚体制的特质及演变、汉初中央王朝与诸侯国的关系及其历史渊源、秦汉法律体系的形成与特质、秦汉时期的赋役体系等这些涉及秦汉社会结构和国家形态的重要问题，或者有了新的认识，或者在争辩中为获得新的认识创造了条件。

魏晋南北朝时期历史，由于考古资料的发现，拓跋鲜卑早期历史的研究引起了学者关注。李凭著《北魏平城时代》、田余庆著《拓跋史探》、张金龙著《北魏政治与制度论稿》、王凯著《北魏盛乐时代》等，都利用了文献与考古资料，集中探讨了拓跋鲜卑早期的历史。拓跋鲜卑在中华民族形成历史上曾经起过重要作用，它结束北方十六国纷争局面，统一北方广大地区，形成北方民族融合的高潮，奠定了隋唐统一国家的基础。

隋唐五代史研究中，近年来学者注意"唐宋社会变革"研究，尤其关注晚唐与五代史，相关的学术讨论会开了十多次。与此相关，有关晚唐五代时期专制制度的演变，有关"唐礼""唐令"等唐代礼、法制度以及演变的研究，都有不少著作问世。

日本学者早年提出的"唐宋社会变革"说近年引起讨论。有学者指出，中国学者早已知道这一论点，却并不主张宋代为"近世"说，认为盲目追随唐宋变革无助于推动唐宋史的研究。近年的讨论提出了另一个值得注意的问题，即如何从打破朝代局限，从长时段去研究社会演变问题，是有意义的。

由于契丹文字的解读获得新的进展，辽金夏史研究有了前进。近年不断有新的契丹文字石刻出土，一些青年学者不畏艰难走上契丹文字研究的道路，内蒙古大学还培养了研究契丹语言文字的博士生。契丹文字的解读成果开始用于辽史研究，必将对包括以上课题在内的辽史研究起到巨大的促进作用。黑水城文献资料的整理、出版、翻译与研究，使我国西夏学研究进入繁荣发展的新阶段，取得不少成果。

明史方面，郑和下西洋和晚明社会变迁研究成为学界关注的重点。晚明社会变迁研究表明，15—16世纪是人类社会发生深刻变革的时代，中国社会也同样发生了深刻变革，最重要的标志之一是白银货币化。晚明白银由非法到合法货币，银本位的确立，标志着白银货币化的完成，市场经济的萌发，构成对传统生产方式与生产关系的重大冲击。晚明社会变迁标志着社会的转型、近代的开启。

近年来，清代学术文献的整理出版卓有成绩，《乾嘉学术编年》与《乾嘉学派研究》表明乾嘉学派研究取得了重要进展。美国研究清史的学者提出了"新清史"概念，在中国学术界近几年引起关注，有学者称赞，但中国学者对所谓"新清史"多持不大赞成的态度。

"新清史"主张重视满族的主体性研究，主张重视利用满文档案和其他民族的文字书写，主张重视满族在创建清朝中国中的贡献，注意研究清朝统治者的"满族性"，这是对清史研究有积极意义的学术见解。但是，对"新清史"的学术成就不能有过高的评价，毋宁说"新清史"的基本学术倾向是错误的。"新清史"的主体观点是所谓"满洲帝国"与中国不能画等号，中国只是"满洲帝国"的一部分，等等，是找不到史料支持的，是西方世界观在中国历史研究上的折射，不值得称赞。在中国历史上，只有"大清国"作为中国的一个朝代存在，何曾出现过"满洲帝国"呢？中国学者刘小萌、黄兴涛等先后做出了学术评论。黄兴涛有关清代满人的中国认同，已经做出了清晰的论证。

关于"封建"问题的争论

五千年中国历史究竟走过了一条什么样的发展道路，这既是中国古代史研究中一个宏观的实际问题，又是一个重大的理论问题。最近若干年来，许多研究者从不同的角度，依据各自的历史观，试图去对这一问题做出回答。其间，对中国"封建"概念及相关理论的思考是一个热点。冯天瑜《"封建"考论》的出版将关于封建社会问题的讨论推向了一个新的高潮。该书认为，我国史学界流行大半个世纪的"封建社会"论，乃是一种"泛封建观"，与"封建"的"本义""西义"和马克思的"原论"均有背离，主张以"宗法专制社会"来称谓以君主专制为特征的秦至清社会。围绕这部著作，已经连续举办了三次全国性的学术研讨会：2006年10月，在武汉大学召开"封建社会再认识"学术研讨会；2007年11月，中国社会科学院历史研究所、经济研究所、《历史研究》编辑部与在京院校合作，举办了以"封建名实问题与马列主义封建观"为主题的论坛，2008年会议文章结集出版，名为《封建名实问题讨论集》；2008年12月，苏州召开"封建与封建社会问题"学术研讨会，会议论文集结为《中国"封建"社会再认识》。《"封建"考论》所引起的学术争论，展现出学术界对"封建"名实问题及社会形态学说的不同理解。一些学者由此主张淡化"封建"概念，以时段发展来代替。更有学者强调，中国是否存在封建社会，要看封建社会经济形态的基本特征在中国是否存在，封建社会作为人类历史的重要发展阶段不应否定。

关于"封建"问题的学术争论显示出传统观点与新观点的冲突，有的学者认为《"封建"考论》一书为新时期历史和人文社会科学研究确立了新的范式。也有学者认为，这些"新见解"不是在前人研究的基础上继续向"社会生活的深处"开掘，而是由"社会生活的深处"退回到"政治形式的外表"。我国马克思主义史家以往关于封建的整个观念乃至理论系统（以封建地主制理论为核心），恰恰是逐渐突破政治形式的外表、深入社会生活的深处的结果。封建问题的指向，是社会形态，是历史的普遍性与特殊性、统一性与多样性问题。由"封建"名实问题引发的争论将对如何理解马克思主义的社会形态学说，如何评价马克思主义的封建观，以及如何看待中国和西方封建社会的异同，提出新的思考。如何总结、继承前人成果，吸取其教训，充实、补充以往之不足，进一步完善中国历史学体系成为摆在中国史学家面前的一大要务。

中国近代史研究

中国近代史研究一向与现实生活关系比较密切。一些重要热点问题的研究，往往由现实生活提出来，学者们围绕这些问题展开深入的学术探讨。这十来年间，中国近代史研究领域出现多次热点。

辛亥革命史研究是这十年间的一大热点。2001年是辛亥革命90周年，2011年是辛亥革命100周年，由中国史学会和湖北省社科联发起，在武汉连续召开了两次国际学术讨论会。90周年的国际学术讨论会收到论文102篇，以辛亥革命与20世纪的中国为主题，围绕辛亥革命时期的政局、辛亥革命时期的政治集团、辛亥革命与中华民族的认同、辛亥革命时期的经济发展、辛亥革命时期的国家与社会等多个议题展开研讨，成果丰硕。100周年的国际学术研讨会，以辛亥百年与百年中国为主题，围绕辛亥革命时期的政治、经济、社会、思想文化和对外关系，发表了104篇论文。

与辛亥革命研究有关的还有孙中山研究。2006年11月，中国孙中山研究会发起在中山市召开纪念孙中山诞辰140周年国际学术讨论会，与会学者围绕孙中山一生革命业绩做了深入研究。

与辛亥革命史研究同时进行的，是对清末新政的研究。辛亥革命史是着重从革命派这一面研究的，清末新政是着重从清政府这一面来研究的。有学者从地方督抚（如张之洞）的角度研究清末新政；有学者从新政机构的角度研究清末新政，如学部研究、邮传部研究；有学者从鸦片税收的角度研究清末新政；有学者从留学生的角度研究清末新政；有学者从施政效果的角度研究清末新政，如研究科举停废对近代中国的影响；有学者从满汉关系的角度研究清末新政；有学者从边疆的角度研究清末新政。还有学者从中国政治转型的角度研究清末宪政改革，从资政院和谘议局的角度研究清末新政中的预备立宪，从地方自治的角度研究清末宪政改革，从驻外使节的角度研究清末新政。这些专题研究已经相当深入，对于我们了解清末新政的全貌作用甚大。这些研究表明，清朝廷坚持皇帝专制，是清末新政走向失败的基本原因，也是辛亥革命不能不发生的基本原因。

辛亥革命研究，不应该仅仅是辛亥革命本身的研究，而应该是辛亥革命时期中国的研究，是一项综合性很强的研究。这十年间，不仅在研究辛亥革命时期的政治史、经济史等传统项目方面有进展，在研究辛亥革命时期的社会史、思想文化史，以及社会心理的变化史方面也有很大进展。

这十年间，有关辛亥革命史、孙中山研究和清末新政的论著甚多。辛亥革命90周年纪念，中山大学近代中国研究中心和孙中山研究所出版了一套"孙中山与近代中国学术系列"（8种），华中师范大学中国近代史研究所出版了一套研究辛亥革命的著作（5种）。辛亥革命100周年，华中师范大学出版了辛亥革命百年纪念文库，其中《辛亥革命的百年记忆与诠释》4卷，很值得重视。

太平天国历史研究，也可算是这个时期的一个热点。

总体来说，改革开放以后，太平天国史研究陷入低潮。20世纪80

年代末，出现了极力贬低太平天国的情况。冯友兰《中国哲学史新编》第六卷，认为太平天国代表的"神权政治"是历史的反动和倒退。近年来，否定太平天国地位和历史作用的声音又有升高。有学者著书写文章，指斥洪秀全是"暴君""邪教主"。对于这种彻底否定太平天国的见解，学术界许多人发表了不同意见，指出应当坚持马克思主义关于人民群众是历史创造者的唯物史观，从史实与史观结合的大历史范畴，实事求是地评价农民战争中的平均主义、宗教观，分析中国封建社会中推动历史前进的动力，认为否定太平天国，为曾国藩翻案，实质上就是为阻碍中国历史发展的清朝统治者翻案。夏春涛新著《天国的陨落——太平天国宗教再研究》，不仅在研究太平天国宗教方面有建树，而且在驳斥太平天国宗教"邪教"说方面有说服力。

与太平天国运动相关的捻军史的研究，郭豫明著《捻军史》是这个时期学术界的新收获。该书利用丰富的史料，全面系统地阐述了捻军起义的整个历史过程，总结了捻军起义的历史经验与教训，阐明了捻军起义的性质和历史意义。

新时期有关戊戌维新和戊戌政变的研究有了前进。学者们大量利用中外各种历史档案，在重建戊戌变法的史实方面有了重大贡献。学术研究指出了康有为《我史》（康有为自编年谱）和梁启超《戊戌政变记》史实记载的大量错误，两书中有关戊戌变法进程的宏观描述和一些关键细节，是两位作者的刻意安排，"实为康梁应急的政治宣传品，而非纪实的信史"，长期以来误导了读者和史家。茅海建的《戊戌变法史事考》、《戊戌变法史事考二集》和《从甲午到戊戌：康有为〈我史〉鉴注》三书是这方面的代表作。

关于抗日战争史研究。抗日战争史研究在这十年里有了重大进展。张宪文主编的《南京大屠杀史料集》78卷出版，广泛搜集了国内外各大档案馆、图书馆所藏南京大屠杀史料，包括英、日、德、意、俄等文种文献，也包括加害方日本的文献、受害方中方的文献以及西方各国的文献，相当全面、客观地记录了日本帝国主义在南京犯下的战争罪行和反人类罪行，为抗日战争史中这个重大事件的研究奠定了坚实的史料基础。这项史料集的出版，不仅具有重要的学术意义，而且具有重要的现实政治意义。

这期间，社会科学文献出版社推出了中国社会科学院中日历史研究中心文库,列入文库的论著有 40 多种,涉及中日关系史以及日本侵华暴行、日本侵华政策与侵华机构、日本在华殖民统治和伪政权、日本社会的政治体制、日本右翼研究、日本历史教科书研究、中国政府抗日政策、中国抗日战争的国际地位等多方面。吉林社会科学院孙乃民主编的《中日关系史》3 卷、"马克思主义理论研究与建设工程"主持的《中国抗日战争史》是代表作。

关于国民党、国共关系和蒋介石研究。国内外包括台湾档案史料的逐渐公开,有力地促进了民国史研究。其中有关国民党研究、国共关系史研究、蒋介石研究,成为这个时期的研究热点。国民党政权统治研究方面,有关国民党组织体系研究、国民党党务研究、国民党"党国体制"研究;国共关系方面,有关国民革命研究、共产国际与中国革命的研究、国民革命时期群众运动研究、"容共"和"联共"的研究、国民党"清党"研究以及抗战胜利前后国共关系的研究等;由于蒋介石日记的公开,有关蒋介石的研究等,都大大加深了人们的认识,促进了学术的发展。

中国近代史研究方面,有几本代表性的通史著作在这个时期出版,值得关注。它们是中国社会科学院近代史研究所编的 10 卷《中国近代通史》、9 卷本《近代中国文化转型研究》、12 卷《中华民国史》、12 卷《民国人物传》、39 卷 5 册《中华民国大事记》以及北师大朱汉国等主编的 10 卷《中华民国史》。龚育之、金冲及等主持的《中国二十世纪通鉴》(全书 20 卷 5 册,1100 万字)是一套很有使用价值的通鉴体裁的通史书。

中国近代社会史研究。近代社会史从 20 世纪 80 年代起步,到新世纪已有稳定发展。中国历史学领域恢复社会史研究是学术领域的一大进步,深化社会史研究对于准确认识中国社会,认识中国社会发展史,更为准确地把握中国历史,特别是近代中国历史的政治走向,中国近代社会的发展趋势,都是必需的。近代人口史、婚姻家庭史、衣食住行史以及灾荒史、区域史、乡村史等都需要展开研究,这些方面在新世纪都有丰硕成果。有学者指出,社会史研究存在社会史还是社会学化的问题,也存在所谓碎片化问题。还有学者认为,社会史的崛起实现了中国近代史研究由"革命史"向"整体史"或"社会史"的转型。如果说"革命史"代表了 80 年代之前中国近代史研究的主流趋向的话,那么社会史就标志着"新时期"中国近代史研究的主要方向和发展趋势。这样的评估未免与中国近代史研究的实际有距离。这表明在社会史研究领域中，理论与方法的问题并未完全解决，还有深入讨论的必要。社会史究竟是社会生活的历史，还是社会的历史？社会史如果理解为社会的历史，就会使社会史学科领域跨界，变成笼罩一切。实际上，一个时代的政治状况，即决定了那个时代的经济和文化，也决定了那个时代的社会生活。仅举一例，20世纪80年代开始实施的计划生育政策，影响并制约着三十多年来的人口史研究，影响着这个时期的社会生活。其实这个时期实施的计划生育政策，是一种政治的结果，是政治决定人口，而不是人口决定政治。

中国社会科学院近代史研究所主办的英文刊物 *Journal of Modern Chinese History*，由英国 Taylor & Francis Group 在英国出版发行，为中外研究中国近代史的学者搭建了一个很好的交流平台。

清史与地方志和各种通史的编撰

2002年12月，国家清史编纂委员会成立，标志着一项以史学编纂为目标的国家工程正式启动。清史纂修工程由主体工程、基础工程和辅助工程三部分组成。编写一部100卷左右、约3000万字的《清史》是主体工程；基础工程是指清代档案、文献和民族文字、外文文献档案的收集、整理和编译；辅助工程是指相关档案、文献的出版，图书资料的收集、保存，以及网络信息库的建设。作为主体工程的《清史》分通纪、典志、传记、史表、图录五类，共92卷，每卷约35万字，总计约3220万字。参与清史纂修工程的清史专家约1600人，涉及全国29个地区（包括港澳台）。这是新中国成立以来最为巨大的史学工程。经过十年工作，目前整个工程已经进入总纂、审稿和验收阶段。

编纂地方志是中国的史学传统。我国首轮地方志，规划省地县志6000种，90%以上已完成出版，另有4万部部门志、行业志、乡镇志、名山大川志等问世。新世纪开展第二轮修志工作以来，据统计，已有700多部志书出版。

随着20世纪90年代几部中国通史的出版，各省份组织学者编撰的各省份的通史陆续出版。新世纪出版的这些通史有《河北通史》《内蒙古通史》《吉林通史》《辽宁通史》《江苏通史》《浙江通史》《福建通史》《河南通史》《江西通史》《山东通史》《湖南通史》《广东通史》《广西通史》《重庆通史》《四川通史》《贵州通史》《云南通史》《甘肃通史》《宁夏通史》等。还有一些省辖市、地级市甚至县编写出版了本地的通史。盛世修史，以史资政、以史育人，成为风尚。

此外，还有各种专门领域的通史编纂出版，如宗教通史、法制通史、文化通史、西南通史、西北通史等大约20种。

中国现代史研究

按照学术界现在的认识，中国现代史研究，就是中华人民共和国史研究，也就是当代中国史研究。有组织地从事中国现代史即中华人民共和国史研究是从20世纪90年代初成立当代中国研究所开始。在此前后，学术界在搜集、整理、编辑出版史料方面做出了很大成绩，为中国现代史即中华人民共和国史的编写和专题研究的展开打下了很好的基础。新世纪里，中国现代史研究取得进展，一些重要问题形成研究热点。关于抗美援朝战争的研究，关于由新民主主义向社会主义过渡的研究，关于新中国成立初期思想文化领域的斗争，关于探索适合中国国情的社会主义建设道路的研究，关于反右派斗争扩大化错误的研究，关于"大跃进"运动和人民公社化运动的研究，关于"文化大革命"和"文化大革命"十年的研究，关于中共十一届三中全会的历史转折的研究，关于邓小平南方谈话和确立社会主义市场经济目标的研究，关于改革开放的历史经验的研究等，都取得了进展，发表了不少论著。

一大批涉及中华人民共和国的历史档案、领导人文集等出版。《三中全会以来》《十二大以来》《十三大以来》《十四大以来》《十五大以来》《十六大以来》等重要文献，比较系统地反映了改革开放以来特别是新时期以来党和国家的重大决策。《建国以来周恩来文稿》《建国以来刘少奇文稿》《邓小平军事文集》《陈云文集》《毛泽东传（1949—1976）》《邓小平年谱（1975—1997）》《陈云传》《杨尚昆日记》等出版，提供了中国现代史研究的主要史料。

著作方面，新世纪出版的有《中华人民共和国国史全鉴》15 卷、《中华人民共和国简史》、《中华人民共和国教育史》、《中华人民共和国军事史要》、《中国改革开放史》、《抗美援朝战争史》、《土地改革运动史》、《三线建设：备战时期的西部开发》、《中华人民共和国专题史稿》、《中华人民共和国大事记》以及当代中国研究所编《中华人民共和国史编年》（1949、1950、1951 年卷）等。据悉，邓力群主编的《中华人民共和国史稿》5 卷本已经完稿，即将付梓。

中国现代史即中华人民共和国史，作为中国历史学的分支学科，在学科理论和方法的研究上，在学科建设上，还有许多工作要做。

世界史研究

从 1980 年召开的第 15 届国际历史科学大会起，到 2010 年在阿姆斯特丹召开的第 21 届国际历史科学大会，中国史学会组织的代表团积极参加了历次讨论会。新时期，中国史学会与国际历史学会积极合作，2007 年 9 月在北京举办了国际历史学会各国代表大会和执行局会议，中国史学会组织学者在代表大会上向各国历史学家介绍了中国历史学研究概况。2010 年 8 月，在阿姆斯特丹国际历史学会代表大会上，中国史学会争得了 2015 年在中国山东举办第 22 届国际历史科学大会的权利。中国历史学界与国际历史学界的联系日益紧密。

中国的世界史学者对世界历史的理论体系一直在进行探讨。探讨的中心在于如何突破"欧洲中心论"。对世界史的体系，有主张整体史观，有主张全球史观，有主张现代化史观，等等。是否把现代化作为世界近现代史学科新体系的主题，学者间一直存在争论。最新的争论出现在最近一期《历史研究》杂志上。在 2008 年第 2 期杂志上，有学者坚定主张以现代化为主题构建世界近现代史新的学科体系，也有学者反对这一主张，认为"不应该抛弃社会形态从低级向高级发展的主线另起炉灶"。还有学者坚持整个社会形态的交替构成了人类历史进程的基本内容和主要线索，认为"没有一种其它的历史理论和学说比马克思主义的历史理论更加关注人类整体的历史，马克思主义的历史理论对人类社会及其发展变化的阐述所具有的系统性和完备性是任何已知的其他理论无法相比的。从这一意义上说,我们在构建世界历史体系的工作中也应该坚持以唯物史观为指导"。

全球化和全球史也是我国世界史学者热烈讨论的话题。2007年社会科学文献出版社出版于沛主编《全球化与全球史》,对全球史有广泛的讨论。有的学者认为,全球史观是一种借用历史哲学和历史学已有成果的新提法,不是解释历史的新方法,更不是一种博大周密的新体系。有的学者认为,全球史观不是不需要历史中心,而是要建构新的中心。也有学者认为,全球化史观的影响力有限,尽管全球化史观已经问世近半个世纪,但西方人文社会科学的基础基本上还是建立在"欧洲中心论"的历史解读之上。还有学者认为,全球化史观存在诸多理论缺陷,最明显的是忽视社会内部的发展。还有学者认为,就如同不存在"文化全球化"一样,也不存在"全球化"的全球史。每个国家和民族都有自己心中的全球史。

通过中国学者的眼光撰写世界通史,一直是中国的世界史学者的希望。反映历史学最新发展成果的有分量的世界通史性著作已经有学者在探索。作为高校世界史教材,山东大学出版社出版了齐涛主编的《世界通史教程》。北京大学潘润涵等著的《世界近代史》,河南大学阎照详的《英国史》,还只是断代的世界通史或者国别通史。

在新世纪,世界通史著作的撰写和出版有了进展。中国社会科学院世界历史研究所主编的大型多卷本《世界历史》已接近完成,出版可期。其他已出版的著作有齐世荣主编《人类文明的演进》(上下卷)、李世安等编《世界文明史》、刘明翰等主编《人类精神文明发展史》(4卷本)、马克垚主编《世界文明史》(3卷本)等。

在新世纪,中国的世界史研究领域各方面都取得了进展。在世界古代史方面,古代西方历史特别是古代希腊罗马史,进展比较突出。据有关学者统计,仅2001—2005年,古希腊史的各种专著、编著、译著有50余部,古罗马史的有关著作出版约40部。世界古代史的全部著作中,绝大部分是有关古希腊罗马史的著作。古代东方史的研究在新世纪也取得了很大的进展。古代埃及史、印度史、伊朗史、东亚史,都有著作出版。我国学者对楔形文字和亚述学研究,在国外发表了有价值的论文。有关犹太史的《死海古卷》、赫梯、古代民族问题、古代以色列等方面也有成果问世。古代中世纪史方面,关于拜占庭史的研究,陈志强著

《拜占庭史》值得重视。世界近现代史一向是世界史研究的重点。有关英国、德国、法国、欧洲一体化、美国、加拿大等的著作发表较多。俄国和东欧史也在新世纪取得了重要进展。有不少著作探讨苏联时期的历史和苏联兴亡的教训。沈志华主编了多达34卷的《苏联历史档案选编》等档案资料，对推动苏联历史的研究是有贡献的。此外，学术界对国际关系史（包括国际冷战史）、亚洲史、非洲史、中亚史、拉丁美洲史都有著作发表。

本文写作，承陈星灿、卜宪群、杨艳秋研究员帮助，他们为我写作中国考古和中国古代史部分提供了重要资料。写作过程中，参考了卜宪群《中国古代史研究中的前沿问题》、陈启能《近年来中国的世界史研究的进展》、张星星《中华人民共和国史述论》、王先明《中国近代社会史研究的异军突起》、马大正《夏商周断代工程和清史纂修工程简述》，均见张海鹏主编《中国历史学30年》（中国社会科学出版社，2008），还参考了《当前中国古代史研究关注的若干重要问题》（《中国社会科学院院报》2006年2月28日）以及其他学者的文章。作者谨此致谢！

张海鹏
2012年7月4日

20世纪中国近代史学科体系问题的探索*

百年来中国近代史研究的回顾

20世纪对于中国近代史研究来说，是开端的世纪，是转型的世纪，是创新的世纪，也是收获的世纪。

中国近代史研究是20世纪中国历史学的一个重要分支。20世纪中国历史从半殖民地半封建社会转变到社会主义社会，发生了翻天覆地的变化。20世纪中国近代史研究也发生了翻天覆地的变化，它从传统中国历史学中分离出来，30—40年代为半殖民地半封建社会服务的、代表统治阶级利益的资产阶级倾向的中国近代史研究占统治地位，马克思主义为指导的中国近代史研究在新民主主义革命中产生，新中国建立以后，马克思主义的中国近代史研究逐渐占了主导地位。

最近半个世纪以来，中国近代史研究取得了很大成绩，首先是学术地位发生了根本变化。半个世纪以前，中国近代史研究在中国历史研究中是不被看重的；新中国成立后，中国近代史研究成为显学，不仅对中国历史学的发展做出了贡献，而且在对人民群众的爱国主义教育中发挥

---

* 本文为2004年4月在陕西师范大学举办的中国史学界第七次代表大会而作，部分内容曾在代表大会上做过报告。本文撰写过程中得到了中国农业大学龚云博士的帮助，谨此致谢。原载《近代史研究》2005年第1期，《新华文摘》2005年第7期摘要。收入张海鹏《东厂论史录——中国近代史研究的评论与思考》，广东人民出版社，2005。

了重要作用。半个世纪以来，在中国近代史的分期、中国近代史的基本线索与革命高潮、中国近代史的学科对象与指导思想等各方面，学术界做了广泛而深入的讨论，有不少分歧意见。总结 20 世纪中国近代史研究的发展趋势，研究中国近代政治文化转型对中国近代史学科发展的意义，阐述在中国近代史研究的总体把握中运用马克思主义、唯物史观理论指导的成败得失和分歧，对于整合和提升中国近代史研究的学术水平，对于指导新世纪的中国近代史研究有积极意义。中国近代史是一门与现实政治和社会关系密切的学科，对中国近代史抱有何种看法，会影响到对中国社会未来发展的看法。全面回顾总结 20 世纪中国近代史研究，对于发挥中国近代史对中国社会主义建设的理论指导和历史借鉴作用有一定的现实意义。

中国近代史研究作为 20 世纪中国历史学的一个重要分支出现，是中国近代社会转型的产物，也是中国近代学术转型的产物，受到国外史学包括马克思主义唯物史观、其他种种资产阶级史学观的重大影响。20 世纪中国近代史研究经历了萌生（20 世纪初至 30 年代）、兴起（20 世纪 30 年代至新中国成立）、发展（新中国成立至"文化大革命"）、停滞（"文化大革命"期间）、繁荣（改革开放至 2000 年）几个阶段。在兴起时期，中国近代史研究中的马克思主义学派开始出现并挑战那时占主导地位的近代史研究。在发展时期，国家建立涉及近代史研究的专门研究机构，各大学历史系设置近现代史教研室，近代史学界结合研究中国近代史学习唯物史观，马克思主义指导研究中国近代史成为主流，中国近代史学科成为学术研究中的显学。在繁荣阶段，近代史学界拨乱反正，纠正了学习马克思主义过程中的教条主义、形式主义倾向，出现了用现代化的理论和方法研究中国近代史的主张和实践，研究领域大大拓宽，研究专题大大加深；同时又出现了淡化意识形态、轻视唯物史观、轻视阶级分析方法的倾向。所有这些都需要认真加以总结，并针对各个时期的学术潮流进行分析，提出看法和建议。中国近代史研究不能脱离政治，又不等同于政治，如何把握其中分寸，是总结以往的研究，提出今后研究方向的关键。

本文研究百年来中国近代史研究中学科体系建设问题。这里讨论的不是各个历史时期有关中国近代史研究具体问题的进展，这种进展是非常巨大的，正是这种进展推动了我们对中国近代历史认识的深化，推动了我们对近代中国国情全面深入的了解，推动了中国近代史学科的巨大进步；这里讨论的是建设中国近代史学科体系方面的演化和趋势，一门学问的学科体系是什么面貌，关系到我们对这门学科基本面貌、总体面貌的认识，关系到这门学科的学术性、科学性问题。通过这种研究与讨论，我们可以看到不同历史时期、不同政治倾向的学者是如何建设中国近代史学科体系的，看到中国近代史学科体系的演化，以及它如何发展到今天这个样子，今后还可能发展到哪里去。

中国近代史研究的学科体系，主要是指中国近代史研究的对象，研究对象所涵括的时间范围，怎样看待中国近代史的基本线索，建立这样的学科体系所必须使用的基本研究方法，研究工作中所秉持的基本的指导思想，等等。我们依据这里所提示的线索，来分析20世纪不同时期、不同历史背景下，学者们探索中国近代史学科体系的情况。①

中国近代史学科对象的探讨

中国近代史究竟研究哪个时期的历史？不同时期的学者认识是不一样的。

中国历史载籍中早有近代的提法，但是近代以来历史科学中近代的概念，大致上来自欧洲史家。在西文里，modern times 大致是指从 1500 年前后一直到现今的历史时期，也就是文艺复兴以来的历史。清末民初翻译西方著作时，人们把 modern times 译为"近世史"。在 20 世纪上半叶，学者们采用"近世史""近代史"这个概念时，往往指的是离他们不远，仍在发展中的历史。如梁启超将"乾隆末年至今"称为"近世

---

① 怎样看待中国近代史的基本线索，是讨论中国近代史学科体系时不可避免的话题。关于这个话题，20 世纪 80 年代以还，学术界有许多讨论，本人也曾撰文滥竽其间。对于这些讨论的基本状况，笔者亦曾著文加以检讨，请参见《50 年来中国近代史研究的理论与方法评析》，《近代史研究》1999 年第 5 期，收入曾业英主编《五十年来的中国近代史研究》，上海书店出版社，2000，第 1—18 页。又可参见笔者所撰「建国 50 年来中国近现代史的基本问题に关すゐ检讨及び研究课题の概述」『近きに在りて』（东京〈近邻〉）、1999 年 12 月、第 36 号。为节省篇幅，本文有关这个话题的讨论从略。

史"。① 20世纪初，李泰棻在所著《中国最近世史》②中将"近世史"的开端定为从道光时开始。

事实上，绝大多数作者主张把鸦片战争作为中国近代史的起点，这是考虑到鸦片战争以后的中国社会发生了重大转变，理由是很充足的。也有部分作者把中国近代史的开端放在明末，认为新航线的开辟是欧洲近代史的开端，也是中国近代史的开端。如郑鹤声认为："自新航路发现以来，世界交通，为之大变，人类生活与国际关系，较之中古时代，显有不同之处，是即中古史与近世史之所由分界也。近世史之演变，有'继往开来'之趋势，其一切表现，皆在根据往古事迹而发扬光大之。且推陈出新，由此而孕育未来之局势。每一民族思想为其演变之原动力。故近世史之范畴，实包括近三四百年之历史，无论中西，大都皆然。"③ 郭廷以也把近代中国历史的开端放在16世纪初的葡人东来。④ 吕思勉的《中国近代史讲义》也认为中国近世史始于明代中叶，欧人东来。⑤

把中国近代史开端比肩欧洲近代史的想法，是希望借此说明中国近代种种巨大变化的由来，自有其著述的理由。但是，欧洲资本主义发生发展的历史及其影响到中国，其间经历了极其复杂的历史过程，就中国历史来说，从明末到鸦片战争前夕，有300年之久的历史过程，在这个过程中，固然不能说欧洲的近代历史对中国毫无影响，但是要指出，这种影响对于中国自身的历史发展是微不足道的。一部中国近代史，把明末到有清一代的历史全要讲到，我们还是不能进入近代中国历史的主题。这从著作的技术性要求来说，也是不无困难的。郭廷以的《近代中国史》长编两卷只讲到了鸦片战争前夕；郑鹤声的《中国近世史》是中央政治学校的讲义，其南方印书馆的版本从明末讲到清朝康雍乾年间，中央政治学校的印本，上册与南方印书馆版本基本相同，下册从鸦片战争讲到辛亥革命。本来要叙述中国近代史，但大部分篇幅用在叙述

---

① 梁启超：《中国史叙述》，《饮冰室合集·文集之六》，第10页。
② 李泰棻：《中国最近世史》，台北，文海出版社，1990年影印版。
③ 郑鹤声：《中国近世史》，南方印书馆，1944，编纂凡例。
④ 郭廷以：《近代中国史》，例言。按郭著《近代中国史》，据著者例言说明，该书"仿长编体，又可称之为史料选录或类辑，绝不以历史著作自承"。这里仅取其近代史开端的主张为例。
⑤ 吕思勉：《吕著中国近代史》，华东师范大学出版社，1997，第4页。

鸦片战争以前的历史，鸦片战争以后的历史却叙述简略。这些作者在抗战期间从事撰述，劳碌奔波，困苦莫名，难竟全功，是可惜的；但这与中国近代史的起点定的不合适不无关系。

有趣的是，给郭廷以的《近代中国史》作"引论"的罗家伦，却不同意郭廷以的看法，而把鸦片战争作为中国近代史的开始。他在引论中说："如果史学家从'鸦片战争'开始讲中国近代史，也不过是为研究便利，和认定这件事对于中西短兵相接后，所发生的各种影响的重要性起见，把它当作一个重要时期的开始而已。"① 蒋廷黻与罗家伦一样，认定中国近代史开始于第一次鸦片战争，认为虽然自明季以来中西有接触，但那时欧洲仅产生了商业革命，对中国影响并不显著；第一次鸦片战争后，中国与西方发生了新的关系，因为欧洲产生了工业革命，对中国产生很大影响。②

20世纪30—40年代，因为民族救亡的需要，越来越多的学者反思百年国耻，倾向于把鸦片战争作为中国近代史的开端，因为这场战争是资本－帝国主义侵略中国的开始，也是近代中国民族危亡的开端。自1933年李鼎声出版《中国近代史》以后，陆续有陈恭禄、蒋廷黻、范文澜的著作用"中国近代史"做书名。可见，20世纪30年代起，"中国近代史"这一概念已经普遍地为人们所接受。以《中国近代史》为教材或专著的中国近代史类著作高达数十种。③

马克思主义史学传入中国以后，马克思主义史学家开始接受苏联史学的分期法，把十月革命作为一个划时代的历史标志。十月革命以前的时期称为"近代"，从世界范围来说，那是资本主义形成、发展的时代，是资本主义战胜封建主义和前封建主义的时代，一部世界近代史，就是世界资本主义形成和发展的历史；十月革命以后的时期称为"现代"，指的是世界无产阶级革命和社会主义时代。因此"近代"与"现代"就成为具有不同含义的两个时间尺度，被赋予了不同的社会属性，

---

① 罗家伦《研究中国近代史的意见和方法》，郭廷以《近代中国史》，原载《武汉大学社会科学季刊》第2卷第1期，1931年。
② 蒋廷黻：《中国近代史》，艺文研究会出版，1938年。
③ 这类近似中国近代通史的著作，据笔者在中国社会科学院近代史研究所图书馆、北京师范大学图书馆、北京大学图书馆、清华大学图书馆检索，并且亲眼所见的，在1949年以前出版的有65种。据笔者估计，可能有遗漏，但不会太多。

成为两个前后相接的历史时期。其中"近代"作为一个概念指的是已经结束了的历史时期,"现代"指的是最近的、现今仍在发展中的一个历史阶段。以此观点观照中国历史,认为中国没有独立的资本主义发展史,但1840年鸦片战争后,中国有一个属于资本主义体系的半殖民地半封建时代。"我们通常所说的中国近代史,就是指中国半殖民地半封建的历史。因此,历来应用马克思主义观点研究中国历史的人都主张1840年中英鸦片战争是中国近代历史的起点,因为中国半殖民地半封建社会是从此开端的。"①

关于中国近代史的下限,1949年以前的著作,绝大部分作者将中国近代史的下限与学者生活的当前时代联系起来。1947年华北新华书店出版的范文澜著《中国近代史》上编第一分册,出现了关于中国近代史时限的完整定义,表现了一个马克思主义的历史学家对中国近代史学科的创造性贡献,是中国近代史学科开始趋向成熟的一个标志。范著把1840年以后的中国社会定义为半封建半殖民地社会,把1840—1919年的中国历史划为中国近代史的旧民主主义革命时期,把1919年五四运动以后的历史称为中国近代史的新民主主义革命时期,这虽然是从革命史的角度定义中国近代史,却对整个中国近代史的时限给出了科学的、符合学术规范的规定。范文澜的书是1945年完成写作,1947年出版的,那时他还不可能预计新民主主义革命到1949年获得最后胜利。但是他在该书的"说明"中劈头就说:"《中国近代史》分上下两编,上编叙述旧民主主义革命时代,下编叙述新民主主义革命时代。上编又分两个分册,1840年至1905年为第一分册,1905年至1919年为第二分册。本书是上编的第一分册。"该书目录明确标明:"旧民主主义革命时代——鸦片战争至五四运动。"② 他的志愿未遂,上编第一册只写到1901年《辛丑条约》的签订,以后便无下文。但是中国近代史学科的大框架,基本上奠定下来了。

---

① 刘大年:《中国近代史研究的几个问题》,《历史研究》1959年第10期。主张马克思主义观点的学者中也有不同认识,如侯外庐、尚钺。见侯外庐《侯外庐自传》,《中国现代社会科学家传略》,山西人民出版社,1982,第273页;尚钺《明清社会经济形态研究》,上海人民出版社,1957,序言。
② 范文澜:《中国近代史》上编第一分册,华北新华书店,1947。有趣的是,该书"说明"宣布第一分册截至1905年,实际上只写到1901年,从1947年始此后的各种版本都是如此。可见第一分册也不是完整的本子。

根据范文澜的设计,华北大学历史研究室(中国社会科学院近代史研究所的前身)荣孟源、刘桂五等学者在 1948 年编写了初中历史课本《中国近代史》上编,明确标举"鸦片战争至五四运动"。该课本的编辑说明指出:"本书为初级中学中国近代史课本。全书分二编:上编叙述旧民主主义革命时代(1840—1919);下编叙述新民主主义革命时代(1919—1945)。"① 该教材不仅为新中国建立之初迫切需要的初中历史教材解了燃眉之急,而且对 1949 年以前中国近代史书编纂体系有了一个良好的总结,也为新中国建立以后的中国近代史研究指明了基本的方向。

但是,在 20 世纪 50 年代,由于历史和现实因素,多数学者主张以 1919 年五四运动为下限,并且以 1840—1919 年为中国近代史学科的研究对象和时间范围,而把五四运动作为中国现代史的起点。在 40 年代及其以前,中国近代史与中国现代史本来没有明确的界限。如李鼎声著《中国近代史》(上海:光明书局,1933)和《中国现代史初编》(香港:国泰出版公司,1940)所处理的内容和时间范围基本相同。50 年代起,中国近代史和中国现代史的分期明确了。王廷科论证了中国近代史和中国现代史的划分,他根据列宁关于区分不同时代的基本特征,是哪一个阶级为时代的中心,决定着时代的主要内容、时代发展的主要方向的判断,提出:"所谓'近代史',就是指以资产阶级为中心的时代的历史;所谓'现代史',就是指以无产阶级为中心的时代的历史。"他主张 1919 年为中国近代史的下限,同时也是中国现代史的开端。他认为,自 1919 年五四运动到 1949 年新中国成立,正是中国无产阶级及其先锋队中国共产党站在时代的中心,决定着时代的主要内容、时代的主要方向;因此,中国历史就由"近代"进入了"现代";不能将我国新民主主义革命时期的历史与我国旧民主主义革命时期的历史不加区别地一并划入中国现代史范围;应当如实地把我国新民主主义革命时期的历史与我国社会主义革命时期的历史联系起来,写成一部完整的中国现代史;如果将新民主主义革命时期的历史与旧民主主义革命时期的历史并列起来,一起划入中国近代史范畴,"那么在客观上就贬低了我国新

---

① 华北大学历史研究室编《中国近代史》上编,新华书店,1949。

民主主义革命的地位"。①

20世纪50—60年代，以马克思主义为指导的中国近代史学科体系刚刚建立，学者们的兴趣和研究方向还在晚清时期，中国近代史是以革命史为中心的，就是晚清政府的历史，也只能作为革命史的陪衬；1919年以后的历史，主要是中共党史的研究和新民主主义革命史的研究，还刚刚起步。事实上，国外的中国近代史研究，也在追寻新中国成立的由来，他们的研究视线，也仍旧停留在晚清时期的社会历史变化上。

这是因为，新中国刚成立，革命时期的热情还在继续，人们迫切希望知道新民主主义革命之由来，旧民主主义革命如何向新民主主义革命发展、转变，以及帝国主义侵略中国的历史，所以对五四运动以前的近代革命史给予高度重视。从政治上说，1949年以前的历史过去未久，许多历史当事人还在，加之海峡两岸还处于敌对状态，因此对1919年后的历史做自由的学术研究，在当时的政治环境下有碍难之处。

事实上，早在20世纪50年代讨论中国近代史分期问题时，就有学者主张以1949年中华人民共和国成立为中国近代史的下限。"因为1840—1949年，中国社会性质仍然是半殖民地半封建社会，革命性质也还是反帝反封建（以后加上反官僚资本主义）的资产阶级革命。"②同时，"近代史和现代史的划分，不应该是一个社会内部的分期，而应是标识这一种革命到另一种革命的交替，这一社会形态到另一个社会形态的转变"。"近代中国是一个半殖民地半封建社会，1840年的鸦片战争是半殖民地半封建社会的开端，1949年中国共产党领导中国人民革命在全国范围内取得的胜利是半殖民地半封建社会的结束。"这个社会，"不是有完整意义的资本主义社会，而是在外国资本主义侵略下的变态社会"。"因此，以近代史概括充当资本主义社会形态的半殖民地半封建社会的历史，而不因五四运动把一个社会形态分割为两截的近代、现代史，是更为科学的，也更能完整地反映鸦片战争以来中国社会变化、发展的规律。"③当时，李新、刘大年、荣孟源都持这种看法。

---

① 王廷科：《正确估计我国新民主主义革命的地位》，《四川大学学报》1981年第1期。
② 林敦奎：《中国人民大学第六次科学讨论会上关于"中国近代历史分期问题的讨论"》，《历史研究》1956年第7期。
③ 陈旭麓：《关于中国近代史的年限问题》，《学术月刊》1959年第11期。

随着时间的推移，人们对近代中国的认识不断加深，越来越多的学者认为以1919年为中国近代史的下限，对历史认识和学科建设都没有好处，主张将1840—1949年的历史打通来研究。胡绳早在1981年所著《从鸦片战争到五四运动》序言中就说道："在中华人民共和国成立已经超过30周年的时候，按社会性质来划分中国近代史和中国现代史，看来是更加适当的。"①

《从鸦片战争到五四运动》出版后，中国近代史学界再次关注中国近代史的下限问题，列举出不以1949年为中国近代史的下限的种种弊端，主要是不利于了解和把握中国历史发展的全过程，不利于揭示和认识中国近代历史发展规律；②主张把近代中国110年作为一个完整的历史时期，"所谓完整的历史时期，就是说这个110年不同于秦汉以来任何一个历史时期，而是一个特殊的历史社会形态，即封建社会崩溃中被卷入资本主义世界的半殖民地半封建社会"。③

1997年胡绳在祝贺《近代史研究》创刊100期时，重提"把1919年以前的八十年和这以后的三十年，视为一个整体，总称之为'中国近代史'是比较合适的。这样，中国近代史就成为一部完整的半殖民地半封建中国的历史，有头有尾。1949年中华人民共和国成立以后的历史可称之为'中国现代史'，不需要在说到1840—1949年的历史称之为'中国近现代史'"。笔者也曾附会其中，继续阐释胡绳有关中国近代史分期的意见并讨论与中国近代史分期有关的问题。④经过这一次讨论，大体上统一了中国近代史学界的认识。

这样，经过近一个世纪的发展，中国近代史的学科对象终于得以确立：以半殖民地半封建社会的中国历史为研究对象。这个研究对象的时间范围是从1840年鸦片战争到1949年中华人民共和国成立，大约110年的历史。这种认识，是在马克思主义基本原理指导下得出的，是以对近代中国的社会经济形态即近代中国的社会性质的考察为出发点的。应该说，这个认识是符合近代中国真实的历史进程的，也就是说，中国近

---

① 胡绳：《从鸦片战争到五四运动》，人民出版社，1981，序言，第1页。
② 李侃：《中国近代史"终"于何时》，《光明日报》1982年11月17日。
③ 陈旭麓：《关于中国近代史线索的思考》，《历史研究》1988年第3期。
④ 参见张海鹏《中国近代史的分期问题》，《光明日报》1998年2月3日；《关于中国近代史的分期及"沉沦"与"上升"诸问题》，《近代史研究》1998年第2期。

代史学科对象的确立，是在几代学者长期探索、争鸣的基础上形成的，是科学的学科体系。

在做出这种结论性认识的时候，有两个问题需要提出讨论。一是苏联的历史分期主张。苏联把十月革命以前的历史看作资本主义发生发展的历史，是世界的近代史；把十月革命以后的历史看作无产阶级革命和社会主义时代的历史，是世界的现代史。这种观点打破了西欧中心论的传统观点，体现了历史观的进步，但是不能简单地拿来套在中国历史分期上，正像我们不能简单地拿欧洲的历史分期法套在中国历史上一样。中国历史发展有自己的特点，中国有自己的国情。中国近代历史所经历的半殖民地半封建社会，是欧洲和苏联都未曾经历过的。结合中国五千年的历史发展，主要考察近代以来发生的历史剧变，把1840—1949年所经历的半殖民地半封建社会作为中国的近代史，是符合中国历史自身的规律和特点的。1949年10月中华人民共和国的成立，标志着中国结束了半殖民地半封建社会的历史，中国历史越出了近代，进入了现代时期。

另一个问题是新民主主义革命和旧民主主义革命的关系问题。新民主主义革命和旧民主主义革命问题的提出，是中国共产党人的主张。新民主主义革命的理论是中国共产党人在处理自己面临的革命任务的时候所确立的基本理论纲领，也是自己的革命实践纲领。提出这个革命理论的基本事实根据，是中国的革命是在半殖民地半封建社会的国度里进行的。这个革命的任务，对外是争取民族独立，对内是推翻封建统治，也就是通常所说的反帝反封建的民族民主革命。这个革命任务是贯穿于整个半殖民地半封建的历史时期的，在1921年中国共产党成立以后及以前，这个任务都没有变化。其区别在于革命的具体对象随着时代的变化而变化，革命的领导力量因有无产阶级登上历史舞台和代表无产阶级的政党中国共产党的产生而出现变化。反帝反封建的民族民主革命是资产阶级性质的民主革命，而不是无产阶级性质的社会主义革命。这种资产阶级性质的民主主义革命，因为领导力量的不同而出现新民主主义革命和旧民主主义革命的区别。毛泽东在《中国革命和中国共产党》和《新民主主义论》等著作中，对近代中国的新民主主义革命和旧民主主义革命有系统论述。毛泽东在1935年说："中国革命的现时阶段依然是资产阶级民主主义性质的革命，不是无产阶级社会主义性质的革命，这是十分明显的。只有反革命的托洛茨基分子,才瞎说中国已经完成了资产阶级民主革命,再要革命就只是社会主义的革命了。1924 年至 1927 年的革命是资产阶级民主主义性质的革命,这次革命没有完成,而是失败了。1927 年至现在,我们领导的土地革命,也是资产阶级民主主义性质的革命,因为革命的任务是反帝反封建,并不是反资本主义。今后一个相当长时间中的革命还是如此。"① 毛泽东在 1939 年说:"我们现在干的是什么革命呢?我们现在干的是资产阶级性的民主主义的革命,我们所做的一切,不超过资产阶级民主革命的范围。现在还不应该破坏一般资产阶级的私有财产制,要破坏的是帝国主义和封建主义,这就叫做资产阶级性的民主主义的革命。但是这个革命,资产阶级已经无力完成,必须靠无产阶级和广大人民的努力才能完成。这个革命要达到的目的是什么呢?目的就是打倒帝国主义和封建主义,建立一个人民民主的共和国。这种人民民主的共和国,就是革命的三民主义的共和国。它比起现在这种半殖民地半封建的状态来是不相同的,它跟将来的社会主义制度也不相同。"② 这两段话,已经把新民主主义革命理论的基本问题讲清楚了。概括来说,反对封建制度的革命,是资产阶级革命。这个革命理应由资产阶级来领导。但是在半殖民地半封建的中国,资产阶级的力量幼弱,无力完成领导这个革命走向胜利的任务,不能不由无产阶级通过它的政党中国共产党来承担这个领导任务,所以称之为资产阶级性质的民主主义革命,也就是新民主主义革命。因此,无论从近代中国的社会性质说,还是从近代中国的革命性质说,在中国近代史的学科体系中,把旧民主主义革命时期和新民主主义革命时期的历史完全纳入近代中国的历史,是符合历史实际的,也是符合历史科学的要求的。这样的划分,不存在贬低或轻视新民主主义革命的历史地位和作用的问题。历史进程像一条大河,曲曲折折,奔流不息,永不停止。人们为了认识大河,把它分为发源处、上游、中游、下游,认识历史分期也是同样的道理。历史分期,是人们观察和研究历史过程时寻找的一种方法,一个大致反映不同发展阶段的标志,一个关键时期的节点,同时又不可以看得

---

① 《论反对日本帝国主义的策略》,《毛泽东选集》(合订本),人民出版社,1964,第 155 页。
② 《青年运动的方向》,《毛泽东选集》,第 550—551 页。

太绝对。以中国共产党的领导为理由，把新民主主义革命时期的历史和社会主义革命时期的历史都包括在中国现代史的范围里，固然不失为一种分期法，但中国共产党至今存在，而且还将存在下去，今后的历史还需要分期吗？

近代中国历史是中国历史上极其重要的一段时期。它是自1840年起逐渐走向半殖民地半封建社会的历史，也是中国人民从旧民主主义革命走向新民主主义革命，并最终赢得民族解放的历史。从另一个意义上说，是世界走向中国，中国被迫走向世界的历史，也是中国艰难走向现代化的历史。近代中国历史，是中国社会发生大变动的历史，无论从经济基础到上层建筑，从国内生活到国际关系，变化的广度和深度，都是过去所有王朝无法比拟的。这段历史在中国历史长河中虽然短暂，却是中国从传统农业社会走向现代社会的转型时期，具有自身的独特性。以这段历史为对象的学科，是一个自成体系的学科。因此，虽然"近代"的内涵会随着时间的推移而有所变动，半殖民地半封建社会的历史仍然可以作为独立的学科对象研究，是其他断代史无法取代的。因此，中国近代史学科不会因时间的改变而丧失其独立的学科地位。

中国近代史学科，作为一门独立的历史分支学科，要回答：中国如何在外国资本主义、帝国主义侵略下走上半殖民地半封建社会的；半殖民地半封建的中国较之封建中国有什么不同；外国侵略给中国社会怎样的打击，又给中国社会什么新的东西；近代中国社会怎样形成了区别于封建中国的社会阶级力量，这些新的社会阶级力量又如何决定中国社会的发展方向，影响这个社会的经济文化思想演变，推动这个社会逐步向新的发展阶段转型，在社会的深刻转型过程中，在新的社会物质力量主导下，使改良尤其是革命成为社会深刻转型的动力，以及这些新的社会阶级力量怎样同帝国主义、封建主义做斗争，去争取中国的民族解放，去准备中国现代化的起步条件的；等等。

"革命史范式"或者"现代化范式"问题

所谓"范式"，是近些年从美国学术界传过来的概念。美国的学者们在反省他们的中国近代史研究时提出了"革命史范式"和"现代化范式"问题。它大概是指研究中国近代史过程中所遵循的某种规范。在一定意义上,这里所谓"范式"与本文所说的中国近代史学科体系有相近似的地方。

中国近代史作为中国历史学分支学科,从 20 世纪初一开始就是为了满足当时中国的救亡需要而出现的。在 20 世纪上半叶,对中国近代史的认识与当时中国各种政治派别的政治主张有极大的关系。中国近代史研究是为了直接回答"中国向何处去"这一近代中国历史变迁的主题而产生的。

对"中国向何处去"这一百年中国主题的回答,是现代化,还是革命,还是在保持传统政治的情况下进行社会改良,不仅决定于近代中国的客观历史进程,也与对近代中国的客观进程的历史思考相关。因此,对近代中国历史的考察,不仅是认识历史进程的过程,也是现实的社会改造实践的过程。

通史著作常常是史学领域总体水平最典型、最充分的反映,也是史学体系建立的标志。20 世纪 30—40 年代出版的中国近代通史代表著作有李鼎声的《中国近代史》、陈恭禄的《中国近代史》、蒋廷黻的《中国近代史》、范文澜的《中国近代史》上编第一分册、胡绳的《帝国主义与中国政治》等。这些近代通史著作大体可归结为两种中国近代史体系:一种是将中国近代史视为在西方冲击下走向近代化的历史,可称之为"近代化(现代化)体系"或"现代化范式",以蒋廷黻的《中国近代史》为代表;另一种是把中国近代史视为帝国主义入侵及中国变为半殖民地半封建社会的过程和中国人民反抗外来侵略的过程,可称之为"革命史体系"或"革命史范式",以范文澜的《中国近代史》上编第一分册为代表。"革命史范式"是近些年来学术界颇为弥漫的一种说法,提出者的本意含有否定这种学术体系的意味。中国近代史研究中学术范式转换问题,学术界存在不同的意见。考虑到"革命史范式"这个提法虽然不是很准确,但是它反映了中国近代史学科体系的核心内容,且为许多学者所采用。在找到更为准确的提法以前,本文在讨论时也采用这个提法,当然不包含否定或轻视的意味。

蒋廷黻认为,20 世纪 30 年代中国的首要问题就是现代化,抗战建国的关键也取决于现代化,"为了加强中国反抗日本侵略的力量而实行现代化，这是蒋廷黻及其他人士支持南京国民党政府所献身的事业"。①在蒋廷黻看来，中国现代化的进程不是20世纪30年代才开始的，而是从鸦片战争西方开始侵略中国之后就提出的问题，是由外侮所激发的救国之道。近代化是近代中国的历史主题，中国近代化就是在与外部世界交往中，学习西方，摆脱中古的落后状态，全面地走上政治、经济、文化、外交等变革之路，完成民族复兴的使命。从这一观点出发，他以中西关系为中心，以近代化为主线，建构了他的中国近代史分析框架。

蒋廷黻认为，近代中国的悲剧，肇因于嘉庆、道光年间的中国还处于中古世界：一是科学不如人，当时西方的科学基础已经打好，而我们的祖先还在那里做八股文，讲阴阳五行；二是西方已经开始使用机器，中国的工农业还维持着中古时期的模样；三是西方民族观念已发达，中国仍死守着家族和家乡观念。②所以，近代中国的根本问题就是走出中古，走向近代化。走向近代化，是贯穿全书的主线，也是他评价近代中国一切人和事的标准。

蒋廷黻在1938年出版的《中国近代史》一书中，实际上提出了中国近代史研究中的现代化范式问题。在中国近代史研究中提出现代化问题，不是没有一点新意，但是，在日寇深入国土，全国人民处在悲壮的抗战热潮中，中国近代史研究中的现代化范式问题的提出，几乎得不到什么喝彩。③另外，蒋著在保卫大武汉的时候所提出的其他一些观点，如对林则徐的"民心可用"的强烈批判，对抗战低调的提倡，等等，无异于对抗战热潮泼冷水，引起一些爱国主义者的批判。中国共产党人曾专门著述《中国现代革命运动史》给予批驳。范文澜的《中国近代史》上编第一分册，实际上也是针对蒋廷黻在《中国近代史》中的观点而撰述的。范著把1840年以后的近代中国历史作为半殖民地半封建社会的历史，把1840—1919年的历史作为旧民主主义革命时期的历史，把1919年以后的历史作为新民主主义革命时期的历史。范著《中国近代史》是完整地开辟"革命史范式"的典型著作。

---

① 《费正清对华回忆录》，知识出版社，1991，第102页。
② 蒋廷黻：《中国近代史》，总论，第2页。
③ 欧阳军喜在《论"中国近代史"学科的形成》（《史学史研究》2003年第2期）一文中专门分析了蒋廷黻的《中国近代史》，认为一种新的现代化的叙事模式建立起来了。他认为蒋廷黻的看法具有一定的普遍性。恐怕不尽然。

从整体上来说，20世纪中国政治的演变对中国近代史研究的演进影响最大。20世纪中国近代史研究取向的变化，折射出20世纪中国社会历史本身的变迁，尤其是折射出100年来中国社会政治思潮的起伏涨落。纵观20世纪中国近代史研究，每一时期占支配地位的对中国近代史的总体判断，主要的不是来自学术本身，而是来源于对当时中国现状与未来走向的判断。每一时期的社会政治思潮、政治意识形态和普遍的社会政治心理，往往构成这一时期中国近代史研究的学术话语和基本概念。这种学术话语所形成的学术氛围，规定和控制着中国近代史研究的方向，左右着中国近代史研究"范式"的命运。

范著所开创的"革命史范式"，在50年代以后得到规范和发展，成为很长时间里中国近代史学者所遵循的基本学术范式。当然，范著的缺点也为此后的学者所注意。如范著基本是一部政治史，或者说是一部革命史，依据主要历史事件做了纪事本末似的叙述，有的地方史料根据不足，由于服务现实斗争存在简单地影射现实的现象，科学性不足。刘大年在主持郭沫若主编《中国史稿》第4册时，认为1840—1919年近代中国80年的历史中，在不同的历史时期里，帝国主义、中国社会各阶级的相互关系及其矛盾斗争各有特点。其中社会经济状况、阶级斗争、意识形态是结合在一起的、统一的。因此，新的著作要求根据历史演变的时间顺序讲述事件；不只讲政治事件，也要讲经济基础、意识形态，不只讲汉族地区的历史，也要讲国内各民族在斗争中与全国的联系和相互关系。《中国史稿》第4册就注意到了政治状况、经济发展、思想文化、阶级斗争以及汉族地区和边疆少数民族地区，就是总结了新中国成立以来中国近代史学科的理论建树和研究成果，加以概括和升华，给中国近代史的学科体系，或者说对革命史的学术范式做了新的概括和完善，进一步强调了近代史研究著作的科学性，强调了经济史研究对突破近代史研究局限性的必要性。

蒋廷黻在1938年提出现代化范式以来，经过了半个世纪，并无应者。20世纪50—80年代出版的通史一类的著作，大体上还是按照"革命史范式"来写的。70年代末起，由于国家确立改革开放、以经济建设为中心的方针，现代化事业成为国家和人民共同关注和进行的主要事业，这很自然影响到中国近代史研究者的视线，中国近代史研究中以现代化为主题的主张再次提了出来。1998年出版的《重新认识百年中国——近代史热点问题研究与争鸣》是一本用新范式为指导撰写的近代史著作。在这部著作的总序中，作者写道："这种新'范式'与旧'范式'的最大不同，就在于它更主要是从'现代化'的角度来看待、分析中国近代史，而不把中国近代史视为仅仅是一场'革命史'"，"'以农民起义'为主线的'旧范式'，是以'革命''夺权''反抗''斗争'为'时代精神'的那一社会阶段的必然且合理的产物"，"此时的'时代精神'已由激烈的'革命''斗争'转向现代化追求，尽管为时嫌晚，这就为从'现代化'的角度来重新认识百年中国的'新范式'的出现和影响的不断扩大提供了先决条件"。① 这里的概括，主要是对所谓旧范式的概括是很不准确的，但是他所说社会的转型、时代的变幻是学术范式转型的先决条件，大体上是对的。这方面，下面还要分析。

以现代化为主题研究中国近代史，引起了广泛的关注。这个话题很快进入了中国近代史前辈研究者的笔下。1990 年 9 月，中国社会科学院近代史研究所为纪念建所四十周年，举办了以"近代中国与世界"为题的国际学术讨论会。名誉所长刘大年在开幕式上讲话，他说，近代世界的基本特点不是别的，就是工业化，也就是通常所说的近代化。适应世界潮流，走向近代化，是中国社会发展的必然趋势。"如何来自立于世界民族之林，其核心，就是中国社会能否走向近代化。""近代中国没有实现西方那样的近代化，但它凭自己的力量打开了走进近代化世界的大门。"② 中国社会科学院院长胡绳也应邀在这次会议上做了演讲。关于近代中国的近代化问题，他说了下面一大段话：

> 近代中国并不是近代化的中国，不是一个商品经济发达，教育发达，工业化、民主化的国家。在近代中国面前摆着两个问题：即一、如何摆脱帝国主义的统治和压迫，成为一个独立的国家；二、如何使中国近代化。这两个问题显然是密切相关的。因为落后，所以挨打；因为不断地挨打，所以更落后。这是一个恶性的循环。
>
> 以首先解决近代化问题为突破口，来解除这种恶性循环，行不

---

① 冯林主编《重新认识百年中国——近代史热点问题研究与争鸣》上册，改革出版社，1998，第 2 页。
② 《中国近代化的道路与世界的关系》，《刘大年集》，中国社会科学出版社，2000，第 34、43 页。

行呢？在半殖民地半封建的中国，一切工业救国、教育救国，以合法的途径实现民主化、近代化的主张都不能成功。致力于振兴工业、振兴教育的好心人虽然取得了一些成就，但并不能达到中国近代化的目的，不能使中国独立自强。不动摇原有的政治和社会秩序而谋求实现民主化的努力更是毫无作用。这些善良的愿望之所以不能实现，就是因为有帝国主义及其在中国的代理人的严重的阻力。

首先解决民族独立的问题，是很艰难的。要在十分落后的社会基础上，战胜已经在中国居于统治地位的帝国主义势力，当然不是一件轻而易举的事情。但历史经验证明，只有这样做，才能改变中国所面临的恶性循环的命运。就是说，只有先争取民族的解放和国家的独立，才能谈得到近代化的政治、经济、文化的建设。①

刘大年、胡绳是力主用马克思主义理论指导中国近代史研究的著名学者。这时候，他们都在思考近代中国的民族独立与近代化的关系问题，他们有关近代中国的近代化问题的看法是大致相近的。

1995年12月，胡绳为《从鸦片战争到五四运动》写了再版序言。再版序言特别提出三个问题：一是阶级和阶级斗争问题；二是对外开放问题；三是可否以现代化问题为主题来叙述和说明中国近代的历史。对于第三个问题，胡绳的答复是："这种意见是可行的。"胡绳认为："从1840年鸦片战争以后，几代中国人为实现现代化作过些什么努力，经历过怎样的过程，遇到过什么艰难，有过什么分歧、什么争论，这些是中国近代史的重要题目。以此为主题来叙述中国近代历史显然是很有意义的。"② 1996年、1997年，刘大年再次提起近代化话题。他说："中国近代110年的历史，基本问题是两个：一是民族不独立，要求在外国侵略压迫下解放出来，一是社会生产落后要求工业化、近代化。两个问题内容不一样，不能互相替代，但又息息相关，不能分离。"③ "中国人民百折不回追求民族独立，最终目的仍在追求国家的近代化。1949年，

---

① 《关于近代中国与世界的几个问题》，《胡绳全书》第3卷（上），人民出版社，1998，第77页。
② 胡绳：《〈从鸦片战争到五四运动〉再版序言》，《胡绳全书》第6卷（上），人民出版社，1998，第8页。
③ 《中国近代史的两条线》，《刘大年集》，第30页。

毛泽东说：'夺取全国胜利，这只是万里长征走完了第一步。'第二步，第三步是什么，那就是解决近代化问题了。"他还说，民族独立与近代化毕竟是两个不同的问题，它们各有各的特定内容。"民族独立是要改变国家民族被压迫的地位，推倒半殖民地半封建统治秩序。从根本上说是要解决生产关系的问题。近代化则是要改变中国经济、文化落后的地位，要发展以近代工业生产力为主干的社会生产力。从根本上说是要解决生产力的问题。两个问题的内容不同，解决的方法也就不一样。人们无法来实现两个任务同时并举，或者毕其功于一役。"① 结论是只有先走革命的路，取得民族独立，打开走向近代化的道路。两位去世不久的前辈学者的思考，大体是相近的。刘大年坚持了自己一贯的意见。胡绳则提出了以现代化为主题叙述中国近代历史的问题。

我注意到，有的学者已经明确提出现代化是中国近现代历史发展的主题。② 有的学者认为用现代化史观考察鸦片战争以来的历史进程，不仅包纳了百年的反帝反封建的革命斗争，而且涵盖了像戊戌变法这样的改革运动和其他众多的社会变迁，这就比革命史观广泛得多，也较接近历史的真实。③ 显然，这位作者是希望，在考察近代中国历史时，用现代化史观取代革命史观。

观察用现代化范式编著的若干著作，对于现代化范式，大概有这么几种见解。一是主张用现代化范式取代革命史范式。前述《重新认识百年中国——近代史热点问题研究与争鸣》体现了这种趋势。该书主张"一百年来的中国近代史其实是一场现代化史"，试图用这种观点重新解释近代中国的历史进程。在这种范式下，洋务运动变成"近代中国的第一次现代化运动"，④ 戊戌维新运动的失败与变法派人士所做出的激进主义政治选择的失误有关，⑤ 义和团运动"貌似爱国，实属误国、祸国"，⑥ 辛亥革命的前提条件不足以成立，"完全是近代中国特殊历史条件下革命志士鼓吹、争取的结果"⑦，等等。这些用现代化范式重新审

---

① 《当前近代史研究中的几个理论问题》，《刘大年集》，第7—8页。
② 陈勤、李刚、齐佩芳：《中国现代化史纲》上册，广西人民出版社，1998，第6页。
③ 李喜所：《戊戌变法百年再审视》，《历史教学》1998年第7期。
④ 冯林主编《重新认识百年中国——近代史热点问题研究与争鸣》上册，第3页。
⑤ 冯林主编《重新认识百年中国——近代史热点问题研究与争鸣》上册，第53页。
⑥ 冯林主编《重新认识百年中国——近代史热点问题研究与争鸣》上册，第81页。
⑦ 冯林主编《重新认识百年中国——近代史热点问题研究与争鸣》上册，第171页。

视过的观点是否符合历史的真实,已经有学者提出了讨论。① 这里要指出:用现代化范式替代革命史范式,其结果,对近代中国历史进程的基本面貌的解释,与人们通常熟知的中国近代史知识完全相反,不能认为是正确的替代。一个主张研究中国近代的现代化进程的美国著名学者费正清在他的《观察中国》一书中指出,"帝国主义的侵略使中国人民蒙受了耻辱,正是这种耻辱唤起了中国的民族主义并激发了二十世纪的中国革命","革命是近代中国的基调,美国人要想了解这一点,必须首先要懂得中国的历史"。② 这是一个符合基本历史事实的观察,因而是一个正确的观察。费正清是一个生活在最先提出现代化理论的国家的学者,而且并不反对采用现代化的研究方法研究中国近代史,他的结论何以与我们主张现代化范式的学者相差如此之远?是现代化范式出了问题,还是我们主张此一范式的学者在运用中过于标新立异、不求甚解?

提出替代主张的学者,对革命史范式的否定并不符合事实。说"旧范式"把中国近代史仅仅看作一场革命史,"以农民战争为主线",显然是一种严重的歪曲。用"革命史范式"写的中国近代史书,在一定的时代背景下,主要写了革命史、政治史,但绝不仅仅是革命史,更不是"以农民战争为主线"。哪一本中国近代史书不写戊戌维新的历史呢?哪一本中国近代史书不写辛亥革命的历史呢?哪一本中国近代史书不写新文化运动和五四运动的历史呢?难道这些都是"以农民战争为主线"吗?哪一本中国近代史书不写洋务运动开始的近代机器工业的发展,不写近代资本主义经济的发展历史,不写清末统治阶级的内部状况,不写北洋军阀的历史,不写近代改良主义思想的发展,不写西方资产阶级思想在中国的传播?难道仅仅写了一场革命史吗?

二是以现代化为视角研究中国近代史,或者说研究近代中国的现代化史。这种研究主题,与"一百年来的中国近代史其实是一场现代化史"不尽相同,它并不追求以现代化范式替代革命史范式。它与胡绳所期望的似乎比较切近。这类著作我们已经看到了几种,诸如《比较中的审视:中国早期现代化研究》(章开沅、罗福惠主编,浙江人民出版社,1993)、《中国现代化史》第1卷(许纪霖、陈达凯主编,上海三

---

① 参见吴剑杰《关于中国近代史"新范式"的若干思考》,《近代史研究》2001年第2期。
② 费正清:《观察中国》,四川人民出版社,1992,第13、96页。

联书店，1995)、《中国现代化历程》3 卷（虞和平主编，江苏人民出版社，2001）等。这些著作，大体上是用经过中国学者改造过的现代化研究理论和方法观察近代中国的历史，分析现代化事业在中国的迟滞、发展和曲折。这样的观察是有意义的，它使读者通过另一个视角看到了近代中国的历史。但是这样的观察和研究，也终究不能把一部完整的中国近代史呈现在读者的面前。

在这种范式下，出现了一种包含论。它不是用现代化范式替代革命史范式，而是认为现代化范式可以包含革命史范式。包含论认为："如果就完整意义上的现代化而言，反帝反封建的改革和革命应该包含在现代化进程之中。这是因为，反帝是为了争取国家独立、建立平等互利的国际关系，以便合理地利用国外资源；反封建是为了争取民主、建立政府与社会的良性互动关系，更好地进行现代化的社会动员。所以反帝反封建的改革和革命既是现代化的一个组成部分和一种重要动力，也为现代化建设解决制度、道路问题，并扫除障碍。问题的关键是如何分析改革和革命的现代化意义。"① 如果可以把这种意见理解为包含论的话，那么，可以说这种意见反映了中国学者对现代化理论的改造，反映了他们试图用现代化理论调和革命化理论的努力。因为发源自美国的原初现代化理论是绝对没有这样的含义的。现代化理论的最初提出者把自己的著作命名为《非共产党宣言》，明显是挑战马克思主义的阶级斗争学说的，不可能把革命包含在现代化进程之中。20 世纪末的中国学者对西来的现代化理论加以改造，使之适应于近代中国的发展情况，做出这样的努力是值得赞许的。这也许是现代化理论的中国化吧。但是，这种用现代化理论来解释近代中国的反帝反封建、解释近代中国的改良与革命的现代化范式，是否能够代替革命史范式来撰写中国近代史呢？胡绳曾经说过，至今尚未有以现代化为主题写出来的中国近代史，看过上述列出的几部有关中国现代化史的著作后，我不能不说，胡绳的这句话至今仍未过时。这几部书，在解释近代中国的现代化进程方面是做了有益的工作的，但是还不足以揭示整个中国近代史的全部历程。因为近代中国历史的全部内容，不是现代化的进程所能够包容的。

---

① 虞和平主编《中国现代化历程》第 1 卷，江苏人民出版社，2001，"绪论"，第 22 页。

现在是否可以说，关于现代化范式，大体上可以有两种理解。一种是以现代化的范式重新解释中国近代史；另一种是研究近代中国的现代化进程。研究近代中国的现代化进程也可以从政治现代化的角度说明近代中国的改良与革命，但很难从历史进程的方向叙述完整的近代中国的历史。可以认为，撰写近代中国的现代化进程和撰写近代中国的历史是并行不悖的两种写作模式，其间并不存在相互替代的问题。

从现代化的视角解读中国近代史，也不失为一个新的思路。但是现代化的视角如果不与革命史的视角相结合，仅仅用现代化理论揭示近代历史，也难以科学地复原历史的真实面目。胡绳在说到这个问题的时候特别提到："以现代化为中国近代史的主题并不妨碍使用阶级分析的观点和方法。相反的，如果不用阶级分析的观点和方法，在中国近代史中有关现代化的许多复杂的问题恐怕是很难以解释和解决的。"① 从马克思主义的观点来看，这是至理名言。因为要分析近代中国的现代化问题，就要分析"从1840年鸦片战争以后，几代中国人为实现现代化作过些什么努力，经历过怎样的过程，遇到过什么艰难，有过什么分歧、什么争论，"这些都是中国近代史中的重要题目。② 在近代中国这样的阶级社会中，现代化的进程也是十分复杂的，并不是一个单线的发展。在中国，有资本-帝国主义的现代化，有封建地主阶级的现代化，有民族资产阶级的现代化，有无产阶级追求的现代化，有孙中山主张的现代化，也有毛泽东主张的现代化。我们如果放弃了阶级分析的方法，如何去分析这样复杂的社会现象呢？

在讨论"现代化范式"和"革命史范式"的时候，有一个问题还要提出来，这就是"革命史范式"是否就过时了呢？我认为没有过时。如果拿"革命史范式"来套五千年的中华历史，或者套整个世界史，容或可以说有削足适履之病，如果拿来作为近代中国历史的学术范式，正好足履相适，所用甚当。这是由近代中国半殖民地半封建社会的特殊历史国情决定的，是由近代中国的历史实际进程所表现的，是由那时复杂的阶级斗争形式所规定的。批评者说："旧范式"，是以"'革命''夺权''反抗''斗争'为'时代精神'的那一社会阶段的必然且合

---

① 胡绳：《〈从鸦片战争到五四运动〉再版序言》，《胡绳全书》第6卷（上），第8—9页。
② 胡绳：《〈从鸦片战争到五四运动〉再版序言》，《胡绳全书》第6卷（上），第8页。

理的产物"。从一定意义上说，这个批评是对那个时代的"时代精神"的正确肯定。从鸦片战争到中华人民共和国成立的那110年历史，确是充满了革命、夺权、反抗、斗争的基调。经济的发展状况，文化思想领域的方方面面，中国和世界关系的处理，都受限于这个基调；用现代化理论的话语来说，那个时代中国现代化的进程，传统与现代性的冲突，现代化的酝酿和启动，现代化道路的选择，现代化的社会动员，等等，无不受制于革命、改良、夺权、反抗与斗争的基调。是革命、改良、夺权、反抗与斗争的基调制约了现代化的进程，而不是现代化的进程带动了革命的进程。胡绳说"只有先争取民族的解放和国家的独立，才能谈得到近代化的政治、经济、文化的建设"，[①] 刘大年说只有先走革命的路，取得民族独立，打开走向近代化的道路，说的就是这个意思。这也就是说，用革命的视角观察那个时代，用"革命史范式"撰写近代中国的历史，比较符合近代中国的时代特征。所有这一切，并不因为今天社会的发展主题是社会经济而变化。时代变化了，今天社会发展的主要任务变化了，如果以今天变化了的社会发展的眼光观察昨天的中国，以为昨天的中国也完全适应于现代化的研究方法，则是一种误会。

因为近代中国的时代基调是革命，从革命的视角审视，中国近代史上的政治、经济、军事、文化思想、社会变迁，以及中外关系的处理、区域发展、少数民族问题、阶级斗争的状况，无不或多或少与革命的进程、革命事业的成败相联系。一部中国近代史，如果抓住了这个基本线索，就能够顺藤摸瓜，厘清近代中国社会历史的各个方面。当然用"革命史范式"撰写中国近代史，局限于革命史的视角，可能对社会经济的发展、社会的变迁注意不够。如果在"革命史范式"主导下，兼采"现代化范式"的视角，注意从现代化理论的角度，更多关注社会经济的发展，更多关注社会变迁及其对革命进程的反作用，就可以完善"革命史范式"的某些不足。反过来，如果不注意"革命史范式"的主导，纯粹以"现代化范式"分析、撰写中国近代史，就可能改铸、改写中国近代史，而使中国近代史的基本面貌变得面目全非，令人不可捉摸了。这样的研究，新意是有的，但是脱离了历史真实的新意，将为智者所不取。

---

① 《关于近代中国与世界的几个问题》，《胡绳全书》第3卷（上），第77页。

当然，如前所述，如果这种"现代化范式"只是运用现代化理论研究中国的现代化进程，而不求全面反映整个近代中国历史，则是另一种情况。因为现代化进程只是全部中国近代史的一个侧面、一个重要部分，把这个侧面、这个重要部分弄清楚，对于全面认识中国近代史是有积极意义的，这样的研究模式也值得支持。

60年来中国近代史学科的
确立与发展[*]

中华人民共和国即将迎来60岁的生日，在这个日子里讨论中国近代史学科在60年中的发展，是很有意义的。1989年，我在《近代史研究》杂志第6期发表《中国近代史研究的回顾》一文，对1949年以来中国近代史研究学科的初步建立到曲折发展做了阐述。胡绳武先生读过后，曾给我指教。我根据他的评论做了若干修订，修订后的全文收进我的论文集《追求集——近代中国历史进程的探索》。在那篇文章里，我对中国近代史学科的建立，从学术研究机构的建设与学术人才的培养、学术论著的发表和专业学术期刊的建立、代表性学者和代表性学术著作、本学科学术资料的建设、分支学科的大量出现等方面，分析了中国近代史学科作为中国历史学中一个新兴学科，独立出来并发展起来的经历，阐述了产生中国近代史学科的大的历史背景，以及产生这种独立学科的时代需要。

我在那篇文章的末尾提出了发展中国近代史学科需要努力的方向，我指出了三点：第一点是明确中国近代史的分期；第二点是加强中国近代史学科的学术交流；第三点是拓宽中国近代史学科的研究领域。时间又过去了20年，这三方面都取得了重大进展。现在可以说，经过60年的发展成长，在中国历史学这个大学科里，中国近代史作为一个独立的学科已经完全发展成熟了。

先说第一点。关于中国近代史的分期，准确地说是关于中国近代史

---

[*] 本文是为《历史研究》纪念新中国成立60周年撰写的笔谈，原载《历史研究》2009年第5期。

与中国现代史的分期,是确定中国近代史学科对象的重要问题。换句话说,究竟是以 1919 年为中国近代史、中国现代史的分界线,还是以 1949 年为中国近代史、中国现代史的分界线,数十年来,一直是争论不休的问题。胡绳先生 1954 年在《历史研究》创刊号上发表《中国近代历史的分期问题》一文,引起了近代史学者的强烈关注和热烈讨论。1957 年,《历史研究》编辑部汇集了三年来学者讨论文章予以出版。这次讨论对于中国近代史学界学习马克思主义基本理论、学习唯物史观、认识近代中国历史的基本线索问题起到了很大的推动作用。但是,这次讨论的主题是中国近代历史的分期问题,所谓中国近代史,胡绳的文章非常明确地局限在 1840—1919 年,无形之中,这次讨论把中国近代史的范围限制为 1840—1919 年的历史。从这时开始,中国历史学界出现了中国近代史和中国现代史的明确分界,分界线就是 1919 年发生的五四运动。此后,学术界往往把自 1919 年五四运动以后的历史称作中国现代史,而把 1919 年上溯到 1840 年鸦片战争的历史称作中国近代史(1949 年以前,历史学者对中国近代史和中国现代史没有形成明确的意见,或者说中国近代史与中国现代史基本上是一个含义)。换句话说,即把旧民主主义革命时期的历史称作中国近代史,把新民主主义革命时期的历史称作中国现代史。

即使如此,不同意见也有明确的表达。范文澜、刘大年、荣孟源、李新、林敦奎等学者提出按照社会性质来划分历史时期。因为 1840—1949 年的中国是半殖民地半封建社会,中国近代史应该包含 1840—1949 年整个时期。范文澜是这一主张的最初提出者。他在 1947 年出版的《中国近代史》上编第一分册中,把旧民主主义革命时期和新民主主义革命时期都划作近代中国的历史时期。但是,在 20 世纪 80 年代以前,无论是教学、研究或者撰著中国近代历史,都是以 1919 年五四运动为界的。这是那时的时代条件使然。

进入改革开放的历史新时期后,又一次经历了中国近代史和中国现代史分期问题的讨论。坚持 1919 年五四运动是中国近代史和中国现代史分界线的学者,主要以旧民主主义革命与新民主主义革命的区别为根据,为了突出无产阶级领导的新民主主义革命的重要性,坚持主张中国近代史结束于 1919 年。但是这种主张忽视了以社会性质为区别历史分期问题的标志的意见,忽视了在半殖民地半封建社会里,无论是旧民主主义革命还是新民主主义革命，都是民主革命的性质，都是反帝反封建，区别只是领导力量的不同、革命前途的不同。因此在新的历史时期，主张以半殖民地半封建社会的 1840—1949 年的历史为中国近代史的呼声高涨起来了。中国社会科学院近代史研究所赓续 20 世纪 50 年代的主张，再次明确宣布以 1840—1949 年的中国历史作为近代史研究所的研究对象。李侃、陈旭麓、胡绳、张海鹏等发表文章，论证了认识中国近代史、中国现代史分期的种种理由。1998 年以前出版的有关中国近代史的出版物，包括通史类性质的学术著作、教科书以及通俗读物，几乎都以 1919 年五四运动为下限；有关中国现代史的出版物，几乎都以 1919 年为上限。1999 年以来，已经有数种中国近代史书采用了 1840—1949 年的分期方式。这几种书列出如下。

（1）1999 年，张海鹏主编的第一部以 1840—1949 年为断限的《中国近代史》在群众出版社出版，这是为中国警察写的一部简明的中国近代史。

（2）2000 年，辽宁大学董守义等编著《中国近代史教程》上下册在中国社会科学出版社出版。

（3）2001 年，山东大学王文泉、刘天路主编《中国近代史》在高等教育出版社出版。

（4）2007 年，《中国近现代史纲要》在高等教育出版社出版。本书是马克思主义理论研究和建设工程重点教材，是全国高等学校本科生必修的思想政治理论课教材，由本书编写组集体编写，首席专家是沙健孙、马敏、张建国、龚书铎、李捷。本书"开篇的话"，第一句话就是："中国的近现代史，是指 1840 年以来中国的历史。其中从 1840 年鸦片战争爆发到 1949 年中华人民共和国成立前夕的历史，是中国的近代史；1949 年中华人民共和国成立以来的历史，是中国的现代史。"这句话是一个非常重要的表示，它标志着中国近代史、中国现代史的分期已经写进大学教材，得到了学术界的共识。这样的认识有可能成为中国近现代史学界的主流认识。当然我们也不排除在分期问题上还会有不同看法，大概那不会成为主流认识了。

（5）2007 年，张海鹏主编的《中国近代通史》十卷本在江苏人民出版社出版。这是第一部写出了 1840—1949 年中国近代历史的大部头的通史性著作。一些读者评论，本书的出版对中国近代史学科建设的作用是值得肯定的。

最近报载，一部大陆学者编撰的《中国近代史》在台湾出版，受到台湾学生的欢迎。报道说，该书是大陆学者在台湾地区出版的第一部完整叙述中国近代历史的著作："关于中国近代史，大陆与台湾在许多问题上认识并不一致。比如在最基本的历史分期上，台湾把从1840年到1949年的历史作为近代史，而大陆近代史一般断限在1919年，把1919年至1949年作为现代史。"大陆学者编撰的《中国近代史》在台湾出版，当然是海峡两岸学术交流值得注意的好事。但是，报道对海峡两岸有关中国近代史的分期（或称断限）的说法则是完全错误的，既不符合台湾学术界的现实，也不符合大陆学术界的现实。从台湾学术界来说，不可能把1949年作为近代史的下限，这是常识，不需要多加解释；从大陆学术界来说，把近代史断限在1919年，基本上是1998年以前的事，1998年以后一般不做这样的断限。可见报道者对两岸学术界的情况是隔膜的。也许那本书的作者还坚持以1919年为中国近代史的断限，这当然是作者的个人主张，是作者的学术自由，旁人不需要说三道四。但是在向大众做介绍时，需要做出准确的概括。个人的意见当然可以坚持，现在看来，这样的个人意见恐怕是难以为多数学者接受的。这本书的副题为"告别帝制"，似尚可斟酌。即使以1919年为近代史的断限，仅仅用"告别帝制"作为那80年历史的概括，似乎并不严谨。今年是五四运动90周年，从新文化运动到五四运动，在中国近代历史上那么多重大的事件，用"告别帝制"是不足以揭示那段历史的真谛的。

总结一句话：中华人民共和国的成立标志着近代以来中国人受侵略、受欺侮的时代一去不复返了，标志着近代中国半殖民地半封建社会的结束，中国开始进入社会主义的建设时期。这就是说，这一事件标志着中国近代史的结束，中国现代史的开端；标志着旧时代的结束，新时代的开始。

有人主张中国现代史从1919年开始，一直延续下来。这种主张不仅模糊了社会性质的不同，也掩盖了1949年这个年代的极其重要性。

有人主张中国现代史从1911年开始。这种主张貌似重视辛亥革命，却忽视了1949年中华人民共和国建立较之辛亥革命更为重大的历史意义。

与中国近代史的分期有关的是中国近代史发展的基本线索问题。如果说中国近代史的分期涉及的是中国近代史这门学科的范围，则中国近代史的基本线索涉及的是对中国近代史基本问题的看法，是它包含什么内容，它的历史发展趋势，哪些新的阶级产生了，哪些旧的阶级力量衰弱了，哪些阶级力量代表了时代前进的步伐，等等。有关这个问题的讨论，也差不多延续了半个世纪。

关于中国近代史基本线索的讨论，早在1954年胡绳发表上述文章的时候就开始了。中国近代史的分期是个具体问题，关键是如何认识中国近代史的基本线索。这就涉及一系列理论问题，即如何运用马克思主义和毛泽东思想指导近代史研究，如何对待近代史研究中的旧史学观点，如何确立中国近代史的总体系，如何评价近代各阶级的历史地位和作用，如何认识近代中国发展的主要脉络等。胡绳提出了基本上用阶级斗争的表现来做划分时期的标志和三次革命高潮的概念。参加讨论的学者从不同角度探讨了中国近代史的主要内容，涉及对历史唯物主义的不同理解和运用，提出了关于历史分期的不同主张，但对于胡绳的意见，与议者多数表示了赞同，并无根本的分歧。

20世纪80年代中期以后，中国近代史发展的基本线索的争论再次开展起来。李时岳、胡滨把农民战争、洋务运动、维新运动和资产阶级革命作为近代中国的进步潮流，是中国近代史的基本线索，其根据是：向西方学习，发展资本主义，是中国近代史前期争取独立和谋求进步的根本道路。胡绳、刘大年、张海鹏、苑书义等不同意按照洋务运动—戊戌维新—辛亥革命的线索来论述这个时期的历史进步潮流，认为这三者之间在政治上并无必然的继承关系，其性质是大不相同的。考虑中国近代史的发展线索，应制约于中国是半殖民地半封建社会及中国人民反帝反封建这一中心任务，因而认为毛泽东所说"帝国主义和中国封建主义结合，把中国变成半殖民地和殖民地的过程，也就是中国人民反抗帝国主义及其走狗的过程"，正确地概括了中国近代史的基本线索，简约一点，也可概括为太平天国—戊戌变法、义和团—辛亥革命的公式。这样说并不轻视中国近代史上发展资本主义的重要性，但认为只有人民大众反帝反封建的民主革命，才是中国争取民族独立和谋求人民解放的正确道路，这个革命不胜利，资本主义成为中国人民的生产力是不可能的。章开沅从民族运动的角度阐明中国近代史的基本线索，对以上两种观点都有批评，但又认为毛泽东所说"两个过程"是客观存在的历史实际，是中国近代史全过程的主干，应被理解为中国近代史的基本线索。

关于近代史基本线索的讨论，还涉及所谓革命高潮问题。以前讨论革命高潮，是把中国近代史放在1840—1919年范围内，如果把中国近代史延长到1949年，则对革命高潮的看法会有变化。20世纪80年代初，有学者对革命高潮的提法提出了质疑。80年代末，陈旭麓认为，从110年的近代历史来考虑，中国近代史上确有三次革命高潮，但不是经胡绳提倡、得到大多数学者接受的那三次革命高潮。陈旭麓认为，在19世纪的中晚期，并没有形成如后来那样的反帝反封建的革命高潮，只是到了20世纪才出现具有完全意义的革命，形成高潮。他断言，这三次高潮是：1912年的辛亥革命，推翻了清朝政府；1927年的大革命，打倒了北洋军阀政府；1949年中国共产党领导的解放战争，推翻了国民党的统治，夺取全国胜利。他强调，中国近代史上只有这三次革命高潮，没有这三次高潮，就赶不走帝国主义，也打不垮封建势力。张海鹏认为，胡绳提出的三个革命高潮的概念是中国近代史中很重要的概念。胡绳当初提出革命高潮概念的用意，是为了说明中国近代史发展的基本线索，并不是从革命的本来意义上来定义"三次革命运动的高涨"这一概念的。提出这个概念对于我们从政治上来认识中国近代史发展的基本线索和特点，恰恰是很重要的。从110年的历史认识中国近代史的基本线索，总结中国近代史的发展规律，中国近代史的革命高潮依然应该把19世纪的几次革命运动包括在内。从全局衡量，应该有七次，它们是：太平天国革命运动；戊戌维新和义和团运动；辛亥革命；新文化运动和五四运动；1927年大革命；1937—1945年全面抗日战争；解放战争的胜利和中华人民共和国的成立。以上七次革命高潮，基本上决定了近代中国的政治走向，包括从旧民主主义革命到新民主主义革命的所有主要阶段，包括民族民主革命的基本内容。这就是中国近代史发展的基本线索。当然，说基本内容，并不是全部内容。全部中国近代史的内容丰富得多。有了这些基本线索，可以把一堆铜钱贯串起来，人们认识这堆铜钱的整体就方便多了。

以上有关中国近现代史的分期、有关中国近代史基本线索的认识，以及大体上取得的共识，是60年来中国近代史学科所取得的重大成就。有了这些成就，中国近代史这门学科的整体面貌就清楚了。说它是一个独立的学科，在一定意义上是指此而言。就是在这样一个整体认识的架构下，展开了中国近代史学科领域丰富多彩的研究成果。

再说第二点，关于加强中国近代史学科的学术交流。这一点其实不必多说。20年来，在中国近代史学术领域的国内国际交流，已经司空见惯。这些交流，包括举办学术讨论会、学术互访、共同研究、学术论著的发表等方面。大陆学者与台、港、澳学者之间的交流，已经很频繁了。中国学者与各国学者间的交流也已经有章可循。中国史学组织与国际史学组织之间的交流也都在开展。这些交流对于打开中国近代史学者的眼界，对于中外近代史学者间相互认识其学术上的长短，促进学术进步大有好处。促成这些交流，当然是社会的进步，是国家经济发展、政治稳定的结果。

至于第三点，拓宽中国近代史学科的研究领域，则是60年来特别是20年来中国近代史学科的重大进展。20世纪80年代初，近代史学界在反思中，一方面肯定了"文革"前17年近代史领域取得的成绩，另一方面指出了那个时候学术研究领域比较单纯，领头的是近代政治史研究，或者说是以革命史为中心的政治史研究，经济史研究也往往是部门经济的研究，思想史研究开展也不够。近代政治史研究也多是八大事件、三大高潮，领域狭窄，视野单纯，论著不够丰富。经过最近30年发展，上述缺点基本已经克服了。在中国近代史领域，近代政治史、近代中外关系史、近代经济史、近代思想史、近代军事史都在原有基础上有所发展，中华民国史、近代文化史、近代社会史、中国现代化史都是近30年新产生并且发展很好的学科。无论是原有基础较好的学科，还是新产生的学科，都有相应的代表性研究机构，都有代表性学者和代表性著作。中国近代史研究领域各个分支学科的形成和发展，说明中国近代史研究学科，无论是内涵还是外延，都已经极大丰富了，学术视野大大打开了，研究对象涉及社会生活的方方面面，中国近代史领域的学科布局已经趋于完整和合理。无论从哪个方面说，今天的中国近代史学科与30年前相比，特别是与60年前相比，都不可同日而语了。

如果换一个角度看，从理论的角度、宏观思维的角度看中国近代史研究学科的成长，我们可以看到一个有趣的现象：对理论的兴趣在逐渐下降。1954年关于中国近代历史分期问题的学术讨论充满了理论思维，引经据典，运用唯物史观的原理，探讨近代中国历史的发展规律、发展趋势。这一讨论进行数年，在学术史上可以记录在案。当然，在学习马克思主义理论的过程中，会有失误，会有幼稚的表现，会有标签现象，也会有影射史学的出现。这些失误会在特殊的政治气氛下，使史学工作者走入歧途，出现"文革"期间"评法批儒""儒法斗争"中，史学工作者被利用的情况。

"文革"结束后，在20世纪80年代出现了讨论中国近代史宏观理论问题的热潮。关于中国近代史基本线索问题的讨论，关于洋务运动性质问题的讨论，关于历史发展动力问题的讨论，都曾经坚持数年时间。但是进入20世纪90年代后，对中国近代史领域宏观理论问题的兴趣逐渐降温了。是不是没有什么问题可以讨论呢？不是。关于中国近代史与中国现代史分期问题，关于中国近代史的"沉沦"与"上升"问题，关于现代化范式与革命史范式问题，关于"告别革命"问题，关于是否需要用唯物史观指导近代史研究问题，等等，这些问题提出来了，却未见引起热烈的争鸣。不是完全没有争鸣，而是争鸣开展不热烈，完全达不到20世纪50—60年代、80年代的水平。对中国近代史领域宏观理论问题讨论的降温是表面现象，其实质是对马克思主义理论兴趣的下降。与此同时，来自域外的各种史学理论蜂拥进入国内。以前学者在论著中，往往引述马克思主义经典作家的言论来开展自己的论证，现在的年轻学者则往往引述西方某学者的论点来开展自己的论述。处处引述马克思主义的只言片语，是一种教条主义；处处引述西方学者的言论，也是一种食洋不化的教条主义。所谓宏大叙事被冷落，所谓碎片化选题出现，历史虚无主义的所谓研究结论就容易出笼了。

我们的社会经济基础发生了深刻变化，思想领域、学术领域出现多元多变现象。这是近代史研究领域出现对马克思主义理论兴趣下降的客观物质原因。但是，我们是社会主义国家，或者说是中国特色社会主义国家。在面对学术领域多元多变的情况下，有远见的历史学者在注意吸收各种有价值的西方史学理论的时候，并未放弃马克思主义的方法论和世界观。立志在中国近代史领域做出贡献的历史学者，可以借鉴后现代史学的积极因素，但不能被碎片化选题牵着走，否则史学研究的价值是要大打折扣的。用马克思主义理论，用唯物史观指导历史学研究，不是要一句一句地去背诵马克思主义的只言片语，而是要掌握马克思主义的立场、观点和方法，用实事求是的态度客观地看待历史、研究历史。这样的研究，对于我们还原历史真相，对于我们认识历史发展规律，是大有帮助的。

回顾60年来中国近代史研究走过的路程，尤其是中国近代史研究领域重大理论问题的研究和探讨，我以为，在唯物史观指导下，如何将马克思主义理论与中国近代史实际相结合，探讨中国近代历史发展的规律，探讨中国近代历史发展趋势及其多种可能性，探讨在反帝反封建的历史主题下，中国历史如何选择了马克思主义，如何选择了中国共产党，如何选择了社会主义道路，还是任重而道远，我们在学术研究工作上还有许多事情可做。

2009年5月8日深夜

大国兴衰给中国提供什么样的历史教训[*]

一 600年来中国历史发展的轨迹

（一）1405年郑和下西洋以来的中国历史

从1405年（明永乐三年）开始的郑和下西洋，到2005年，恰好600年。这600年里，无论东方、西方，无论中国和世界，都发生了翻天覆地的变化。从600年前开始，世界告别了古代，进入了近代和现代的历史进程。在这个历史进程中，世界从封建社会走进了资本主义社会，部分国家进入了社会主义社会。总起来说，这600年的大部分时间里，西方各主要国家产生和发展了资本主义的生产方式和资本主义的政治制度，开启了世界现代化的进程；东方各国以中国和印度为代表，抵挡不住西方资本主义、殖民主义列强的进攻，沦为它们的半殖民地和殖民地。

600年前，正是中国明朝永乐三年。这一年，明朝政府组成了以三宝太监郑和为首的远洋船队，开始了下西洋的行程。1405—1433年，郑和所率规模最大、组织最完备的船队七次下西洋，船队中各类船只近300艘（其中大船64艘，长44丈、宽18丈），最多载28000人，最远

---

[*] 本文作于2007年2月。2011年3月6日在北京正略读书会演讲，还给几所大学的研究生做过讲座。2011年5月4日《北京青年报》C4版原声讲堂摘要刊出。中央党校《理论视野》2012年第3、4期摘要发表。收入张海鹏《中国近代史基本问题研究》，中国社会科学出版社，2013。

航程曾穿过波涛汹涌的印度洋到达东非、波斯湾和红河口。郑和七下西洋历时 28 年之久,"涉沧溟十余万里",遍及亚非 30 多个国家和地区。

从历史纪录看,这是世界史上规模最大的远洋航行,此后半个多世纪才有哥伦布的"地理大发现"(1493),哥伦布不过只有一支小小的船队。1519 年麦哲伦环海航行,也只有 5 只船的船队。郑和下西洋是中国远洋史上的绝响,也是那个时代世界远洋史上的奇迹。从郑和下西洋到哥伦布"地理大发现",正是中国历史发展的转折时期,也是欧洲历史发展的转折时期。由于资本主义生产力发生发展的躁动,"地理大发现"激发了早期欧洲列强寻找海外殖民地的热情。15 世纪末,印度新航线的发现促进了欧洲人的东来。葡萄牙人、西班牙人、荷兰人带着火枪先后来到亚洲,并且到达中国的南海。这时候距离郑和下西洋,不过一个世纪。

16 世纪中叶(1553),广东香山县所属的濠镜澳(后称澳门)为葡萄牙人租住,是中国由盛转衰的一个标志。明末清初,由于政治和边境安全等因素,实行了严厉的禁海政策,所谓"片帆不许入海",把中国和世界隔离了开来。16—19 世纪,正是欧洲资本主义发生发展的时候,资产阶级革命、工业革命此起彼伏,资本主义如日方升。中国反而落后了。17—18 世纪,中国清朝虽有所谓康乾盛世,但是比较起来,中国总体上是在走下坡路。

中国历史上,西汉有所谓文景之治,唐代有所谓贞观之治,清代有所谓康乾盛世。这些都是我国历史所歌颂的盛世,或者清平之世。文景之治成就了汉武帝的文治武功。贞观之治形成了唐代历史全方位对外开放。康乾盛世养活了全国 3 亿人口,奠定了中国今日的地理版图。

今日学者所津津乐道的是康乾盛世时期中国的 GDP 居世界首位。据外国学者估计,1750 年中国手工业产值占世界工业产值的 32%。康乾盛世在中国历史上的地位是不可低估的。但是,如果横向比较,看看那时的欧洲,我们会感觉到中国在世界历史发展总体轨迹上落后了。中国的进步是在小农经济基础上的进步;欧洲的进步则是逐渐摆脱小农经济,迈入资本主义的工业革命时代。1890 年中国工业产值只占世界的 6.2%,欧洲则占 62%。

乾隆五十八年(1793),英国派出使节马嘎尔尼前来中国朝拜乾隆皇帝,请求通商。此时正是清朝鼎盛时期,乾隆皇帝复信英国国王,表示"中国之大,无奇不有,原不借外夷以通有无",拒绝了英国通商的请求。汉唐以来,中国与东西各洋商贸往来的历史惯例,在这时中断了。这个中断是可惜的,它不仅是中断了英国的通商要求,实际上是中断了与西方正在上升期的、正在发展中的资本主义生产方式的接触,从而导致半个世纪后中英发生战争,道光皇帝还是不知道英国位于何方,朝野上下对西洋世界一片茫然。

从16世纪到20世纪,世界上先后崛起的九个大国中,每一个都曾经侵略过中国。葡萄牙前文已经提到了。17世纪上半叶,荷兰、西班牙先后占领台湾南部和北部,在那里实行殖民统治。19世纪中叶以后,英国、法国、美国、俄国、德国、西班牙、葡萄牙、日本、意大利等国,都曾侵略过中国。中国的土地被割让,包括香港、台湾,东北、西北大约150万平方公里的国土被割让给沙皇俄国。中国的首都三次被外国武装力量占领(北京两次,南京一次),中国的大城市上海、广州、天津、汉口,都曾被外国侵略军占领。有16个以上的城市设置了外国租界,从北到南,沿海有五块租界地,外国可以在租界地上驻扎军队。《辛丑条约》规定北京使馆区和北京至渤海(包括天津)等12处地方驻扎外国军队。中国变成了半殖民地半封建国家。20世纪30—40年代,日本全面侵略中国,战火燃遍全国,日本几乎占领了半个中国,中国东北等大片地方沦陷。近代中国这些血迹斑斑的历史,中外史籍都有明确的记载。这里就不赘言了。

(二)中国的复兴之路

自意大利文艺复兴开始,到18世纪末英国开始工业革命,欧洲资本主义发展到上升期,差不多花了4个世纪。到19世纪末,英国称霸世界的历史就结束了。20世纪是美国称霸世界的世纪。欧洲从资本主义萌芽到资产阶级革命,到工业革命,到太阳从英国升起和坠落,再到美国称霸全球,总共花了大约600年时间。在差不多相同的时间里,中国的变化则是由强到弱,由世界最先进的文明到落后于世界,成为西方列强的逐鹿之所。在20世纪初,中国历史沦落到谷底。经过一个世纪,特别是最近半个多世纪的奋斗,中国找到了社会主义的发展方向,用社会主义现代化作为动力,用社会主义市场经济作为基本的经济结构形式,吸取了西方资本主义的技术手段和市场运作模式,坚持了社会主的政治方向，中国终于摆脱了数百年来社会经济发展向下滑落到谷底的苦境，呈现向上发展的趋势。

到 2000 年我国国内生产总值首次超过 1 万亿美元；据联合国统计，2005 年达到 2.3 万亿美元，2006 年是 2.7 万亿美元，2008 年为 4.3 万亿美元，2010 年为 5.8 万亿美元。人均 GDP 从 2000 年的 900 美元，到 2005 年的 1700 美元，2006 年超过 2000 美元，2010 年超过 4500 美元。我国的总体经济实力与美国的差距在缩小，2000 年相当于美国的 1/8，2006 年缩小到 1/5，2010 年更缩小到 1/2.5。整体经济实力已经走在世界的前列，超过日本，仅次于美国。① 中国可以宣布进入小康社会，这说明我们总体上可以向数百年来困扰中国人的贫穷告别了；"神舟"号试验飞船升空，载人航天飞行取得成功，绕月计划正待实施，飞向火星也在计划中；中国首台千万亿次超级计算机系统"天河一号"雄居第一。这些说明在高科技领域，在宇宙太空事业中，我们可以与其他大国一争雄长了。加上香港、澳门的回归，标志着中华复兴的趋势已经呈现在眼前了。

从三保太监第一次下西洋到现在，是 600 年；从葡萄牙人东来到闽粤沿海一带，将近 500 年；从英国发动鸦片战争算起，已是 170 年；从孙中山第一次提出振兴中华的口号，到中国人为救亡图存而奋斗，到提出社会主义现代化的目标，也不过 100 多年。在这 600 年里，中国历史发展进程走过了一个倒马鞍形，也就是 U 字形，即从强盛转向衰弱，再从衰弱的谷底翻过身来，开始向上升的趋势发展。现在看来，这个历史发展趋势已经很明朗了。中国作为一个历史悠久的大国，正在大踏步地走上复兴之路。

在国家复兴之路上，我们还有一点距离，那就是台湾问题。台湾作为祖国的一部分，在法理上是没有问题的，在实际管辖上，还未能解决问题。祖国统一，将是中华复兴的重要指标。

正是在这样的历史背景下，国外在谈论"中国威胁论"，中国人也希望像大国一样崛起。所以，这时候回顾一下 600 年来世界大国崛起的经验教训，看看中国应该走什么样的道路，是有意义的。

---

① 《"十一五"经济社会发展成就系列报告之一：新发展　新跨越　新篇章》，国家统计局，http://www.stats.gov.cn/ztjc/ztfx/sywcj/201103/t20110301_71313.html，最后访问日期：2011 年 3 月 1 日。

二 600 年来大国兴衰的历史演变

（一）15—17 世纪的葡萄牙、西班牙和荷兰

这里对"大国"的定义，不是指它的国家大小、人口多少，而是指它在世界上曾经发挥过的作用。

葡萄牙是位于欧洲西南部面临海洋的一个小国，国土面积不过 9 万平方公里，人口不过千万。但是它在 15—16 世纪，曾经是一个发挥过重要作用的世界大国。这与它的地理条件有关，也与它的国内政治条件有关。中世纪的西欧是基督教的世界，政教统一，有许多政治实体都是教皇分封的领地，没有国家和民族的观念。葡萄牙是西欧最早形成的民族国家。13 世纪就形成了基本明确的国家界线。由于生存压力，利用面临大海的条件，发展海外探险和商业活动，形成了重商主义的观念。民族国家的统一，便利于通过国家的力量推进海外探险和商业活动，追逐海外的商业利润。葡萄牙国王把海外扩张定为国策，凭着强大的武力大力推动。葡萄牙在海外开辟了数十处商站，控制了东西方之间的海上商路，建立了以经济掠夺为中心的殖民帝国。

葡萄牙称霸世界的时间不长。1580 年，葡萄牙被西班牙吞并。虽然在 1640 年获得独立，但葡萄牙还是衰落了。究其原因，葡萄牙国土狭小，没有建立国内市场，没有国内经济发展的基础。海上贸易和掠夺盈利很多，养成了国内贪婪的习性。长期出国征战和探险，大量精英死在海外，继续海外探险后劲不足。

西班牙是葡萄牙的邻国，是三面临海的半岛型国家，人民富有海上冒险的传统。15 世纪末，经过长期的民族战争，摆脱了阿拉伯人的统治，成立了独立的民族国家。西班牙国王积极支持海外扩张，投入巨资推动了哥伦布的远航。为了维持海上霸权，西班牙建立了号称"无敌舰队"的强大海军，在海外开辟了广大的殖民地。

西班牙帝国维持到 16 世纪末，在继起的荷兰、英国和法国的竞争下，萎靡不振，终于退出了强国的行列。

继西班牙而起的荷兰，曾称雄于 17 世纪。其实荷兰长期为西班牙统治。荷兰所处的地方是尼德兰。尼德兰与葡萄牙、西班牙不同的是，

那里较早出现了封建制度的解体和资本主义因素，资产阶级在逐渐形成。16世纪下半叶，尼德兰的资产阶级领导了反抗西班牙统治的民族独立战争，1581年荷兰宣布独立，1609年西班牙被迫与荷兰休战，承认了荷兰共和国的独立。这可以说是世界上第一次成功的资产阶级革命，历史书上称之为"尼德兰革命"。

荷兰也是一个小国，领土面积比葡萄牙还小。那里资本主义生产方式发展较早，封建专制力量较弱。荷兰独立后，充分利用国家优势，发展海洋实力，建立强大的海军和庞大的海上运输船队，在17世纪几乎垄断了全球的海上贸易，牢牢掌握着海上商业霸权。人口不足200万的荷兰，在1600年海船总数已经超过1万艘，17世纪上半叶有商船1.6万艘，占欧洲商船总吨位的3/4，号称"海上马车夫"。

17世纪，欧洲各国之间经常爆发战争，荷兰则较少卷入战争，国内政治平稳，经济得到正常发展；加上海上贸易发达，商业繁荣，城市兴旺，阿姆斯特丹成为全欧商贸中心。在高峰期，荷兰资本积累高于欧洲其他国家资本总和，对外投资比英国高出15倍。荷兰造船业在欧洲长期保持领先地位。17世纪末，英国使用的船只1/4在荷兰制造。俄国彼得大帝曾两次到荷兰学习造船技术。

在繁荣的商业贸易中，荷兰发展了成熟的金融业，建立了现代金融机构——银行，形成了第一个现代意义上的资本市场。荷兰在金融业务上的经验，得到了后起的发达国家的仿效。

荷兰从17世纪下半叶开始逐渐走下坡路。由于国内政治体制不顺，国内经济基础薄弱，长期海上称霸养成骄傲情绪和轻敌思想，海军和商船投入不够，在新一轮的竞争中丧失了竞争力，荷兰的霸权地位在18世纪被后起的英国夺去了。

（二）18—19世纪的英国和法国

英国在15世纪建立专制的都铎王朝。专制王朝在国家统一的过程中发挥了重要作用。都铎王朝通过推行重商主义壮大了国家的实力，1688年打败了西班牙的"无敌舰队"，标志着英国的崛起。虽然专制王朝在进行海外扩张、建立英帝国方面起了重要作用，但英国还是发生了推翻专制王朝的革命，这对于英国此后的资本主义发展和英国的进一步崛起起了很重要的作用。

此后，英国取代荷兰的海上霸权地位，建立了庞大的殖民帝国，率先开始了工业革命，到 19 世纪 40 年代，英国成为世界上第一个完成工业革命的国家。1848 年，英国铁的产量占世界总量的一半，煤占 2/3，棉布达 1/2 以上，铁路超过 1 万公里，贸易额占世界总量的 20%—25%。到 19 世纪末，英国的工业地位才被美国超过。20 世纪的两次世界大战都被英国赶上了，英国的国际地位因而大幅下降。

法国起步比英国晚，直到 17—18 世纪，国内政局才稳定下来。法国形成了欧洲最强大的专制王权。它运用专制王权推行重商主义，很快成为欧洲大陆最强大的国家。1789 年法国发生了资产阶级大革命，推翻了路易十六的专制王朝。法国大革命具有世界历史意义。马克思说法国革命"反映了当时整个世界的要求"。① 列宁说过："整个 19 世纪，即给予全人类以文明和文化的世纪，都是在法国革命的标志下度过的。"② 法国革命影响了一个世纪的世界历史进程。法国大革命后建立的国家是共和制。但到 19 世纪初，法国又出现了拿破仑帝国，使法国的历史发生了曲折。法国的工业革命也比英国晚，整体水平也落后于英国。两次世界大战，法国遭受失败。战时戴高乐将军领导了"自由法国"斗争，战后坚持独立的外交政策，使法国保住了自己的国际地位。

（三）19—20 世纪的德国与日本

德国和日本差不多同时在 19 世纪下半叶崛起，迅速发展起来，尤其是军国主义得到迅速发展，成为世界性强国。

德国在 17 世纪有 360 个邦国，政治不能统一，经济难以发展。19 世纪初，德意志各邦发起改革。1870—1871 年普法战争之后，方才完成统一，以普鲁士为核心，建立起德意志帝国。德国建国不过 30 年，就迅速赶上了英国。20 世纪初，德国的工业生产占全世界的 16%，英国却降到 14%，显然德国超过了英国。英国在经济上采用自由经济理论，让"看不见的手"发生作用。德国通过铁血首相俾斯麦采用国家干预手段指导工业化，使钢铁、煤炭、铁路、化工等产业迅速跃居世界

---

① 马克思：《资产阶级和反革命》，《马克思恩格斯文集》第 2 卷，第 74 页。
② 列宁：《关于用自由平等口号欺骗人民》，《列宁全集》（第 2 版）第 36 卷，第 354 页。

前列。但是德国的统一是在封建容克地主集团主持下进行的，德国的工业化使国民经济大规模军事化，终于导致德国发动第一次世界大战，并在战争中走向失败。德国并未吸取失败教训。20世纪30年代，希特勒德国继续执行旧的军事扩张路线，发动了第二次世界大战，给人类造成巨大灾难，德国人民也付出了巨大代价。二战后，德国终于吸取教训，与宿敌法国改善关系，向波兰等被侵略国家道歉和赔偿，赢得了世界的原谅。今天的德国在经济总量上仍居于世界前列。

在上述国家中，日本是唯一的东方国家。明朝时期，日本曾向中国进贡。历史上，日本一向是向中国学习，吸收了中国的文化。17世纪初，日本确立了德川幕府的统治，成为一个以武士为基础的封建国家。国内有267个藩，长期实行锁国政策，经济文化落后。

鸦片战争以后过了十一年，1853年一支美国舰队闯入了日本江户湾，要求幕府开关。1854年，日本与美国签订了《日美亲善条约》，同意开关。随后，英国、俄国、荷兰、法国、葡萄牙、普鲁士、意大利等国也与日本签订了类似条约。条约中有不平等条款，损害了日本国家主权。日本也成了一个半殖民地国家。

外国侵略和国内幕藩政治的腐败，导致国内社会危机加深，农民起义不断。以武士为基础的改革派发起尊王攘夷运动，随后又发展成为倒幕开港运动。1868年1月，倒幕成功，宣布废除幕府，成立天皇政府。这时候，日本还没有资产阶级，武士改革派推动了明治维新这样一场资产阶级革命性的改革。

明治维新后，日本很快引进资本主义生产方式，经济得到很大发展。到第一次世界大战前后，日本已经完成了工业革命，成了一个资本主义工业国。

日本由于资产阶级力量不强，明治政权也不是资产阶级民主主义的政府，封建性很强。明治元年，天皇就发出了"开疆拓土，布国威于四方"的号召。沿着这条道路，日本迅速发展成为军国主义国家。日本把侵略邻国即朝鲜和中国作为它的基本国策。1894年前后，日本一方面与西方列强谈判废除不平等条约，另一方面向朝鲜和中国发动了侵略战争，即甲午中日战争。战争的结果，中日签订了《马关条约》，名义上中国被迫解除与朝鲜的宗藩关系，承认朝鲜的独立，实际上实现了日本对朝鲜的控制。这一措施为日本控制朝鲜半岛、进一步侵略中国打下了基础。《马关条约》除了规定日本取得在中国的各项权利外,还把台湾、澎湖列岛和辽东半岛割让给日本。日本取得辽东,俄国觉得威胁了自己,联合法国和德国进行干涉,日本被迫放弃辽东,但是以中国政府赔偿3000万两白银了结;此外,日本还从中国得到了2亿两白银的战争赔款。2亿3000万两白银,相当于3亿5000万日元。这笔庞大收入,大大滋养了日本的资本主义,武装了军国主义的战争机器,滋长了日本称霸亚洲的野心,使日本挤进帝国主义行列。日本前外务卿井上馨说:"在这笔赔款以前,日本财政部门根本料想不到会有好几亿的日元。全部收入只有8000日元。所以,一想到现在有3亿5000万日元滚滚而来,无论政府和私人顿觉无比地富裕。"①3亿5000万日元用在哪里呢?据记载:7900万日元用来抵补战争经费,2亿日元用来扩充军备,380万日元用来建设钢铁厂、扩充铁路和电报电话事业(仅八藩制铁所,花了60万日元),2000万日元充作皇室费用,5000万日元用作水雷、教育和灾害准备金。另外,日本政府还拿这笔钱在1897年作为实行金本位制的准备金。在这个基础上,日本又取得了1904—1905年在中国东北进行的日俄战争的胜利。1910年吞并了朝鲜半岛,在那里实行殖民统治。1928年,日本确定了以朝鲜为跳板侵略中国的大陆政策。1931年,日本发动九一八事变,侵占我国东北;1937年发动了全面侵略中国的战争,试图建立"大东亚共荣圈";在中国人民和世界人民斗争面前,日本最终落得失败的下场。

(四) 20 世纪的苏联与美国

在二战以后的冷战时期,苏联和美国曾经是称霸世界的两个超级大国。后来苏联崩溃了,只剩下一个超级大国就是美国。

苏联是俄国十月革命产生的无产阶级专政的社会主义国家。俄共(布)的领导人列宁是开创者,在粉碎了外国干涉、国内局势稳定后,1922 年正式成立苏联。1925 年列宁逝世后,领导人是斯大林。苏联的前身俄国并不是一个发达的资本主义国家。苏联是按照马克思列宁主义的原则建立在俄国落后的基础上的。苏联的建立不仅改变了俄国的历史,也改变了世界的历史。苏联在社会主义建设上取得了伟大的

---

① 引自丁名楠等《帝国主义侵华史》,人民出版社,1987,第369页。

成就。十月革命后不过二十年，苏联完成了工业革命，建立了强大的工业基础，特别是军事工业基础。1937年，苏联的工业生产总值已居欧洲第一位、世界第五位。正是有这样的经济实力，苏联不仅打垮了德国法西斯，而且在战后成为第一流政治强国。斯大林逝世后，赫鲁晓夫执政11年，勃列日涅夫执政18年，到戈尔巴乔夫执政后不几年，戈尔巴乔夫背离了马克思列宁主义，背离了社会主义，导致苏联的崩溃。苏联崩溃有多方面原因，主要有政治经济体制僵滞，党的领导松懈，改革走偏了方向，输出革命、干涉兄弟国家事务，淡化了意识形态，等等。苏联解体后，俄国整体实力一落千丈，已不能与美国抗衡了。

美国在1776年独立后，经过近一个半世纪的发展，到19世纪末，完成了工业化，经济发展程度已跃居世界第一位。20世纪，在两次世界大战期间，美国虽然参战，但战争基本上不在美国本土，美国发了战争财。第二次世界大战结束，美国的经济、军事、科技都登上了世界的顶峰。美国在原子能、电子计算机、分子生物学等方面引领了世界第三次工业革命。二战后美国成为与苏联并列的政治强国。美国建立了世界上最强大的海军和空军，世界各地分布着它的数百个军事基地，它的战略核力量远优于苏联，是世界第一号军事强国。

美国发动朝鲜战争、越南战争和入侵古巴的失利，民族解放运动、不结盟运动的风起云涌，显示了社会主义国家和进步势力对美国的牵制，美国在20世纪70年代后开始丧失在世界上的绝对优势。美国在世界国民生产总值中所占的比重也从二战初期的40%降至25%左右。20世纪后半期，美国抓住机遇，进行了产业结构调整，发展了以信息技术、生命科学和材料科学为核心的高科技，提高了劳动生产率，经济发展速度超过了其他资本主义国家。

2001年"9·11"后，美国政府以此为借口推行"单边主义"。布什政府开始执行"先发制人"战略。2002年9月，美国政府公开宣布："不允许任何一个敌对军事强国崛起"，"不允许任何外国势力像在冷战时代一样挑战美国的力量"。2003年，美国在没有任何证据的情况下，绕过联合国发动了对伊拉克的进攻，至今仍未了结。美国的穷兵黩武，可能是它从巅峰状态下跌的开始，这一点还有待观察。

三 大国兴衰的历史原因

我们要研究一下，在近代历史上，这些新兴的大国何以兴，何以衰。看看这些兴衰的历史能够给我们提供什么教训。

第一，民族独立和国家统一是国家兴盛的第一位原因。

葡萄牙在15世纪称霸，西班牙在16世纪称霸，荷兰在17世纪称霸，都是先赢得民族独立和国家统一。没有这个前提条件，是不能提什么称霸的。葡萄牙、西班牙都是摆脱了阿拉伯人的统治，形成民族国家的。荷兰则是在摆脱了西班牙的统治后，才有了发展资本主义的条件。英、法的崛起，也是从建立民族国家开始的。德国从前分成300多个邦，无法发展统一的经济事业，1871年实现国家统一后，建立德意志帝国，以国家力量来推动经济发展，才迅速赶了上来。日本也是同样，推翻幕府统治，以天皇来统一国家，引进资本主义，从而得到迅速发展。北美十三州原是英国殖民地，1776年宣布独立，与英国打了几年仗，到1783年英国才正式承认美国独立。1861—1865年，美国又发生了南北战争，主张分裂的南方势力失败，国家统一得以维护，美国的资本主义才迅速发展起来。苏联是另一类型的大国，它是人类历史上第一个社会主义国家。十月革命后，经过内战，经过反对外国干涉的斗争，到1922年成立苏维埃社会主义共和国联盟，社会主义事业才兴盛发达起来。

第二，通过革命或革命性变革，或者国内战争，或者国内无战争又很少卷入外国的战争，创造稳定的国内政治环境。

通过革命或革命性变革，建立新的社会制度，为发展经济提供稳定的社会政治环境，典型的例子是英国和法国。

人们在谈到英国崛起的时候，总是津津乐道英国的和平变革。其实英国哪儿是光有和平，没有斗争。说英国近代只有和平，没有斗争，说轻了，是对历史的无知；说重了，是有意掩盖历史真实。在英国资产阶级革命过程中，发生了1640—1660年的暴力革命，1648年英国议会以克伦威尔为首的议会军取得了对国王军队的胜利，1649年国王查理一世被送上断头台。斯图亚特王朝复辟以后，发生英国历史上的"光荣革命"。"光荣革命"虽是和平的，但它是暴力基础上的和平。没有暴力，哪来的和平。坚持王权的国王詹姆士二世用血腥手段镇压了辉格党的武装反叛；议会不得不邀请荷兰执政的威廉率兵进入英国，詹姆士二世被迫出逃。威廉是詹姆士二世的女婿。詹姆士出逃后，威廉和他的妻子（詹姆士的女儿）共同登上王位。新国王不得不接受议会的条件。所谓"和平"是被斗争逼出来的。人们夸夸其谈英国的"光荣革命"、英国的和平，为什么看不到和平背后的暴力和斗争呢？说到英国革命，人们往往只讲1640年发生的英国资产阶级革命，实际上从以上的事实看，从1640年查理一世挑起与议会的战争，到杀掉查理一世，再到1688年的"光荣革命"，都应该看作英国的资产阶级革命。① 此后，英国资产阶级的政治制度就转趋稳定地发展了。新的社会政治制度的建立，为英国生产力的发展扫清了道路，过了一个多世纪，在英国血腥的资本主义原始积累的基础上，发生了影响世界历史进程的工业革命。

法国大革命是众所周知的例子，这里就不再赘言了。

通过国内战争营造稳定的社会政治环境，德国和日本是典型的例子。德国不是以革命的形式完成统一的。它是普鲁士王国通过王朝战争，实现统一的。1864年普鲁士王国战胜了丹麦，1866年战胜了奥地利，1871年战胜了法国，完成了德意志帝国的统一。日本是武士改革派发起的倒幕战争取得胜利，才出现了明治维新的"殖产兴业"局面。

第三类例子，是国内比较安定，没有战争行为，又很少卷入与外国的战争，也为国内提供了稳定的政治社会环境。荷兰是国内无战争行为的例子。17世纪，欧洲各国都卷入战争，或者卷入国与国之间的战争。荷兰国内相对比较稳定。17世纪欧洲的三十年战争，荷兰虽有卷入，但它本着"商业是荷兰政府最大的政治"的原则从事外交活动，荷兰成为三十年战争中获益最大的国家。美国除了独立战争和南北战争以外，国内无战争行为。20世纪的两次世界大战，美国参战很晚，而且两次世界大战都与美国本土无关，国内基本上没有受到战争的创伤。在

---

① 马克思对英国资产阶级革命和法国革命的评价是一样的，马克思说："1648年革命和1789年革命，并不是英国的革命和法国的革命，这是欧洲范围的革命。……它们宣告了欧洲新社会的政治制度。……这两次革命不仅反映了它们发生的地区即英法两国的要求，而且在更大的程度上反映了当时整个世界的要求。"见马克思《资产阶级与反革命》，《马克思恩格斯文集》第2卷，人民出版社，2009，第74页。

两次世界大战中，美国都发了战争财。这些给美国资本主义的发展创造了条件。

第三，着力发展经济，完成工业革命过程。

着力发展经济，是这些国家崛起的基本原因。葡萄牙、西班牙、荷兰处在商业资本主义时代，它们发展经济的主要形式是从事商业活动，特别是海外商业活动。英国不仅发展商业和航海业，在国内的农业、制造业、交通业、服务业等行业也有较好的发展，而且最早实现工业革命。德国和日本都改变自由经济，利用国家杠杆，大力推动国内经济发展，努力赶超先进国家。德国在钢铁工业、电力工业、化学工业方面走在世界前列。美国是一个移民国家，没有封建传统的束缚，资本主义工商业得到顺利发展；19 世纪下半叶发起西部大开发，建立起西部资本主义农业区，促进东部工业区快速发展。苏联也是集中力量发展经济。列宁在十月革命后指出，社会主义革命，无产阶级在夺取政权后，要把创造高于资本主义的劳动生产力作为根本任务提到首要地位。1925 年 12 月，俄共（布）十四大决定开始大规模工业化建设。1928—1937 年顺利完成了两个五年计划。这是在社会主义制度下依靠国家力量大力推进有计划的经济建设的首创。正是两个五年计划的实施，打下了国家的经济基础，成为战胜德国法西斯的强大物质力量。到 1940 年，苏联年产 1800 万吨钢、1.6 亿吨煤、3100 万吨石油、483 亿度电，基本上实现了工业化，工业总产值超过德国、英国、法国，居欧洲第一位；在世界范围内，仅次于美国。

第四，眼睛向外，建立有利于经济发展的世界市场。

世界各大国的发展，没有一个是只把眼睛放在国内的。它们都在寻求有利于自身经济发展的世界市场，几乎无一例外。葡萄牙、西班牙、荷兰都是首先寻求海外市场，发展海外商业贸易活动。英国更是全盘借鉴荷兰的商业经验，发展成为世界上第一大工业国和第一大贸易国。1870 年，英国在世界贸易中已占到 24.5%。这些大国都力图在世界上建立自己的商业网络和贸易市场。16—17 世纪，葡萄牙从本土到印度果阿—中国澳门—日本长崎—巴西，形成了遍及全球的贸易网络。日本在幕府统治时期实行闭关锁国政策，拒绝开放，经济发展十分落后。明治维新后，日本推行"文明开化""脱亚入欧"，全盘吸收欧美经验，引进资本主义的一系列制度，迅速走上了工业化的道路。

第五，在国外掠夺殖民地，在国内实行圈地运动，建立资本主义的原始积累。

资本主义列强之所以成为大国，掠夺海外殖民地养肥自己是一个重大原因。葡萄牙、西班牙、荷兰是小国，它们称霸时，殖民地遍及全世界。当今世界，讲葡语、西班牙语、法语的国家甚多，讲英语的国家更多，这基本上都是殖民地时期形成的。葡萄牙人在非洲建立了殖民地，并且越过了非洲的好望角，进入印度，到达中国南海和日本，推向大西洋，在美洲建立了大片殖民地，一度垄断了世界的香料、黄金、食糖贸易。葡萄牙是最早从事黑奴贸易的国家，在非洲和欧洲之间，在非洲和美洲之间，葡萄牙从黑奴贩卖中获取了暴利。16 世纪内，葡萄牙从非洲掠夺黄金 270 吨以上。在统治巴西的 300 年里，葡萄牙掠夺黄金总值 6 亿美元，还有 3 亿美元的钻石。

西班牙也从殖民地获得巨大利益。除大洋洲外，世界各大洲都有西班牙的领土。非洲的突尼斯，亚洲的菲律宾，拉丁美洲除了巴西都是西班牙的殖民地。西班牙在美洲从印第安人那里掠夺了大量黄金。16 世纪上半叶，西班牙每年从美洲运回本土的黄金达 2900 公斤，白银 3 万多公斤。在占领拉美的 300 年间，西班牙从那里掠夺黄金数百万公斤，白银上亿公斤。

荷兰在海外也建立了强大的殖民帝国。荷兰成立的东印度公司，主要经营亚洲的殖民活动，首先抢占了葡萄牙的殖民地印度尼西亚，也曾一度占领我国台湾。西印度公司主要经营非洲和美洲的殖民活动。这两个公司在海外抢占的殖民地，比荷兰本土大 60 倍。西印度公司在非洲和美洲殖民地主要从事黑奴贩卖活动。1621—1734 年，西印度公司总共贩卖黑奴 46 万人。18 世纪初，荷兰贩卖奴隶贸易总额占到世界奴隶贸易额的一半左右。

英国在"光荣革命"以后的两个多世纪中，参与了全面的殖民战争和殖民掠夺，建立了庞大的殖民帝国，号称"日不落帝国"。虽然 18 世纪北美 13 个殖民地的独立，给英国殖民体系以打击，但是英国丝毫没有放松对世界各地殖民地的掠夺。我们仅以 1840 年英国发动对华侵略的鸦片战争以前的历史为例。在亚洲，17 世纪，英国东印度公司占领了印度的马德拉斯、孟买和加尔各答；18 世纪中叶，英国出兵占领孟加拉，此后又数次发动对印度的殖民战争；到 19 世纪 30 年代，除中部、北部若干土邦外,整个印度成为英国的殖民地,印度从此成为英国侵略亚洲各国的后方基地。英国用来打开中国大门的特殊商品鸦片,主要产地就是印度的孟加拉地区。1824 年,英国又把马来亚的槟榔屿、马六甲和新加坡合并为海峡殖民地。北美的加拿大和大洋洲的澳大利亚在 18 世纪成了英国的殖民地,澳大利亚西南的新西兰也在 1839 年接受了英国的统治。19 世纪初,英国还取得了西非洲的冈比亚、塞拉勒窝内和黄金海岸等地以及南非的开普殖民地。大略统计,19 世纪前期,英国拥有的殖民地领土为 200 多万平方公里,人口达 1 亿,掌握了资本主义世界的霸权。

19 世纪中叶开始,英国或者独自,或者联合其他资本主义大国,多次对中国发动侵略战争,在中国取得巨大的利权和广泛的势力范围。它运用东印度公司,运用鸦片走私,运用炮舰政策,在中国取得了巨大的利益。英国殖民主义者在印度强行输入资本主义生产方式以及对印度的掠夺,马克思当年在《不列颠在印度的统治》和《不列颠在印度统治的未来结果》两篇文章里讲得很多。在这两篇文章里,马克思第一次用唯物史观并联系无产阶级革命的前景考察了殖民主义问题,严厉鞭挞了英国殖民政策,深刻揭露了英国殖民者对印度的统治给印度人民带来的巨大灾难,揭穿了资产阶级文明的真面目。他指出,如果资产阶级文明"在故乡还装出一副很有体面的样子,而一到殖民地它就丝毫不加掩饰了",它的"极端伪善和它的野蛮本性就赤裸裸地呈现在我们面前"。① 印度是英国海外财富的最大来源。据记载,仅 1757—1815 年,英国东印度公司从印度攫取的财富达 10 亿英镑。20 世纪初担任过英印总督的寇松说过:"只要我们统治印度,我们就是世界第一;如果我们失去印度,我们将降成三流国家。"②

英国从海外殖民地掠夺了多少财富,至今未能做出可靠的统计。

法国和德国也在海外建立了殖民地。日本是后来者,在掠夺殖民地方面也不择手段。它不仅占领了我国台湾长达 50 年,而且把清朝的藩属国琉球强行收为己有,成为日本的冲绳县。它还吞并了朝鲜半岛,通过日俄战争取得了日本四岛以外的其他领土,通过发动九一八事变占领

---

① 马克思:《不列颠在印度统治的未来结果》,《马克思恩格斯文集》第 2 卷,人民出版社,2009,第 690 页。
② 肯尼斯·摩根主编《牛津英国通史》,商务印书馆,1993,第 523 页。

了我国东北广袤的土地。

美国在 1776 年独立时，只有北美 13 个州。独立后，美国利用战争等强制手段向西部扩充兼并，把富饶的大片土地攫为己有，大体上形成了今天的美国领土。在 19 世纪末美国经济已经超过英国。1898 年通过美西战争，取得了菲律宾为自己的殖民地。从表面上看，美国的殖民地是比较少的。但是美国在 1823 年发表《门罗宣言》，反对欧洲列强把美洲独立国家当作殖民地，实际上是把美洲当作美国的后院；1899 年针对列强在中国划分势力范围，强调在中国门户开放、机会均等。20 世纪是美国的世纪，美国已经不在乎占领多少殖民地了，它从全世界收获它的政治、经济利益。

在国外掠夺殖民地，在国内实行圈地运动，资本主义的原始积累就是这样形成的。圈地运动在欧洲各国是普遍现象，其中英国比较典型。15—16 世纪、18—19 世纪，英国血腥的圈地运动，使农民陷于极端悲惨的境地。为此，在 16 世纪，英国多次爆发农民起义。19 世纪，英国资产阶级取得决定性胜利，议会通过立法，使圈地合法化，国家机器强迫农民服从圈地法案。原来，英国的资本主义农业的发展，以及工业化中劳动后备军的提供，是建立在血腥的暴力基础上的。马克思评论道："从 15 世纪最后 30 多年到 18 世纪末，伴随着对人民的暴力剥夺的是一连串的掠夺、残暴行为和人民的苦难"，"被暴力剥夺了土地、被驱逐出来而变成了流浪者的农村居民，由于这些古怪的恐怖的法律，通过鞭打、烙印、酷刑，被迫习惯于雇佣劳动制度所必需的纪律"。①

这里还要补充一句，获得战争赔款，也是一些强国资本主义原始积累的重要来源。举几个例子。1871 年普法战争结束，德国从法国获得 50 亿法郎战争赔款。这笔钱对于推动德国国内市场的活跃起了重要作用。尤其是从法国割取阿尔萨斯-洛林，使德国增加了 150 万人口和丰富的铁矿资源，构成了德国工业发展的重要基地。日本从中国夺取 2 亿 3000 万两白银，奠定了日本帝国主义的经济基础，前面已经讲过了。1901 年同列强签订《辛丑条约》，中国赔偿各国近 10 亿两白银，英国、法国、德国、俄国、日本、美国等都从中分得大量赃银。

---

① 马克思：《资本论》第 1 卷，《马克思恩格斯文集》第 5 卷，人民出版社，2009，第 836、846 页。

第六,重视科技和教育。

一个国家要实现工业化、现代化,离开了国民的文化素养的提高,是达不到目的的。工业化、现代化要靠科技和教育的大量投入。重视教育和科技,几乎是上述大国的普遍现象。

16—17世纪,西班牙、荷兰重视教育,大学发达,图书馆藏书丰富,重要著述很多。德国非常注意教育,普及教育的程度高于其他国家。英国和法国都通过制定法律,建立现代教育制度。在德国,大学毕业生比商人和企业主受到更大的尊重。德国首相俾斯麦把普法战争的胜利归功于小学教师。有人认为,德国最大的本钱是智力。在第二次工业革命的推动下,德国开办了大量职业学校、工学院和高等商业学校,培养了许多高层次的企业管理人员、科技人员和有知识的熟练工人。日本是后发的现代化国家,用发展近代教育来开发民智。1872年明治政府颁布《学制》,从此坚持推行义务教育。实行义务教育的大国,英国在1870年,日本在1872年,法国在1882年,美国在1918年,德国在1919年。日本的小学入学率,1908年就已达到97.8%。苏联成立后,也首先在国内实行了义务教育制度。

美国也一直重视教育。1958年美国通过了《国防教育法》,决定在全国范围内由联邦政府直接拨款支持教育,这为美国在20世纪60年代进行教育改革提供了前提。美国在高等教育方面,一直处在世界领先地位。美国高等学校总数、在校生总人数、高等院校毕业生总人数以及它们占全国总人口的比例,在世界上都是首屈一指。美国在科技投入上也极其巨大。据记载,1999年美国政府和私人机构的研发投入达2500亿美元,超过了日本、德国、英国、意大利和加拿大的总和。当然,美国的科技力量广泛服务于它的军事需要。美国还利用它的超级大国的资源优势,吸引全世界的优秀人才。据统计,1960—1987年共有82.5万专业人才移居美国,其中绝大多数是第三世界的科学家和工程师。又有一个数据:1995年美国科学和工程项目的1200万工作人员,72%出生在发展中国家。

这些国家的衰败,也可以列出几条原因。

第一,体制呆滞,不适应经济进一步发展的要求。

西班牙、荷兰都有这种情形。16世纪西班牙称霸海上时,国内还是封建专制,不懂得市场经济规律,阻碍了经济的发展,也抑制了资本主义因素的生长。它的霸业不能持久与此有关。荷兰虽已是资产阶级专政，但政治体制并未理顺，中央的权力结构叠床架屋，中央和地方权力未能明晰区分，导致效率低下，在激烈的国际竞争中未能有效运作。政治的无能，使荷兰的国际竞争走了下坡路。法国在 1789 年大革命之后，国内政治体制长期得不到稳定。法国大革命虽然促进了资本主义的发展，但政治体制多变。拿破仑当政，成为帝国；拿破仑失败后，又恢复了君主制。整个 19 世纪，法国从君主制到君主立宪制，再到共和制、帝国制，又回到共和制，循环往复，极不稳定。这种多变的政治体制显然阻碍了法国在世界上发挥影响，也阻碍了法国经济的发展。

英国也有这种情形。英国是第一次工业革命的带头羊，但是在第二次工业革命中落后了。电力、化学、石油、电器、汽车等工业都落后于德国和美国，失去了发展机遇。英国长期实行"自由经济"政策，但在面对实行国家干预和指导的国家时，它的自由经济政策就会碰壁，影响经济进一步发展。

苏联崩溃，失去世界大国地位，在一定意义上也与国内政治体制和经济体制僵滞有关。第二次世界大战后，斯大林错误地分析了世界形势，认为资本主义总危机在战后进入了新阶段，因而对国内提出的改革建议置若罔闻；对西方社会出现的新科技革命采取了否定和抵制的态度，使苏联在计算机科学方面与西方拉开了距离，丧失了发展机遇。对于苏联高度集中的政治经济体制，20 世纪 60—70 年代的苏联也想改革，但收效不大，经济难以持续发展，加上其他因素影响，苏联最终走向崩溃。

第二，国土狭小，没有国内工业基础或者国内市场。

葡萄牙、西班牙、荷兰都有这个问题。它们没有国内工业基础和国内市场，单靠海外贸易，很难持久。当其他更有实力的国家发展起来后，这些国家很难与之竞争。所以它们的霸权地位不能延续到 18 世纪，更不用说 18 世纪以后了。

第三，殖民帝国庞大，治理困难。

英国是一个典型。大英帝国全盛时期，殖民地遍及全球，实在无力东西兼顾。印度作为"帝国王冠上最珍贵的宝石"，英国费尽心机，也难以平息印度人民的反抗烈火。维持庞大的殖民帝国，需要有强大的军事力量。1914 年英帝国人口 4 亿，总面积达到 3380 万平方公里，面积比英国本土大 130 倍。到英国国力衰弱时,这个庞大的帝国就使英国背上了沉重的包袱。世界大战,英国无力保护殖民地的安全。第一次世界大战后,英国的殖民体系开始瓦解;第二次世界大战后,英国的殖民体系完全瓦解了,英国的大国地位也就失去了。

第四,穷兵黩武,发动和参与不义的战争。

西班牙、法国拿破仑时期以及德国、日本都是典型的例子。16 世纪西班牙的"无敌舰队"横行海上,到处发动战争,消耗了国力,大国地位难以保持。法国在拿破仑时期也是穷兵黩武,企图称霸欧洲。19 世纪初,法国发动征服英国的战争,在海上遭到失败;接着又发动征服奥地利、德国的战争,获胜;1812 年在对俄远征中失败。穷兵黩武,消耗了法国的国力,阻碍了法国经济的发展。

英国参与了两次世界大战。第一次世界大战,英军伤亡 80 万人,军费造成英国财政赤字剧增,从美国的债权国变成美国的债务国,不仅丧失了伦敦的世界金融中心地位,也丧失了海上霸主地位。第二次世界大战,英军伤亡 30 万人,约 50% 的英国商船被摧毁。多年积累的黄金、美元储备和海外资产消耗殆尽,欠美国的债款就达 210 多亿元。英国实际上破产了。

德国更是两次世界大战的发动者,两次大战的结果都是投降。与全世界为敌,得到这样的结果是必然的。日本在战争中发了横财,也在侵略战争中走向了末路。发动不义的侵略战争必然失败,这是历史的必然结论。日本在战败后被美国占领。由于美国的世界战略,美国又回头支持了日本。今天日本虽然又发展成为一个世界经济大国,但它否认侵略战争罪责,受到全世界的谴责。

第五,骄奢淫逸,缺乏进取精神。

葡萄牙、西班牙、英国都有这种情形。葡萄牙在海外的暴富,使葡萄牙贵族养成了奢靡之风,挥霍和享受成为社会风尚,一般平民也养成了好逸恶劳的作风。这样的环境使葡萄牙人缺乏进取精神,其海上称霸坚持不了多少时间。葡萄牙的情形在西班牙也是同样的。英国丧失霸主地位也与此有关。殖民地的丰硕回报,在英国养成了一个食利阶层,贵族绅士都是这样的食利阶层。企业家缺乏进取精神。第二次工业革命中英国落后,与缺乏这种精神有关;落后的企业不思改造,也与缺乏这种精神有关。在 19 世纪末,恩格斯就指出过这种情形。他说,英国民族沙文主义的狂妄自大，在商业上也有表现。英国的工厂主要求客户说英国话，德国工厂主说客户一样的语言，结果把英国的市场都占领了。

第六，我行我素，不顾世界上多数国家的反对，单边主义，以统一世界为职志。

20世纪是美国的世纪。美国参加了两次世界大战，不但没有受到损失，反而从战争中获利。二战后，美国与苏联是两个超级大国。苏联崩溃后，今天的世界只有美国一个超级大国。可以说，这个超级大国的综合国力，超过了以往所有大国综合国力的总和。美国在二战后一二十年时间，几乎可以看成一个绝对的超级大国。到20世纪70年代，美国人感到已经不能为所欲为了。1971年7月6日，美国总统尼克松第一次公开承认美国处在相对衰落之中。他认为，国际战略格局已发生变化，不是仅有两个超级大国，而是有美国、西欧、苏联、中国和日本五大力量中心。

美国一向以世界领袖自居。它要充当世界警察。它要把自己的政治制度、思想观念强加于世界。20世纪下半叶世界上发生的战争，大多数与美国有关。今天美国在世界上130个国家和地区驻扎了40万军队。最近十来年，打伊拉克，打南斯拉夫，打科索沃，打阿富汗，虽然联合国反对，它仍然为所欲为。它还在前东欧国家策划"颜色革命"，在亚太地区强化美日韩同盟，制造朝鲜半岛不安定局面，现在又在中东地区煽动所谓"茉莉花革命"。美国不断地侵略扩张，需要庞大的军费。当年的越南战争，打了八年，美国共支付1110亿美元，相当于现在的5000亿美元。维持已经占领的阿富汗和伊拉克，每月将近50亿美元。2003年，美国国会通过2004年度国防开支法案，达到3680亿美元，还不包括阿富汗和伊拉克的军事开支。2004年美国的财政赤字高达4130亿美元。布什总统2007年向国会提出的2008年财政年度政府报告，预计2008年财政支出2.9亿美元，军费7165亿美元，占总开支的24.7%。军费中，有2351亿美元将用于2007—2008年在伊拉克、阿富汗的军事行动。这样庞大的军费开支对于美国也是难以持久的。现在在阿富汗、伊拉克长期驻兵已经维持不下去。众议院已经否决了布什总统增兵伊拉克的计划。美国人民反战热情很高。阿富汗、伊拉克尚且如此，美国还能再打一次朝鲜或者越南战争吗？布什给奥巴马总统留下了一个烂摊子，难以收拾。2008年秋后又碰到金融危机，至今美国国内就业率还没有提高，经济复苏还有待观察。美国的相对衰落，现在已经是不争的事实。

四 中国从大国兴衰中学到什么

（一）中国要做什么样的大国

从经济总量上看，中国今天已居世界前几名，似乎已经是一个大国。最近十年，每年经济发展都以 10% 的比例在增长。国内外都在谈论中国将成为世界大国。十年前，日本、美国媒体就在大力鼓噪"中国威胁论"。国内外都在估计中国的年增长比例将会延续多少年。有人估计中国的这种高速增长还会延续二三十年。如果这样，到 21 世纪中期，中国的经济总量将会超过日本甚至美国，人均 GDP 将可能达到中等发达国家水平。如果正常发展，政局稳定，社会稳定，完成这样一个发展要求是可能的，中国成为一个世界性的政治经济大国是可能的。

问题是：中国将成为一个什么样的大国？

中国要像欧美资本主义大国那样做侵略、掠夺殖民地、瓜分势力范围以自肥的大国吗？

中国要像帝国主义国家那样做依靠发动战争以欺凌弱小国家，靠穷兵黩武来积累财富分配世界资源的大国吗？

中国要像苏联那样成为社会帝国主义那样的大国吗？

显然，上面三种大国都不应该成为中国发展的选项。

中国现在只是在建设全面小康社会。从人均 GDP 来说，中国距离中等发达国家还很远，现在在世界上的排名在 110 名之后。中国国内还有 2000 万贫困人口没有脱贫。中部和西部地区还比较落后。中国国内的各种矛盾还很多，贫富差距很大。我们今后十年、二十年的工作任务还很重。我认为，中国目前还不需要津津乐道地谈论做大国的问题。即使到 21 世纪中叶，人均 GDP 达到了中等发达国家的水平，距离发达国家还很远，我们永远不要自满，永远不要做称霸世界的大国。毛主席当年说，"深挖洞，广积粮，不称霸"，确是我国发展的长远战略。我们不要做西方列强在世界上做过的那些坏事。中国要对人类做贡献，不能用损人利己的方式，不能用侵略、掠夺、压榨别国的方式，不需要用战争的方式。据报载，一位退休的印度外交官在北京参加为三亚金砖五国暖身的国际会议时说："摆在中国面前的两大选择：一是遵循19—20世纪列强走过的道路，只顾增强自己的实力而不关心其后果对其他国家有何影响；二是和其他国家联合起来，铸造一个所有国家都能共同合作与结成伙伴的新国际秩序。"① 中国要富，要带动世界一起富。君子爱财，取之有道。在国内是如此，在国外也是如此。只有这样，世界才会安宁。世界安宁了，中国才能获得发展的环境。同样，中国获得和平发展的环境，中国国内稳定，就是对和谐世界的巨大影响，就是对世界的贡献。

（二）中国的发展需要从大国兴衰中学到什么历史教训

发展中的中国能够从大国兴衰中吸取什么历史教训？我认为，有些发展经验，我们是可以借鉴的；有些是不能借鉴的；还有一些，是要靠我们自己创造的，它们没有给我们提供任何东西。

哪些是可以借鉴的呢？第一，反对外国侵略，争取民族独立，创造走向工业化、现代化的政治前提。许多西方大国都有这样的经历，我们也是这样做的。这样的历史经验值得肯定。第二，在发展经济的过程中，用法律和制度努力保证国家和社会的稳定。第三，抓住机遇，实现工业革命。西方社会迄今为止经历过的所谓三次工业革命，我们都要努力追赶、努力实现。在未来，我们如果能够抓住生态、能源、环境和生命工程引发的新一轮工业革命，我们还将获得更大的发展机会。第四，注重教育和科技的投入，给经济发展不断注入新的动力，努力做到发展的可持续性。我国"十二五"期间教育投入将达到 GDP 的 4%，与发达国家还有距离，甚至比印度还少，我们还有增加的空间。

哪些是不能借鉴的呢？第一，建立殖民体系，掠夺、压榨殖民地。历史证明这是西方发展中最可耻的一面，是人类社会的历史教训，我们的发展不可能走这条路，现时世界也不容许走这条路。第二，用战争、侵略的方式来剥夺别国发展的条件和机会，往往造成世界历史的倒退，造成已有生产力的破坏。侵略的、非正义的战争是人类历史上的怪物，我们的发展中不容许这样的怪物继续存在。第三，欧洲特别是英国出现

---

① 谭中：《40%人类的正义可引领新秩序》，《环球时报》2011年4月15日，第14版。

过的剥夺农民、农村、农业的圈地运动，用这样的强制的不人道的办法来为工业革命提供劳动后备军，我们的发展中不能采用。我们要用工业反哺农业、城市支持农村的办法缩小城乡差距；用免去农业税的办法减轻农民负担；用在农村彻底实现义务教育的办法来提高农业劳动力的知识水平；用农业现代化示范的办法，吸引农民采用新的科学技术提高农产品产量；用发展经济、发展城市与乡镇的办法吸引农村劳动力；等等。

哪些是要靠我们自己来创造的呢？中国特色的社会主义现代化，社会主义市场经济的经验，是以往任何国家都不曾提供的，这要靠我们自己来创造。将近60年来，我们在经济制度上经历了计划经济和社会主义市场经济两个阶段，改革开放以来，在发展经济方面积累了比较丰富的经验。应该说，"摸着石头过河"的阶段已经过去了。社会主义市场经济体系业已初步建立起来。但是，在社会主义市场经济体系这个总的概念中，如何从制度上、法律上、价值观上把社会主义和市场经济这两个本来对立的概念，从内涵上结合起来，恐怕还需要在实践中积累经验，也需要及时在理论上加以总结。现在国内外都在热烈讨论所谓中国模式，或者中国道路。这是一项理论和实践相结合的创造性劳动。中国人在总结中国模式、中国道路方面的确要下一番功夫。

市场经济是西方国家组织社会经济的成功的经验。市场经济是经济生活、资源配置的运作手段。但是，"看不见的手"也不能认为是唯一的手段。市场经济手段与国家干预适当的结合，会使经济运转更好。社会主义方向是马克思主义理论指导的，用共产主义世界观武装的共产党人的方向，是苏联和我们自己的经验检验过的，也是西方国家未曾做过的。但苏联和我们过去在社会主义建设中排斥了市场经济手段，证明是对经济发展不利的。现在我们要把市场经济和社会主义方向结合起来。应该看到，市场经济与社会主义之间也存在相互排斥的一面。利用市场经济对社会主义建设的有利方面，限制其消极方面，不能让市场经济像野马一样毫无顾忌地自由驰骋，要给市场经济带上笼头。贫穷不是社会主义，贫富悬殊也不是社会主义。革命目的不是要造就无产者，是要让社会更加公正，分配更加公平，消灭贫穷与贫富的过度差别，达到共同富裕的目的。今年的"两会"讨论的就是这些问题，这是当前中国社会面临的大问题，是值得深入探讨和解决的。我对此抱有极大的期待。

实现社会经济的高速增长，实现国民生活的同步提高，让人民群众都能享受经济增长带来的好处，尽可能满足人民群众物质文化生活的需要，这是我们建设社会主义的目的。因此，在市场经济和社会主义相结合上做文章，包括科学发展观，包括社会主义和谐社会理论，包括正确处理公平和效率的关系，在当前尤其要注意处理好生产和分配的关系，都是在处理市场经济和社会主义的关系问题，这是我们今后努力的方向。这两者的结合是大文章，做好了，将是我们对世界、对人类的重大贡献。

我们是共产党人，我们是共产主义者。像任何好的社会制度都不能强行推向世界一样，社会主义制度、共产主义理想，也不能输出。我们社会主义建设的成功，要靠我们自己努力，要把国内建设好，要发展自己的国内市场，要利用世界的贸易体系与各国广泛交流，互利互惠，共同发展。既不能用战争手段来谋取利益，也不能用战争手段来推销我们的制度。我们自己建设好了，就是一个榜样，就会吸引世界各国人民走向社会主义、共产主义的方向。

第二次世界大战历史的宏观反思*

——纪念世界反法西斯暨中国人民抗日战争胜利 70 周年

第二次世界大战结束已经过去 70 年。二次大战的历史本身是客观的，当如何认识、如何评价这一历史过程，却要受到人们历史观的局限。70 年后认识和评价二次大战的历史过程，需要摒弃欧洲中心主义，不要把二次大战仅仅看成欧战，也不要把二次大战仅仅看成太平洋战争。我们要明确这样一个基本事实：二次大战从开始到结束是一个极为复杂的过程，它从酝酿、爆发到高峰、结束，原因都极为复杂。我们必须看到，二次大战有两个战争策源地，有两个爆发点或者起点，有两个

---

* 本文于 2015 年 9 月 2 日在北京"纪念中国人民抗日战争暨世界反法西斯战争胜利 70 周年国际学术研讨会"发表，刊于《中共党史研究》2015 年第 8 期。《新华月报》2015 年第 18 期全文转载。收入中共中央党史研究室、中国社会科学院、中国人民解放军军事科学院编《纪念中国人民抗日战争暨世界反法西斯战争胜利 70 周年国际学术研讨会论文集》，中共党史出版社，2015，第 116—134 页。部分内容曾于 2015 年 5 月 6 日在俄罗斯科洛姆纳市由中、俄历史学会联合主办，俄罗斯科学院俄罗斯历史研究所、科洛姆纳市政府、莫斯科州立人文大学联合承办的国际学术会议"伟大的卫国战争——事实与真相：历史记忆与现实"上宣读。收入 Чжан Хайпэн: *Размышления историка о Второй мировой войне: к 70-летию разгрома фашистской Германии и милитаристской Японии*, Институт российской итории Российской академии наук, Российское историческое общество, Китайское историческое общество, Администрация г. Коломны, Московский государственный областной социальпогуманитарный институт: Великая Отечественная известная и неизвестная: историческая память и современность, Материалы Международной научной конферециии, Москва-Коломна, 6 – 8 мая 2015г. Ответственный редактор Ю. А. Петров, НРН москва 2015, 127 – 131。又以如下题目"The Two Starting Points of World War II: A Reexamination from a Global Perspective"发表于 *Journal of Modern Chinese History*, Volume 10, Number 1, June 2016, pp. 52 – 66, Routledge Taylor & Francis Group。本文写作承中国社会科学院世界历史研究所张跃斌博士提供资料，帮助修改，谨致谢意！

主要战场,有两个战争结局和战后对战争的不同认识。只有确立了这个认识,我们才能看到中国战场在二战中的战略地位和中国人民对战胜法西斯、军国主义所做出的重大牺牲及为世界和平所做出的重大贡献。只有从二战的世界性、全局性、复杂性的认识和分析中,才能清晰地看出中国抗日战争的地位和作用。只有看到苏美对德国和日本军事力量的不同处理,才可以清楚看到两个不同的战争结局和战后对战争的不同认识。

70年前结束的第二次世界大战,比较100年前的第一次世界大战,是人类有史以来一次真正世界性的大战。第一次世界大战卷入的主要是欧洲国家,战场也主要在欧洲。日本虽然对德国宣战,却借口德国在中国山东有租借地,向中国山东进攻。中国虽然参战,究竟没有派军队到欧洲去,而且自己也遭到同为对德宣战的日本侵略。美国感受到德国的威胁也宣布对德作战,只是给协约国提供军备,后来派军队到欧洲,战争就快结束了。战场虽然延续到非洲,那是争夺非洲殖民地的战争,规模也不大。英属澳大利亚、英属加拿大、英属印度、英属新西兰、英属南非参战,是英国殖民地的缘故。所以,第一次世界大战主要参战国是欧洲国家,主要战场在欧洲。俄国因为发生十月革命,退出战争;德国因国内反战,支持不下去,宣布投降,1918年战争结束。从战争爆发到结束,前后近五年。当时中国的新闻报道大多称之为"欧战",是有道理的。

第二次世界大战则不同。卷入战争的有60多个国家和地区,地跨亚洲、欧洲、美洲、非洲、大洋洲,涉及人口约17亿,占当时世界人口的80%,损失人口5000万以上。① 时间至少八年。爆发战争的原因很复杂,矛盾点不止一个;战争爆发点也不止一个;战场几乎囊括了全球。纵观第二次世界大战的历史,我们可以发现这次大战有两个战争策源地,有两个战争爆发点,有两个主要战场,有两个胜利纪念日,还有两个不同的战后处理及对战争结局的不同认识。对于这些,在世界人民反法西斯战争暨中国人民抗日战争胜利70周年的今天,有必要加以重

---

① 中国大百科全书总编辑委员会《外国历史》编辑委员会、中国大百科全书出版社编辑部编《中国大百科全书·外国历史Ⅰ》,中国大百科全书出版社,1990,第236页。也有不同估计,如损失人口1.05亿,参见刘庭华《中国抗日战争与第二次世界大战统计》,解放军出版社,2012,第323页。

新思考和阐明。

两个战争策源地

　　第一次世界大战是一次帝国主义战争，是为争夺殖民地、争夺商品销售和资本输出市场、争夺世界资源而爆发的。战争策源地只有一个。德国因与俄国、法国有历史积怨，一直在积极筹备战争。可以说德国是这次战争的策源地。

　　第二次世界大战不同，战争策源地不是一个，而是两个。东方是日本，西方是德国。引起战争的矛盾极为复杂：有帝国主义之间的矛盾，有帝国主义与社会主义国家之间的矛盾，也有军国主义日本与半殖民地半封建中国以及亚洲殖民地半殖民地国家之间的矛盾，还有日本与欧美国家之间的矛盾。

　　由于普法战争和第一次世界大战留下的矛盾，德国有复仇心理和准备。法国是欧洲大陆最强大的国家，德国要称霸欧洲必须让法国臣服。德国在希特勒上台后就一直在筹划战争。德国是欧洲的战争策源地没有异议。

　　日本自明治维新后就确定了"开疆拓土，布国威于四方"的基本国策。它扩张领土的对象是琉球、菲律宾、朝鲜、中国。通过120年前的甲午战争，它取得了琉球、朝鲜、台湾，实现了"开疆拓土"的部分目标。通过甲午战争后帝国主义在华的瓜分狂潮，日本取得了福建作为自己的势力范围。通过日俄战争（1904—1905），取得了在中国东北的大量权益。1927年，日本内阁通过了侵略中国的所谓"大陆政策"，1931年发动九一八事变，占领中国东北。1937年7月发动卢沟桥事变，开始全面侵略中国，叫嚣三个月内灭亡中国。日本是亚洲战争策源地，无论是从历史事实还是历史逻辑来说，都难有异议。

　　只有德国一个战争策源地，无法解释二战那样真正涉及全球特别是欧亚两大洲的那场战争的历史。在欧洲，虽然意大利与德国作为法西斯国家成立柏林—罗马轴心，但柏林的作用是主要的。1936年11月，德国、日本以"反共产主义"相标榜，签订《反共产国际协定》。1937年11月意大利加入，表明东西两个战争策源地已经形成，并且在反共的大前提下联合起来。罗斯福评价说："轴心国之间经过精心地预谋，已经紧密地勾结在一起。在他们的战略计划中，全球所有的大陆、所有的海洋，都被视作一个巨大的战场。"① 但是，德国和日本并没有首先向苏联共产党领导下的苏联社会主义联邦共和国进攻。德国和日本首先进攻的都不是共产主义国家。日本首先进攻的是中国，一个经济落后、在国际上没有地位的半殖民地半封建的大国，而且志在必得。德国首先进攻的是波兰、法国、英国等欧洲资本主义国家。可见，德国和日本都是在反共的幌子下发动世界战争的。那时候的共产主义国家苏联已经实现工业化，经济上成为欧洲最强的国家。德国和日本都不敢贸然向苏联发动进攻，都与苏联签订了互不侵犯或者中立条约，试图麻痹苏联和世界。1940年9月，德国、意大利、日本三国签订三国同盟条约，德国和日本这两个企图占领全世界的法西斯国家，在照顾彼此利益方面取得了共识，确认德国在欧洲的领导权和日本在亚洲的领导权，同时决定把下一步斗争矛头对准美国和苏联。这就是同在1941年，德国向苏联发起进攻，日本向美国发起进攻的原因。欧亚两个战争策源地的握手，把第二次世界大战的战火推向了顶峰。即使如此，反共也只是它们的幌子。因为它们进攻的，一个是世界上最强大的社会主义国家苏联，一个是世界上最强大的资本主义国家美国，可见它们的目的并不是要消灭共产主义，它们的目的是要称霸全球。这就是为什么苏联、美国、英国、中国等意识形态并不一致的国家组成统一战线，共同开展反对德、意法西斯和日本军国主义的世界性战争。因此，第二次世界大战不是资本主义、帝国主义国家与社会主义国家之间的战争，也不是帝国主义国家之间的战争，而是坚持和平发展、坚持人类正义的力量与反人类正义的战争机器之间的搏斗，是坚持法西斯、军国主义与反法西斯、反军国主义者之间的战争。毛泽东在1941年7月12日写给党内的指示指出："在目前条件下，不管是否帝国主义国家，或是否资产阶级，凡属反对法西斯德意日，援助苏联和中国者，都是好的，有益的，正义的，凡属援助德意日反对苏联和中国者都是坏的，有害的，非正义的。"指示坚持了"目前是法西斯与反法西斯两大阵线斗争的新的历史时期"这个基本观

---

① 富兰克林·罗斯福：《罗斯福炉边谈话》，张爱民、马飞译，中国社会科学出版社，2009，第152页。

点,① 这个判断不管是站在中国的立场上还是站在世界的立场上,都是完全正确的。

德国、日本之所以成为二战的策源地,根源是两国出现了法西斯和军国主义势力。第一次世界大战之后,作为战败国,德国被迫接受《凡尔赛条约》的苛刻条款,很不满意。在这种情况下,一些极端的民族主义主张开始兴起,纳粹法西斯就是其中最典型的代表。"法西斯主义作为一种极端反动而又蛊惑人心的社会思潮和政治运动在欧洲的兴起,是现代西方资本主义工业文明的深刻危机的表现。"② 1929 年世界性的经济危机爆发之后,德国资产阶级政府一筹莫展,无所作为,于是希特勒的法西斯势力依靠欺骗性的宣传,以"救世主"的姿态掌握了政治权力。不过,法西斯并没有什么灵丹妙药,其掌权的奥秘就是通过不断的冒险和战争,将德国国民拴在无法停歇的侵略扩张的战车上。

日本与德国的情况有些不同。在近代初期,和周边邻国一样,日本同样面临西方列强的侵略和压迫,同样有沦为殖民地半殖民地的危机。不过,通过明治维新,日本得以摆脱民族危机,走上了近代化的道路。可是,在这个过程中,日本对西方列强的船坚炮利心服口服,对弱肉强食的国际政治法则深信不疑,顶礼膜拜。因此,作为一种国家意志,其基本的政治哲学就是通过对周边国家进行侵略扩张,力求进入西方列强的行列,"脱亚入欧"。如果说在第一次世界大战之前,日本的基本方针还是和西方列强沆瀣一气,共同侵略亚洲国家的话;第一次世界大战之后,日本对华盛顿会议签订《九国公约》对它的限制并不买账,野心膨胀,企图排除欧美、独霸亚洲。当时,军国主义团体开始在日本出现,其明确的目标就是建立军国主义、法西斯政权,扩大侵略权益,在亚洲排挤其他西方列强。正是因为如此,日本在远东地区和美国的矛盾日益加深。在 1929 年世界性的经济危机发生后,日本面临国内革命、中国抵抗和列强挤压的多重困境,日本军国主义法西斯势力借助恐怖活动和军事政变掌握了政治权力,将日本纳入军国主义、法西斯的轨道,企图通过冒险、战争来解决国内、国际矛盾,把侵略中国作为最高

---

① 中央档案馆编《中央关于凡是反对法西斯德意日者均应联合的指示》,《中共中央文件选集》第 13 册,中共中央党校出版社,1991,第 164 页。
② 罗荣渠:《辉煌、苦难、艰辛的胜利历程——第二次世界大战若干问题的再认识》,《北京大学学报》(哲学社会科学版)1995 年第 4 期。

国策。

第二次世界大战前世界上存在东西两个战争策源地，这个观点前人已经指出过。① 但是指出两个战争策源地，没有把它与两个战争爆发点联系起来，学术界长期争论着二战的起点究竟在欧洲还是在亚洲。

两个战争爆发点

关于二战的起点，或者爆发点，以往学术界多半以1939年9月1日德国侵入波兰为标志，以它为二战的起点，欧洲学者大多如此主张。② 日本学者也是这种看法。③ 中国学者虽有不同意见，大多也接受这种看法。④ 也有中国学者为了强调中国作为二战东方战场的作用和地位，把1937年卢沟桥事变甚至1931年九一八事变作为二战的起点。⑤ 这些当然都有各自的理由，但是理由都不充分。如果真正把二战作为一个全世界主要国家都不同程度卷入的战争，而卷入的时间各不相同，我们会看到二战真正成为世界性的大战是有一个过程的，看到二战矛盾的复杂性和过程的曲折性，应该明确二战的起点或者说爆发点是两个。简单地把1937年7月7日或者1939年9月1日作为二战的起点，都不足

---

① 参见军事科学院军事历史研究部《第二次世界大战史》第1卷，军事科学出版社，1995，绪言，第14、15页。
② 伊丽莎白·维斯克曼：《对波兰的进攻转变为第二次世界大战》，C. L. 莫瓦特编《新编剑桥世界近代史》第12册，中国社会科学院世界历史研究所组译，中国社会科学出版社，1999，第656页；又，巴兹尔·利德尔·哈特爵士《第二次世界大战》，C. L. 莫瓦特编《新编剑桥世界近代史》第12册，第978—979页。
③ 信夫清三郎编《日本外交史》下册，天津社会科学院日本问题研究所译，商务印书馆，1980，第642页；伊田熹家：《简明日本史》，卞立强等译，上海远东出版社，2003，第324页。
④ 齐世荣：《论中国抗日战争在第二次世界大战中的地位和作用》，中国史学会编《第十六届国际历史科学大会中国学者论文集》，中华书局，1985，第334页；王桧林：《第二次世界大战与中国抗日战争之关系的三个问题》，氏著《三余丛稿——我与中国现代史》（下），北京师范大学出版社，2015，第517—519页。
⑤ 较早提出把七七事变作为第二次世界大战起点的，见龚古今、唐培吉《中国抗日战争史稿》上册，湖北人民出版社，1984，第5页。已有书评作者指出：此论点论述还不充分，未能很好地将此论点有机注入全书内在体系之中，说服力还显不足，而且导言和正文有关地方提法也不统一。见王建辉《〈中国抗日战争史稿〉评介》，《世界历史》1985年第8期。

以阐明这次世界大战过程的复杂性。今天从二战全部历程来看，卢沟桥事变是亚洲地区一个军国主义国家向一个亚洲大国发起全面进攻的开始，我们应该把这次进攻看作第二次世界大战亚洲战场的起点。两年后，德国侵入波兰，成为第二次世界大战另一个起点，即欧洲战场的起点。以往中外历史学家大多主张德国入侵波兰是第二次世界大战的起点，这有一定道理，但道理不能服人。说他道理不能服人，是因为不能完整解释第二次世界大战原因的复杂性、矛盾的尖锐性和战争过程的长期性、曲折性。如果我们站在70年后甚至80年后这个历史高度，俯视当时爆发的这场世界大战，如果我们真正认识到这次大战有两个战争策源地，我们会看到每个战争策源地都有一个战争的发动时间。1937年7月7日卢沟桥事变是二战东方战场的起点，1939年9月1日是二战西方战场的起点。如果承认二战有两个起点，我们观察二战的历史就全面了、客观了、符合历史实际了。①

实际上，二战先后在亚洲、欧洲爆发以前，亚洲和欧洲都出现了法西斯国家、军国主义国家对外侵略的事实。1931年日本侵略中国东北，随后还把战火延烧到长城沿线；1935年意大利侵略埃塞俄比亚；1936—1939年意大利、德国武装干涉西班牙；它们都是帝国主义发动的侵略战争，被侵略国家人民都开展了反法西斯斗争，这些都是二战爆发的前奏。

只强调欧洲战场是二战的起点，是没有看到亚洲战场的重要性；只强调亚洲战场是二战的起点，是没有看到欧洲战场的重要性。只有既看到亚洲，也看到欧洲，俯视全球，看到二战的爆发是在亚洲和欧洲先后发生的，才能准确阐明二战的爆发是非常复杂的历史现象，才能阐明亚洲战场与欧洲战场同时存在的历史合理性。

---

① 前引《第二次世界大战史》第1卷绪言在讲到两个战争策源地以后，也讲到"七七事变就成为中日全面战争的起点和大战在东方的爆发点"，"德国入侵波兰便成了欧洲战争的起点和大战在西方的爆发点"。该书第1卷第4编标题为"大战在东方的爆发"，第5编标题为"大战在西方的爆发"。这个论述与本文的观点极为切近，但是也有稍许区别。本文从二战矛盾的复杂性和过程的曲折性明确指出二战有两个战争策源地，因而有两个战争起点或者爆发点。该书没有明确指出这一点，而且在论述大战的分期和过程时把大战的第一阶段称为"大战的序幕与爆发（1931.9—1939.9）"，实际上把两个战争起点的观点湮没在其中了，因为大战的序幕与大战的起点，可以看作一件事，也可看作两件事。在这里，作者至少是没有贯彻其观点的彻底性。

说战争的起点，是说战争的爆发点，不是说战争一旦爆发就在全世界展开。第二次世界大战的全面展开是有一个复杂过程的。1937年7月卢沟桥事变发生，中国掀起全民族抗战，但世界各国都在观望，美英对日本侵略中国采取了绥靖政策。尽管日本侵略中国就是要排除美英在中国的势力，但美英没有决定是否投入战争。苏联为了自身的利益支持中国抗战，中国抗战也维护了苏联远东的安全；随后美国也支持了中国抗战，中国的抗战也支持了美国。虽然美国同时用贸易手段支持了日本。意大利侵略埃塞俄比亚，德、意武装干涉西班牙，欧洲主要国家也采取了绥靖政策，直到1939年9月1日德国侵入波兰，欧洲形势紧张起来，英法才结束绥靖，对德宣战，但是英法出于自身利益，坐视波兰败亡，此后很长时间欧洲无战事，出现了半年之久的所谓"假战争"①。到1941年6月德国侵略苏联导致苏德战争发生，德国深入苏联国土850—1200公里，把第二次世界大战的欧洲战场无限地扩大了。1941年12月，日本偷袭珍珠港，那时候美国正在与日本进行改善关系的谈判，一下子使美国措手不及。日本随即向美、英宣战，大举南下，把战场扩大到中国以外的东亚、南亚等太平洋地区，形成了太平洋战场。这是二战真正成为世界大战的最后标志。这以后就把世界上的主要国家都卷进战争的漩涡了。如果没有苏德战争、太平洋战争的发生，二战如何定义，将是另一个样子。如果没有德国进攻苏联和日本进攻美国、太平洋地区各国，二战可能还在亚洲和欧洲分别进行，可能还是地区性战争，不能称作世界大战。② 苏联和美国是世界两个大国。这两个大国对战争的态度和动向，在一定意义上决定了第二次世界大战的结局。这充分说明二战的爆发和展开是一个非常复杂的过程。

　　不仅战争的起点是两个，战争的结束点也是两个。1945年5月8

---

① 巴兹尔·利德尔·哈特爵士：《第二次世界大战》，C.L. 莫瓦特编《新编剑桥世界近代史》第12册，第983页。还有著作称之为"奇怪的战争"，这大多是欧洲学者的看法，见军事科学院军事历史研究部《第二次世界大战史》第2卷（军事科学出版社，1995）第16章 "'奇怪的战争'与德国入侵北欧"。
② 英国著名历史学家艾瑞克·霍布斯鲍姆也持这种观点。他说："1939年爆发的战争只能算是欧战。事实上，在德国入侵波兰，又于三周内和中立的苏联瓜分该国之后，所谓欧战，已变成纯粹由德国与英法对打的西欧战争了。"不过，他把第二次世界大战的爆发点看作1941年12月7日日本轰炸珍珠港，则与我不同。参见艾瑞克·霍布斯鲍姆《极端的年代——1914—1991年的世界史》，郑明萱译本，中信出版社，2014，第46、49页。

日，在苏军摧枯拉朽的攻击下，德国丧失还手能力，便签署了无条件投降书，宣告欧洲战场的结束。同年 8 月 15 日，日本天皇接受《波茨坦公告》，宣布"终战"，命令所有日军放下武器，战争结束。9 月 2 日，日本政府代表重光葵和军部代表梅津美治郎在无条件投降书上签字，亚洲战场最后结束。两个投降日（对同盟国来说是两个胜利日）的出现，再次证明第二次世界大战过程的复杂性。

两个主要战场

第二次世界大战有两个战争策源地：东方和西方。二战有两个战争爆发点即战争的起点：亚洲，日本侵略中国；欧洲，德国侵略波兰。历史和逻辑都证明了二战还存在两个主要战场：一个是亚洲战场，一个是欧洲战场。这两个战场的变化、胜负，决定了二战的变化和胜负。

亚洲战场最大的特点是日本对中国的侵略。如果说日本在天津驻军还符合《辛丑条约》的话，1932 年后日本华北驻屯军发动山海关事变，配合日本关东军逐渐蚕食长城内外，把军队移驻到北平西南丰台，就是完全违反国际法的。这是造成卢沟桥事变的根源。日本学者争论宛平城的第一枪是谁开的？这在纯战争史或者军事学角度看可能有意义，但在日本侵略中国这个大主题上实际上没有意义。因为日军到了北平附近的丰台，本身是完全非法的，除了肆意侵略，难有更准确的解释。即使第一枪不是日军开的，也改变不了日军侵略的本质。

在中国独立抗日的前三年，只有苏联给予了中国援助，前后三次低息贷款 2.5 亿美元给中国政府，① 还派出了大量航空人员来中国协助作战，库里申科等飞行员牺牲在中国抗日战场上。英、美一开始都对日本侵华采取了绥靖政策，直到 1938 年日本宣布建立"大东亚新秩序"，日美关系开始恶化，日本侵略行为威胁国际安全，美国才给中国提供援助，从 1938 年到 1940 年四次贷款差不多 1 亿 2000 万美元。② 但 1941 年前美国卖给日本的石油、废钢铁等战略物资数量很大，对日本侵略中

---

① 王庭科：《共产国际、斯大林与中国革命》，成都出版社，1992，第 245 页。
② 参见韩永利、张士伟《二战期间美国战争资源的对外投放考察》，《世界历史》2010 年第 1 期。

国是有力支持。①

直到 1941 年 12 月珍珠港事变后，美、英等国才与中国站在同一个战壕里，才给予中国军事的、经济的等实际援助。由于英美实行"先欧后亚"的战略方针，鼓励中国战场拖住日本军队，实际上英美的大量援助都用在欧洲，对中国的军事支援比例很低。中国当时还是一个半殖民地半封建国家，经济上十分落后，与早已资本主义化的日本在国力上相差极大。日本为了实现"大东亚秩序"，把英美排除出中国，独占中国，乘英美势力逐渐退出中国之机，大肆占领中国领土。中国作为一个贫穷的、落后的国家，就是在这样的国际国内背景下开展了抵抗日本侵略的斗争。从卢沟桥事变到 1937 年底，日本向中国战场（包括东北）投入了 21 个师团，在朝鲜和日本国内只有 3 个师团，88% 的兵力都在中国。以 1938 年为例，日本陆军总兵力有 34 个师团，分布在中国的有 32 个，占其总兵力的 94%。再以 1941 年 12 月为例，日军陆军总兵力有 51 个师团，分驻于中国的有 35 个，占其总兵力的 69%；分布在太平洋战场的有 10 个，只占其总兵力的 20%。② 1942 年太平洋战场开辟以后，日本投入太平洋战场的军力也不过占其军力的 26%，64% 的兵力在中国。③ 1943 年日军在中国战场仍部署了 28 个师团，其中有 8 个甲

---

① 有学者据 1940 年日本工商省统计，美国对日军需品贸易的比例，1937 年为 33.5%，1938 年为 34.3%，1940 年 3 月更增至 38.7%。1940 年公开的统计材料：全年美国输日的战争物资总额达 2.00638 亿美元。根据 1938 年华盛顿中国经济研究协会统计，在世界各国输入日本的军需物资中，美国所占的比例是：煤油和石油产品为 65.57%；金属工业及机器为 77.09%；钢铁及废铁为 90.39%；铜为 90.39%；飞机及零件为 6.92%；钢铁半成品为 53.67%；汽车及零件为 64.67%；金属合金为 99.33%。其中煤油、日本侵华战争头三年内所消耗的 4000 万吨汽油，有 70% 是美国供给的。1938 年美国输日作战物资竟占日本全部消耗额的 92%。由此可见，日本侵略中国所需要的各种杀人武器，绝大部分是"中立"的美国政府所供给的。引自刘大年《美国侵华史》，人民出版社，1951，第 150 页。又据齐世荣研究，1937 年美国对日出口总值为 2.89 亿美元。其中，石油、精炼油、废钢铁、原棉这四项战略物资就占 1.42 亿美元；日本来自美国的石油，1937 年为 80%，1938 年为 85%。参见齐世荣《中国抗日战争与国际关系》，齐世荣主编《绥靖政策研究》，首都师范大学出版社，1998，第 413 页。

② 参见服部卓四郎《大东亚战争全史》第 1 册，张玉祥等译，商务印书馆，1984，第 336 页。

③ 服部卓四郎：《大东亚战争全史》第 1 册，第 364 页。另据刘庭华《中国抗日战争与第二次世界大战统计》，第 176 页。

种师团、5个乙种师团和15个丙种师团。① 1944年日本在华发动一号作战，企图打通豫湘桂，进入南亚，然后通过中东，实现与德国法西斯军队的握手。中国军队虽然一败涂地，一溃千里，但还是拖住了日军，使它不能进入南亚，日军发动一号作战的战略意图未能得逞。太平洋战争开始后，中国战场始终抗击，牵制100万左右日本陆军主力。1945年8月日本在华投降兵力有128万人。② 中国人民以巨大的牺牲和百折不挠的抗战精神，支持了苏联的对德战争，使它有一个稳定的后方；又支持了美国、英国的太平洋战场，大大减少了日军对它们的压力；又粉碎了日、德法西斯打通欧亚的企图，使日、德法西斯不能在更大范围内给人类带来苦难。中国抗战的胜利及对世界和平力量所做的贡献，使中国开始摆脱弱国的处境，并有资格作为一个世界大国出现在世界的面前。

美国提出"先欧后亚"战略，虽然把支持的重点放到欧洲，让中国战场在艰难困苦中继续支撑，但也等于提出了欧亚战场是统一的世界大战战场的认识。1943年，美军在西太平洋对日作战中消灭了日海军有生力量，掌握了太平洋战场的主动权。苏、美、英等国际力量给中国抗战以巨大支持，中国战场的持久作战也给了国际反法西斯力量以巨大支持。

中国战场实现持久作战的最大特点是中国国内实现了正面战场和敌后战场对日作战，实现了以中国国民党为中心的领导和以中国共产党为中心的领导。③ 两个战场、两个领导中心，在抗日民族统一战线的旗帜下，进行了有效的战略配合，坚持了长达八年的全面抗日战争，终于在国际反法西斯力量的支持下取得了最后的胜利。没有国际力量的支持，中国的抗战还要艰难得多。全面抗战初期，正面战场起了积极的作用；中后期，正面战场的作用降低，敌后战场的作用提高。"中日战争标志

---

① 引自军事科学院军事历史研究部《第二次世界大战史》第3卷，军事科学出版社，1998，第453页。另据刘庭华书，日本在华兵力38个师团，占总兵力的54％，33％兵力在太平洋战场。见刘庭华《中国抗日战争与第二次世界大战统计》，第176页。
② 刘庭华：《中国抗日战争与第二次世界大战统计》，第189页。
③ 有关抗日战争时期的两个领导中心，限于篇幅，此处不便展开，可参考本文作者此前发表过的文章：《走向民族复兴的重要标志——论抗日战争胜利的历史意义》，《抗日战争研究》2005年第3期；《中国抗日战争领导权问题的思考》，《中国社会科学报》2010年9月2日，第16版；《为什么说共产党是抗战中流砥柱》，《北京日报理论周刊·文史》2015年6月8日（中宣部主管党建杂志社主办《学习》活页文选2015年第32期转载），第19版。

着中国的政权从国民党一方转移到共产党一方,这一过程无法避免。"①敌后战场把游击战提高到抗战军事战略的高度,在战争史上是第一次。美国军事评论家威尔纳指出:在第二次世界大战中,"没有一个地方的游击战能够担当起游击战在中国将要而且能够担负的战略任务"。② 中国战场的这种特点是独特的,别的国家没有这种情形。应该明确指出:中国人民的抗战是战胜日本军国主义的决定性力量。战后美国战略轰炸调查处在研究了中国战场和太平洋战场的作用后指出:"即使不投原子弹,即使俄国不参战,即使不制定进攻计划,日本也是会投降的。"③对中国抗战来说,这个判断是客观的。

欧洲战场主要是欧洲国家,加上苏联和美国共同对付德国侵略势力。德国出兵波兰,英法虽然向德国宣战,但在波兰被德国占领后,出现了6个月的平静时期,欧洲史学家称之为"幻想的冬天"。④ 这个"幻想的冬天"纵容了希特勒德国的战争野心,次年一些欧洲国家被占领,于是法国投降,英军撤退到英伦三岛,伦敦遭到了德国的狂轰滥炸。欧洲几乎无还手之力。德军横扫欧洲,30天内灭亡波兰,44天中占领荷兰、比利时、卢森堡和法国。号称"欧洲最大强国"的法兰西也只撑持了短短6个星期就投降了。据研究第二次世界大战的欧洲学者论证,德国发动侵略波兰的战争,其在军事上也没有准备好。当时,波兰和法国共有130个师,德国只有98个师,其中38个师尚未经过训练。德国在西部边界经过训练的师只有11个,而法国在那里部署了85个师。如果法军敢于攻打德军的西线,德国不一定顶得住。⑤ 但是,法军在面对波兰灭亡时,没有做好战争的准备,不能及时施以援手,自己也落得个投降的下场。1941年6月,德军转向进攻苏联,初期给予苏联沉重打击,至11月,德军进入苏联纵深850—1200公里,占领的苏

---

① 拉纳·米特:《中国,被遗忘的盟友——西方人眼中的抗日战争全史》,蒋永强等译,新世界出版社,2014,第18页。
② 威尔纳:《日本大陆战略危机》,《解放日报》1945年7月18日,转引自中共中央党史研究室《中国共产党历史》第1卷下册,中共党史出版社,2011,第580页。
③ 拉尔夫·德贝茨:《美国史》上卷,人民出版社,1984,第376页。
④ 巴兹尔·利德尔·哈特爵士:《第二次世界大战》,C.L. 莫瓦特编《新编剑桥世界近代史》第12册,第983页。
⑤ 巴兹尔·利德尔·哈特爵士:《第二次世界大战》,C.L. 莫瓦特编《新编剑桥世界近代史》第12册,第981—982页。

联领土相当于 3 个法国的面积。① 苏联人民进行了顽强反击。经过莫斯科保卫战和斯大林格勒会战，沉重打击了德军，使德国陆军损失 83 万多人，战线向西推进 400 公里。② 苏军掌握了战争主动权，开始了战略反攻作战。苏联卫国战争战场成为欧洲主要战场。

苏军斯大林格勒大捷和美军西太平洋大捷，以及日本大部分军力被拖在中国战场上无法达成它的战略目标，标志着第二次世界大战的转折。这个转折成为召开 1943 年开罗会议和德黑兰会议的背景。随着 1944 年欧洲第二战场开辟，战线转入德国国内。苏军展开了柏林攻击战，并与美军在易北河会师，柏林成为最后埋葬希特勒德军的战场。

在亚洲，中国战场仍然拖住了日军的主要兵力，除了中缅战场和八路军的敌后根据地展开了反攻作战外，正面战场没有实现战略反攻。美军直接攻击日本本土，亚洲战场的重点转移到西太平洋和日本本土。美国在广岛、长崎扔下原子弹，苏军出兵中国东北，歼灭了日本关东军。③ 在这种形势下，日本天皇被迫接受《波茨坦公告》，命令各地日军放下武器投降。

日本虽是后起的资本主义国家，19 世纪末发展为帝国主义国家，但它又是一个国土面积狭小、资源贫乏的国家。它侵略中国的总战略是求快求速，是"速战速胜"，尽量避免拖延。中国虽然是一个半殖民地半封建国家，是一个落后的农业国，却是一个广土众民的国家。日本的侵略激起中华民族同仇敌忾，形成以国共合作为基础的抗日民族统一战线，中国各阶层人民和政治团体都加入抗日民族统一战线。中国对付日本侵略，抗日战争的总战略，就是毛泽东论证的"持久战"，用"拖"字诀应对日本的"速胜论"，用敌后战场和正面战场"拖"住侵华日军的手脚，使它难以逞其"速胜"的战略总目标。中国战场用"拖"字诀，把日本军队的 80% 兵力都"拖"在中国战场上，从而帮助了苏联，使苏联避免了东西两线作战的困境；同时也帮助了美国，减轻了太平洋

---

① 朱贵生、王振德、张椿年等：《第二次世界大战史》，人民出版社，2008，第 252 页。
② 朱贵生、王振德、张椿年等：《第二次世界大战史》，第 263 页。
③ 巴兹尔·利德尔·哈特爵士指出："原子弹轰炸对日本政府的影响，比西方当时所设想的要小得多。俄国于 8 月 8 日对日宣战，次日立即出兵满洲，看来对提早结束战争产生了几乎同样的有效的作用。"见 C. L. 莫瓦特编《新编剑桥世界近代史》第 12 册，第 1041 页。

战场开辟后的压力。日本侵华制造了南京大屠杀，造成了敌后大量的万人坑、无人村等惨状，抢掠了中国无数的物质财富，给中国带来了极其惨重的人员和物质损失，极大地延缓了中国社会的进步。中国抗日战争对世界反法西斯战争的贡献是巨大的，应该得到国际舆论的客观评价。①

战时同盟国的领袖肯定过中国战场的巨大作用。1942 年美国总统罗斯福曾指出："假如没有中国，假如中国被打垮了，你想一想有多少师团的日本兵可以因此调到其他地方作战？他们可以马上打下澳洲，打下印度——他们可以毫不费力地把这些地方打下来。他们并且可以一直冲向中东……日本可以和德国配合起来，举行一个大规模的夹攻，在近东会师，把俄国完全隔离起来，割吞埃及，斩断通过地中海的一切交通线。"② 罗斯福在著名的炉边谈话中多次谈到中国的抗战。他说："五年来，勇敢的中国人民抗击日本的侵略，歼灭了无数日军，摧毁了大量的日本军事物质。援助中国进行的英勇抗战并最终发起反击是非常必要的，因为中国的抗战时最终战胜日本的重要因素。"他还说："我们不能忘记，中国人民最先起来抵抗侵略者并与之浴血奋战。在未来的岁月中，不可战胜的中国人民将在维护东亚与世界和平繁荣中起到应有的作用。"③ 英国首相丘吉尔说："中国一崩溃，至少会使（日军）十五个师

---

① 可惜，有的短视的欧洲学者完全看不到中国战场的作用。有的学者在叙述第二次世界大战历史时，居然对中国战场的作用只字不提，如巴兹尔·利德尔·哈特爵士《第二次世界大战》。近年来，由于中国国力逐渐强大，中国国际地位逐渐提高，一些西方历史学家开始重新审视中国抗战对反法西斯战争的作用。牛津大学中国研究中心主任拉纳·米特《中国，被遗忘的盟友——西方人眼中的抗日战争全史》中指出："在过去的几十年里，我们对'二战'中有所贡献的盟军的认识，有着巨大的偏差。……中国依然是被遗忘的盟友，它的贡献随着亲历者的离世而渐渐被人遗忘"，"1937—1945 年，中国国民党和中国共产党是东亚地区唯一坚持反抗日本帝国主义的两大政党"，"如果没有中国人民的英勇抵抗，中国早在 1938 年就沦为日本的殖民地。那将给日本控制整个亚洲大陆提供有利条件，加速日本对东南亚地区的扩张。一个屈服的中国，也更有利于日本入侵英属印度"。这位作者还说："中国在 20 世纪三四十年代参与那场艰苦卓绝的战争，不仅仅是为了国家尊严和生存，还为了所有同盟国的胜利。正是在那场战争中，东西方一起抗击了有史以来最黑暗的邪恶力量。"参见拉纳·米特《中国，被遗忘的盟友——西方人眼中的抗日战争全史》，第 361—362、19 页。
② 依里奥·罗斯福：《罗斯福见闻秘录》，新群出版社，1951，第 49 页。
③ 富兰克林·罗斯福：《罗斯福炉边谈话》，第 161、172 页。

团，也许有二十四个师团腾出手来。其后，大举进犯印度，就确实可能了。"① 苏联元帅崔可夫说："在我们最艰苦的战争年代里日本也没有进攻苏联，却把中国淹没在血泊中，稍微尊重客观事实的人都不能不考虑这一明显而无可争辩的事实。"② 这些评价是较为客观的。可惜，由于中国当时国际地位很低，这些客观评价并未完全落实在相关国际条约中。

两个不同的战后处理和战争认识

在世界反法西斯战争中，苏联、中国、美国、英国、法国人民等都付出了各自的努力。其中，苏联和中国遭受损失最大，人口、财产损失巨大。德国和日本因战败也遭到毁灭性打击。

由于苏联和美国在大战后期贡献最大，同时美国、苏联也是世界上最强大的国家，它们在战后获得的好处也最多。中国是一个弱国，战后虽然获得了联合国安理会常任理事国地位，但是发言权很小，除了收回台湾外，自己的领土主权还难以得到保障，与中国国家利益相关较多的琉球未能按照国际条约规定实现联合国代管，反而由美国以"施政权"名义送给日本，这是极不合理的。《开罗宣言》《波茨坦公告》有关日本领土范围的规定并未严格落实。

战后对德国的处分和对日本的处分不完全一样。由于希特勒本人在苏军攻克柏林过程中自杀，德国旧的国家体系被瓦解，德国的军事力量被彻底粉碎，纽伦堡审判最终有 18 个纳粹分子被判以"战争罪"和"反人类罪"，其中 11 人被判处死刑。对德国来说，纽伦堡审判是同希特勒纳粹主义的过去划清界限的开始。德国学者沃尔夫冈·施文特克认为纽伦堡审判"标志着一系列法庭审判的开始，并一直持续到距今不远的过去"。③ 德意志民族从此开始了对历史的反省。日本的情形与德国有所不同。1945 年 8 月，在中国还有 128 万日本军人，在日本本土和海

---

① 温斯顿·丘吉尔：《第二次世界大战回忆录》第 3 卷，商务印书馆，1975，第 266 页。
② 崔可夫：《在华使命》，新华出版社，1980，第 38 页。
③ 沃尔夫冈·施文特克：《充满争论的记忆——德国、日本战争体验与历史政策》，《抗日战争研究》2014 年第 3 期。

外的日本军人超过百万。为了减少美军牺牲,美军未进入日本本土作战,日本本土除了原子弹爆炸外,未受到沉重打击,日本的军事力量还存在。东京远东国际军事法庭最终判处日本 7 名甲级战犯绞刑,16 名甲级战犯无期徒刑,但是没有给犯有战争罪行的昭和天皇任何处分,还有甲级战犯嫌疑人战后当了首相。日本的投降是名义上的无条件投降,事实上的有条件投降。德国学者施文特克认为:东京审判"标志着对战争进行司法清理的结束"。① 美军占领日本,虽然对日本社会进行了一定改造,成立了"和平宪法",但没有从根本上根除日本社会上的军国主义思想。所以,战后日本的政治家很少有人对日本的战争罪行进行深刻反省。这就是战后对两个战争策源地不同处分的结果。欧洲战后国际关系较为和谐,亚洲则较为紧张,原因就在这里。德国和法国是世敌,两国对反法西斯战争形成了共同的认识,两国关系得以和解,德国和法国今天成为欧盟的核心成员,对欧洲稳定起了重要作用。

战后日本社会不乏对战争、对侵略行为进行反省的群体和个人,一些学者的反省很深刻;但总体而言,缺乏反省精神。我们至今没有看到日本对战争真诚的反省。日本在明治维新以后,是一个富于对外侵略的民族,伴随日本资本主义成长的是日本军国主义和帝国主义的成长。除了一些学者对日本军国主义、帝国主义行为有深刻批判外,政治活动家大多不愿意接触这个话题。德国人民在反省战争行为时可以说我不爱德意志这个民族,德国总统可以说我不爱德国这个国家,德国总统魏茨泽克在 1985 年纪念二战结束 40 周年时说:"5 月 8 日是解放之日,它把我们大家从纳粹独裁统治下解放了出来。"② 这表明德国经历了反省战争历史的内心煎熬。日本不可能说这样的话,日本人没有经历这样的内心煎熬。

全世界都在纪念二战胜利。今年德国总理默克尔还在 5 月 10 日到莫斯科访问,到红场无名烈士墓祭奠。日本只纪念 8 月 15 日的"终战日",不纪念 9 月 3 日胜利日(虽然日本 9 月 2 日无条件在投降书上签

---

① 沃尔夫冈·施文特克:《充满争论的记忆——德国、日本战争体验与历史政策》,《抗日战争研究》2014 年第 3 期。
② 《环球时报》记者邹宁宁:《德国当代史泰斗、国际历史学会前会长尤尔根·科卡对〈环球时报〉表示:日本须用认真反思换取国家信誉》,《环球时报》2015 年 7 月 9 日,第 7 版。

字)。以往还有政治家在 8 月 15 日到靖国神社祭奠 14 名甲级战犯。日本政治家坚持对供奉在靖国神社的 14 名甲级战犯祭奠活动,就是怀念、肯定、歌颂策划亚洲战争策源地的战争罪犯。日本政治家的这种行为,当然导致了日本社会不愿意承认侵略战争。日本右翼人士认为承认侵略是"自虐史观",他们不愿意与军国主义时代、与军国主义精神划清界限。

德国人至今还在追诉纳粹分子,立法禁止歌颂纳粹行为。德国与法国联手编写历史教科书,教育子孙后代,不要忘记希特勒德国的战争罪行。德国人这样做是对历史负责,子孙后代都要对历史负责。能够反省自己历史的民族,能够揭自己疮疤的民族,是一个优秀的民族。当德国总理向华沙犹太人纪念碑俯身下跪时,时人评论道:勃兰特跪下去,德意志站起来。这个评论是深刻的。

日本社会出现了"受害者"和"加害者"的概念。许多日本人愿意说自己是"受害者"。"在日本,受害者的角色比罪犯的认知要强大得多。"① 安倍晋三首相也强调日本是"受害者",闭口不提日本首先是"加害者"。这是一个撇开了"侵略"原罪,只记住了"受害"的很奇怪的逻辑。他们记住了东京大轰炸、广岛和长崎的原子弹爆炸,却记不住卢沟桥事变、南京大屠杀、华北的许多万人坑,也记不住珍珠港事变。日本人是不大愿意到夏威夷去参观美国亚利桑那号军舰纪念堂的。东京大轰炸、广岛和长崎的原子弹爆炸固然使日本人民受到了损害,但这是对战争策源地的惩罚。如果说损害,首先是日本军国主义者带来的,是日本战争策划者带给普通日本人的损害,账要算到日本统治者身上。这种"受害者"认识,在德国人身上是不容易出现的。

我们看一下昭和天皇的所谓"终战诏书"。第一,昭和天皇在诏书中解释之所以对美、英二国宣战,"实乃出于帝国之自存与东亚之安宁"。说发动战争是为了"帝国之自存",甲午战争以后,日本帝国"自存"没有受到来自任何方面的威胁,"自存"不能成为发动战争的借口。又说是为了"东亚安宁",也不能成为发动战争的理由,东亚(主要指中国)虽受到欧美侵略,八国联军之后,东亚相对是安宁的,

---

① 沃尔夫冈·施文特克:《充满争论的记忆——德国、日本的战争体验与历史政策》,《抗日战争研究》2014 年第 3 期。

正是由于日本的侵略破坏了东亚的安宁。坚持所谓"东亚安宁"就是坚持"大东亚秩序"的陈词滥调。第二，又说"然交战已阅四载……战局仍未好转，世界大势于我不利。而敌新使用残虐之炸弹频伤无辜，其状之惨不可预测"。这里只承认1941年后与美、英两国作战，所谓交战"已阅四载"，至于与中国的八年全面作战并未提及，显然不承认侵略中国。又指出原子弹爆炸"频伤无辜"，这是"受害者"心态的最早表示。第三，表示天皇"对于与帝国始终勠力同心致力于东亚解放之盟邦，朕惟有深表遗憾"。这里再次坚持"东亚解放"的谬说。第四，要求今后"发扬国体之精粹"。所谓"国体之精粹"，实际上最核心的是要坚持作为"现人神"的天皇制度。① 我们在这份"终战诏书"里看到了"大东亚秩序"、"大东亚解放"、"受害者"、"发扬国体"、不承认侵略的种种说辞，就是今天主张自由主义史观的那些右翼人士所坚持的理由。昭和天皇是日本右翼势力的总根子。

十多年前我到日本去访问，老一代的日本学者告诉我，他们担心战后出生的这一代日本人，因为战后出生的日本人不愿意承担战争责任。安倍晋三等政治家正是战后出生的。如果这样的日本人出掌政柄，要他们承认侵略，要他们对被侵略国人民道歉，要他们改善与邻国关系，都是困难的。当然，他们要使日本成为一个正常的国家的愿望，也可能是难以达成的。

我们有理由提出疑问：不承认侵略，不向被侵略国道歉，却要到神社祭奠发动战争的罪犯，却要立法修改"和平条约"，要建立派兵到世界各地的"安保体系"，② 这是要向当年的战争策源地进行忏悔呢，还是想要保存或者恢复战争策源地？

客观面对历史，正确认识历史，犯了再大的错误也可以新生，可以

---

① 关于这一点，巴兹尔·利德尔·哈特爵士曾正确地指出："日本政府通过无线电广播宣布愿意投降，只要天皇的君主地位得到尊重——关于这一点，7月26日的盟国波茨坦公告不祥地一字未提。经过讨论，杜鲁门总统同意了这一条件，这是对'无条件投降'的重要修改。"见 C. L. 莫瓦特编《新编剑桥世界近代史》第12册，第1041—1042页。中国学者刘庭华也指出过这一点。刘庭华认为："保留天皇制——日本有条件投降，成为战后日本重建右倾保守政治体制的政治基础和精神支柱。"见刘庭华《中国抗日战争与第二次世界大战统计》，第129页。
② 2015年7月16日，日本当局不顾超过50%的民意反对，强行在众议院通过了"新安保"法案。当天就有日本在野党批评所谓"新安保"法案是战争法案。

有机会拥抱光明的未来。在基本的历史事实面前遮遮掩掩，没有承认历史错误的雅意，还想掩盖错误，只能生活在未来的阴霾之中。历史事实是无情的，不尊重历史的人将得不到历史的尊重。我深以为在日本从事政治活动的人们要好好考虑这个问题。

大战后形成了以美国为首的资本主义阵营和以苏联为首的社会主义阵营的"冷战"局势。昔日纳粹德国和军国主义日本挥舞的反共旗帜，被美国接了过来。这就使美国从意识形态出发，并不那么珍惜战时和战后由一系列国际会议和国际条约建立起来的战后国际格局。在这种情况下，由于中国、韩国、日本分别属于"冷战"的不同阵营，从而"免除了日本在占领结束后努力取得两个邻国谅解的外部压力"。① 还应该看到，美国多方面培植不认真反省战争罪行的日本，是今天亚洲局势紧张的基本原因之一。安倍晋三搞所谓"地球仪"外交或者意识形态外交，也只能是一个掩人耳目的幌子，结果究竟对美国有利还是不利，还需要观察，还需要未来的历史发展来检验。

总结第二次世界大战的历史教训，如何预防可能的战争策源地死灰复燃实属必要。国家不分大小，都有在世界上生存的权利。大国欺侮小国，大国灭亡小国，今天都不可行。地球只有一个，各个国家只有和平共处、合作共赢，才能创造一个美好的地球，创造人类美好的未来。

中日两国，一衣带水，唇齿相依，近代以前有长期友好的历史。日本如能像德国那样，建立对侵略历史的正确认识，中日两国共创亚洲历史的未来，是可以期待的。

回顾第二次世界大战的历史，回顾二战中日本作为战争策源地从兴起到灭亡的历史，是中日两国人民、亚洲各国人民认识这段历史的症结点。

2015年3月28日初稿
7月20日修改

---

① 法尔克·平厄尔：《德国的经验——以中学历史教科书为中心》，《抗日战争研究》2014年第3期。